실전 스윙 트레이딩 기법

THE MASTER SWING TRADER TOOLKIT by Alan Farley

Original edition copyright © 2010 by The McGraw-Hill Companies, Inc.
All rights reserved.
Korean edition copyright © 2011 by Iremedia Co., Ltd.
All rights reserved.
This edition published by arrangement with The McGraw-Hill Companies, Inc. through Shinwon Agency Co.

이 책의 한국어판 저작권은 신원 에이전시를 통해 저작권자와 독점 계약한 이레미디어에 있습니다.
저작권법에 의해 한국 내에서 보호를 받는 저작물이므로 무단 전재 및 무단 복제를 금합니다.

시장의 변동성을 정복하는 실전 투자법

실전
스윙 트레이딩 기법

앨런 S. 팔리 지음 / 김태훈 옮김

이레미디어

아내이자 엄마이며 진실의 샘인
도나(Donna)에게 이 책을 바칩니다.

| 추천의 글 |

앨런 팔리는 베스트셀러『마스터 스윙 트레이더』의 저자로 현재도 왕성한 강연활동을 진행하고 있으며, 더스트릿닷컴TheStreet.com을 비롯한 투자 관련 매체의 인기 있는 칼럼니스트이다. 또한 선구적인 주식투자 사이트인 하드라이트에지닷컴HardRightEdge.com을 운영하면서 각종 투자정보를 제공한다. 10년이 넘는 역사를 자랑하는 이 사이트는 전문 투자자와 초보 투자자 모두에게 사랑받는 투자 포털로 자리잡았다.

나는 다른 많은 사람들처럼 IT 버블이 일던 시기에 CNBC 방송에서 앨런을 처음 보았다. 직접 만난 것은 2000년 애리조나에서 열린 작은 투자세미나에서였다. 3년 후 우리는 스코츠데일Scottsdale에서 열린 대규모 투자 컨퍼런스에 함께 참여했으며 이를 계기로 친구가 되었다.

그간 우리는 사업 파트너이자 강연가로 함께 일했다. 나는 앨런의 모습을 가까이서 지켜보면서 주가동향에 대한 그의 날카로운 통찰과 리스크 관리에 대한 집착에 가까운 노력에 감탄하지 않을 수 없었다. 앨런은 이러한 능력 덕분에 예측하지 못한 변동성과 시장 위기에 다른 투자자들이 속수무책으로 당하는 동안에도 살아남을 수 있었다. 많은 사람들이 앨런을 유능한 저술가로만 알고 있지만 내가 아는 그는 투자의 달인이기도 하다.

지난 10년은 장기 보유 전략을 쓴 투자자들에게는 실패를, 앨런과 같은 스윙 트레이더들에게는 성공을 안겨준 기간이다. 장기든 단기든 대부분 투자자들은 2008년의 폭락 이후 시장에 대한 접근법을 재고하고 있다. 그러므로 지금이야말로 앨런이 10년 넘게 가르쳐온 투자 전략을 배우기에 더할 나위없이 좋은 시기다.

이 책은 모든 열성적인 투자자들에게 소중한 지침서가 될 것이며, 전작과 함께 투자서로서 고전의 반열에 오를 것이다. 나는 나의 서가에 미리 자리를 마련해두고 이 책이 출간되길 손꼽아 기다려왔다.

케리 시만스키|Kerry Szymanski
www.HarmonicEdge.com

| 서문 |

　나의 첫 책 『마스터 스윙 트레이더』가 출간된 해가 2000년이니 어느덧 10년이 지났다. 그동안 많은 일들이 일어났는데 투자와 관련된 사건들도 끊임없이 발생했다. 9·11 테러, 두 번의 폭락장, IT 버블 붕괴, 부동산시장 버블 붕괴, 신용위기, 미국 증권거래위원회SEC의 데이 트레이딩 규제pattern day trading rule, 전국시장시스템 제도*의 도입, 시장조성시스템**의 종말, 호가단위 조정***, 마사 스튜어트**** 사건, 버니 매도프***** 사건, 다크 풀****** 도입, 중국의 급부상, 자동매매 프로그램Trading Bot 등장, 짐 크레이머Jim Cramer의 인기 등이 있었다.

---

* Regulation National Market System. 이전 여덟 개 시장을 전산시스템으로 연결하여 가격이 전국 단위로 체결되도록 한 시스템-옮긴이
** Market Making System. 시장조성자들이 매매를 중개하면서 매수 가격과 매도 가격의 차이, 즉 스프레드를 통해 수익을 올리는 시스템으로 유동성 공급의 역할을 한다-옮긴이
*** 스프레드 축소를 위해 1/8달러에서 1/16달러, 1/100달러로 호가를 세분화했다-옮긴이
**** Martha Stewart. '살림의 여왕'이라는 별칭으로 불리며 주부에서 일약 CEO가 되었다가 내부자 거래 혐의로 수감되는 등 세계를 떠들썩하게 만들었던 주인공-옮긴이
***** Bernie Madoff. 전체 규모 500억 달러로 추산되는 2008년 폰지 사기의 주인공-옮긴이
****** Dark Pool. 기관투자자들의 대량 주문을 별도로 처리하는 장외거래 방식-옮긴이

이 모든 사건들이 일어나는 동안 투자자들은 매번 규제 변화나 외부로부터의 충격 혹은 기술적 장애가 불러온 위기를 무사히 넘길 수 있기를 바라면서 시장의 급격한 변동에 적응해야 했다. 가장 큰 변화 중 하나는 사람(중개인)을 통해 이뤄지던 매매가 전산으로 바뀌었다는 점인데 슬프게도 이러한 환경의 변화는 상당수 투자자들을 시장에서 밀어내고 말았다.

솔직히 나는 나의 전작에서 설명한 내용들이 지난 10년 동안 큰 효력을 발휘했다는 사실을 놀랍게 생각한다. 물론 그 책에 제시된 추세-횡보 축Trend-Range Axis, 패턴 주기, 교차검증 같은 핵심 원칙들은 내가 1980년대 말부터 실제 활용하던 것들이다. 그러나 나는 그것들이 무법천지와 같은 현대 시장의 차트를 분석하고 일상적인 시장의 광란에 적용하는 데 필수적인 매우 뛰어난 도구라는 사실까지는 알지 못했다.

기술적 분석가들은 지난 10년 동안 추세선, 이동평균, 봉차트를 교란하는 자동매매 프로그램 때문에 큰 어려움을 겪었다. 그렇지만 한편으로 자동매매 프로그램이 기술적 시스템이나 패턴, 주가

변동 프로세스를 무너뜨릴 방법을 찾아낼 때마다 새로운 비효율inefficiency이 발생했고, 그에 따른 트레이딩 기회가 생겼다. 이 두더지 잡기 게임 때문에 투자로 생계를 잇고자 하는 진지한 투자자들은 짜증나면서도 상대적으로 단순한 상황에 직면했다. 간단하게 말해서 우리는 당장 시장에서 통하는 임기응변에 의존할 수밖에 없게 된 것이다.

『마스터 스윙 트레이더』는 고전적인 시장의 원칙들을 바탕으로 투자 전략을 운영하는 데 중점을 두었다. 이 책도 같은 성격을 지녔지만 전작을 읽지 않은 사람도 이해할 수 있도록 신경을 썼다. 그렇다고 해서 이전 책의 내용을 재탕한다는 것이 아니며 더욱이 낯선 지표 또는 패턴을 나열했다는 것도 아니다. 사실 나는 최근 들어 참고하는 지표를 줄이고 상식적인 원칙에 따라 비교적 단순한 매매를 하고 있다.

이 책에서는 『마스터 스윙 트레이더』를 읽지 않은 독자들의 이해를 돕기 위해 많은 투자원칙들을 다시 소개할 것이다. 그런데 전작을 읽은 독자라면 이 책의 설명이 훨씬 간결하다는 사실을 알 수 있을 것이다. 이 변화는 지난 10년 동안 더스트릿닷컴의 원고 마감시간을 맞추려고 노력한 결과 얻은 것이다.

이 책의 핵심적인 주제는 다음과 같다.

- 이 책은 전작에 담았던 아이디어들을 확장한다. 그동안 10년이 흘렀고, 나의 투자 전략도 과거에 다루었던 주제의 영역을 훨씬 넘어섰다. 전에는 비교적 간단하게 다루었던 리스크 관리, 포지션 노출, 체결창 분석을 집중적으로 논의한다.
- 이 책은 현대의 전산화된 시장환경에 맞는 방어적인 매매 전략을 소개한다. 여기서 중요한 단어는 '방어'다. 내가 보기에 자동매매 프로그램이 초래하는 극단적인 리스크에 대응하지 못하는 전략은 실패할 수밖에 없다. 그래서 나는 이 책에서 프로그램 알고리즘이 지수선물 및 ETF에 얼마나 엄청난 영향을 미치는지를 깊이 있게 다루고자 한다.

『마스터 스윙 트레이더』가 개념 중심이라면 『실전 스윙 트레이딩 기법』은 응용 중심이다. 그래서 각 부의 끝에 시나리오 형식의 사례 연구를 포함시켰다. 전작의 독자들로부터 구체적인 사례를 충분히 들어줬으면 좋겠다는 요청이 있었다. 그래서 이 책은 그 부분을 많이 고려했다.

나는 지난 10년 동안 투자자로서 많은 발전을 이루었다. 핵심적인 투자원칙은 변하지 않았지만 지금의 투자 전략에는 새로운 부분들이 다수 포함되어 있다. 이러한 진화가 이 책의 독자들에게 통찰력을 높여줄 것이라고 믿는다.

이 책은 2008년에 발생한 신용위기의 여진이 아직 남아 있던 시기에 집필됐다. 나는 세계 시장이 향후 5년에서 10년 사이에 계속 변할 것이라고 믿었으며, 이 책의 내용이 시대에 뒤떨어지지 않기를 원했다. 그래서 시간이 흘러도 유효성을 잃지 않도록 생각과 전략을 일반화시켰다.

맨 처음 1부는 지난 10년 동안 일어난 중요한 시장구조의 변화를 다룬다. 또한 투자 전략을 현대의 전산화된 시장환경에 적용하는 방법을 설명하고, 생존형 투자자 survivalist trader라는 핵심 개념을 소개한다.

  2부에서는 일중, 일간, 주간, 월간 주기에 따라 구체적인 시장 상황을 분석한다. 또한 실적 발표, 옵션 만기, 연준 회의, 윈도우 드레싱 등 시기별로 적절한 투자 전략을 소개한다. 이러한 시장의 절기seasonality와 그 영향을 확실하게 이해하지 못하면 성공적인 투자를 할 수 없다.

  2부에서는 또한 상대강도-약도relative strength-weakness라는 개념을 설명한다. 나는 최근 몇 년 동안 강도-약도 주기를 활용하면서 투자성적이 크게 개선되었고, 이를 완전히 신봉하게 되었다. 만약 단 하나의 지표만 사용해야 한다면 나는 5-3-3 스토캐스틱을 선택할 것이다.

  3부는 6부와 한 쌍을 이루며 성공하는 투자의 성격에 초점을 맞춘다. 3부의 내용은 장단기 수익에 대한 일반적인 논의로 시작하여 수익 달성에 필요한 구체적인 전략으로 이어진다. 반면 6부는 실패하는 투자의 성격에 초점을 맞추고 생존에 필요한 리스크 관리와 투자 기법을 소개한다.

3부에서는 내가 무엇보다 중시하는 수렴-확산 관계도 설명한다. 린다 브래드포드 라슈키Linda Bradford Raschke는 시장상황을 나타내는 데이터들은 모두 유효한 수렴-확산 관계를 형성한다고 말했다. 나는 이 단순한 개념을 시장을 분석할 때와 실제 트레이딩을 할 때 기반으로 삼아왔다.

4부에서는 세계 시장, 투자 계좌, 자산 배분에 대해 자세하게 살핀다. 이 주제들은 지난 10년간 시장 상황에서 그 중요성이 더욱 부각된 것들이다. 매매를 하다 보면 차트와 숫자에 매몰되기 쉽지만 시장에서 장기적으로 살아남으려면 전체 구조에 대한 폭넓은 시각을 가질 필요가 있다. 4부가 그 일에 도움을 줄 것이다.

5부는 장전, 장중, 장후 전략을 다루기 때문에 단기 투자자들에게 더욱 유익할 것이다. 물론 나 역시 그중 한 명이다. 갭, 함정, 충격, 노이즈, 변동성을 활용하는 매매 전략이 5부에서 소개된다.

5부를 읽다 보면 한 가지 사실을 깨닫게 될 것이다. 이 책은 근본적으로 기술적 분석이라기보다 체결창 분석tape reading에 대한 책이라는 사실을 말이다. 체결창은 시장이 아무리 요동치더라도 누군가 조작하거나 왜곡하거나 규제할 수 없다. 때문에 성공투자를 위한 가장 강력한 도구로 활용할 수 있다.

　나는 내가 갖고 있는 시장에 대한 모든 지식과 유의사항, 경험에서 터득한 시각들을 이 책에 체계적으로 정리하기 위해 많은 노력을 기울였다. 이 책이 당신이 수익을 올리는 데 큰 도움이 되기를 바란다.

| 감사의 글 |

이 책을 쓰는 동안 많은 사람들이 도움을 주었다.

우선 지난 10년 동안 나의 글을 실어준 더스트릿닷컴에 감사드린다. 그리고 더스트릿닷컴의 뛰어난 동료들 덕분에 나는 시장에 대한 시각과 기술적 접근법을 발전시켜올 수 있었다. 특히 조지 모리아티George Moriaty, 미셸 돈리Michelle Donley, 그레첸 렘바크Gretchen Lembach, 데이비드 모로우David Morrow, 에릭 하딩Eric Harding, 댄 피츠패트릭Dan Fitzpatrick, 헬렌 마이슬러Helene Meisler, 해리 쉴러Harry Schiller, 짐 크레이머Jim Cramer에게 감사드린다.

『마스터 스윙 트레이더』가 여러 언어로 번역된 덕분에 많은 나라를 여행할 수 있었다. 오랜 여행의 끝에서 나를 도와준 사람들 중에 앙드레 말펠André Malpel, 발레리 코르넬리우스Valerie Cornelius 그리고 그들의 가족인 다빈 클라크Darvin Clarke와 재키 클라크Jackie Clarke, 피터 모호시크Peter Mohorcic, 장 R. 수블리에Jean R. Soublière, 잭 리Jack Lee, 패트릭 스토코우스키Patrick Stokowski, 클라이브 코코란Clive Corcoran, 패트릭 크리스티어슨Patrik Christierson, 에바 디아즈Eva Diaz에게 특별한 감사의 정을 표한다.

트레이더이자 비즈니스 동료들인 케리 시만스키, 존 퍼슨John Person, 래리 페사벤토Larry Pesavento, 찰스 커크Charles Kirk, 마크 더글라스Mark Douglas, 로버트 마이너Robert Miner, 조 디나폴리Joe DiNapoli, 프라이스 헤들리Price Headley, 데이브 랜드리Dave Landry, 스티브 디마레스Steve Demarest, 로스 디틀러브Ross Ditlove, 바딤 그레이퍼Vadym Graifer, 크리스 슈마허Chris Schumacher, 보 요더Bo Yoder, 데론 웨고너Deron Wagoner, 조디 코스타Jody Costa에게도 많은 도움을 받았다.

나와 세상 사이의 끈이 되어준 친구들 짐 드보어Jim DeBoer, 트리쉬 토빈Trish Tobin, 존 그랜디John Grandy, 릭 베일퍼스Rick Beilfuss, 짐 해리슨Jim Harrison, 케리 맨트롭Kerry Mantrop, 토니 핸슨Toni Hanson, 밥 번Bob Byrne, 존 레이John Lay, 커크 노딩턴Kirk Northington, 에릭 구스타프슨Eric Gustafson에게도 감사드린다.

끝으로 오랫동안 좋은 관계를 이어왔으며 차트를 사용하도록 허락해준 미나 델가도Mina Delgado와 이시그널eSignal에도 감사를 전한다.

차 례

추천의 글 … 6
서문 … 8
감사의 글 … 16

 | 현대 시장의 모습

1장 폭락장 이후 시장에 찾아온 변화 … 26
현대 시장의 패러독스 … 28
현대 시장의 본성은 '사악함'이다 … 32
시장의 비효율과 매매 기회 … 37
생존형 트레이더 … 40
오늘날의 시장에서 매매 우위란 … 44

2장 절대 공정하지 않은 경기장 … 55
주식시장 영향력이 더 커진 지수선물 … 58
프로그램 매매의 위력 … 63
프로그램 매매를 역이용하는 전략 … 67
패턴 실패의 3단계 구조 … 75
시장 간 영향에 대한 대응 … 79
기술적 분석의 맹점을 활용하기 … 83
사례 연구: 밤새 일어난 광란 … 86

The Master
Swing Trader Toolkit

 **Part2** | 시장의 절기와 주기,
매수 · 매도세 간 역학

3장 시장의 시간 ⋯ 94
추세 상대성 ⋯ 97
전산화된 매매 시대의 하루 ⋯ 99
주가에 영향을 주는 절기들 ⋯ 103
옵션 만기: 만기주의 최적 매매 전략 ⋯ 108
실적 시즌의 매매 전략 ⋯ 114
시장의 공격적 주기, 방어적 주기 ⋯ 120
충격 소용돌이의 활용 ⋯ 122

4장 어느 쪽이 우세한지를 알려주는 상대강도 ⋯ 127
스토캐스틱을 활용한 상대강도 분석 ⋯ 130
매수-매도 스윙으로 우세 쪽에 편승하기 ⋯ 136
반전과 역스윙을 통해 매매 기회 포착하기 ⋯ 140
이상적인 시간 대 이상적인 가격 ⋯ 142
사례 연구: 한발 떨어져서 행간 읽기 ⋯ 147

 | 스윙 트레이딩 전략

5장 성공하는 투자의 성격 ··· 156
기대수익 관리의 난제 ··· 160
생존형 트레이더가 되기 위한 매매계획 ··· 161
요요 트레이더 ··· 170
장기 수익률을 높이는 다섯 가지 원칙 ··· 174
냉정한 손익 결산의 중요성 ··· 177

6장 아홉 가지 생존형 매매 전략 ··· 181
스윙 분석을 통한 진입 ··· 183
지표 간 교차검증을 통한 매매 기회 포착 ··· 192
방어적 공매도로 안전하게 수익 내기 ··· 196
50일 이동평균선 기준 변동성 활용법 ··· 205
현대 시장에서 거래량의 의미 ··· 210
피보나치 되돌림을 활용하는 방법 ··· 214
장세별 역추세 전략 ··· 219
첫 한 시간의 박스권 돌파 활용 기법 ··· 224
양 방향 진입 전략 ··· 227
사례 연구: 타인의 공포는 나의 기회 ··· 231

The Master Swing Trader Toolkit

 **Part 4** | 진입과 청산의 기회 관리

7장 당신은 타석에 서 있는가, 관중석에 앉아 있는가 … 240
신용거래의 양면 … 243
예측적 전략 대 대응적 전략 … 249
적시에 방아쇠를 당기려면 … 254

8장 포지션, 시장 그리고 매매스타일 … 256
종목 선택 시 고려할 점 … 258
ETF, 직접 매매하거나 추이를 활용하는 방법 … 264
스윙 전략에 유망한 패턴 … 267
포지션의 크기와 진입, 청산 계획 … 272
바스켓 매매 … 280
보유기간의 문제 … 283
파트타임 트레이딩 … 288
사례 연구: 모래밭에서 바늘 찾기 … 294

Part5 | 노출 관리

9장 포지션 관리 ··· 302
손실제한 설정의 원칙 ··· 305
생존형 손실제한 전략 ··· 312
오버나이트 판단 기준 ··· 316
장 마감 시 체크리스트 ··· 321

10장 포지션 관리의 핵심 사항 ··· 324
당일 매매의 원칙이 되는 매매기조 ··· 325
전투구간과 양상을 드러내는 체결창 분석 ··· 328
체결창 분석의 단서 ··· 334
정규장에 영향을 미치는 시간외시장 ··· 338
시간외시장, 직접 매매하거나 추이를 활용하는 방법 ··· 341
장전 필수 점검사항 ··· 345
재료 매매의 유의점과 최적 전략 ··· 347
종목 주가와 대표 지수의 일중 스윙 관계 ··· 352
갭을 활용하는 전략 ··· 357
흔들기의 양상과 역이용 전략 ··· 361
돌발사건 리스크 ··· 366
혼조장에서 수익 내는 두 가지 지침 ··· 369
사례 연구: 호랑이 등에 올라타기 ··· 374

The Master Swing Trader Toolkit

Part6 | 리스크와 보상 관리

11장 실패하는 투자의 성격 … 382
트레이더의 수익-손실 주기 … 386
매매 중독과 과잉매매 … 390
계좌를 축내는 매매 실수 스무 가지 … 392
계좌와 심리에 악영향을 주는 연속적 손실 … 395
자기파괴적 트레이딩 … 397
시장에서 떠나기 … 399

12장 투자자금 보존 … 402
변동성 지수를 활용한 효율적 장세 판단 … 407
장세별 포지션 전략 … 413
청산 전략 … 419
리스크 관리에 대한 마지막 조언 … 429
당신은 생존형 트레이더로 변모하고 있는가? … 430
사례 연구: 생존형 트레이더 … 433

The Master Swing Trader Toolkit

Part1
현대 시장의 모습

현대의 트레이더들은 기술적 분석과 날카로운 관찰로 지속적인 수익을 올리면서 시장과 평화적으로 공존하는 법을 익혀야 한다. 물론 장기적 수익은 거의 광적인 노력을 요구하기 때문에 말처럼 쉽지는 않다. 무조건 상승 종목에 돈을 집어넣고 꾸준한 수익을 기대하던 호시절은 지났다. 간단히 말해서 금융위기가 휩쓸고 간 거친 시장에서 게으른 돈이 차지할 자리는 없다는 얘기다.

01 CHAPTER

폭락장 이후
시장에 찾아온 변화

시장은 한 번도 평온했던 적이 없었다. 최근의 부동산 버블이 심했다고 생각하는가? 그렇다면 고작 튤립 뿌리 하나가 1만 달러에 날개 돋친 듯 거래된다면 어떻겠는가? 상상이 되는가? 그런데 실제로 그러한 일을 겪은 17세기 네덜란드 투자자들도 있다. 투기 광풍에 휩쓸렸던 그들은 연쇄파산을 당하는 동안 어디에서도 보호받지 못했다. 진정으로 필요했던 시기에 검찰과 증권거래위원회는 어디에 있었나?

하지만 솔직히 나는 있는 그대로의 시장을 좋아한다. 그리고 최소한 뉴욕 시간으로 오전 9시 30분부터 오후 4시 사이에 나쁜 결정들을 내릴 수 있는 좋은 거래장이 없다면 세계 자본주의는 더욱 나빠질 것이라고 확신한다. 정부 관료나 주 검찰이 우리의 성지에 간섭하려 할 때마다 내가 진저리를 치는 이유도 거기에 있다.

당신도 알다시피 우리는 다른 사람들이 잘못된 판단을 내려서 너무 비싸게 사가거나 너무 싸게 팔 때 돈을 번다. 우리는 다리를 놓거나, 옷을 팔거나, 다른 사람들을 구원으로 이끌지 않는다. 냉정하게 말해서 우리는 유동성과 공격적 태도 말고는 사회에 기여하는 것이 전혀 없다. 그래도 나는 다른 직업을 선택하지 않을 것이다. 투자게임은 세계 통화체제의 기계어로 돌아가며, 트레이더는 상사나 직장 혹은 다른 누군가의 눈치를 볼 필요가 없는 유일한 직업이기 때문이다. 우리의 독특한 비즈니스는 근본적으로 시장의 도가 넘치는 부분을 게걸스럽게 먹어치우는 것이다. 그리고 거기에는 부득이하게 조작과 정보 오류 그리고 기만이라는 요소들이 존재한다.

이전 투자자들 중 많은 수가 이제는 금융시장을 증오하며 투자 혹은 투기로 돈을 번 사람들을 싫어한다. 시장에서 돈을 버는 탐욕스러운 자들에게 정의의 심판이 내려져야 한다는 거의 종교적인 열정의 소유자도 있다. 하지만 놀랍게도 이 정의로운 비판자들 중 다수는 여전히 뉴스 채널이나 인터넷 사이트를 통해 시장의 모든 변화를 주시한다. 얼마나 위선적인 태도인가!

나는 누군가 주식투자, 자본주의, 현대 시장에 대한 믿음을 공격할 때마다 늘 이렇게 맞선다. "금융 기사를 읽으면 화가 난다고 하면서 왜 시간을 낭비합니까? 차라리 뜨개질을 하거나 정당에 가입하세요. 그러면 훨씬 더 행복해질 겁니다. 시장은 당신이 매일 신경 쓰지 않아도 계속 나아질 테니까요."

어떤 영화에서 유능한 트레이더로 나왔던 배우의 말을 빌자면 '탐욕은 좋은 것' 이다. 탐욕은 생활비를 벌게 해주고 자녀를 대학에 보내준다. 또한 탐욕은 중요한 공공서비스를 제공하고, 잘못된 정보를 가진 사람들의 잉여자본을 보다 자격이 있는 사람들에게 돌려준다. 순수한 탐욕은 세계 시장의 엔진에 윤활작용을 한다. 전산화된 현대 시장에서는 성공하기 위해 약탈이라는 요소가 필요하며 이를 갖추려면 탐욕스러워야 한다. 아직도 동화를 믿는 사람들에게는 이 사실이 역겨울 수도 있다. 그러나 나머지 사람들은 승자가 나오려면 패자가 있어야 하며, 금융시장에 뛰어든 이상 뺏지 않으면 빼앗긴다는 사실을 잘 알고 있다.

현대 시장의 패러독스

다음 두 선언은 여러 가지 측면에서 맞는 말이지만 완전히 모순되기도 한다.

(a) 가격의 움직임은 시간을 초월하는 원칙에 따르기 때문에 100년 전의 시장과 지금의 시장은 같다.

(b) 지난 10년 동안 근본적인 변화가 일어났기 때문에 지금의 시장은 더 이상 시간을 초월하는 원칙에 따라 돌아가지 않는다.

그래서 2010년대로 접어드는 지금 모든 수준의 트레이더들은 문제에 직면한다. 우리는 기술적 분석을 다룬 책들을 읽고, 투자 세미나에 참석하고, 전문가들의 말에 귀를 기울였다. 그러나 이 모든 일들은 현재 우리가 매일 헤쳐나가야 하는 초현실적인 시장에 대비하는 데 전혀 도움이 되지 않는다.

변화의 시작은 자동매매 프로그램이다. 우리는 1990년대에 들어서 오후 3시에서 4시 사이에 벌어지는 일들을 보고 프로그램 매매의 영향력이 어느 정도인지를 깨달았다. 그러나 누구도 아무 감정 없는 이 알고리즘이 10년 만에 주가 변동을 좌우하는 절대적인 힘이 될 것이라고는 예측하지 못했다. 표면적으로 볼 때 전산화된 매매는 커다란 유동성을 제공하기 때문에 시장에 도움이 된다. 그러나 알고리즘은 과거 주식, 선물, 외환시장에서 우리가 의존했던 결정적인 속성을 지니고 있지 않다. 즉, 대비되면서도 쌍을 이루는 탐욕과 공포라는 감정이 없다.

그래서 자동매매 프로그램은 추세의 반대편에 서게 됐을 때도 공황에 빠지지 않고, 호재로 큰 수익을 냈을 때도 흥분하지 않는다. 다시 말해서 나나 당신 혹은 월스트리트의 양복쟁이들과 다르게 행동하고 다르게 반응한다. 그들은 냉정하고, 계산적이며, 시장을 원하는 방향으로 움직인다는 목표에 철저하게 몰두한다. 이들 첨단 알고리즘의 가장 사악한 점은 정확성이다. 만약 과거의 거래체제가 그대로 유지되었다면 이와 같은 힘이 시장을 좌우할 수 없었을 것이다. 1990년대처럼 뉴욕증권거래소의 전문가들과 나스닥의 시장조성자들이 자동매매 프로그램의 운신의 폭을 제한했다면, 인간 트레이더들은 여전히 불안한 평화 속에서 공존할 수 있었을 것이다.

그러나 2005년 무렵 자동체결시스템이 중개자들을 대신하여 화면 위에서 빛의 속도로 명멸하는 호가를 관리하게 되면서 과거의 미묘한 균형은 완전히 무너지고 말았다. 이후 개인투자자들은 '매드 맥스'라는 영화의 황량한 풍경같은 우리의 21세기 시장환경에서 살아남아야 했다.

잠깐만, 주식시장이 정말로 그렇게 난장판이라면 그냥 포기해버리고 포커나 뜨개질 같은 다른 돈벌이용 취미를 갖는 것이 낫지 않을까?

하지만 익히 알고 있는 바와 같이, 우리는 그것들이 우리의 뒤통수를 치기 전에 현대 시장의 환경을 충분히 둘러볼 수 있다. 주가가 거의 광란에 가깝도록 미쳐 날뛰거나 조종되거나 노골적으로 조작될 때마다 우리는 전통적인 수급의 힘에 의존할 수 있다. 그리하여 갑작스러운 반전의 시기를 포착하는 것이다. 아주 구식이 된 뉴욕증권거래소의 서킷 브레이커라는 장치가 있긴 하지만. 여기서 기술적 분석의 놀라운 힘이 발휘된다. 거래형태가 무수한 소입자로 해체되긴 했지만 여전히 기술적 분석은 가치를 지닌다. 자동매매 프로그램이 등장하고, 부적절한 규제가 취해지며, 시장의 중심점이 존재하지 않는 새 천년에도 분쟁지역과 기회의 장을 드러내는 차트의 힘은 사라지지 않았다.

현대의 트레이더들은 기술적 분석과 날카로운 관찰로 지속적인 수익을 올리면서 시장과 평화적으로 공존하는 법을 익혀야 한다. 물론 장기적 수익은 거의 광적인 노력을 요구하기 때문에 말처럼 쉽지는 않다. 무조건 상승 종목에 돈을 집어넣고 꾸준한 수익을 기대하던 호시절은 지났다. 간단히 말해서 금융위기가 휩쓸고 간 거친 시장에서 게으른 돈이 차지할 자리는 없다는 얘기다.

수많은 장애물에도 불구하고 아직도 투자에 나서고 싶다면 시장에 대한 지식과 일상적인 전략을 포괄하는 다음의 세 가지 항목을 명심해야 한다. 이 항목들은 시장에 대한 나의 시각을 담은 핵심 주제이기도 하다.

- 포지션이나 편향과 맞든 맞지 않든 간에 시장이 말하는 바를 파악하라.
- 진입하거나 물러설 최적의 가격과 시기를 찾아라.
- 실시간으로 확률을 조정하면서 날카롭게 리스크를 관리하라.

끝으로 매매원칙에 대하여 몇 가지 조언하고자 한다. 대부분의 트레이더들은 지식이 부족해서가 아니라 원칙을 지키지 못해서 실패한다. 그러나 우리는 그 중요한 진실을 불편하게 생각한다. 실제로는 원칙을 지키지 못하면서도 지킬 수 있다고 착각하는 것이다. 매매원칙을 고수하지 못하면 이 책에 담긴 전략과 접근법은 아무 쓸모가 없다. 아쉽게도 당신을 보다 원칙을 잘 지키는 트레이더로 만들기 위해 내가 할 수 있는 일은 많지 않다. 그러니 이 책에 나온 일련의 사실과 목록 그리고 사례를 참고하여 시장에서 생사를 건 승부에 나서는 것, 그리고 원칙을 지켜 살아남는 것은 당신의 몫이다.

현대 시장의 본성은 '사악함'이다

다음 문장은 당신이 오랫동안 시장에서 살아남는 데 대단히 중요한 의미를 지니기 때문에 잘 기억해두기 바란다. **함정, 그리고 함정을 놓는 행위는 현대의 전산화된 시장을 움직이는 근본적인 힘이다.** 이 역설적인 역학은 주가가 가능한 많은 트레이더와 트레이딩 전략에 해를 입히는 방식으로 움직인다는 가정을 내포하고 있다. 위험스럽기는 마찬가지지만 그나마 급등기나 급락기에 대량의 매수세와 매도세가 발생할 때는 강세함정*이나 약세함정**이 덜 발생한다.

가격은 언제나 물량을 노리며 최대한의 물량을 찾아내기 위해 촉수를 뻗는다. 이것이 바로 왜 시장은 최대한의 트레이더들에게 고통을 주는 방향으로 나아가곤 하는가에 대한 이유다. 트레이더들은 신중하게 손실제한 수준을 설정해두었던 물량을 빼앗기고 합리적으로 리스크 관리를 해오던 포지션에서 쫓겨난다. 다시 말해서 시장이 사악한 가격 메커니즘을 통해 자신의 의지를 실현하는 동안 대부분의 트레이더는 손해를 볼 수밖에 없다. 이 강력한 힘은 예상을 거스르는 재료(경제 뉴스, 연준 회의 결과, 실적 발표)가 나온 후에 특히 기승을 부린다. 슬프게도 대부분의 트레이더들은 재료에 따라 주가가 출렁이는 동안 함정을 역이용하지 못하고 과민하게 반응한다.

---

* bull trap. 초반 상승으로 매수를 유도한 후 급격하게 반전하는 것-옮긴이
** bear trap. 초반 하락으로 매도를 유도한 후 급격하게 반전하는 것-옮긴이

가격은 어떻게 최대한의 고통이 발생하는 지점을 아는 것일까? 그 답은 비교적 쉽게 찾을 수 있다. 대부분의 트레이더들이 정확하게 같은 방식으로 행동하기 때문이다. 가령 개인투자자들은 대개 스마트 머니와 그들의 감정 없는 기계가 이미 쓸모 없게 만들어버린 모멘텀 전략에 따라 과도한 레버리지까지 써가면서 포지션을 잡는다. 그 결과 가격 움직임은 이제 훨씬 더 효율적으로 고전적인 투자 방법론들을 몰락시킨다.

다행스러운 점이라면 트레이더들은 이 상반된 힘 중에서 이기는 쪽에 설 수 있다는 것이다. 간단하게 말해서 다수를 노리고 함정을 놓는 사악한 기획thinking을 역이용할 수 있다. 그러기 위해서는 갑작스러운 재료가 발생할 때마다 '어느 쪽이 진짜 표적인지' 자문해야 한다. 이 질문에 정확한 답을 구하면 돈을 벌 가능성이 높다. 그림 1.1은 사악한 기획이 작용하는 사례를 보여준다.

6월 22일에 페덱스의 주가는 장전 발생한 악재 때문에 갭하락한다. 거래 개시 후 45분 동안 하락 모멘텀이 약화되고(1), 종일 좁은 박스권 안에서 주가가 움직이는 모습을 보인다(2). 주가가 큰 갭을 형성하며 떨어졌기 때문에 함정에 걸린 첫 번째 집단은 전날 물량을 안고 넘어온 매수자들이다. 그러나 개장과 함께 1포인트 이상 주가가 하락했다는 이유만으로 공매도자들이 밀려들면서 혼조세가 연출된다. 사실상 이들은 그다지 보상을 받지 못함으로써 게으른 투자에 대한 벌을 받는다. 한편, 신중한 트레이더는 이날 아침 매수세와 매도세가 충돌하는 양상을 분석한다. 첫째, 함정에 걸린 롱 포지션들을 털어내려면 주가가 충분히 떨어져야 한다. 둘

eSignal©2009. 이 책에 나온 모든 차트는 인터랙티브 데이터(Interactive Data)의 자회사인 이시그널(eSignal)의 승인하에 사용함.

째, 저점에서는 장 개시 후 아무 생각 없이 뛰어들고 있는 공매도자들을 막아야 한다.

이 양면적인 시나리오는 첫 한 시간 동안 형성된 고점과 저점을 표시하고 한쪽으로 돌파가 나올 때까지 지켜보는 전략과 잘 들어맞는다. 이제 이 시나리오에 사악한 기획을 더하여, 시간이 갈수록 하방경직성을 보이면서 공매도자들에게 불리하게 돌아가는 상황을 지켜보자. 체결창을 분석하는 이 단순한 기법은 기본적인 실행 전략과 결합하여 믿을 만한 신호를 포착하고 유리한 리스크 대비 보상 비율을 확보하는 데 필요한 모든 요소를 제공한다.

34

첫 한 시간 동안 형성된 박스권은 종일 유지된다. 주가는 폐장 무렵 아침에 찍은 저점까지 떨어진다. 그리하여 이튿날 아침에는 하향돌파를 기대하는 공매도자들을 불러들인다. 그러나 사악한 기획이 작용하면서 주가는 다시 전날 형성된 박스권을 갭으로 뛰어넘는다(3). 이 상향돌파는 공매도자들을 함정에 빠트리고, 리스크에 민감한 매수자들이 쉽게 들어오지 못하게 막는 두 가지 기능을 수행한다. 또한 보다 사악한 세 번째 기능이 있는데 그것은 최선의 진입 시점인 (4)가 오기 전에 불안감을 조성하여 양쪽의 물량을 모두 털어낸다는 것이다. 주가는 정확하게 변동폭 하단을 찍은 후 3포인트나 급등해버린다.

이 그림을 자세히 들여다보면 사악한 기획에 내포된 약점이 드러난다. 간단하게 말해서, 기만적 의도를 정확하게 읽고 최적의 타이밍을 기다릴 줄만 알면 수익을 올릴 수 있다는 점이다. 물론 수많은 정보가 넘치는 상황에서 그렇게 하기란 말처럼 쉽지 않다. 그렇다면 사악한 기획을 역이용하는 보다 쉬운 방법은 무엇일까? 가장 먼저 알아두어야 할 점은 이것이다. 함정은 대개 추세가 전환되는 과정에 있는 변동성 심한 시장에서 많이 발생한다는 것. 양봉과 음봉이 교차하고 반대방향으로 연속적인 갭이 나타나는 것은 추세 전환을 말해주는 확실한 신호다. 이러한 상황에서는 두 가지 방어적인 진입 전략이 효과적이다.

- 한발 물러서서 흔들기가 끝날 때까지 지지구간과 저항구간의 경계를 살핀 다음 진입한다.

- 원하는 추세가 형성될 때까지 손실제한 범위를 좁히고, 물량을 줄이며, 분할매수로 진입한다.

사악한 힘은 평온한 시장에서도 작용한다. 가격이 몇 주 동안 좁은 박스권 안에서 등락하며 거짓돌파로 물량을 털어내기도 한다. 보다 활발한 시장의 경우 진정한 추세는 대개 좁은 박스권에서 오래 횡보하거나 충분한 흔들기로 대다수 투자자들이 밀려난 후에 형성된다. 이러한 작업은 그림 1.1 페덱스의 사례와 같은 양상을 띠며, 수개월에 걸쳐 진행될 수도 있다.

시장은 언제나 예쁜 그림을 보여주면서 투자심리를 자극한다. 우리가 할 일은 대다수 투자자들이 환상에 빠져서 미끼를 물자마자 습격이 개시될 시점을 인내심 있게 기다리는 것이다. 이 말은 언뜻 투자로 돈을 벌려면 엄청난 노력을 해야 하는 것처럼 들린다. 물론 어느 정도는 그렇다. 함정을 역이용하는 전략은 특별한 기술을 요구한다. 그러나 현실적으로 주식시장에서 수익을 노릴 수 있는 유일한 방법인 경우가 많다.

돼지가 도살당하는 동안 황소와 곰은 돈을 번다는 오랜 표현이 있다.* 수동적인 자세로 시장에 접근했다가는 연일 털리기 십상이다. 그렇게 되고 싶지 않다면 어느 쪽이 먹잇감인지 재빨리 파악하고 스마트 머니와 같은 편에 서야 한다.

---

* 황소는 매수세력, 곰은 (공)매도세력, 돼지는 탐욕스러운 트레이더를 가리킴-옮긴이

시장의 비효율과 매매 기회

대부분의 투자자들은 무방비 상태로 2008년의 험악했던 폭락장을 맞아야 했다. 기술적 분석을 다룬 어떤 책도 시카고옵션거래소^{CBOE}의 변동성 지수^{VIX}*가 50을 넘어서고 두 달 넘게 요동칠 때 어떻게 대응해야 하는지 말해주지 않았다. 이 역사적인 기간 동안 투자자들은 금전적인 타격뿐만 아니라 사실상 오버나이트가 불가능할 정도로 심리적인 타격을 입었다. 게다가 대부분의 트레이더들은 거의 해마다 새로운 버블이 생기는 비옥한 환경에 익숙했기 때문에 폭락장 이후의 여파로 2차적인 충격을 받았다. 그러자 이번에는 비교적 손쉬운 수익을 안겨준 사이클에서는 모든 가격변동이 상대적으로 좁은 매수와 매도 구간 내에서 발생한다는 환상을 갖게 되었다. 물론 지금은 모두 그 환상에서 깨어났지만.

가격변동은 언제나 비효율적이며 바로 그로부터 트레이더들은 수익을 올린다. 이와 같은 일탈은 5분봉 차트부터 월간 차트까지 모든 시간단위에서 발생한다. 모든 비효율은 그것이 무엇 때문에 생겨났는지에 상관없이 한 가지 공통점을 가진다. 수익을 올릴 기회였던 그것들은 얼마 지나지 않아 그 기회를 앗아가버리고 만다는 점이다.

그 전형적인 사례를 살펴보자. 1999년과 2000년에 IT 버블이

---

* Volatility Index. 시카고옵션거래소에 상장된 S&P500 지수옵션의 변동성을 반영하는 지표. 일명 공포 지수라 불리며 증시와 역상관관계를 보인다. 통상 변동성 지수가 20 이하면 과매수 구간, 40 이상이면 과매도 구간으로 해석한다-옮긴이

발생했을 때 투자를 전혀 모르던 사람들까지 나서서 점점 더 높은 가격에 주식을 사들였다. 이러한 추격매수는 기술적 관점에서 엄청난 과매수 상태를 만들었다. 비효율을 감지한 스마트 머니는 공격적인 고점 매도에 나서서 급락을 유도했다. 그 과정에서 약한 투자자들은 상당한 손실을 감수한 채 발을 빼야만 했다.

근본적으로 2008년의 폭락은 매수 후 보유 투자자들을 겨냥한 것이었다. 월스트리트는 동의하지 않을지 모르지만 장기 보유는 지난 20년 동안 가장 남용된 전략이었다. 폭락장에서는 기회주의적인 트레이더들보다 큰 고민 없이 장기 보유에 주력하는 투자자들이 더 큰 피해를 보기 마련이다. 그래서 2008년에 심각한 손실을 입은 집단은 일단 사놓고 장롱 속에 주식을 넣어둔 수많은 장기 투자자들이었다. 장기 투자자들이 시장의 역학을 파악하지 못하는 것은 용서받을 수 있어도, 트레이더가 혼란기에 같은 실수를 저지르는 것은 용서받을 수 없다.

결론적으로 우리는 현재 시장에 맞는 방식대로 투자할 수밖에 없다. 그러기 위해서는 횡보장, 상승장, 하락장에 대응하는 다양한 투자 전략이 필요하다. 각 투자 전략은 매매전술, 보유기간, 리스크 관리에 대한 세부적인 내용을 포함해야 한다. 사실 대부분의 트레이더들은 너무 게을러서 다양한 시장환경에서 수익을 올리는 데 필요한 숙제를 하지 않는다. 따라서 과감하고 다양한 투자 전략을 익힌 트레이더는 미래에 많은 수익을 기대할 수 있다.

혼조장에서는 추세가 형성되는 초기에 무작정 돈을 던지는 투자자들 때문에 의미 없는 스윙이 종종 발생한다. 하지만 이와 같은

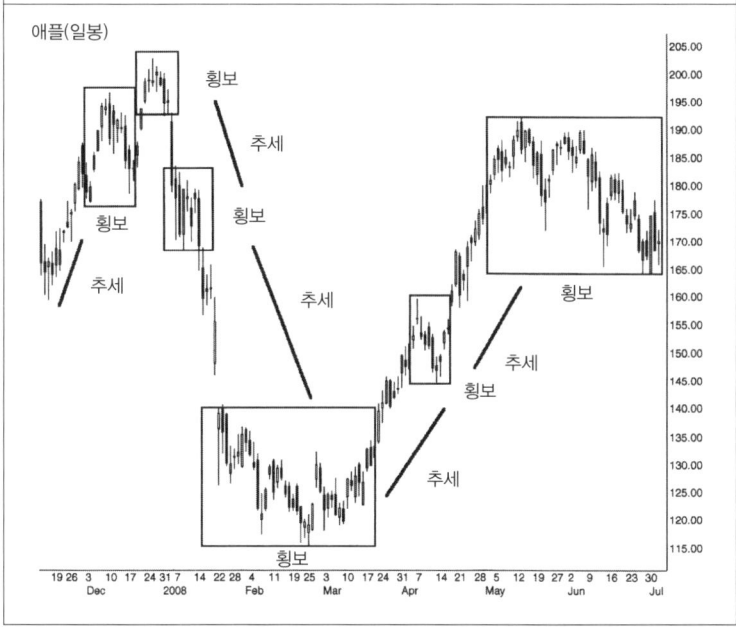

그림 1.2   추세-횡보 축

추세-횡보 축은 성공적인 스윙 트레이딩 전략의 핵심이다. 주식, 선물, 외환, 채권을 비롯한 모든 금융시장은 방향성 추세(trend)와 비방향성 횡보(range) 사이를 오간다. 횡보는 상향추세나 하향추세보다 오래 유지된다. 횡보장에서 추세 전략을 쓰거나 추세장에서 횡보 전략을 쓰면 돈을 잃기 쉽다.

성급한 투자는 자본을 갉아먹고 자신감을 무너뜨린다. 근시안을 극복하는 유일한 방법은 한발 물러서서 큰 그림을 보는 것이다. 그래야만 추세-횡보 축Trend-Range Axis에서 현재 가격이 차지하는 정확한 위치를 알 수 있다. 추세-횡보 축은 가격변동이 상향 또는 하향의 추세와 횡보 사이를 오가는 양상을 가리킨다(그림 1.2). 이러한 교대 양상은 분봉 차트에서 월간 차트에 이르기까지 모든 시간단위에서 발견된다.

주가는 약 80퍼센트의 기간 동안 박스권을 형성하고 약 20퍼센트의 기간 동안 방향성 추세를 형성하는 특성을 지닌다. 시장은 궁극적으로 추세-횡보 축과 자연스럽게 호응하면서 효율성을 갖게 된다. 다시 말해서 횡보장에서 모멘텀을 좇거나 추세장에서 돌파를 역이용하는 것은 좋은 생각이 아니다.

그러면 다시 큰 그림에 대해 살펴보자. 추세-횡보 축을 기준으로 주가를 분석하면 시장의 단계를 활용하여 수익을 낼 수 있다.

우리가 시장의 비효율이라고 부르는 모호한 변화인자를 관리하려면 치밀한 매매계획을 세우고 모든 변수에 통달해야 한다. 거기에는 보유기간, 오버나이트 물량, 추세 역이용 조건, 매매 시점 및 기준, 종목 구분, 매매기조 등이 포함된다. 앞으로 이 변수들을 하나씩 살펴볼 것이다.

생존형 트레이더

생존은 이 책에서 거듭 언급되는 주제다. 현대 시장에서는 수익을 좇는 일보다 리스크를 관리하는 일이 훨씬 중요하다. 물론 시장이 쉬운 수익을 안겨주는 때도 있다. 그러나 주가가 반대방향으로 움직일 때 힘들게 모은 투자자금을 뺏기지 않으려면 어려운 장에 보다 신중하게 대응해야 한다.

다음은 장세가 어려울 때 살아남기 위해 명심해야 할 다섯 가지 사항이다.

1. **시장이 기회를 줄 때를 기다려라** 시장이 혼란스럽거나 위험할 때는 모든 사람이 분위기가 바뀌어서 좋은 매수 기회나 공매도 기회가 생기기를 바란다. 그러나 현금을 쥐고 있는 것도 하나의 포지션이라는 사실을 트레이더들은 종종 망각하곤 한다. 지난 몇 년 동안 어려운 장에서 쉬어갔더라면 잃지 않았을 돈이 얼마인지 계산해보라.

2. **차트는 여전히 강력한 도구임을 명심하라** 심한 변동성 때문에 집중할 수 없거나 당신의 전략에 의문이 생긴다면 한발 물러서서 주간 차트나 월간 차트를 분석하라. 보다 큰 시간단위의 패턴이 저항 또는 지지 수준에 닿았다는 사실을 발견하게 될 것이다. 그리고 당신이 더욱 꼼꼼히 들여다본다면 그 패턴은 공격적인 매매에 나서기까지 얼마나 기다려야 할지도 알려줄 것이다.

3. **덩치 큰 사냥감을 노려라** 때에 따라서는 미친 원숭이처럼 정신없이 주가를 좇을 것이 아니라 머릿속을 깨끗이 비우고 며칠이나 몇 주 동안의 패턴을 추적하라. 큰 기회를 놓쳤더라도 냉정을 유지하는 법을 배워라. 툭툭 털고 일어나서 사냥개의 머리를 쓰다듬어주고 다음 기회를 기다려라. 기회는 반드시 온다.

4. **불확실성과 변동성을 받아들여라** 주식투자는 다음에 일어날 일을 알아내는 일이 아니라 확률이 유리할 때 리스크를 감수하는 일이다. 포지션과 어긋나더라도 시장이 움직이기 시작하는 것을 기쁘게 생각하라. 변동성은 상황을 변화시키고 기회를 만들어낸다. 주가가 한 단계 변할 때마다 완전히 새로운 게임이 시작된다.

5. **일단 살아남아라. 그러면 나머지는 저절로 따라온다** 이 거친

시장에서 가장 신경 써야 할 일은 돈을 잃지 않는 것이다. 그것이 무엇보다 중요하다. 위기가 닥쳤을 때는 어떤 일을 하고 어떤 일을 피해야 할지 말해주는 내면의 침착한 목소리에 귀를 기울여라. 그래야만 생존할 수 있으며, 먹구름이 걷히면 다시 기회를 노릴 수 있다.

2008년에 미국의 은퇴연금들은 평균적으로 35퍼센트가 넘는 손실을 냈다. 공공연한 비밀이지만, 금융위기가 있기 전 호황장이 이어지던 시기에 우리는 각종 연금 계좌를 통해 투자를 하면서 과도한 리스크를 감수했다. 물론 이제는 훨씬 더 현명해졌고 나이도 더 들었기 때문에 앞으로는 연금 계좌를 운용할 때 보다 신중한 자세를 취할 것이다. 그 중대한 변화는 한편, 신용 계좌로 성과를 내야 한다는 압력을 가중시킨다. 현금 계좌와 달리 신용 계좌의 성과를 일반화하기는 어려운데, 그 이유는 일부 트레이더들은 폭락기에 공매도 거래로 엄청난 수익을 올렸기 때문이다. 그들은 더 큰 리스크를 감당할 여력을 지녔기 때문에 앞으로도 공격적인 매매에 나설 수 있다.

폭락장 이후에는 신용을 활용하고 관리하는 일이 훨씬 중요해진다. 신용은 양날의 검과 같다. 그래서 불리한 기간에 부적절한 리스크를 지면 크게 잃기 쉬운 반면, 유리한 기간에 신용을 충분히 활용하지 않으면 수익을 극대화하지 못한다. 그렇다 하더라도 현대 시장에 성공적으로 적응했다는 확신이 들 정도로 꾸준한 수익을 내기 전까지는 신용 규모를 줄여야 한다. 큰 수익과 손실을 오가는 소위 요요 트레이더들은 특히 이 점을 명심해야 한다. 요요 트레이더에 대해서는 5장에서 보다 자세히 다룰 것이다.

생존형 트레이더가 되려면 다양한 시장상황을 활용할 다양한 방법론을 습득하고 날카로운 관찰력과 대세를 거스를 줄 아는 뚝심을 가져야 한다. 또한 모든 가격변동을 회의적인 시선으로 바라보고 행간을 읽어서 다른 사람들보다 빨리 시장의 실제 상황을 간파해야 한다. 그래야만 장세에 맞는 표적화된 전략을 적용할 수 있다.

생존형 트레이더는 경쟁자들보다 빨리 장세를 파악하는 능력을 반드시 갖추어야 한다. 그러기 위해서는 기술적 분석을 가르치는 좋은 교재와 모양 좋은 추세선만 있으면 수익을 올릴 수 있다는 환상을 버려야 한다. 사실 모든 패턴은 결과적으로 상반되는 양 방향으로 진행될 가능성이 있다. 그러므로 시장이 던져대는 커브볼에 대처할 수 있는 기술을 연마하기 전에는 투자실력 운운하는 것은 섣부른 짓이다. 앞으로 5년, 10년, 15년 동안 시장에 머물고 싶은가? 그렇다면 우선 당신의 의견은 문 밖에 내려놓고, 방향성에 대한 어림짐작은 쓰레기통에 버려라. 시장은 당신이 어떻게 생각하든 신경 쓰지 않고 원하는 대로 움직인다. 당신이 해야 할 일은 상황에 따른 맞춤형 전략을 통해 거친 시장에 대응하는 것이다.

오늘날의 시장에서 매매 우위란

당신은 매매 우위를 확보했는가? 그렇지 않다면 어떻게 확보할 것인가? 현대 시장은 돈 벌기 참 어려운 곳이다. 이곳에서는 소수 트레이더들이 대부분의 수익을 가져간다. 놀라운 일도 아니지만 이 소수 엘리트들은 언제나 확실한 매매 우위를 활용한다. 당신과 나, 그리고 모든 다른 사람들을 넘어서는 그들의 우위는 관점, 음모 또는 공격 계획 측면에서 생각 없는 군중과 자신들을 명확하게 분리시킨다. 이러한 매매 우위는 대개 스스로 획득한 것이다. 일반적인 전략은 대중들에게 인기가 있으며 시장 참여자들이 그중 대부분을 사용하고 있기 때문이다. 같은 방식으로 행동하는 사람이 많아지면 최초에 그 전략을 탄생시켰던 우위는 사라질 수밖에 없다.

기술적 분석에 따른 일반적인 전략은 아무런 매매 우위도 제공하지 못한다. 그렇다고 해서 기술적 분석을 당장 폐기해야 한다는 것은 아니다. 선호하는 패턴과 지표들 속에서 강력한 매매스타일과 수단 그리고 전략적 우위를 발굴할 수 있다. 기술적 분석을 일상적으로 적용하여 숨겨진 자원을 활용하라. 먼저 시장의 역학에 대한 자신만의 시각을 가져라. 주의를 끄는 가격변동을 수집하고 분석하라. 그 변동은 언제, 어떻게 시작되었으며, 차트의 움직임과 어떤 관계를 갖는가? 이전에 비슷한 패턴을 본 적이 있는가? 그때는 어떤 이유로 매매에 나서지 않았는가? 전략적 결정이었는가 아니면 단지 두려움 때문에 주저했는가? 이러한 작은 발견들이 평생 활용할 수 있는 매매 우위를 만들어낸다.

많은 트레이더들은 기계적 시스템에서 우위점을 찾는다. 물론 기관들은 복잡한 자동화시스템을 활용함으로써 성공하고 있다. 일부 개인들은 이러한 작업공정을 모방하여 시스템 접근법으로 우위를 확보할 수 있지만 대부분의 사람들은 나름의 규칙에 따라 자유재량으로 포지션을 정해야 한다. 자유재량으로 한 매매가 실패한다고 해서 누구도 당신을 탓하지는 않는다. 하지만 실패든 성공이든 그 결과에 대한 모든 책임은 자신이 져야 한다.

불행하게도 많은 트레이더들은 자신이 매매 우위를 지녔다고 생각하지만 실상은 그렇지 않다. 혹은 우위를 지녔다 하더라도 시간이라는 시험을 통과하지 못한다. 1990년대를 지배했던 장기 보유 전략과 모멘텀 매수 전략은 IT, 부동산, 에너지주 부문에서 버블이 붕괴될 때마다 우위를 크게 잃어버렸다. 그러면서 폭락장이 진행되었는데 폭락장은 우리에게 매매 우위에 필요한 가장 중요한 측면이 무엇인지를 알려주었다. 그것은 대부분의 시장상황에서 유효해야 한다는 것이었다.

간단한 준비와 좋은 소프트웨어만으로도 준비가 덜 된 다른 사람들보다 근소한 우위를 차지할 수는 있다. 실시간 호가 시스템을 갖췄고 거래를 빨리 체결시킬 수 있다면 느린 단말기를 쓰는 사람들의 호주머니를 터는 데 도움이 된다. 그러나 첨단 기술도 나쁜 트레이더를 좋은 트레이더로 만들어주지는 못한다. 일련의 원칙에 근거하여 적극적인 의사결정을 내리는 포지션 관리야말로 보다 확실한 매매 우위를 제공한다. 다만 포지션 관리는 리스크와 기대수익을 유리한 방향으로 돌릴 수 있어야만 의미가 있다. 다시 말해서 좋은 매매에서 올리는 수익을 늘리고, 나쁜 매매에서 내는 손실을 줄일 수 있어야 한다. 그러기 위해서는 레버리지와 포지션 크기에 대한 실전적인 지식을 갖추어야 한다. 그런데 이 지식은 보기보다 습득하기가 쉽지 않다.

진입 시점 및 청산 시점을 제대로 포착하겠다는 광적인 집념은 다른 어떤 기술 또는 방법보다 뛰어난 매매 우위를 제공한다. 왜냐하면 결과와 직결되기 때문이다. 간단히 말해서 궁극적으로 손익을 좌우하는 구체적인 가격 수준보다 큰 그림이나 추세를 그리는 데 집착하는 트레이더들이 많은데, 올바른 분석보다 돈을 버는 일이 더 중요한 사람들은 적절한 진입 시점 및 청산 시점을 찾는 데 집중한다.

'트레이딩 초보를 위한 101가지' 식의 기초적인 지식들은 시장의 여정을 시작하는 데 도움을 주지만 이곳에서 살아남기 위해 필요한 매매 우위를 제공하지는 못한다. 가장 중요한 전제조건은 당신은 혼자 힘으로 여행을 떠나야 하며 그 길을 오랫동안 가야 한다는 것이다. 애초에 당신이 얻고자 하는 매매 우위가 무엇인지 정확하게 알지 못하면 그것을 확보할 수 없다. 한마디로 매매 우위는 다른 트레이더들보다 먼저 시장의 방향을 파악하고 먼저 행동할 수 있는 것이다. 물론 시장분석을 활용할 체계적인 전략과 진입 후 리스크 관리 기술도 필요하다. 이 두 가지 요소는 매매의 전 과정을 버텨주고 지원하는 데 똑같이 중요한 역할을 한다.

매매 우위를 확보하는 일에서 기술적 지표들은 어떤 의미를 지닐까? 이 책은 가격 패턴과 체결창 분석에 대한 것이다. 어려운 수학적 지식을 활용하면서 기술적 분석을 다룬 두꺼운 책들이 있는데 기술적 분석가들에게 흥미를 안겨줄지는 모르겠다. 그러나 나는 그 책에 담긴 숫자들을 지속적인 수익으로 바꿀 수 없었다. 사실 차트를 들여다볼수록 기술적 지표가 지나치게 복잡하다는 것을 느꼈고 점점 관심이 식어갔다. 반면 가격 패턴과 체결창이야말로 시장의 비효율에 대해 알아야 할 모든 것을 말해준다는 사실을 깨달았다.

물론 나는 여전히 몇 가지 지표를 사용한다. 이것들은 지난 10년 동안 크게 바뀌지 않았는데 예를 들자면 다음과 같다. 스토캐스틱 오실레이터Stochastics Oscillator는 현재의 매수-매도 주기를 파악하는 데 없어서는 안 될 도구이고, OBV는 주가가 전고점이나 전저점 근처에 도달했을 때 중요한 단서를 제공한다. 또한 이동평균은 많은 매매 전략에서 필수적인 요소로 쓰인다. 반대로 나는 MACD, 회귀 분석, ATR Average True Range, ROC Rate Of Change를 비롯한 다른 지표들은 시장의 '진짜' 모습을 보여준다고 생각하지 않는다. 사실 수학적 주술에 대한 맹신을 버리고 매수세와 매도세 사이에 벌어지는 끝없는 싸움에 직접 초점을 맞추는 것이 훨씬 확실하다.

이 책에서 제시하는 세 가지 핵심 지표는 내가 새로운 차트를 접한 후부터 최종적인 손익이 결정될 때까지 매매 결정에 지대한 영향을 끼친다. 이 지표들은 지난 20년 동안 큰 변화 없이 나만의 매매 우위를 구성하는 요소로 자리잡았다. 투자비법을 공개해버리면 매매 시스템에 지장이 생길까 봐 두렵지 않느냐고? 전혀 그렇지 않다. 나는 하나의 매매 시스템에 의존하지 않을 뿐 아니라 어떤 특정한 기회만 파고드는 것도 아니기 때문이다. 본질적으로 내가 갖고 있는 것은 변하는 시장상황에 맞춰 대응하는 일련의 관측 기법이다.

다음의 세 가지는 나에게 우위를 제공하는 주요 요소들이다.

- **패턴 주기** 스탠 와인스타인Stan Weinstein이 『강세장과 약세장에서 모두 수익을 올리는 비법Secrets for Profiting in Bull and Bear Markets』에서 설명한 장세 분석의 고전적인 원칙들을 재조명한 것이다.
- **수렴-확산 관계 분석** 두 개의 데이터를 비교하여 추세의 지지 및 지향 여부를 예측할 수 있는 정보를 제공한다.
- **상대강도-약도**relative strength-weakness 복수의 시간단위에서 매수세와 매도세의 변동을 분석한다.

특히 이 책에 나온 기법과 전략을 습득하려면 패턴 주기를 정확하게 이해해야 한다(그림 1.3). 간단하게 말해서 패턴 주기는 저점에서 형성되는 바닥부터 돌파, 상승 그리고 추세의 끝에 형성되는 천정까지 주가의 단계별 움직임을 분석한 것이다.

패턴 주기는 바닥에서 천정까지 이어진 후 다시 돌파와 하락추세를 거쳐 또 다른 바닥을 만든다. 이때 패턴 주기는 상승추세 및 하락추세 그리고 횡보를 오가는 추세-횡보 축을 형성하며, 분봉

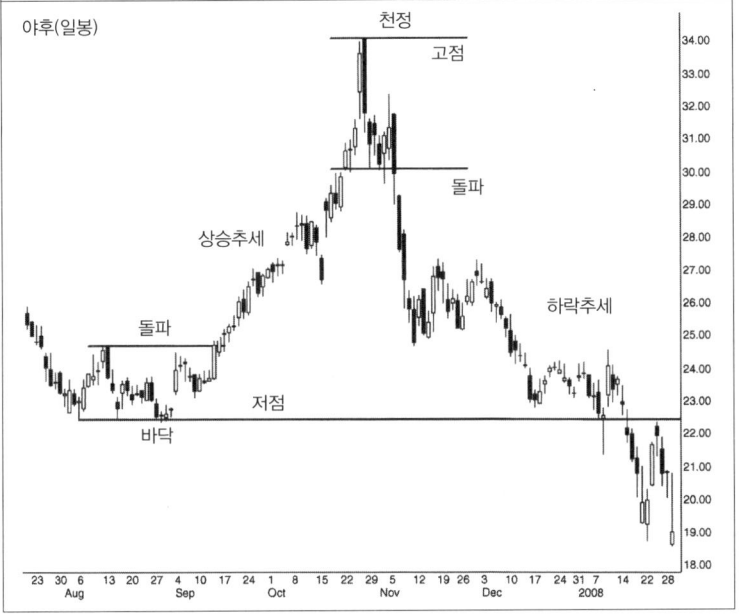

그림 1.3 패턴 주기

패턴 주기를 통해 현재 시장의 단계를 파악할 수 있다. 저점에서 바닥을 다진 주가는 돌파와 상승을 거쳐 천정을 형성한 다음 새로운 하락추세로 이어진다. 서로 다른 시간단위에서 패턴 주기에 모순이 발생할 경우 이는 비효율 상황을 의미하며 수익을 낼 수 있는 기회가 된다.

차트부터 월간 차트까지 모든 시간단위에서 구현된다. 여러 시간단위의 패턴 주기를 같은 툴로 비교하여 각 주기 사이의 상호작용을 분석하면 수익을 낼 기회를 포착할 수 있다. 대개 변동성이 낮은 횡보구간이 끝나고 변동성이 높은 새로운 추세가 시작되는 지점에서 최적의 수익 기회가 생긴다.

    기본에 속하는 구조적 개념 약간만 가지고 평생 매매 우위를 유지할 수 있다는 믿음은 지나친 것이다. 언제나 그렇듯이 악마는 세부적인 것에 깃들어 있다. 정확하게 패턴을 읽는 법을 배우려면 수많은 차트를 보고 가격 움직임을 다각적으로 분석해야 한다. 하지만 이와 같은 방법이 누구에게나 적합한 것은 아니다. 왜냐하면 그 해석 과정이 고도로 시각적이기 때문이다. 이미 알려져 있다시피 이 트레이딩이라는 게임에서 똑똑한 사람들은 대개 갭, 삼각형 파동, 추세선, 피보나치 되돌림 등을 바탕으로 리스크를 감수하고자 하는데 그 전에 더 많은 지표와 스프레드시트, 분석 그리고 일반화된 대응법을 필요로 한다.

반면 평범한 사람들에게는 시장의 일반적인 구조를 통해 가격동향을 해석하는 방법론이 매매 우위를 확보하기에 더없이 적합하다. 한 가지 예를 들어보자. 로버트 D. 에드워즈Robert D. Edwards와 존 매기John Magee는 많은 상승추세 및 하락추세가 진행되는 과정에서 세 가지 형태의 갭이 형성된다고 지적했다. 바닥이나 천정에서 새로운 추세가 시작될 때 나오는 돌파갭breakaway gap, 모멘텀이 축적된 추세의 중간 지점에서 나오는 지속갭continuation gap, 추세의 끝에서 반전이 일어나려 할 때 나오는 소멸갭exhaustion gap이 그것이다.

지속갭은 누구나 발견할 수 있기 때문에 매매 기회를 쉽게 제공하지 않는다. 그러나 잘 관찰해보면 지속갭이 발생한 위치로 주가가 밀릴 때 특정한 규칙에 따라 주가가 움직인다는 사실을 알 수 있다. 패턴 주기가 제공하는 이 작은 단서가 적절한 진입 시점을 찾는 데 큰 도움을 준다. 보다 구체적으로 설명하자면 이전 지속갭 근처 혹은 그 안까지 반락이 진행되면 주가는 갭을 다 메우기 전에 급격하게 반전한다. 뒤이은 반등은 적어도 역추세 파동(반락폭)의 38퍼센트를 되돌린다. 다른 많은 트레이더들이 3수 앞을 내다보지 않는 덕분에 나는 이 작은 단서를 활용한 진입 전략을 만들 수 있었다. 대부분의 매매 우위가 이런 식으로 확보된다. 사실 대다수 트레이더들은 시장에 앞서 행동하기보다 시장을 뒤쫓는 경향을 보인다. 그 이유는 게으르기 때문이다. 주가를 예측하려면 주가 패턴이 중요한 시점에 접근할 때 적극적으로 분석하려는 노력이 필요하다.

그림 1.4 지속갭

평생 활용할 수 있는 매매 우위는 아주 단순한 관찰에서 출발한다. 예컨대 상승 중이던 주가가 반락할 때 이전 지속갭 지점에서 반전하는 경향이 강하다는 것을 발견하는 등이다. 매시 에너지(Massey Energy)의 주가 차트를 보면 저점으로부터 9포인트 상승 후 지속갭이 나온 지점까지 되돌리는 모습이 나온다. 갭을 메우기 전에 들어온 매수자는 29.50달러까지 반등이 이어지는 구간에서 수익을 올릴 수 있다.

eSignal©2009

단일 패턴만 면밀히 관찰해도 여러 가지 매매 우위를 확보할 수 있다. 가령 지속갭은 5파로 진행된 추세 전체를 보면 쉽게 파악할 수 있지만, 네 번째 파동이 진행되는 초기 몇 개의 봉을 통해서도 파악할 수 있다. 엘리어트 파동이론에 따르면 상승추세와 하락추세에서 형성되는 5파는 추세를 형성하는 세 개의 동인파동과 추세를 거스르는 두 개의 조정파동으로 구성된다. 지속갭은 두 번째

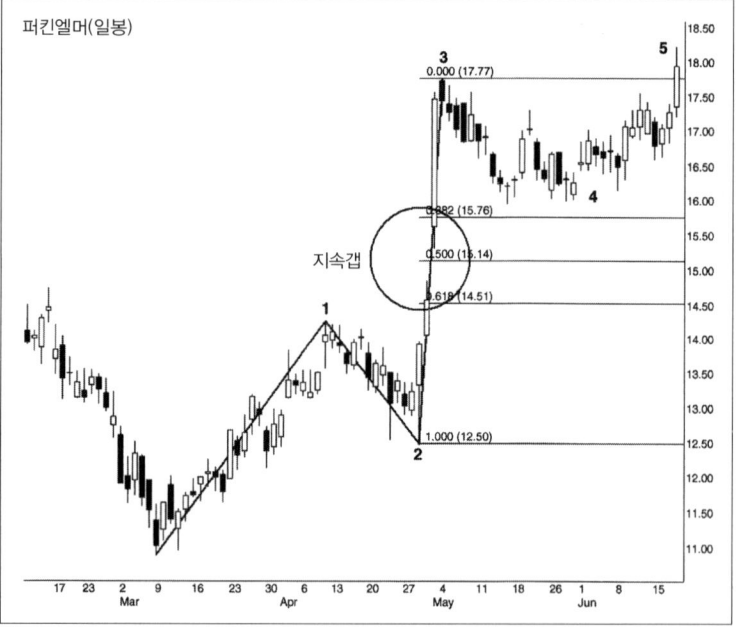

그림 1.5 지속갭

반복적으로 나타나는 주가 패턴은 수익을 올릴 기회를 드러낸다. 관찰력이 뛰어난 트레이더는 지속갭을 통해 세 번째 파동(두 번째 동인파동)에서 반락 후 네 번째 파동이 형성되는 초기에 5파 패턴이 나올 것임을 예상할 수 있다(이전 지속갭에서 지지를 받으므로). 이렇게 전체 패턴을 예상하고 나면 다섯 번째 파동(세 번째 동인파동)을 타기 위하여 진입할 시점을 비교적 쉽게 파악할 수 있다.

동인파동의 중간 지점에서 형성된다. 갭이 나온 후 주가가 갭 이전 움직임의 두 배가 된다면 잠재적인 지속갭이라고 판단할 수 있다. 이 정보는 마지막 상승이나 하락을 예측할 수 있다는 점에서 대단히 중요하다.

이러한 예측은 갭에 이은 횡보 패턴에서 마지막 세 번째 동인파동이 나오기를 기대하고 진입할 수 있는 기회를 제공한다. 사실 지난 20년 동안 이 전략이 통한다는 사실을 거듭 확인한 나로서는 활용하는 트레이더들이 많지 않다는 사실이 놀라울 뿐이다. 이 전략을 제대로 활용하려면 횡보 패턴 내에서 나타나는 주가동향을 잘 이해해야 한다.

많은 매매 우위는 준비가 덜 된 경쟁자들의 반응 덕분에 생긴다. 가령 좁은 박스권 전술은 돌파 시점 근처에서 트레이더들의 흥분을 이용하여 포지션을 취함으로써 수익을 얻는다. 또한 상향돌파(혹은 하향돌파)가 모멘텀을 잃었을 때 청산계획을 세우지 않은 미숙한 트레이더들을 이용하여 수익을 올릴 수도 있다. 그들이 차량 전조등 불빛에 놀란 사슴들처럼 궁지에 몰린 상황을 이용하는 데에는 두 가지 방법이 있다. 첫째, 상대강도가 반전되었을 때 공매도로 반대 포지션을 취할 수 있다. 둘째, 주가가 더 떨어질 때까지 기다렸다가 그들이 포기하고 털어내는 물량을 받을 수 있다.

매매 우위를 확보할 수 없을 때는 한발 물러서서 기회를 기다릴 줄 알아야 한다. 그렇지 않으면 실패할 가능성이 높다. 시장은 비효율이라는 엔진으로 작동되는데, 트레이더에게 이 비효율은 주가와 시간의 중요한 교차점에서 좋은 포지션을 차지할 기회가 된다. 그러나 이 교차점에 이르는 길은 결코 평탄하지 않다. 시장에서 살아남으려면 만찬과 기아의 주기에 적응해야 한다. 사실 매매 우위를 확보하지 않은 상태에서 매매를 해도 대개 큰 손실은 입지 않을 것이다. 그러나 그러한 매매는 투자원칙을 해치고, 감을 무디게 만들며, 큰 손실을 낼 위험을 부른다. 그리고 진정한 기회가 왔을 때 신속하게 행동할 수 있는 능력을 손상시킨다.

02 CHAPTER

절대 공정하지 않은 경기장

주식시장의 중대한 변화는 1990년대 말에 호가 스프레드가 무너지면서 시작되었다. 1990년대 중반 나스닥의 시장조성자들이 주가 담합 혐의로 고소당한 일이 있다. 하루에 200만 주에서 400만 주가 거래되는 일반적인 중형주에 평균적으로 25센트에서 50센트에 이르는 큰 스프레드를 형성하도록 했다는 것이다. 그들이 잘못을 인정하면서 1997년에 중대한 개혁을 담은 새로운 제도가 만들어졌다. 이 제도에 따라 아키펠라고Archipelago와 아일랜드Island 같은 장외전산시장이 생겨나 주요 거래소와 경쟁하게 되었다.

2001년 초에는 기존 방식이 중개자들에게 과도한 이익을 안긴다는 이유로 호가단위가 조정되었다. 그 결과 유동성이 높은 주식의 경우 스프레드가 1센트 단위, 때로 그 밑으로 낮아지기도 했다. 또한 진입과 청산이 초 단위로 이루어지면서 거래량이 크게 늘어나 2003년에는 거의 세 배가 되었다. 페니 단위로 거래한다는 것은 사람들에게는 어려운 일이지만 컴퓨터에게는 전혀 문제될 것이 없었다.

장외전산시장은 거래비용과 호가 스프레드에 혁신적인 변화를 일으키면서 큰 성공을 거두었다. 그 여파로 나스닥은 모든 거래를 전산으로 처리하는 거래소가 되기 위해 더욱 노력했다. 결국 뉴욕 증권거래소도 변화의 대열에 동참하지 않을 수 없었다. 2003년에 딕 그라소Dick Grasso가 은퇴하고 존 세인John Thain이 새 소장이 된 후 전산혁명의 속도는 더욱 빨라졌다. 기존 거래소들은 시장점유율을 되찾기 위해 아예 장외전산시장을 인수하는 쪽을 택했다. 2005년 4월 20일에 뉴욕증권거래소가 아키펠라고를 인수했고, 이틀 후 나스닥이 새롭게 부상하던 아일랜드를 인수했다.

이 두 건의 인수로 수십 년 동안 시장의 변동성을 억제해오던 중개자들이 설 자리를 잃었다. 과거에는 중개자들이 수급을 조절하여 시장의 질서를 유지하는 역할을 수행했다. 그러나 새로운 전산시장에서는 중개자들이 필요없었다. 증권거래위원회가 나서서 논리적인 선에서 시장의 안정성을 유지하는 적절한 규정만 세우면 크게 문제될 것이 없었다. 그러나 증권거래위원회는 정확히 상반되는 행동으로 혼란을 부추겼다.

2007년 7월 7일에 증권거래위원회는 업틱 룰*을 폐지했다. 그

---

* uptick rule: 공매도 시 직전 체결가보다 높은 호가를 내야 하는 규정—옮긴이

러자 2주 만에 3년 동안 10대 중반에서 바닥을 기던 시카고옵션거래소 변동성 지수가 크게 상승해버렸다. 이렇게 변동성이 치솟은 이유는 무엇일까? 간단하게 말해서 주문의 흐름을 저해하는 중개자가 사라진 상황이므로 프로그램 알고리즘이 몇 시간 동안 반복적으로 공매도주문을 내면서 인간들의 수요를 쉽게 압도할 수 있었기 때문이다.

두 번째 문제는 2007년 8월과 10월 사이에 전국시장시스템 제도Regulation NMS가 시행되면서 생겼다. 이 악몽 같은 제도는 매수든 매도든 모든 주문이 최고의 호가를 제시하는 거래소를 통하도록 강제했다. 이 제도는 취지는 좋았지만 실행하는 과정에서 엄청난 문제를 일으켰다. 기관들이 주문을 최소 단위로 쪼개어 계속 호가를 쌓고, 시장 참여자들이 결코 끝나지 않는 술래잡기에 내몰리면서 시장의 안정성이 급격히 떨어진 것이다.

천 분의 1초 단위로 돌아가는 현대의 컴퓨터는 순식간에 쌓인 주문을 사라지게 만드는 힘을 지니고 있다. 이러한 능력은 역시 프로그램 알고리즘이 지배하고 있으며 비교적 적은 거래로도 쉽게 조작할 수 있는 지수선물시장에서 독점적인 힘을 갖게끔 했다. S&P500 지수선물이 약간 하락하는 동안 뉴욕증권거래소와 나스닥에서 거래되는 수많은 종목의 호가가 증발하는 이유가 거기에 있다. 이러한 환경에서 구식 펀드매니저들과 기관투자자들은 제대로 경쟁할 수 없다. 그들의 주문은 단기 가격형성에 거의 영향을 미치지 못하기 때문이다. 한마디로 말해서 실질적인 의미의 수요와 공급이 사라진 것이다.

주문을 잘게 쪼개는 것은 더욱 놀라운 결과를 낳았다. 첫째, 과거의 매매 장부가 실질적으로 의미를 잃었다. 둘째, 인간의 개입 없이 복수 시장에 걸쳐서 더욱 빠르게 주문을 체결하는 새로운 프로그램 알고리즘을 등장시켰다.

또한 전국시장시스템 제도는 기관들의 매매 전략을 은폐하는 다크 풀을 비롯한 은밀한 장외거래를 급증시켰다. 이러한 거래는 지연된 보고나 옵션 청산 혹은 ETF를 통해 주가와 지수에 영향을 미친다. ETF와 레버리지 ETF는 유동성, 레버리지, 주식 고유 리스크에 대한 낮은 노출 덕분에 프로그램 알고리즘이 선호하는 체결 경로가 되었다. 그래서 지수선물과 소수 ETF 바스켓의 가격을 조작할 수 있을 정도로 충분한 현금을 가진 일부 기관들이 절대적인 힘을 갖게 되었다.

파생상품은 원래 현물 매매에 따른 위험을 회피할 목적으로 만들어졌지만 지금은 완전히 주객이 전도되었다. 이는 전산화된 시장환경이 낳은 논리적인 결과이지만 분명히 잘못된 것이다. 금융시장에서 비정상적인 거래가 수요와 공급의 기능을 대체하는 것은 매우 위험한 일이다.

주식시장 영향력이 더 커진 지수선물

1995년 무렵만 해도 선물시장에 접근하는 개인투자자들은 드물었다. 당시 선물 거래는 전산시스템이 아닌 인력을 통해 이루어졌다. 그러다가 이-미니$^{e-mini}$라는 신종 상품이 등장하고 2000년에 시카고선물거래소가 글로벡스^{Globex}를 만듦으로써 모든 것이 바뀌었다. 당시에는 마침 IT 버블이 붕괴되면서 주식시장에서 선물시장으로 대규모 자금이동이 이루어졌다. 거기에는 두 가지 이유가 있었다. 첫째, 업틱 룰의 제한 없이 약세장에서 공매도를 하고 싶어했던 큰손들이 지수선물의 엄청난 유동성에 매력을 느꼈다. 둘째, 정해진 기간 동안 일정한 매매 횟수를 넘어서면 계좌에 2만 5천 달러 이상을 유지해야 하는 불합리한 데이 트레이딩 규제 때문에 많은 개미들이 지수선물로 넘어왔다. 큰손과 개미들이 힘을 모아 시장의 혁명을 일으킨 셈이다.

한마디로 지수선물은 현물 가격을 이끄는데 이러한 상관관계는 알고리즘 프로그램이 급증하면서 더욱 강해졌다. 이들은 현물 가격과 선물 가격 사이의 비효율을 활용하는 것이 주목적이기 때문이다. 그래서 현재 선물 가격의 움직임은 현물 가격에 더 큰 영향을 미친다. 많은 트레이더들은 선물 가격의 움직임을 보고 현물의 매수 시점과 매도 시점을 저울질한다. 두 시장 사이의 긴밀한 상관관계를 고려하면 당연한 대응이 아닐 수 없다. 또한 이 상관관계는 지수선물과 개별 종목 사이의 기술적 분석 결과가 상충할 때 이를 극복하는 데 도움을 준다. 예컨대 선물의 ROC$^{rate\ of\ change}$가 증가할 때 지수보다 높은 상승률을 보이는 종목의 주가는 계속 호조를 이어갈 것이라고 예측할 수 있다.

지수선물은 글로벡스를 통해 밤새 거래되며, 다음 날 주식시장의 시가에 커다란 영향을 미친다. 많은 트레이더들은 뉴욕시간으로 오전 9시 30분에 시작되고 오후 4시 15분에 끝나는 일중 차트에만 집중하는 경향을 보인다. 그러나 24시간 차트와 일중 차트 사이의 수렴-확산 관계를 추적하는 것이 더 나은 전략이다. 24시간 거래의 장세는 장 초반에 영향을 미치며, 5-3-3 스토캐스틱에서 나타나는 고유한 상대강도 주기를 만들어낸다. 일중 차트에서 고점 및 저점을 파악하고 24시간 차트에서 스토캐스틱과 비교하

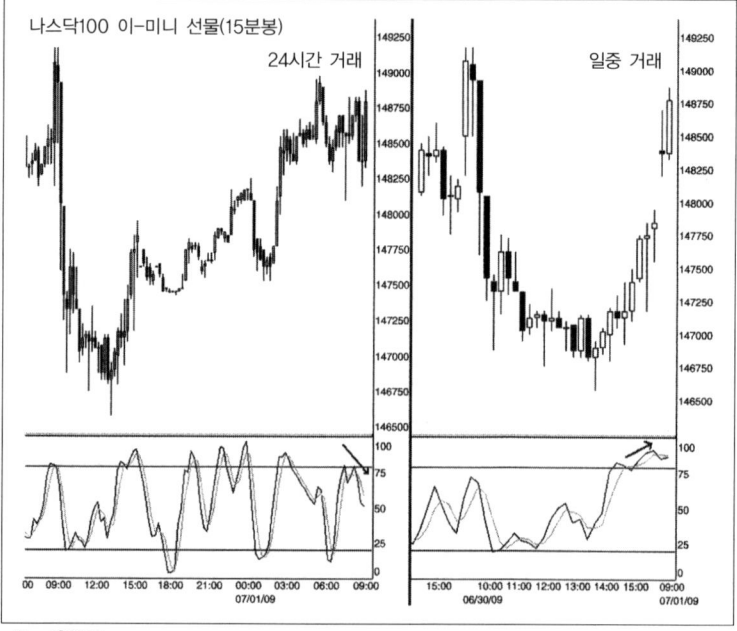

그림 2.1 차트 간 지표의 수렴과 확산

지수선물의 24시간 차트와 일중 차트는 상당히 다른 양상을 보일 수 있다. 개장 30분 후 5-3-3 스토캐스틱은 나스닥100 지수선물의 일중 차트에서는 매수 신호를 내보내는 반면 24시간 차트에서는 매도 신호를 내보낸다. 이처럼 상반된 양상은 장 초반에 흔하게 나타난다. 둘이 확산(다른 양상)하면 주의하라는 신호이고, 수렴(비슷한 양상)하면 보다 공격적으로 트레이딩하라는 신호가 된다.

eSignal©2009

면 유용한 정보를 얻을 수 있다. 일중 차트와 24시간 차트가 동일한 양상을 보이면 강력한 추세가 나올 것임을 말해주고, 확산되면 주가가 횡보할 것임을 말해준다. 다만 이 단기적인 신호는 부분적인 정보에 불과하기 때문에 시장의 방향을 판단하는 전적인 근거로 삼지는 말아야 한다.

기관은 추세를 형성하는 데 많은 자본이 필요하지 않은 지수선물과 해당 ETF를 활용하여 알고리즘 전략을 실행한다. 여기에 편승하고자 하는 자본들이 모이기 시작하는데 프로그램들은 이들을 끌어들여 공생관계를 형성한다. 따라서 프로그램 매매의 동향을 빨리 파악하는 것이 매우 중요한데 업종별로 도미노 효과를 통해 추세를 형성하기 때문이다. 이와 함께 트레이더들이 반대 포지션을 청산하고 단기 모멘텀을 추종하게 되면 프로그램 매매의 파급력은 더욱 커진다.

선물 관련 프로그램 매매는 대다수 투자자들이 관망 상태일 때 현물시장에 가장 큰 영향을 미친다. 반면 대규모 매수세나 매도세가 유입될 때는 크게 줄어든다. 이 사실은 최근에 연쇄적으로 버블이 붕괴된 탓에 트레이더들이 현물 포트폴리오에 집착하면서 더욱 중요해졌다.

지수선물과 ETF가 지속적으로 영향력을 미치는 상황에서도 여전히 현물에서 저항선과 지지선은 형성된다. 그러나 그 견고성은 과거보다 훨씬 약해졌다. 그래서 지난 10년에서 15년 사이, 패턴이 무너졌을 때의 대응 전략이 시장에서 살아남는 데 큰 의미를 지니게 되었다. 지수선물의 지배력은 채널링 channeling 으로 알려진 가격 움직임을 강화시켰다. 알다시피 지수선물은 장기 패턴보다 단기 패턴에 훨씬 큰 영향력을 미친다. 잘 구축된 주가 추세는 이와 같은 한시적인 변동성을 극복할 수 있지만 과거보다 훨씬 넓은 주가 변동폭을 보인다. 그리고 이러한 특성은 일간 차트와 60분봉 차트에서 수많은 채널 패턴을 만들어낸다.

장기 포지션으로 수익을 내려면 넓어진 변동성에 의해 생성된 채널의 경계 밖에 손실제한주문을 설정해야 한다. 그에 따라 복잡하게 리스크 대비 보상 비율을 검토할 필요성이 생겼다. 과거에는 전저점 아래나 이동평균선 위에 손실제한을 설정했지만 지금은 그런 방식으로 수익을 내기는 어려워졌다. 적어도 단기적으로는 지수선물의 움직임에 따라 현물의 변동폭이 형성되므로 먼저 지수선물시장의 변동성이 미치는 영향력을 파악하지 않으면 적절한 손실제한 수준을 찾는 것이 거의 불가능하다.

다행히 이 일은 보기보다 쉽다. 매매 화면에 지수선물과 관련된 차트만 더하면 되기 때문이다. 나는 15분봉 차트에 50일(일간 차트일 경우)과 200일 지수이동평균선^{EMA}, 그리고 5-3-3 스토캐스틱을 추가한다. 그 다음에는 열심히 추세선을 찾는다. 왜냐하면 선물 트레이더들은 모든 추세선, 이동평균선, 고점-저점 변곡점 따위를 무척 중요하게 생각하기 때문이다. 이 그림들을 그리고 나면 상향돌파와 하향돌파 시 그리고 갭이 발생할 때 변동성이 급등한다는 사실만 알면 된다.

지수선물은 단기 매매 전략에서 매우 중요한 의미를 지닌다. 그러나 단지 지수가 반대로 움직일 것이 두려워서 1주에서 3주 정도 보유할 포지션을 포기하는 것은 실수다. 4부에서 설명하겠지만 기술적 분석은 패턴이 시간상 더 멀리 움직일수록 유효성이 높아진다. 따라서 몇 시간이나 며칠보다 몇 주로 보유기간을 잡으면, 폭넓은 상대강도 지표를 통해 요동치는 선물시장에서 보다 효과적인 자료를 얻을 수 있다.

프로그램 매매의 위력

프로그램 알고리즘은 체결창에 엄청난 유동성을 제공했다. 하지만 컴퓨터는 탐욕과 공포라는 감정으로 고통을 받지 않기 때문에 인간 트레이더에게는 매우 불리한 상황이 조성되었다. 시장 역사상 모든 위기는 공포가 매도압력을 가중시켜 포기 국면을 이끌어냄으로써 해소되어왔다. 하지만 지금은 이러한 거래가 시장에서 이루어지는 활동의 대다수를 차지한다. 인간들은 일상적으로 공포를 느끼고 물량을 내던지며, 기관들은 책상 앞에서 프로그램의 엔터키를 누르는 것만으로 손쉽게 단기적인 방향을 통제한다.

프로그램 매매는 2001년에 호가단위가 조정된 후부터 엄청난 영향력을 발휘하기 시작했다. 컴퓨터가 여러 불분명한 전략들을 더욱 세분화함으로써 평균 거래 규모는 붕괴됐으며, 이러한 변화는 매수압력과 매도압력의 정상적인 흐름을 훼손했다.

프로그램 알고리즘이 등장한 이후 변동성 지수가 급격히 상승했다는 것은 이미 밝힌 바와 같다. 그런데 프로그램을 활용한 신세대 전략은 변동성 지수를 결정하는 내부 코드를 파악하여 전통적인 변동성 패턴을 만들지 않고도 시장을 움직일 수 있는 것으로 보인다.

이러한 변화는 시장의 미래를 암울하게 만든다. 탐욕과 공포는 가격 형성을 위한 자연적인 조절 메커니즘이다. 세력들이 적은 리스크만 감수하면서 지수선물과 현물 가격을 언제든 원하는 수준으로 조정할 수 있다고 상상해보라. 대단히 무섭지 않은가? 그런 의미에서 나는 나심 니콜라스 탈레브Nassim Nicholas Taleb가 쓴 『블랙스완Black Swan』이라는 책을 읽어볼 것을 추천한다. 그는 이 책에서 역사적 대형 사건들이 시장에 어떤 영향을 미치는지를 우리가 너무 쉽게 지나쳐버리고 있음을 지적했다. 또한 그는 월스트리트의 전문가들이 인정하거나 예측하는 것보다 훨씬 빈번하게 재난이 발생할 가능성이 높다고 썼다. 그의 말이 옳다면 감정 없는 자동매매 프로그램들이 앞으로 10년이 가기 전에 2008년과 가까운 재난을 초래할 수도 있다.

전산화된 옵션시장은 프로그램 매매의 영향력을 강화시킨다. 많은 프로그램 알고리즘은 다양한 파생상품을 통해 위험을 회피하는데 이들이 파생상품시장에서 취한 포지션이 현물시장의 방향성에 큰 영향을 미치기 때문이다. 이 사실은 기술적 분석을 중시하는 트레이더들에게 굉장히 나쁜 소식이다. 자동매매 프로그램이 복수 시장에 걸쳐서 주문의 흐름을 저해하고 왜곡된 방향성을 위장하면서 차트가 더 이상 자연스러운 수급을 반영하지 않기 때문이다. 게다가 기관들이 동일한 경로를 추구하는 것도 아니다. 가령 기관들은 대중들에게 의도를 숨긴 채 자본을 재배분하기도 하는데 이때는 상충하는 알고리즘이 작동하기도 한다. 이 은밀한 작업이 진행되는 동안 실질적인 매도 활동을 숨기기 위해 허매수가, 실질적인 매수 활동을 숨기기 위해 허매도가 동원된다.

트레이더들이 프로그램 매매의 막강한 영향력에 적응해야 한다는 사실은 더 이상 비밀이 아니다. 오히려 우리는 프로그램 매매를 운영하는 기관들의 활동에 맞서는 일을 멈추고 공생할 수 있는 방향으로 전략을 조정해야 한다. 그러기 위해서는 인식, 매매계획, 포지션 관리에서 다음과 같은 방향 전환이 필요하다.

- 기관의 자금 흐름과 같은 방향으로 매매한다.
- 미리 청산계획을 세워놓고 반대 포지션을 가진 프로그램 매매가 들어오면 즉시 실행한다.
- 혼조구간은 자동매매 프로그램이 작은 수익을 쥐어짜는 데 집중하는 것이기 때문에 발을 빼거나 포지션 크기를 줄인다.

수익을 내려면 기관의 자금 흐름을 따라야 한다. 그러나 프로그램 매매가 일반적인 기술적 분석을 활용한다는 잘못된 고정관념 때문에 실제로 그렇게 하기는 어렵다. 사실 이 믿음은 현실과 아주 동떨어져 있다! 프로그램 알고리즘은 일반적인 상식이나 매매 전략과 상관없는 복잡한 수학을 적용한다. 단적인 예로 알고리즘 전문가인 제임스 시몬스James Simons는 원래 베트남전에서 암호를 해독하는 수학교수였다가 금융계에 들어왔다. 말하자면 영화 〈월스트리트〉의 고든 게코Gordon Gecko가 〈뷰티풀 마인드Beautiful Mind〉의 존 내시John Nash의 천재성을 빌려서 시장을 움직이는 매매 전략을 수립한 셈이다. 이것이 전산화된 현대 주식시장의 현실이다. 결론적으로 프로그램 매매로 수십억 달러를 주무르는 기관의 회의에서 이중바닥 패턴이나 삼각형 패턴 같은 단어가 언급될 가능성은 매우 낮다는 것이다.

컴퓨터가 지배하는 현실에 대한 또 다른 유효한 대응은 지수선물이 중요한 변곡점 가격 사이를 오갈 때 발을 빼는 것이다. 앞서 설명했듯이 프로그램 매매는 지수선물과 깊이 연관되어 있고 현물시장은 선물시장의 변동에 즉각적인 반응을 보인다. 이러한 역학은 기관들에게 단기적인 시장의 방향에 영향을 미칠 수 있는 효율적인 수단을 제공한다. 그러나 보다 큰 시간단위의 저항선과 지지선에서는 인간과 컴퓨터의 대응이 일치하는 경향을 보인다. 그래서 장기 주기에서는 고점 매도, 저점 매수가 여전히 의미를 지닐 수 있다. 문제는 인간의 심리가 저항선에서는 지지선보다 적극적이 되고, 지지선에서는 저항선보다 소극적이 된다는 점인데 이를 극복해야만 한다는 것이다. 컴퓨터는 이러한 심리적 난관 없이 누군가 버튼을 누를 때까지 입력된 명령만을 수행한다. 이처럼 심리적 측면에서 이점을 누리는 컴퓨터는 인간과 달리 신호가 나오면 절대 놓치는 법이 없다.

끝으로 장단기 투자자들이 활발하게 시장에 참여할 때는 프로그램 매매의 영향력이 줄어든다는 점을 기억하라. 이때는 알고리즘이 중요한 가격 수준에서 압력을 가해도 인간들의 감정적 개입이 보다 견고하게 저항선과 지지선을 지켜낸다. 그래서 손쉽게 수익을 올릴 수 있는 기회들을 잡을 수 있다.

프로그램 매매를 역이용하는 전략

기관들은 컴퓨터 알고리즘을 매우 은밀한 방식으로 운영한다. 그래서 그 어두운 비밀을 알려면 내부자가 쓴 책이 나오기를 기다려야 한다. 그러나 그 전이라도 컴퓨터 알고리즘의 블랙박스를 해체하여 적절한 대응 전략을 세울 수 있는 방법이 있다. 그것은 바로 체결창 분석이다. 시장은 오랜 역사를 지녔지만 체결창 분석을 무력화시킬 수 있는 기만적 행동은 아직 등장하지 않았다.

다음은 체결창 분석을 통해 파악한 자동매매 프로그램의 행동 양상이다.

- 시장은 종종 점심시간 근처에 고점이나 저점을 찍는다.
- 개장 후 한 시간, 2시 15분 근처, 장 종료 전 30분 동안 프로그램의 방향성 매매가 더 많이 이루어진다.
- 상승 종목 거래량과 하락 종목 거래량의 비율이 80:20보다 높거나 20:80보다 낮은 경우 추세 채널이 지속될 가능성이 높다.
- 지지선과 저항선에서 전날 마감 무렵 형성된 모멘텀과 반대방향으로 갭을 만드는 함정이 자주 나타난다.
- 장 시작부터 장 마감까지 하루 동안 일관된 주제를 추구하다가

다음 날 돌변하는 프로그램 전략이 흔하게 사용된다.
- 이러한 일일 전략 때문에 일반적인 기술적 분석으로는 거의 예측할 수 없는 순환매가 일상적으로 일어난다.
- 또한 이러한 일일 전략의 결과 일중 추세 반전은 5년, 10년, 15년 전보다 덜 일어난다.

일반적인 투자 상식에 어긋나는 이러한 양상은 새로운 대응 전략을 요구한다. 가령 우리는 장 마감 시 강력한 추세가 나오면 다음 날 개장 시에도 이어질 것이라고 예상한다. 그러나 지금은 이러한 예상에 따라 투자하다가는 돈을 잃기 쉽다. 다른 한편, 장 시작 후 한 시간 동안 드러나는 움직임이 하루 종일 지속되는 경향이 생겼기 때문에 거기에 맞는 전략을 쓸 수 있다. 다시 말해서 전일의 역추세가 나올 때 포지션을 구축하거나, 15분봉 차트에서 상향돌파나 하향돌파가 나올 때 매수 및 공매도에 나서거나, 혼전 양상일 때는 발을 뺄 수 있다.

그림 2.2에 나온 나스닥100 트러스트Trust 차트를 보면 6월 22일 갭하락으로 시작한다. 매도세는 개장 한 시간 만에 지지선인 35.45포인트(1)를 하향돌파다. 여기서 이날 하루 종일 하락추세가 형성될 것임을 알 수 있는 두 가지 단서를 얻을 수 있다. 첫째, 개장 후 한 시간 동안 갭을 메우기 위한 반등이 나오지 않았다는 점. 그리고 둘째, 같은 시간 동안 중요한 지지선이 깨진 후 회복되지 않았다는 점.

개장 후 한 시간 동안 형성된 박스권(2)은 그날 첫 매매에 참고

그림 2.2 역추세 시가와 일중 주가 흐름

할 좁은 경계를 제공한다. 지수는 10시 30분에서 45분 사이에 저점을 찍은 다음 거의 한 시간 동안 밀집구간을 형성하면서(3) 직전의 돌파 구간을 테스트한다. 이때 이 반등을 이용하여 회색으로 표시해놓은 박스 안에 손실제한 수준을 정한 다음 공매도를 하거나 작은 횡보 패턴에서 하향돌파가 나오기를 기다렸다가 공매도를 할 수 있다. 첫 번째 진입이 더욱 바람직한데, 지수가 점심시간 동안 저점을 찍을 때 5-3-3 스토캐스틱이 상승을 시작(6)하기 때문이다. 다음 매매 기회는 지수가 약세 깃발*을 만들며 오전보다 더 강하게 반등하다가 다시 무너지는 마지막 한 시간 동안(4) 찾아온다. 약세 깃발의 꼭대기에 자리잡은 봉(35.40을 향해 길게 뻗어 있는)은 추세일**에 나오는 전형적인 반등의 고점을 형성한다. 시장은 일시적 주도세력(이 경우 약세 깃발 매수자들)이 마지막 힘을 소진할 때까지 방향을 바꾸지 않다가 순식간에 뒤통수를 때린다.

장 막판에 나타난 마지막 기회에 진입하려면 숏 포지션을 안고 다음 날로 넘어갈지 여부를 긴급하게 결정해야 한다. 앞서 밝혔듯이 하루 단위로 프로그램 전략이 운영되는 경우가 많기 때문에 이 결정은 쉽게 내리기 어렵다. 그러나 추세일에 형성되는 저점들은 추세가 역전되기 전에 시험받거나 깨질 것이라는 또 다른 사실을 참고할 수 있다. 그림 2.2에서 장 마감 무렵 35포인트 근처에서 형성된 저점은 장이 마감되는 바람에 테스트를 받지 못했다. 이에 따라 다음 날 일찍 더 강한 매도세가 형성된다(5).

물론 이 사례에서 개장 직후 모멘텀을 이용하여 공매도를 하는 것을 포함하여 몇 가지 유리한 진입 기회들이 있다. 그러나 프로그램 알고리즘이 당일 전략의 실마리를 드러내기까지는 시간이 걸리기 때문에 개장 직후에는 정보가 부족하다. 또한 시장의 폭***과 하락 종목 거래량 대비 상승 종목 거래량 같은 자료도 충분히 확보하지 못한 상황이다. 실제 자료를 보면 뉴욕증권거래소와 나스닥에서 하락 종목이 각각 1,800개와 2,000개 더 많고, 하락 종목의 거래량이 80퍼센트를 차지하면서 하락추세가 형성될 것임을

---

* bear flag: 하락추세에 형성되는 작은 반등–옮긴이
** trend days: 추세를 형성하는 거래일–옮긴이
*** market breadth: 상승 종목과 하락 종목을 대비하여 얻어내는 지표–옮긴이

말해주었다.

그러면 이번에는 프로그램 알고리즘이 호가창에 미치는 영향을 살펴보자. 첫째, 프로그램 매매가 과거의 중개자들을 대체하여 시장 조성 역할을 한다는 점을 기억해야 한다. 여기에 언제나 최고의 호가가 제시되도록 강제하여 오히려 안정성을 해치는 전국시장시스템 제도의 영향을 더해보자. 그 결과 컴퓨터에 의해 호가 스프레드가 빛의 속도로 바뀌게 된다. 컴퓨터는 사람이 실행 버튼을 누르는 것보다 훨씬 빨리 호가를 취소할 수 있기 때문에 개별 호가의 규모는 크게 줄어들었다. 또한 진정한 규모와 의도를 숨긴 채 주문을 잘게 나누어 빙산의 일각처럼 만드는 일도 가능해졌다. 게다가 다크 풀처럼 은밀하게 유동성을 공급하는 방식이 생겨나면서 개인투자자들이 보는 호가창은 더 이상 진정한 수급상황을 반영하지 않게 되었다.

그래도 생존형 트레이더는 수많은 왜곡과 눈속임에도 불구하고 여전히 호가창에서 중요한 단서를 얻는다. 다음은 자동매매 프로그램의 행동양상을 활용하는 세 가지 전략이다.

1. 개장 시 공백 시장의 질서를 유지할 중개자가 사라지면서 개장 시 유동성이 상당히 줄어들었다. 평균적으로 일 거래량이 200만 주가 넘는 종목도 개장 시에는 호가 스프레드가 1달러나 벌어지는 경우가 많다. 자동매매 프로그램들이 한발 물러서서 바람이 어느 쪽으로 부는지 가늠하는 조용한 아침에는 특히 이러한 공백이 많이 발생한다.

기민한 트레이더들은 개장 전 2분 동안 낮은 호가를 내서 종종 바로 수익을 올린다. 뉴욕증권거래소에서는 개장 호가가 5분에서 15분 정도 지연되는 일이 잦기 때문에 이와 같은 약탈적 전략을 한발 더 밀고 나아갈 수 있다. 일단 진입한 후 반대편 극단의 한 단계 안쪽에 주문을 내서 즉각 수익을 취하라. 이것이 불가능하다면 호가 스프레드가 줄어들기를 기다렸다가 진입 가격 바로 뒤에 익절선을 설정하라.

2. 단계적 주가 움직임 대규모 프로그램 매매가 지수선물을 공략할 때 표적 종목의 호가 스프레드는 반복적으로 진동하면서 단계적으로 움직이는 모습을 보인다. 프로그램 매도의 경우 더 낮은 수준에서 주가가 빠르게 재설정되며, 갑작스레 상승틱이 등장하더라도 안정적인 이전 수준에 도달하지 못한다. 그래서 주가는 일보 전진, 이보 후퇴를 반복한다.

이러한 현상이 발생하고 있다면 자동매매 프로그램이 작업을 마치고 시장을 나가는 동시에 진입하라. 그 신호는 첫 번째 역추세가 안정적인 이전 수준을 100퍼센트 회복하는 것이다. 프로그램이 밀던 방향으로 주가가 다시 움직일 때, 즉 반등의 고점이 높아진 다음 그 지점에서 반락할 때 진입하면 된다.

표 2.1을 예로 들면 주가가 매도압력에 따라 15~35센트씩 떨어지고 있다. 주가는 세 번째 하락한 후 37.65까지 반등했다가 37.30으로 떨어졌다. 다음 반등은 37.68까지 회복하면서 매수 신호를 냈다. 진입 시점은 반등에 뒤이어 하락할 때이며, 네 번째 하락파동의 저점인 37.30에 손실제한주문을 설정하면 된다.

표 2.1   프로그램 매도에 따른 단계적 하락

① 38.01 - 37.80
② 37.85 - 37.65
③ 37.70 - 37.55
④ 37.65 - 37.30
⑤ 37.68 - 37.45 (매수)

3. 유동성 끌어내기 이 방식은 호가창 활용 초기인 1990년대 초반에 유행하던 체결창 분석 전략의 21세기식 변형이다. 이 방식의 전제는 자동매매 프로그램들이 대규모 유동성이 어디에 숨어 있는지를 알고 있다는 것이다. 주가는 종종 장대봉을 만들면서 숨겨진 유동성을 끌어당기는 지점에 도달했다가 반전하는 경향이 있는데 이를 활용하는 방식이다. 단 이 방식이 통하려면 박스권에 있을 때 주가가 갑작스럽게 등락하지 않아야 하며, 한 방향으로 추세를 형성하다가 마지막에 가속해야 한다.

이러한 경향을 이용하여 주가가 급격하게 움직일 때 정점에서 그 반대 포지션으로 진입하면 큰 수익을 얻을 수 있다. 급등락으로 단기 추세가 분명한 저항선이나 지지선을 깬 경우 반대 포지션을 잡는 전략이 더욱 유효해진다. 이 전략은 언뜻 고전적인 투자 원칙에 어긋나는 것처럼 보인다. 그러나 주가가 저항선을 뚫는 것을 보고 흥분한 트레이더들이 몰려들었다가 갑자기 추세가 반전되면서 함정에 갇히는 상황이 얼마나 자주 연출되었는지 생각해 보라.

이 돌파 후 반전이 왜 일어나는지는 숨겨진 유동성에 대한 개념으로 설명할 수 있다. 간단하게 말해서 대다수 자동매매 프로그램은 어느 방향이든 가장 많은 거래량을 끌어내는 쪽으로 움직이기 때문이다. 외부자의 시각으로 볼 때 이러한 활동은 끊임없는 수색 섬멸전처럼 보일 것이다. 자동매매 프로그램이 전형적인 진입/청산 신호를 만들어내서 대규모 물량을 이끌어낸 다음 손절매를 강요하기 때문이다.

전산화된 시장조성활동이 대규모 프로그램 매매와 결합했을 때 포지션 보유에 따른 리스크는 더욱 커진다. 작은 헤지펀드들이 이들에 편승하거나 발을 뺌으로써 프로그램 매매가 일으킨 충격에 대응하듯이 우리도 자동매매 프로그램이 체결창을 장악했을 때 어떻게 대응해야 할지 고민할 필요가 있다. 일반적으로 트레이더들은 손실제한 수준을 느슨하게 설정하는 경향이 있다. 언뜻 합리적으로 보이는 이 대응은 자동매매 프로그램이 일중 변동성을 대단히 효과적으로 조정한다는 현대 시장의 사악한 면을 간과하고 있다. 그래서 느슨한 손실제한 수준이 일상적인 매수 및 매도 충격은 견딜 수 있을지 모르지만 프로그램 매매가 일으킨 파동에는 놀랍도록 정확하게 걸려드는 것이다. 자동매매 프로그램은 대개 좋은 포지션을 취한 물량들을 털어낸 후에 유유히 사라진다.

이러한 양상에 비추어 볼 때 두 번째 대응 방법이 유용해진다. 그것은 일단 발을 빼는 것이다. 물론 포지션을 포기해야 하기 때문에 기분이 유쾌하지는 않을 것이다. 그러나 현대의 매매환경에서는 거래비용이 아주 낮은 편이므로 일단 발을 뺐다가 먹구름이 지나간 후에 다시 포지션을 잡는 것도 합리적인 방법이다.

패턴 실패의 3단계 구조

지수선물과 프로그램 알고리즘에 대한 서너 가지 핵심을 간단하게 제시할 수 있다면 좋겠지만 21세기 시장은 그렇게 만만치가 않다. 선물시장, 외환시장, 파생시장을 통틀어 엄청난 유동성이 정상적인 수급의 범위를 벗어나 주식시장에 전반적인 영향을 미친다. 이렇게 상황이 복잡한데도 많은 기술적 분석가들은 여전히 주가 차트만 보고 예쁜 그림을 찾으며 추세의 방향, 연장, 지속 여부를 예측할 수 있다고 믿는다. 안타깝지만 불완전한 시각의 결과인 이러한 믿음은 계좌에 이롭지 않다. 주식시장과 다른 금융시장 사이의 수렴-확산 관계는 주가 변동에 지대한 영향을 미친다.

현실적으로 시장 간 역학은 강력한 상승 패턴에서 과매도를 촉발할 수도 있다. 물론 그 반대의 경우도 마찬가지다. 그렇다고 해서 더 이상 쓸모가 없으니 패턴 분석을 완전히 포기하라는 말은 아니다. 패턴 분석은 여전히 의미를 지닌다. 그러나 외부의 영향을 전혀 고려하지 않은 채 파동의 형태나 추세선만 보고 투자 결정을 내리는 것은 위험하다는 얘기다.

그러면 이제 패턴 실패에 대해 살펴보자. 새 천년이 시작되었을 때 트레이더들은 고전적인 기술적 분석이 힘을 잃어가는 힘든 환경으로 접어들고 있었다. 간단하게 말해서 시장의 버블이 붕괴되는 시기와 인터넷으로 기술적 분석을 습득한 대량의 트레이더가 등장한 시점이 겹치면서 기술적 분석은 효력을 상실하게 되었다. 널리 알려진 비효율, 즉 수익 기회가 과도하게 활용되었고 그럴수록 수익의 문은 예외없이 굳게 닫혀갔다.

지금도 많은 트레이더들이 패턴 실패에 대한 인식 없이 기만적인 상향돌파와 하향돌파에 걸려든다. 한 번만 더 생각하면 피할 수 있는 중대한 실수를 저지른다는 것은 안타까운 일이다. 이러한 실수를 피하기 위해서는 먼저 대다수 상향돌파, 하향돌파, 휩소*, 패턴 실패에서 나타나는 3단계 구조를 파악해야 한다. 나는 이 3단계 구조를 작용-반작용-해결 주기 혹은 간단하게 1-2-3 주기라고 부른다.

성공적인 돌파는 대개 3단계에 걸쳐 이루어진다. 첫 번째 단계에서는 거래량이 증가하면서 저항선이나 지지선을 깬다. 이것이 작용 단계다. 뒤이어 추세가 꺾이면서 반작용 단계가 진행된다. 이 단계에서는 두 번째 진입 기회를 찾을 수 있는데 저항선(하향돌파 후라면)이나 지지선(상향돌파 후라면) 부근이 적절하다. 마지막으로 두 번째 충격파동이 전고점 혹은 전저점을 깨면서 해결 단계를 진행한다. 이 단계에서 돌파가 완료된다.

휩소와 거짓돌파는 수급의 균형이 무너졌을 때 나온다. 휩소는 저항선 또는 지지선 부근에서 톱니 모양으로 나타나는 심한 등락

---

* whipsaw. 갈짓자로 움직이면서 빈번하게 가짜 신호를 내는 산만한 가격변동-옮긴이

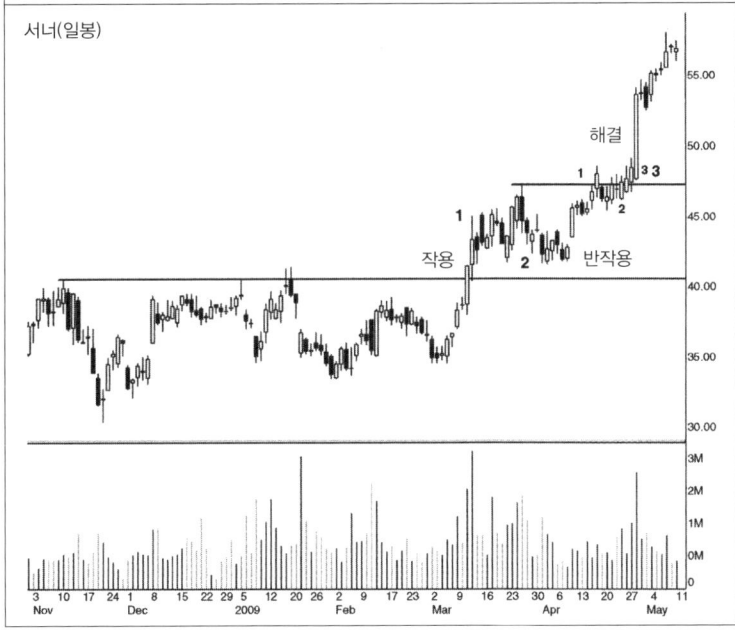

그림 2.3 1-2-3 주기

상향돌파와 하향돌파는 작용-반작용-해결(1-2-3) 주기를 지닌다. 서너(Cerner)의 주가는 넉 달 동안 바닥을 다지다가 저항선인 40달러를 돌파한다. 이 상향돌파는 작용(action) 단계에 해당하며, 뒤이어 추세가 꺾이고 일련의 휩소가 나타나는데 이때가 반작용(reaction) 단계다. 일주일 동안 변동성이 약해진 후 주가는 다시 전고점을 넘는 해결(resolution) 단계에 이른다. 이 차트는 비교적 짧은 기간 동안의 돌파에 이은 1-2-3 주기를 보여주고 있다.

을 가리킨다. 대개 매수세와 매도세의 자연스러운 줄다리기로 만들어지지만 프로그램 알고리즘도 영향을 미친다. 프로그램 알고리즘은 물량을 확보하려고 심한 등락을 유도함으로써 트레이더들이 일반적으로 설정하곤 하는 손실제한주문을 겨냥한다. 원인이 무엇이든 간에 휩소는 손실을 초래하는 주요 원인이다.

해결 단계는 휩소 현상이 약화된 후 빠르게 전개된다. 변동성이 줄면서 봉의 길이가 짧아지면 매수 신호라 할 수 있다. 뒤이어 도미노 효과가 작용하여 전고점 혹은 전저점을 깨는 데 필요한 힘을 제공한다. 주가가 전고점 혹은 전저점을 깨면서 돌파가 마무리된 후에는 보다 짧은 시간단위에서 새로운 1-2-3 주기가 시작된다.

3단계의 주기가 완성되지 않으면 패턴 실패라고 부른다. 돌파에 성급하게 반응한 트레이더들은 이 패턴 실패 때문에 함정에 빠진다. 일반적인 신호에 이끌려 돌파의 초기 단계에 진입한 트레이더들의 운명은 다음 신호를 보고 얼마나 많은 트레이더들이 따라 들어오느냐에 달려 있다. 이 점을 고려할 때 거짓돌파의 이유는 두 가지로 볼 수 있다. 첫째, 트레이더들의 이차 진입이 제때 이루어지지 않았다. 둘째, 약탈적 프로그램 매매가 반대 포지션을 취함으로써 충격파동을 무너트렸다. 만약 두 가지 이유가 동시에 겹치면서 역추세가 발생한다면 먼저 진입한 트레이더들은 엄청난 손실을 입게 된다.

1-2-3 주기는 생존형 매매 기법과 깊이 연관되어 있기 때문에 앞으로 자주 언급될 것이다. 일단 다시 한 번 패턴을 보고 기억해 두도록 하자. 이 패턴만 잘 활용해도 큰 도움이 된다. 지난 매매기록을 복기하면서 큰 손실이 난 경우를 잘 살펴보라. 1-2-3 주기를 활용했다면 아마 손실을 줄일 수 있었을 것이다.

시장 간 영향에 대한 대응

시장 간 분석은 1-2-3 주기의 각 단계에 따른 리스크를 측정하는 데 도움을 준다. 다른 시장의 추세가 주식시장의 신호와 같은 방향으로 움직인다면 주기의 마지막인 해결 단계가 진행될 가능성이 높다. 물론 반대의 경우도 성립된다. 예를 들어 아시아 시장이 혼조세라면 뉴욕 시장에서도 웹 포탈, 철강, 농업부문의 해외 포지션들이 휩소에 시달릴 가능성이 높다.

장중에 확인해야 할 외부 시장은 무엇일까? 우선 글로벡스 지수선물 동향을 잘 살펴야 한다. 지수선물에 직접 투자할 자금이 없다면 대안으로 ETF를 활용할 수 있다. 다만 ETF로는 시장에 24시간 접근할 수는 없다는 점을 알아야 한다. 그 다음 에너지와 원자재시장을 실시간으로 관찰해야 한다. 이 경우에도 ETF를 대안으로 활용할 수 있지만 선물시장을 안정적으로 추종하지 않을 수도 있기 때문에 신중하게 골라야 한다. 2008년에 미원유펀드United States Oil Fund가 무너졌을 때 그 사실이 분명하게 드러났다. 에너지 가격과 원자재 가격의 동향을 파악하기 위해 유료 데이터를 받아보는 것은 직접 거래를 하지 않더라도 충분히 가치 있는 일이다.

금융뉴스만 잘 챙겨도 해외의 주식시장, 채권시장, 외환시장의 동향을 파악할 수 있다. 특히 외환시장은 세계 경제상황의 변화에 민감하게 반응한다. 그러나 직접 거래할 생각이 없다면 유로/달러 환율만 확인해도 충분하다. 기타 주요 국가의 시장상황을 점검하기 위하여 해당 시장의 ETF를 활용할 수 있다. 다만 미국 시장에서의 거래 시간이 종료되면 해외시장을 보여주지 않기 때문에 활용도가 떨어진다. 물론 실시간으로 데이터를 받아볼 수 있지만 비용이 많이 든다.

일반적으로 세계 시장의 변동성이 과도할 때는 장기 포지션을 피해야 한다. 또한 밤새 시장에서 갑작스러운 움직임이 발생할 수 있기 때문에 미리 비상계획을 준비해두고 유사시 재빠르게 실행하는 것이 중요하다. 이러한 움직임은 종종 장전에 공격적으로 활용할 필요가 있다. 여기에 대해서는 10장에서 자세히 설명할 것이다. 단, 밤새 발생한 충격이 시장에 영향을 미칠 때는 냉정하게 대처해야 한다. 앞서 예를 보여줬듯이 개미들의 잘못된 판단은 약탈적 매매를 촉발시키기 쉽다. 밤새 설치된 함정에 쉽게 반응하는 트레이더들은 급격한 가격변동에 물량을 털리기 마련이다. 이러한 반응으로 장 초반에 형성된 갭이 메워지거나, 추격매매자들을 두 번째 함정에 빠트리는 반작용이 일어난다.

경제지표나 연준 회의 결과의 발표는 동시에 여러 시장에서 가격변동을 촉발시켜서 리스크를 높이는 한편 좋은 매매 기회를 제공하기도 한다. 경제지표의 중대한 변화가 발표되면 주가는 대개 작용과 반작용의 역학을 통해 1-2-3 주기를 형성한다. 이 주기는 트레이더들이 재료의 성격에 따라 논리적인 방향을 추구하면서 시작된다. 이후 반작용이 일어나면서 새로운 경계를 시험한다. 마지막으로 시장은 재료를 소화하고 새로운 가격 수준을 달성한다. 이 과정에서 어김없이 보상과 처벌이 이루어진다.

세계의 주요 시장은 서로 상관관계를 맺으며, 특정한 경제부문은 주가의 장단기 움직임을 예측하는 단서가 된다. 다음은 주식시장에 큰 영향을 미치는 여섯 가지 상관관계다.

- 원자재시장과 채권시장 사이의 반비례관계
- 미 달러와 원자재, 특히 금 사이의 반비례관계
- 주식시장과 채권시장의 비례관계
- 산업활동 척도로서의 구리 가격동향
- 인플레이션-디플레이션 척도로서의 금 가격동향
- 경기 확장-수축 척도로서의 원유 가격동향

특히 에너지, 원자재시장은 최근 들어 주식투자 전략에서 필수적인 참고요소가 되었다. 이들 시장은 주식시장의 관련 종목에 직접적인 영향을 끼친다. 따라서 원자재 관련 종목들은 S&P500이나 나스닥100 같은 전체 시장 지수로부터 분리된 움직임을 보이는 경향이 있다. 이렇듯 독립적 경향을 보이는 지수를 활용하면 전체 시장이 원하는 방향대로 움직이지 않을 때 수익을 올릴 수 있다. 다만 원자재선물과 기초자산은 복잡한 상관관계를 맺기 때문에 완벽하게 호응하는 경우가 드물다는 사실을 명심해야 한다. 원자재 관련 기업들은 정제, 탐사, 배급, 시추 등 분야별로 특화되어 있다. 따라서 원자재의 일상적인 가격변동에 영향을 받는 정도가 다르다.

유가 상승추세를 노리고 에너지 종목을 매매할 때는 선물 및 다른 에너지 종목보다 상승률이 높은 종목을 골라야 한다. 일반적으로 탐사전문 소형주들이 투기성이 높은 반면 배당을 주는 원유편

드나 종합석유기업 종목들이 안전한 편이다. 트레이더들은 시추 및 파이프라인 운영 관련 종목들을 선호하는데 이미 대중적으로 인기를 모으고 있는 원유펀드 OIH$^{\text{Oil Services HOLDERS Trust}}$와 대조하여 직접 성과를 확인할 수 있기 때문이다. 유가 등락의 영향을 많이 받는 브라질의 국영석유기업인 페트로브라스^{petrobras} 같은 종목도 매력적인 투자 대상이다.

귀금속 관련 종목들은 모두 비슷한 정렬 및 수렴 과정을 거친다. 다만 금선물은 불안 심리, 인플레이션, 헤징, 아시아 지역 수요와 밀접하게 관련되어 있어서 고유한 특성을 지닌다. 또한 금의 등락 주기는 월 단위나 연 단위가 아나라 10년 단위로 긴 경향이 있다. 그래서 귀금속 관련 종목의 일별 변동은 주가 지수를 거의 추종하지 않는다.

귀금속 관련 종목의 주가가 실물 가격의 변동을 추종할 것이라고 믿고 투자했다가는 돈을 잃기 쉽다. 채굴 업종의 경우 장기 추세는 대체로 귀금속선물을 추종하지만 주별 변동은 헤징이나 신규 매장량 확인 등의 재료에 많은 영향을 받는다. 이러한 특성은 양날의 검과 같아서 채굴 종목의 대부분은 실물보다 못한 상승률을 기록하지만 일부는 실물보다 훨씬 나은 상승률을 기록한다. 다른 업종과 마찬가지로 귀금속 업종에서도 강한 종목에 롱 포지션, 약한 종목에 숏 포지션을 취하는 것이 좋다.

주가의 힘을 측정하는 가장 효율적인 방법은 현재 주가를 200일 지수이동평균선과 비교하는 것이다. 이 방법은 4장에서 자세히 설명하도록 하겠다.

기술적 분석의 맹점을 활용하기

현대 시장에서 기술적 분석은 커다란 약점을 지닌다. 주가차트를 해석하는 법을 배우는 일은 쉽지만 여기에 돈을 버는 일관된 전략을 적용하는 일은 무척 어렵다. 많은 트레이더들은 시장에 영향을 미치는 수많은 요소들을 공부하기에는 너무 게을러서 다른 모든 것을 제쳐두고 차트에만 집중한다. 사실 시장을 움직이는 복잡한 힘을 분석하는 것보다 선 몇 개만 그어놓고 저항선과 지지선을 파악하는 일은 훨씬 쉽다. 그러나 요즘처럼 험난한 시장에서 수익을 올리려면 예쁜 패턴을 찾는 정도의 노력만으로는 부족하다.

누구나 별다른 노력과 헌신 없이 기술적 분석을 할 수 있다. 그러나 자신의 돈을 거는 것은 완전히 다른 문제다. 실제 매매는 구체적인 계획과 배짱 그리고 인내심을 요구한다. 이러한 조건을 갖추는 일은 추세선, 반등, 이중바닥 같은 용어를 습득하는 일과 비교도 할 수 없을 만큼 힘들다.

나는 매일 수많은 차트를 본다. 그 주요 목적은 기술적 분석에 의존하는 투자자들이 함정에 빠지거나 비합리적인 행동을 하기 쉬운 주가와 시간의 교차점을 찾기 위해서다. 나는 이런 방식으로 기술적 분석을 역이용한다. 이밖에도 기술적 분석에 대한 맹신을 역이용하는 다양한 전략이 있다.

지난 차트를 보면서, 제대로 대응했다면 큰 수익을 올렸을 급등과 급락 지점을 되짚은 적이 있는가? 이러한 행동은 무의식적으로 리스크를 피하려는 태도를 강화할 뿐 수익을 올리는 데 별로 도움이 되지 않는다. 물론 차트를 복기하는 일이 잘못된 것은 아니며, 오히려 성공투자에 필요한 학습의 일환이기도 하다. 그러나 주가 패턴은 너무나 많은 함정을 숨기고 있다는 사실을 기억해야 한다.

그러면 다음 질문에 솔직하게 대답해보자. 이 질문에 대한 답변은 당신이 실전적인 트레이더인지 아니면 기술적 분석에 의존하는 트레이더인지 말해줄 것이다.

- 차트에 대한 해석을 기반으로 시장상황에 맞는 투자계획을 세우는가?
- 본격적인 추세를 형성하기 전에는 손실제한주문이 설정되어 있는 물량을 털기 위해 함정과 휩소들이 등장하는데 이를 파악할 수 있는가?
- 프로그램 매매 때문에 시장이 당신의 포지션과 반대로 움직일 때 어떻게 대응하는가?

세력들이 차트를 원하는 대로 색칠할 수 있음에도 기술적 분석은 그 절대적 힘을 간과한다. 기술적 분석의 맹점은 거기서 그치지 않는다. 앞서 말했듯이 기본적인 차트 해석에 의존하는 사람들이 너무 많아서 더 이상 실질적인 우위로 활용할 수 없다. 사실 현대 시장은 다각적 측면을 지니고 있어서 보는 각도에 따라 해석이 달라진다. 그래서 역설적으로 차트가 잘못된 정보를 전달하는 방식을 잘 알아야 수익을 낼 수 있다. 또한 매일 시장에서 발생하는 온갖 함정과 거짓 그리고 흔들기에 대처하는 실전적 매매 전략이 필요하다.

　기술적 분석의 전문가들은 열심히 언론에 등장해서 시장에 대한 해석을 내놓는다. 그러나 그들은 종종 다른 목적을 감추고 있는 경우가 많다. 그들의 해석은 지속적인 수익을 올리는 데 거의 도움이 되지 않는 도박심리만을 부추길 뿐인데도 항상 과대평가를 받는다. 그들이 하는 역할이 하나 있긴 하다. 일이 잘못되었을 때 사람들이 비난할 눈에 보이는 대상이 되어준다는 것이다. 이상한 말처럼 들리겠지만 수익은 차트에 대한 해석의 옳고 그름과 거의 관계가 없다. 시장에서 오래 살아남으려면 리스크를 관리할 줄 알아야 하고, 실시간으로 정확하게 승률을 계산할 줄 알아야 한다. 또한 모든 변곡점마다 등장하는 혼란, 괴리, 착오와 평화롭게 공존할 줄 알아야 한다.

　다시 말해서 정석대로 그려진 예쁜 추세선이 아니라 시장의 추한 측면에 더 많은 관심을 기울여야 한다는 얘기다.

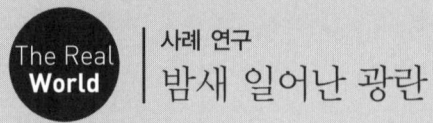

사례 연구
밤새 일어난 광란

지난 밤에 아시아와 유럽에서 대규모 매도사태가 일어났다. 당신은 세 개의 롱 포지션을 안고 오버나이트 한 상태다. 이제 밤새 일어난 광란에 대처해야 한다.

하루 종일 주가가 상승했다. 장 마감을 앞두고 어떤 포지션으로 오버나이트를 할지 정해야 할 때가 되었다. 당신은 내일 아침에도 매수세가 이어질 것으로 기대하고 더 많은 물량을 안고 넘어가기로 결정한다. 두 개 종목에 물량을 늘리고 중국발 모멘텀을 살리기 위해 신규 종목까지 추가했다. 그 결과 장 마감 시 보유현황은 애플 500주, 제너럴 밀스General Mills 1,000주, 넷이지NetEase 1,500주가 되었다.

당신은 내일도 상승행진이 계속될 것으로 기대하면서 잠자리에 들었다. 그러나 일어나보니 밤새 해외시장에서 투매가 일어났다. 꼼짝없이 매물 홍수에 노출될 포지션을 생각하면서 당신의 고민은 깊어진다. 잘못 판단했다가는 순식간에 수천 달러를 잃을 수도 있다. 이 난관을 어떻게 벗어날 것인가?

먼저 당신은 상황을 냉철하게 살핀다. 매도사태는 주요 지수가 거의 5퍼센트 가까이 떨어진 아시아에서 시작되었다. 넷이지 주식을 대거 매수한 당신으로서는 큰일이 아닐 수 없다. 그렇지 않아도 넷이지는 변동성이 큰 종목이었다. 따라서 큰 손실을 막으려면 넷이지에 우선 집중해야 한다.

애플은 복합적 성격을 지닌 종목이다. 나스닥100 지수에 편입되어 있어서 지수선물에 프로그램 매도세가 몰리면 갭하락을 면치 못할 수도 있다. 또한 지수를 끌어내리려는 헤지펀드들의 집중적인 공격 대상이 되기 쉽다. 그러나 다른 한편으로 숏 스퀴즈*를 노린 세력이 기술 업종 전체에 효과가 파급될 것을 기대하고 주가를 끌어올릴 수도 있다.

식품업체인 제너럴 밀스는 방어 종목으로 알려져 있다. 대규모 매도사태가 발생할 때 음식료, 화장품 등의 종목군에 순환매가 일어나는 경우가 종종 있다. 그렇다고 해서 오늘 아침에도 매수세가 들어올 것이라는 보장은 없다. 따라서 여차하면 청산할 생각으로 상황을 주시하기로 한다.

사실 S&P500 종목이나 나스닥100 종목을 많이 보유했다면 대응하기가 쉽다. 장전에 선물 계약에서 숏 포지션을 취함으로써 균형을 맞출 수 있기 때문이다. 주요 지수와의 상관관계가 느슨한 경향이 있는 종목들은 비상사태 시 별도로 관리해야 한다.

잠시 사태가 실제로 얼마나 나쁜지 생각해보라. 약한 포지션들이 다 털리고 난 후 주가가 빠르게 반등하는 경우도 많다. 사태의 속성을 파악하는 좋은 방법은 지난밤 동안 글로벡스 지수선물의 동향을 살피

---

* short squeeze: 일시적 반등이 일어나 공매도자들에게 손실 상태에서 숏 포지션을 커버하도록 압박하는 것-옮긴이

는 것이다. 이때 지수선물이 하락했는지 아니면 좁은 박스권에 갇혔는지 확인해야 한다. 특히 오늘 새벽에 지수가 한 방향으로 움직였다면 양 방향으로 움직인 것보다 훨씬 위험하다. 이 경우 개장 후 주가가 예상보다 더 떨어질 수 있다.

장전 호가는 우려했던 수준으로 나타났다. 애플과 넷이지의 장전 호가는 전날 종가보다 2퍼센트에서 3퍼센트 낮게 형성되었다. 그나마 애플은 스프레드가 좁고 유동성이 높아서 결정을 내리기가 쉽다. 반면 넷이지는 스프레드가 2.5포인트나 되어서 어떻게 해야 할지 결정하기가 어렵다. 당신은 계속 상황을 주시하기로 결정한다. 물론 개장 전까지 매수호가가 높아지지 않으면 비상조치를 취할 각오가 되어 있다.

애플은 나스닥100 지수선물보다 강하게 거래되는가, 약하게 거래되는가? 이 단순한 비교를 통해 실전적인 수렴-확산 데이터를 구할 수 있다. 애플이 더 강하다면 장 초반의 하락세를 버틸 가능성이 높다. 반면 애플이 더 약하다면 하락세를 주도할 수도 있다. 그러나 장전 호가가 개장 후에도 그대로 반영된다는 보장은 없다. 이 점을 고려하여 장전 청산 기회를 엿보아야 한다. 손실을 감수할 수 있는 수준의 주가라면 얼마든 상관없다. 물론 본전 근처라면 더욱 좋다. 원금이라도 건지는 수준이라면 한결 가벼운 마음으로 장이 열린 후 새로운 기회를 노릴 수 있다.

장전 움직임을 보고 보유할 종목과 버릴 종목에 대한 리스크 평가가 여전히 유효한지 살펴야 한다. 예상과 달리 보유할 종목의 움직임이 위험하고, 버릴 종목의 움직임이 양호한 경우가 많다. 많은 전산거래망은 뉴욕시간으로 아침 8시 이전에 문을 연다. 그러나 할인증권사

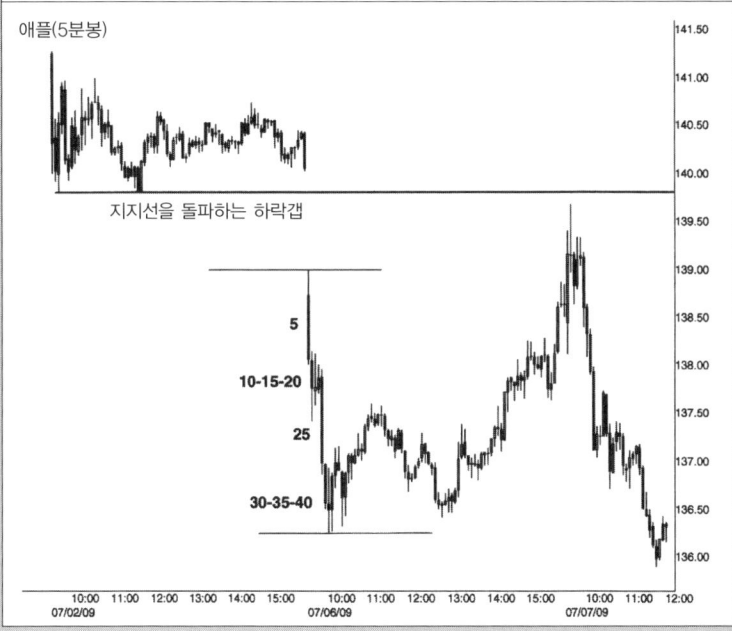

그림 2.4 밤새 일어난 광란

애플의 주가가 지지선을 갭으로 깼다면 완벽한 해결책이 있을 수 없다. 장전에 혹은 개장 시 청산하는 것이 최선일 수도 있지만 몇 분 더 기다려보는 것도 좋다. 그러나 이번에는 주가가 10분 동안 떨어지다가 다시 10분 동안 횡보하는 바람에 결정을 미룬 것이 그다지 도움이 되지 못했다. 이때 최선의 전략은 체결창을 지켜보다가 저점을 깰 때 매도하는 것이다.

는 대개 이와 같은 이전 시장상황을 보여주지 않는다. 따라서 아침 일찍 일어나는 트레이더들이 이점을 누릴 수 있다. 그때까지 많은 트레이더들이 아무것도 모르고 있다는 사실을 활용하라. 타고난 게으름에 잠까지 많은 수많은 매수자들에게 물량을 넘길 수 있다.

8시가 되기 몇 초 전에 매도호가를 내면 전날 종가 근처에서 청산할 수 있는 경우가 많다. 그때 들어오는 사람들은 세상의 반대편에서 무슨 일이 일어났는지 아직 모르기 때문이다. 그 다음 개장 5분 전까지는 상황을 주시하라. 많은 시장 참여자들은 그때까지 의도를 숨기다가 호가창을 통해 의사표현을 시작한다. 다만 호가 스프레드는 개장 무렵 크게 바뀔 수 있다는 점을 명심해야 한다. 따라서 본전 근처에서 적당한 호가가 나오면 포지션을 청산하는 기회로 삼아야 한다.

마침내 장이 열리고 그때까지 보유하고 있는 종목이 갭하락으로 출발하면 빠른 판단이 요구된다. 이때 주가가 지지선을 깼는지 여부가 중요하다. 지지선 돌파 여부에 따라 다음 단계의 결정을 내려야 하기 때문이다. 지지선을 지키는 종목은 그냥 놔두는 편이 좋다. 장 초반의 매도세가 잦아들면 반등할 가능성이 높다. 어쩌면 매수 시 기대했던 수준까지 오를 수도 있다. 그러나 장 초반에 지지선이 깨지면 즉시 청산해야 한다.

개장 시 지지선을 갭으로 돌파한 종목은 올바로 대처하지 않을 경우 커다란 손실을 초래할 수 있다. 즉시 매도하지 말고 1분 동안 주가가 계속 낮아지는지 아니면 반등하는지 지켜보라. 주가가 시가 수준으로 반등한다면 어느 정도 시간이 주어지는 셈이다. 그렇지 않고 계속 낮아지면 즉시 매도해야 한다. 돈 몇 푼을 덜 손해 보겠다고 체결가보다 높게 매도주문을 내서는 안 된다. 확실하게 처분되도록 현재 체결되고 있는 가격보다 오히려 5, 10, 20센트 낮게 매도주문을 내라.

이제 지지선을 지킨 종목들을 처리해야 한다. 그중 일부는 반등할 것이고 일부는 하락할 것이다. 가장 간단한 방법은 장 초반에 형성된 저점 아래로 떨어지면 즉시 매도하는 것이다. 저점 밑에 손실제한주문을 넣고 시장의 처분을 기다려라. 그 다음 밖으로 나가 신선한 공기를 마셔라. 원칙을 지키고 약간의 운이 따른다면 장 마감 전에 손실을 만회할 수 있을 것이다.

The Master
Swing Trader Toolkit

시장의 절기와 주기, 매수·매도세 간 역학

시장은 수익을 빠르게 낼 수 있는 공격적 시기와 수익을 내기 힘든 방어적 시기 사이를 오간다. 공격적 시기의 특징으로는 유망 종목이 눈에 쉽게 띄고 시장에 대중적 참여가 활발하며 매수세와 매도세가 균형을 이룬다는 점을 들 수 있다. 반면 방어적 시기에는 휩소와 함정이 발생하는 일이 많고 참여자가 감소해 유동성이 낮으며 매수세, 매도세도 모두 실종된다는 특징을 보인다.

03 CHAPTER

시장의 시간

패턴은 바닥, 돌파, 상승, 천정, 돌파, 하락의 끝없는 주기를 형성한다. 이 주기는 모든 시간단위에서 발생하면서 추세 사이에 온갖 흥미로운 정렬과 괴리를 만들어낸다. 이 갈등과 충돌 그리고 수렴은 대부분 비효율을 초래하며 이것이 트레이더에게 매매 기회가 된다. 효율적인 시간 관리는 종잡을 수 없는 주가 변동 때문에 시장에서 오래 살아남는 데 필수적인 요건이 되었다. 다시 말해서 시장에서 돈을 벌려면 매수세와 매도세 사이에 벌어지는 끝없는 투쟁, 즉 모든 주기적 충격에 맞는 포지션을 취해야 한다.

시간은 다음과 같이 네 가지 측면에서 중요성을 지닌다.

- 일중, 일간, 주간, 월간 가격 패턴 사이의 추세 충돌을 유발한다.

- 가격이 수익 목표에 도달하거나 손실제한 수준 위에서 지지되기까지 얼마나 오래 걸리는지 결정한다.
- 상대강도와 상대약도의 주기를 드러낸다.
- 시간의 힘은 수급의 힘을 압도할 만큼의 계절적 또는 시기적 편향을 갖는다.

특히 마지막에 언급한 시기적 편향 혹은 '절기'라고 부를 수 있는 시간의 힘은 가격에 큰 영향을 미치는데도 불구하고 제대로 이해하지 못하는 사람들이 많다. 특정한 날, 주, 달은 기술적 분석이나 상식을 압도하는 경향을 드러낸다. 이러한 경향에 따라 반등의 화요일, 세무 시즌의 절세용 매도, 세 마녀의 날, 산타 랠리 같은 용어들이 나왔다. 심지어 하루 동안에도 개장 후 한 시간과 폐장 전 한 시간의 변동성, 11시의 역추세, 정오의 반등 같은 일정한 시기적 편향이 존재한다.

매매 기회마다 수익을 최대화하고 리스크를 최소화할 수 있는 최적의 보유기간이 있다. 우리가 할 일은 이 마법의 숫자를 파악하고 엄격한 조건에 포지션을 맞추는 것이다. 그러나 예측한 보유기간이 가장 유리한 시간적 조건과 어긋날 가능성은 언제라도 있다. 이 경우 미미한 수익밖에 올리지 못한다. 전략과 포지션이 복합적인 차원에서 시간적 요소와 적절하게 호응하지 않으면 큰 수익을 기대하기 어렵다. 그러나 대다수 시장 참여자들은 이 조건을 무시하고 단순히 추세를 뒤쫓기만 한다.

시간적 요소를 제대로 반영하려면 매매화면을 적극적으로 관리해야 한다. 우선 호가창을 의도한 보유기간에 맞게 설정하라. 그 다음 특정한 시간 및 주기 특성에 따라 차트를 검색하라. 그 방법은 이동평균선을 포함한 여러 지표에 적용되는 시간단위를 조절하면 된다. 조금만 해보면 쉽게 매매환경을 조정할 수 있다. 하지만 이 일은 시간 관리 과정의 첫 단계일 뿐이다. 여러 각도에서 상대강도와 상대약도까지 분석해야 하기 때문이다. 상대강도와 상대약도라는 개념은 오랜 시간이 지나면서 RSI(Relative Strength Index) 같은 기술적 지표에 축약되어버렸기 때문에 본래 의미를 제대로 이해하는 트레이더가 많지 않다. 제대로 이해하기만 한다면 다양한 방법을 통해 상대강도가 가격변동에 미치는 절대적인 영향력을 평가할 수 있다. 여기에 대해서는 이 책에서 지속적으로 다룰 것이다.

분석 범위는 매매 기회가 발생한 시간단위의 한 단계 위와 아래에 해당하는 차트로 좁혀야 한다. 이 과정은 세 시간단위의 차트를 분석하는 절차를 따른다. 보다 구체적으로 설명하자면 일중, 일간, 주간 차트는 당신이 매매하는 구체적 패턴이 어떤 결과를 가져올 것인지 상호연관된 역학을 내포하고 있다. 따라서 다른 시간단위에서 일어나는 활동을 분석하여 수익, 리스크, 시간적 요소에 미치는 상대적 영향력을 측정해야 한다. 세 시간단위의 차트를 분석하는 일은 제대로 이루어질 경우 수익을 극대화하고 단기 리스크를 정확하게 시각화시켜준다.

끝으로 가격 기준 손실제한 수준이 위험하지 않다 하더라도 시간 기준 손실제한 수준을 설정하여 보유기간을 관리하라. 그래야 기회비용을 줄일 수 있다. 보유기간이 다 지나도록 별다른 수익을 내지 못하는 종목에서는 미련없이 발을 빼야 한다. 그러면 묶였던 돈을 보다 유망한 종목에 투자할 수 있다.

추세 상대성

추세는 상대적이다. 이를 추세 상대성Trend Relativity이라 하는데 여기에서도 시간적 요소를 무시하면 온갖 오류에 노출된다. 한 시간단위에서는 좋은 매매가 다른 시간단위에서는 끔찍한 결과로 이어질 수 있다. 시장에서 살아남으려면 이 간단한 사실을 이해해야 한다. 그래야 나쁜 포지션을 선택하는 일을 피할 수 있다.

추세 상대성이라는 개념은 매우 강력한 매매 전략으로 이어지는 두 가지 사실을 말해준다. 첫째, 모든 시장의 움직임은 시간단위의 제약을 받는다. 둘째, 장기 추세가 단기 추세보다 우세하다. 가령 일간 패턴의 상승은 주간 패턴의 움직임에 대해 아무것도 말해주지 않는다. 반면 주간 패턴은 일간 패턴의 움직임에 지대한 영향을 미친다. 특히 두 패턴이 충돌하는 경우에는 더욱 그렇다. 대개 일간 차트의 가격이 주간 차트에서 저점이나 고점, 지지선이나 저항선, 메워지지 않은 갭 같은 중요한 자리에서 형성될 때 이러한 현상이 두드러진다.

추세 상대성에 따른 오류를 피하려면 예정된 보유기간에 걸쳐 차트를 분석함으로써 진입 결정을 내려야 한다. 우선 수익 목표를 정해야 한다. 수익 목표는 수익을 실현하고 포지션을 청산할 가격 수준을 말한다. 수익 목표를 정할 때는 특정한 시간단위에 속한 구체적인 패턴과 극복해야 할 장애물을 감안해야 한다. 장애물은 한 단계 더 긴 시간단위의 차트에서도 나타난다.

수익 목표를 정했다면 가격이 지나지 않을 모든 추세선, 이동평균선, 채널은 무시하라. 대신 미리 파악한 장애물과 그 근처에서 나타나는 가격변동의 질에 집중하라. 이 지점에서 체결창 분석 기술이 중요해진다. 또한 더 짧은 시간단위 차트를 보고 민감한 가격 근처에서 작은 패턴이 형성되는지 확인해야 한다.

기술적 지표는 추세 상대성 분석에 어떤 영향을 미칠까? 우선 지표는 시간단위와의 호응이 부적절하면 효용성을 잃는다. 반대로 호응이 잘 되면 간단한 데이터만 있어도 좋은 결과를 낼 수 있다. 따라서 차트 프로그램의 기본 설정을 그대로 두지 말고 매매 전략에 맞게 바꾸어야 한다. 그러나 이 규칙에는 예외가 있다. 가령 나는 대부분의 차트 프로그램에 기본으로 나오는 볼린저밴드(20, 2)는 절대 건드리지 않는다. 이 지표는 대중들이 보는 일반적인 매수 신호와 매도 신호이기 때문이다. 따라서 가장 유리한 매수 및 매도 시점을 결정할 때 매우 유용한 정보가 된다.

시간단위는 상대적이라는 사실을 기억해야 한다. 가령 스윙 트레이더의 단기와 뮤추얼펀드 보유자의 단기는 시간의 길이가 다르다. 따라서 매매 전략에 따라 기간별(단기, 중기, 장기) 고려사항을 포함시켜야 한다. 물론 이는 많은 고민과 노력이 필요한 만만치 않은 작업이다.

전산화된 매매 시대의 하루

미국에서는 오전 9시 30분부터 오후 4시까지 시장이 열린다. 전산화된 현대 시장은 전설적인 트레이더인 제시 리버모어Jesse Livermore에게는 너무나 낯설게 느껴질 새로운 환경을 창출했다. 싫든 좋든 간에 우리는 매일 이 새로운 환경에서 매매에 나서야 한다. 일간 변동이 모이면 월요일 아침에 시작해서 금요일 오후에 끝나는 보다 폭넓은 주간 변동이 형성된다. 더 넓게 보면 주기 및 절기가 형성되는데 이 단위에서는 옵션 만기나 1월 효과 같은 월간 이벤트와 프로그램 알고리즘이나 연준 회의 등이 가격 패턴에 강한 영향을 미친다.

생존형 트레이더에게 지수선물은 현물시장의 매수세와 매도세를 가늠할 효과적인 수단이다. 지수선물은 매수세와 매도세의 주기 길이뿐만 아니라 강도에 대한 실전적인 정보를 제공한다. 일반적으로 충격파동은 60분에서 90분 단위로 교대한다. 이러한 파동의 속성을 구체적인 일중 시간 및 개별 패턴과 정렬시키면 단기적인 기회와 리스크를 파악할 수 있다.

매수세와 매도세 사이의 일중 교대는 두 팀이 번갈아 공수에 나서는 스포츠 경기와 비슷하다. 공격팀은 쓰리아웃이나 4차 시기 안에 점수를 내야 하며, 이후에는 수비팀이 공격에 나선다. 트레이더는 밀물과 썰물이 교차하는 양상을 관찰하여 각 진영의 상대 강도를 파악할 수 있다.

공격팀이 지지선이나 저항선을 뚫는 데 성공하는가, 아니면 좁은 박스권에 갇히는가? 중요한 경합은 대개 개장 후 한 시간 동안 벌어진다. 이때 주도세력이 급격하게 바뀌는 경우가 많다. 그러다가 정오가 가까워지면서 주요 변동에 대한 기대가 줄어들고 후반장의 경계가 정해진다. 끝으로 폐장시간을 향한 가격변동에 따라 마침내 승리자가 정해지고 단기 추세가 완료된다. 시장 참여자들은 이 추세가 다음 날 개장 시에도 이어지기를 기대한다. 최선의 결과를 내기 위해 우리는 일중 충격파동의 방향과 강도에 맞게 리스크와 포지션을 관리해야 한다. 물론 시장이 약할 때 매수하고 강할 때 매도하는 시나리오들이 많다. 그러나 매수 편향 트레이더라면 일반적으로 매수세보다 매도세가 강할 때 현금을 확보했다가 매수세가 체결창을 지배할 때 들어가야 한다.

지금은 글로벡스 지수선물이 밤새 추세를 형성하면서 뉴욕 시장이 열리기 훨씬 전부터 일간 주기가 시작된다. 장 초반의 가격변동은 밤새 발생한 충격을 완화하고 당일의 이슈를 결정한다. 정오 무렵에는 장 초반에 형성된 이슈에 따른 가격의 경계를 시험하고, 마지막 한 시간은 단기 수급의 양상을 결정짓는다. 다시 말해서 첫 한 시간은 이슈를 제안하고, 마지막 한 시간은 이를 마무리한다. 시장은 약 80퍼센트의 시간 동안 단기 이슈가 설정한 좁은 경계 안에서 움직이고, 약 20퍼센트의 시간 동안 장대봉을 만들면서 다른 가격 수준으로 급격하게 이동한다. 대개 수익과 손실의 상당부분은 이처럼 드물게 추세가 형성되는 거래일에 결정된다.

전산매매로의 이행도 매수세와 매도세 사이의 일중 경합 양상이나 추세와 횡보 사이의 비율을 바꾸지는 못했다. 그러나 자동매매 프로그램은 일간 매수-매도 주기의 많은 면을 바꾸어놓았다. 가장 중요한 변화는 리스크 측면에서 일어났다. 시가총액에 상관없이 모든 종목의 일중 변동폭이 크게 늘어나면서 과거보다 더 자주, 더 격렬하게 손실제한주문이 발동된 것이다. 2장에서 언급했듯이 프로그램 알고리즘은 유동성이 많은 곳을 노린다. 과거 이 지점은 손실제한 수준(주간 고점이나 저점, 장기 이동평균선 같은 지지선이나 저항선 뒤에 설정됨)과 일치했다. 그러나 지금은 초 단위로 체결이 가능해지면서 이를 건드리는 시간단위가 갈수록 짧아졌다. 그 결과 더 긴 시간단위까지 도미노 효과가 일어나 매우 신중하게 설정한 손실제한주문조차 공략당하는 일이 잦아졌다.

현재 뉴욕 시장은 점심시간 무렵에 고점이나 저점이 형성되는 경향이 강해졌다. 전형적인 일중 주기의 사례를 살펴보면 상승일 다음 날에는 대개 작은 갭하락으로 출발했다가 약간 반등한다. 저점 매수세는 한두 시간 동안 힘을 내다가 점심시간을 지나면서 사그라든다. 오후에는 갭을 메우려는 반등을 통해 오전의 상승세를 재현하면서 전날 고점을 회복하려는 움직임이 나온다. 이어 마지막 일중 주기로 접어들어서 전날 고점을 넘어서거나 프로그램 매도에 의해 일중 저점까지 떨어진다.

또 다른 일중 주기는 개장 전부터 시작된다. 지수선물은 종종 뉴욕시간으로 오전 8시 혹은 경제지표 발표가 예정된 경우 8시 30분에 고점이나 저점을 찍는다. 오전 8시는 주요 할인증권사의 장전 호가가 개시되는 시점이다. 다시 말해서 일반 트레이더들은 8시부터 가격동향을 파악할 수 있다. 이 주기는 경제지표가 발표되

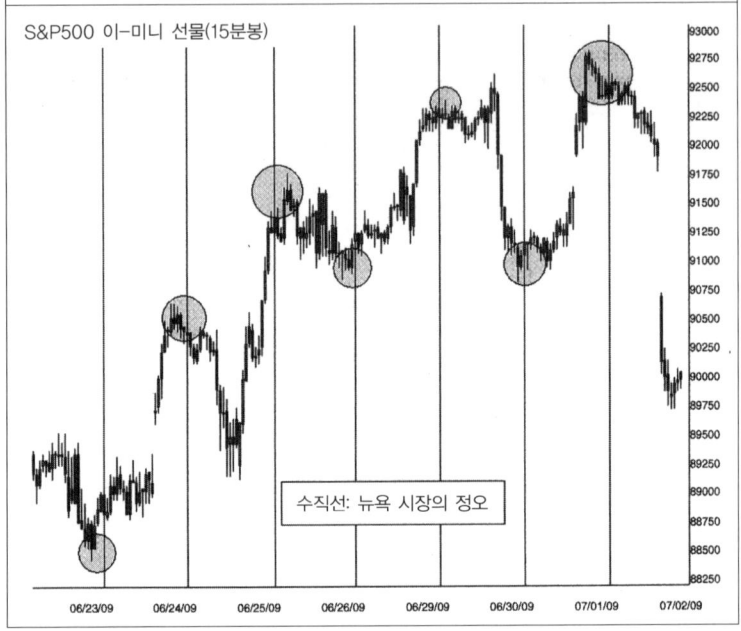

그림 3.1 시장의 정오

이 그림은 8일 동안의 S&P500 이-미니 거래 차트다. 차트 안의 수직선은 뉴욕 시장의 정오를 나타낸다. 차트는 개장 시의 추세가 정오 무렵 약화되었다가 일정한 비율의 역스윙으로 이어지는 모습을 보여준다. 프로그램 알고리즘은 종종 정오 무렵 시황을 재평가한 다음 오후장에서 오전장의 추세를 지속시키거나 반전시킨다. 이러한 이유로 정오에 저점이나 고점이 형성되는 경우가 잦다.

는 날에는 30분 늦춰진다. 이때는 대개 발표 전까지 고점을 찍다가 발표 후 매도로 이어지거나 그 반대 상황이 연출된다.

아이러니하게도 유령처럼 빠르게 사라지는 허수 물량 때문에 시장의 유동성은 더욱 줄어들었다. 이러한 기만적 행동은 개장 직후에 가장 기승을 부린다. 아무리 장전에 유리한 포지션을 취하려고 노력해도 수익 여부는 장 초반에 금세 사라지는 호가 스프레드에 좌우되는 경우가 많다. 대중이 활발하게 시장에 참여하면 이러한 기만적 행동의 영향력은 줄어든다. 그러나 그 정도로 대중이 활발하게 시장에 참여한 시기는 지난 10년 동안 일부에 불과했다. 특히 뉴욕거래소와 나스닥에서 중개자들의 역할이 사라지면서 개장 호가 체계가 무너져버렸다. 그래서 요즘은 다우지수 편입종목의 개장 호가 스프레드가 75센트에서 1달러까지 벌어지는 경우도 흔하다.

주가에 영향을 주는 절기들

트레이더들은 언제나 시장의 방향을 말해주는 단서를 찾는다. 그들은 대개 경제지표나 실적 같은 단기적인 재료에 대응한다. 그러나 시장의 절기도 가격에 상당한 영향을 미친다. 절기는 기관들이 시장의 상식을 역이용하는 일이 잦은 현대 시장에서 갈수록 사악한 성격을 지닌다. 가령 2000년에서 2002년까지 이어진 약세장 이후 수년 동안은 전통적인 1월 효과를 기대하며 새해를 기다리던 신중한 투자자들이 소외된 바 있다. 선거 직후 일찌감치 강력한 랠리가 시작되었기 때문이다. 물론 이때의 매수세는 1월이 시작되자마자 매도세로 전환되어 1월 효과를 기대하는 개미들에게 물량을 던졌다.

최근에는 윈도우 드레싱이 영향을 미치는 시기도 크게 늘어났다. 과거에는 펀드매니저들이 투자자들에게 운용보고서를 보내기 전에 상승률이 좋은 종목들을 포트폴리오에 편입시키면서 분기 말에 윈도우 드레싱 효과를 일으켰다. 그러나 지금은 현대 시장의 단기적 속성 때문에 윈도우 드레싱이 매달 영향을 미친다. 분기별이 아닌 월별로 운용보고서를 내는 펀드들 때문에 월말이 가까워지면 윈도우 드레싱 효과가 발생한다. 분기 말에는 그 영향력이 더욱 강해진다.

한편 새 달의 첫 거래일에는 펀드들이 새로운 종목들을 사들이기 때문에 상승 편향이 발생한다. 대개 이날은 추세 반전 없이 꾸준하게 상승하는 경우가 많다. 그래서 장 초반에 매수세를 파악하고 장 마감 시까지 편승하면 수익을 올릴 수 있다.

앞서 잠깐 언급했듯이 선거일 이후에도 명확한 상승 편향이 발생한다. '5월에 주식을 팔고 떠나라'는 증시 격언은 영원히 떠나라는 말이 아니다. 6월에서 8월은 계절적 성격 때문에, 9월과 10월은 납세 관련 매도세와 과거의 기록 때문에 리스크가 상승한다. 그러나 펀드들은 다시 시장에 들어와 연말까지 수익을 올려야 한다. 11월 옵션 만기와 12월 옵션 만기에 걸친 시기는 기관들이 성과를 달성할 수 있는 완벽한 기회를 제공한다.

펀드들이 시장을 움직이는 방식을 살펴보자. 그들은 우선 약간의 매수로 긍정적인 분위기를 조성한다. 이에 모멘텀을 노리고 개미들이 몰려든다. 펀드들은 11월 만기 이후 대량의 옵션을 사들이면서 상승을 부채질한다. 이로써 촉발된 연말 랠리는 12월에 있는 세 마녀의 날까지 이어진다. 이후 크리스마스에서 새해까지는 거래량이 대폭 줄어든다. 펀드와 기관들은 만기일에 수익을 취하고 옵션 합성을 통해 연간 수익을 고정한다. 그래서 12월 만기 이후에는 체결창이 비교적 조용하다. 이들은 방어적 전략을 취하면서 성과 목표에 맞춰 지수를 좁은 박스권 안에 가둔다. 또한 이 시기에는 약탈적 헤지펀드들이 시장에 들어온다. 이들은 지난 4주에서 6주 동안 롱 포지션을 취한 개인투자자들을 겨냥한 역이용 전략의 첫 단계 작업을 시작한다.

이번에는 연준 회의를 살펴보자. 연준은 연간 여덟 차례 공개시장위원회 회의를 열고 금리 조정 여부를 검토한다. 신용위기처럼

그림 3.2　연준 회의의 영향

돌발상황이 발생했을 때는 임시회의도 갖는다. 연준 회의는 세계적으로 중대한 의미를 갖는 이벤트가 되었다. 특히 지금은 그 의미가 더욱 커졌는데 금리 조정 사실이 실시간으로 대중에게 전달되어 즉각적인 반응을 낳기 때문이다. 그렇지만 모든 연준 회의가 시장을 움직이는 것은 아니다. 다만 결과가 발표되는 2시 15분 전후로 좁은 범위에서 반복적 등락이 이루어지는 것이 일반적이다. 이러한 양상은 지난 20년 동안 크게 변하지 않았기 때문에 거의 전설적인 지위를 얻었다.

그림 3.2를 보면 회의 결과가 발표되기 전까지 약한 매수 편향이 발생했다(1). 발표 후 패턴이 무너질 경우 리스크를 감당해야 하는 포지션들이다. 이는 기술적 분석의 맹점을 보여주는 또 다른 사례다. 기술적 분석은 나중에 큰손들이 어떻게 대응할지 알려주지 않는다. 이 경우 대응 방법은 아주 단순하다. 발표 직전에 발을 빼든지, 예측할 수 없지만 그 결과를 기꺼이 감수하는 것이다. 장기 포지션을 매도하거나 커버할 필요는 없지만 발표 내용이 불안할 때는 옵션 보호책으로 변동성을 줄일 수는 있다. 요행을 바라고 발표 직전에 포지션을 매수하거나 매도하는 것은 좋은 전략으로 볼 수 없다.

그림 3.2의 가격변동은 2장에서 설명한 작용-반작용-해결 주기를 따른다. 첫 번째 단계인 작용 단계(2)는 대개 15분봉 차트에서 양 방향으로 큰 변동폭을 이룬다. 결과 발표부터 폐장 사이의 105분 동안 이 충격파동을 두 번이나 세 번 혹은 그 이상 역이용할 수 있다. 이때 주요 지수는 고점이나 저점을 기록할 수 있지만

여전히 첫 번째 단계에 속한다. 장 마감까지 나온 충격파동(3)은 개미들의 돈을 빨아들이고, 다음 날 종종 갭 함정(4)을 만들어내며 반전을 일으킨다. 이 반전은 두 번째 혹은 반작용 단계의 시작 부분에 해당한다. 반작용 단계는 그날뿐 아니라 다음 날까지 이어질 수 있다. 이때 지지선과 저항선이 시험받으면서 세 번째 단계인 해결 단계(5)에 대한 실전적인 정보를 제공한다. 해결 단계는 회의가 열리는 주의 금요일 폐장 전에 시작될 가능성이 높다.

　기관의 자금이 시장에 대량으로 유입되고 주요 지수가 첫 번째와 두 번째 단계의 경계를 넘어서면서 해결 단계는 명확한 방향성을 드러낸다. 이 단계에서 흐름을 거스르는 것은 매우 위험하며 흐름을 올바로 타면 큰 수익을 올릴 수 있다. 전체 주기에 대하여 충분한 분석을 하고 두 번째 단계의 진행을 눈여겨봤다면 낮은 리스크로 상승추세의 초입에 진입할 수 있다.

　문제는 연준 회의를 전후하여 그 역학이 완벽하게 작용하는 경우가 많지만 때로 그렇지 않는 경우도 있다는 것이다. 물론 후자의 경우에도 시장은 그 주제를 완전히 버리기보다 변형된 형태로 진행한다. 이때는 확산* 여부를 확인해야 한다. 가령 결과 발표 후 지수가 상승하긴 했지만 예상한 반전이 일어나지 않았다면 확산이 일어난 것이다. 혹은 결과 발표 후에도 시장이 별다른 반응을 보이지 않는 상태가 장 마감까지 이어진다면 다음 기회를 기다리는 것이 좋다.

---

* divergence: 지표나 신호 사이의 괴리-옮긴이

옵션 만기: 만기주의 최적 매매 전략

새천년 들어 새로운 의미를 지니게 된 옵션 만기는 거의 매달 전면전에 해당하는 주문 흐름을 유발한다. 충분히 연구하고 최선의 기회를 기다릴 수 있다면 옵션 만기가 초래하는 충격도 수익 기회로 활용할 수 있다. 가장 먼저 할 일은 만기주를 앞둔 금요일 무렵 시장의 분위기를 파악하는 것이다. 그러기 위해서는 몇 가지 기본적인 질문을 던져야 한다. 상승세가 확실한 우위를 잡았는가? 부정적인 시각이 만연해 있는가? 대다수 시장 참여자들의 심리는 낙관적인가, 비관적인가?

그 다음 주도적인 투자심리와 주요 지수들의 상대적인 위치를 비교하라. 옵션 만기의 영향력은 기본적으로 투자심리가 한쪽으로 확실하게 기울고 시장에 강한 추세가 형성될 때 가장 커진다. 그렇지 않고 어느 쪽도 체결창을 지배하지 못하고 대부분의 시장 참여자들이 방어적인 태도를 보인다면 일주일 내내 혼조세가 지속될 것이다. 다만, 주식시장이든 선물시장이든 강한 추세를 형성하고 있는 경우에는 여전히 반전할 가능성이 높아지며 종종 격렬한 가격 움직임을 보이곤 한다.

옵션 만기는 지나치게 쏠린 쪽을 겨냥한다. 따라서 강세장에서는 매수자들이 위험하고 약세장에서는 공매도자들이 위험하다. 또한 옵션 만기 무렵에는 기본 추세의 방향을 추종하는 움직임이 훨씬 드물게 일어난다. 이러한 양상은 어느 방향이든 만기일에 가장 많은 옵션을 쓸모없게 만들려는 시장의 역학에 대한 합리적인 대응이다. 이 역학은 주요 행사가의 자력磁力과 함께 작용한다.

간단하게 말해서 만기 무렵 지수는 가장 많은 미결제약정을 유도하는 가격 수준을 향해 움직인다. 이러한 유도작용은 30, 40, 50처럼 0으로 끝나는 지점이나 25, 35, 45처럼 5로 끝나는 지점에서 가장 빈번하게 발생한다. 또한 완만한 추세로 진행되기도 하지만 갑작스러운 변동으로 안심하고 있던 포지션 보유자들을 충격에 빠트리기도 한다.

무엇보다 만기주에는 어떤 매매에 뒤따라오는 매매가 일어날 것이라고 기대하지 말아야 한다. 이 기간 동안 거의 모든 움직임은 숨겨진 힘들이 기본 추세에 대응하는 것이 아니라 보유 포지션의 균형을 맞추려는 결과로 나타나기 때문이다. 실제로 이 기간에는 적어도 하루의 급등과 하루의 급락이 나오곤 한다. 이처럼 급격한 변동을 거친 후에도 지수는 정확하게 광란이 시작되기 전의 수준으로 돌아가기도 한다. 또한 옵션이나 선물은 기초자산 및 지수와 연계되어 있어서 서로 직접적인 영향을 미친다는 사실을 고려해야 한다. 특히 수많은 종목을 대표하는 지수옵션과 ETF의 경우에는 더욱 그렇다.

특히 52주 고가 혹은 저가 근처에서 거래되는 종목은 한쪽으로 치우친 콜 매수나 풋 매수를 유발하기 때문에 만기주의 흔들기에 노출될 가능성이 높다. 이러한 종목은 종종 만기를 앞두고 신고점을 찍으면서 상승세가 지속될 듯한 패턴을 형성한다. 그러다가 만기 직전에 아무런 경고 없이 추락하여 콜 옵션을 휴지로 만들어버린다. 강한 하락세를 형성했다가 급등하여 풋 옵션을 휴지로 만드는 반대의 경우도 있다. 이러한 유도성 흐름을 고려할 때 만기 무렵에는 옵션을 투기 수단이 아닌 보호 수단으로 활용해야 한다. 다시 말해서 롱 포지션은 약간의 풋 옵션으로, 숏 포지션은 약간의 콜 옵션으로 보호해두면 매달 반복되는 악몽의 영향을 줄일 수 있다. 이 시기 옵션에 일방향으로 투자하는 것은 깡통으로 가는 지름길임을 명심해야 한다.

만기주는 주요 행사가의 자력을 역이용할 수 있는 좋은 기회를 제공한다. 특히 다음과 같은 두 가지 공격적인 전략이 잘 먹힌다.

- 수요일에서 금요일 오후 사이에 행사가까지 강한 매도세가 나온 후 매수하거나, 강한 매수세가 나온 후 공매도한다.
- 만기주 초에 행사가 위나 아래에서 거래량이 많은 종목을 골라낸 다음 행사가로 향하는 흐름을 탄다.

행사가가 강한 종목의 신고점 또는 약한 종목의 신저점과 겹치지 않는 것이 가장 좋다. 겹칠 경우 만기에 작용하는 역학과 충돌할 수 있다. 상승추세에서 가장 유리한 시나리오는 주가가 고점에서 크게 밀렸다가 회복하면서 저점을 높이는 것이다. 28-29, 38-39, 48-49처럼 끝자리가 8이나 9인 포인트를 향해 상승하는 종목은 0으로 끝나는 행사가에 수익 목표를 설정하고 진입한다. 이러한 시나리오는 일시적인 기회를 노리는 것이다. 종종 행사가까지 급격히 도달했다가 곧이어 급격한 반전이 나오는 경우가 많기 때문에 적극적으로 수익을 취해야 한다. 한 가지 쉬운 방법은 주가

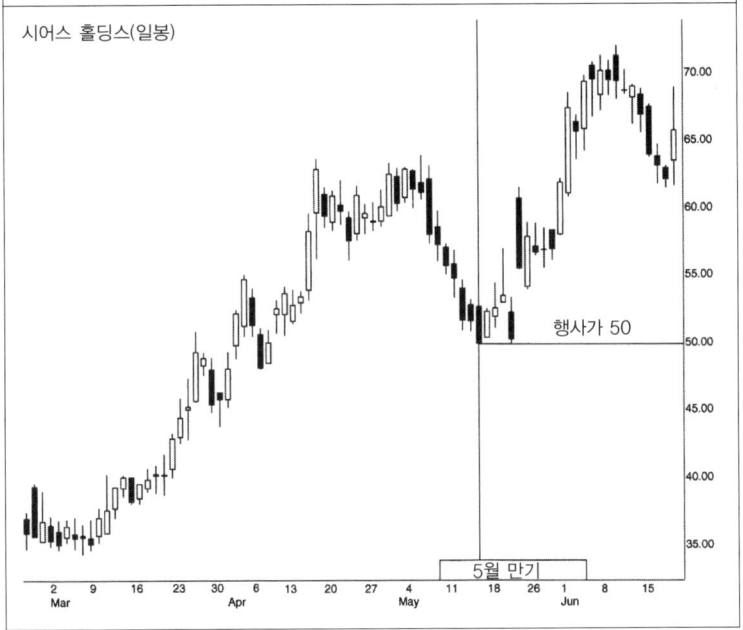

그림 3.3 옵션 만기의 수익 기회

강한 종목이 만기주에 주요 행사가로 떨어지면 좋은 매매 기회가 생긴다. 시어스 홀딩스(Sears Holdings)의 주가는 2009년 3월 저점에서 출발하여 강하게 상승하다가 5월 초에 60달러 초반 수준에서 횡보한다. 그러다가 7거래일 동안 13포인트나 떨어지면서 금요일 만기에 정확하게 행사가 50달러에서 마감한다. 이날 마감 시 매수하면 바로 7포인트 반등에 따른 수익을 올릴 수 있다.

가 행사가로부터 20센트에서 30센트 떨어진 범위에 도달하자마자 일정한 간격으로 추적 손실제한주문을 설정하는 것이다.

수많은 주식 종목과 선물 계약을 힘들게 살피는 것보다 S&P500, 나스닥100, 러셀2000 지수에 기초한 ETF의 미결제약정을 추적하는 것이 더 현명한 방법이다. 이 ETF들은 종종 가장 미결제약정이 많고 30, 35, 40처럼 0이나 5로 끝나는 지점에 도달한다. 물론 미결제약정은 만기주 동안 누구나 주시하기 때문에 약간의 상식이 필요하다. 대개 시장은 만기 전 목요일 오후 2시 15분에 미결제약정을 통해 예상되는 수준을 전망한다.

만기주에는 극심한 흔들기가 자주 발생한다. 과거에는 휩소가 주로 수요일에 발생했지만 지금은 환경적 특성 때문에 화요일부터 목요일까지 일어난다. 휩소가 발생하면 일중 주요 지수에서 횡보 구간이 확장되는 패턴이 나온다. 데이 트레이더가 아닌 경우 이 위험한 시기를 무사히 지나는 최선의 방법은, 일단 발을 빼고 이 장에서 설명한 전략에 맞는 공략 지점이 보일 때까지 기다리는 것이다.

시야가 좁은 기술적 분석가들은 마법의 숫자를 맹신하기 때문에 특히 만기주에 큰 리스크에 노출된다. 다른 때에는 안전할 지지선과 저항선도 만기주에는 곧잘 깨지기 때문이다. 따라서 도저히 있을 수 없는 일이라고 생각되는 일들을 시장이 하기 전까지는 반전을 예상하지 않는 것이 좋다. 한마디로 만기주의 가격변동은 현대 시장의 일상적인 요소가 된 패턴 실패의 전형적인 과정을 거친다.

소위 세 마녀의 날이란 매 분기 세 번째 달에 지수선물, 지수옵션, 개별 주식옵션의 만기가 겹치는 특별한 날을 가리킨다. 세 마녀의 날이 초래하는 밀고 당기기는 지수선물이 만기주 전 목요일에 이월될 때부터 시작된다. 상승장에서 S&P500 선물과 나스닥 100 선물은 이월 전날 중요한 저점으로 밀리는 경우가 많다. 이때 장기 투자자들은 보다 유리한 가격으로 선도계약을 매수할 수 있다. 반대로 하락장에서는 이월 전날 중요한 고점으로 상승하므로 마찬가지 대응을 할 수 있다.

시장의 힘이 만기주의 영향력을 극복할 수 있을까? 물론 가능하다. 베어스턴스가 파산한 2008년 3월처럼 만기주에 아주 견조한 추세가 형성되기도 한다. 그러나 만기주에 대한 최고의 비유는 슈퍼맨 이야기에서 나온다. 그 만화의 팬이라면 절대 움직이지 않는 대상에 무엇이든 움직일 수 있는 힘이 가해지는 상황의 역설을 기억할 것이다. 만기주의 경우도 마찬가지다. 충분한 힘이 가해지면 행사가 수준을 위나 아래로 깰 수 있다. 그렇다면 힘이 얼마나 강해야 충분할까? 그 답은 누구도 모른다. 그러나 행사가 수준을 깨려면 일반적인 패러다임을 바꾸고 현 상태를 뒤흔들 만한 힘이 필요하다. 잠깐 언급했듯 2008년 3월처럼 예외는 언제든 발생할 수 있지만 그 가능성은 무척 낮다.

만기의 영향력을 피하는 한 가지 효과적인 방법은 옵션이 없는 종목을 거래하는 것이다. 이 경우 소형주와 거래량 상위 1,200 종목의 약 5퍼센트로 매매범위가 제한된다. 더 나은 방법은 물량을 대폭 줄이거나 아예 만기주를 건너뛰는 것이다. 어떤 방법을 쓰든 간에 미리 날짜를 기억해서 갑자기 뒤통수를 맞는 일이 없도록 조심할 일이다.

다음은 만기주에 활용할 수 있는 유용한 매매지침이다.

- 시장의 유일한 목적은 가장 많은 옵션을 쓸모없게 만드는 수준으로 주가와 지수를 움직이는 것이다.
- 보유 포지션을 축소하라. 상향이든 하향이든 돌파가 일어난다

해도 팔로 스루*로 이어지지는 않는다.
- 시장의 어느 쪽이 더 큰 표적을 뒤에 달고 있는지 조기에 파악하라.
- 신고점이나 신저점에 가까운 종목들이 흔들기에 가장 취약하다.
- 만기주는 돌파를 많이 유발하지만 진정한 추세 변화를 일으키는 일은 드물다.
- 충분한 힘이 가해지면 중요한 행사가를 깰 수 있다.
- 현재 거래 수준에서 가장 가까운, 끝자리가 0이 되는 지점에 그 달의 미결제약정이 가장 많이 몰려 있다.
- 지수선물이 만기주 전 목요일에 이월될 때 세 마녀의 날의 영향력이 미치기 시작한다.
- 수많은 주식 종목과 선물 계약을 힘들게 살피지 말고 주요 ETF의 미결제약정을 추적하라.
- 대개 만기주에 가장 변동성이 강하기 때문에 주의해야 한다.
- 만기일인 금요일이 시작되면 대부분의 흔들기는 끝난다.

실적 시즌의 매매 전략

실적 시즌은 많은 기회와 리스크를 동시에 안긴다. 불행하게도

---

* follow through. 거래량 증가를 동반하면서 돌파 방향으로 강력한 주가 변동이 일어나는 것-옮긴이

대부분의 트레이더들은 흥분을 주체하지 못하고 바보 같은 실수를 저지른다. 숫자에 취하고 공포에 질려서 손쉬운 수익을 올릴 기회를 놓치기도 한다. 실적 시즌에 적용할 수 있는 가장 강력한 전략은, 투자의 도박적 측면에 취약한 사람에게는 동시에 가장 어려운 전략이기도 하다. 이 전략은 간단하게 말해서 실적 발표 몇 분 전에 들어갔다가 실제 수치가 발표되기 직전에 나오는 것이다. 그 다음 대중의 반응을 살펴서 상황이 진정되었을 때 재진입하면 된다.

다시 말하지만 실적 발표가 있기 전에 발을 빼야 한다. 당신은 이 전략이 일반적인 시각과 상충한다고 느낄 것이다. 그러나 실적 발표 후 주가가 어떻게 움직일지는 누구도 정확하게 예측할 수 없다. 바로 그 때문에 순진한 시장 참여자들이 감당할 수 없는 리스크에 노출되는 것이다. 진지한 트레이더들은 도박꾼이 아니다. 도박을 피하려면 일단 발을 빼고 경쟁자들이 실적 발표 후 초기 변동에 어떻게 대응하는지 살펴보아야 한다. 시장을 올바른 시기에 올바른 숫자를 고르면 돈을 버는 룰렛 게임장과 같다고 생각하는 트레이더들이 많다. 그러나 이러한 시각은 너무나도 위험하다. 우리의 진정한 목표는 상식적인 수준에서 계량화할 수 있을 때만 리스크를 감수하는 것이다. 따라서 아무런 우위도 취하지 못한 상황에서 매매하는 것은 바람직하지 않다. 그런데 실적 시즌에는 모두가 이러한 딜레마에 부딪히게 된다.

그림 3.4는 2007년 1월의 실적 시즌에 나타난 급격한 주가 변동을 보여준다. 이 그림에서 알 수 있듯이 실적 발표를 앞두고 주

가의 방향과 변동성을 예측하는 데에 기술적 분석은 거의 힘을 발휘하지 못한다. 나이트 캐피털 그룹Knight Capital Group의 주가는 2006년 7월과 10월 사이에 강하게 상승한다. 그러다가 전형적인 손잡이 달린 컵 패턴*을 만들며 20달러 근처에서 저항선에 부딪힌다. 이후 1월 초, 실적 발표를 6일 앞두고 급등하여 21.70달러

* 주가가 하락했다가 회복되면서 둥근 바닥을 만든 뒤 하락이 시작된 가격 수준에서 약한 가격조정 또는 기간조정을 거치는 패턴-옮긴이

선에서 4거래일 동안 횡보하다가 5년 만의 고점을 찍었다. 대표적인 매집-분산 지표인 OBV는 고점을 지속적으로 갱신하면서 상향돌파를 뒷받침했다.

그러나 아무리 지표가 양호해도 실적 발표 다음 날 아침에 주가는 17퍼센트나 떨어지면서 50일 지수이동평균선을 깨버렸다. 전날 고점은 6개월에 걸친 상승의 천정이자 그해 말에 반토막까지 이르는 하락의 시작점이 되었다. 솔직히 나는 이 기업의 실적이 어땠는지는 잘 모른다. 그리고 사실 그것이 중요하지도 않다. 실적 시즌이 다가오면 다양한 전망과 보고서가 제출되며 호들갑을 떠는 이들도 많지만 실적과 시장의 반응 사이에는 커다란 격차가 존재한다. 누구도 이 주장에 반론을 제기할 수 없을 것이다. 우리는 이미 예상을 상회하는 실적을 낸 기업의 주가가 매물 홍수로 급락하고, 예상을 하회하는 실적을 낸 기업의 주가가 급등하는 모습을 숱하게 목격했다. 그것은 사악한 시장의 또 다른 일면일 뿐이다.

물론 미리 발을 빼면 깜짝실적 이후 주가가 급등할 때 수익을 올릴 기회를 잃을 수 있다. 그러나 이러한 달콤한 경험 때문에 판단력이 흐려지면 결국 실적 발표 후 손실이 난 종목을 몇 달 동안 끌어안고 있게 된다. 큰 수익을 올릴 기회는 큰 손실을 낼 위험도 될 수 있기 때문에 확고한 투자원칙이 필요하다. 아직 내 말을 믿지 못하겠는가? 지난 매매기록을 펼쳐서 실적 발표에 따른 매매 결과 수익과 손실이 어떠했는지 비교해보라. 아마 수익이 더 많은 경우는 드물 것이다. 그만큼 실적 발표 시점에는 변동성이 심하기 때문에 수익을 내기가 어렵다.

반면 실적 발표 전에는 현명하지 못한 포지션을 잡는 도박꾼들의 옷자락을 타고 수익을 올릴 기회가 많이 생긴다. 그 방법은 간단하다. 실적 발표 날짜를 확인한 다음 변동성이 심한 종목을 대상으로 맹목적 투기나 기타 비효율의 자취를 찾아내면 된다. 주요 실적 발표를 앞둔 시점에는 시장을 추종하는 눈먼 돈들이 많기 때문에 이 전략을 사용하면 수익을 올릴 확률이 대단히 높다. 대중은 탐욕과 공포에 휘둘리면서 주가를 극단적인 수준으로 몰아가고, 세력들은 실적 발표 후에 더 유리한 포지션을 잡으려고 불길에 부채질을 한다. 이 게임은 발표 약 2주 전부터 시작된다. 상승 시나리오에서는 신고점을 갱신하거나 저항선을 뚫어서 너무 일찍 행동에 나선 공매도자들로 하여금 포지션을 커버하게 만드는 지점을 찾아라. 이러한 상승에 따른 모멘텀은 실적 발표 몇 분 전까지 지속될 수 있으므로 청산 시점을 너무 빨리 잡으면 안 된다. 게으른 도박꾼들이 당일 실적 발표 사실을 뒤늦게 확인하고 장 마감 직전에 포지션을 잡을 수도 있기 때문이다.

실적 발표 후의 가격변동 역시 양 방향으로 좋은 매매 기회를 제공한다. 우리는 실적 발표에 따른 갭에 너무 집착하기 때문에 시간이 지나면 그중 대부분이 메워진다는 사실을 간과하고 만다. 이 사실은 실적 발표 직후보다 더 나은 진입 시점이 있음을 말해준다. 물론 며칠이 지나고 나서 진입하려면 적절한 시점이 될 때까지 기다릴 줄 아는 인내와 의지가 필요하다.

방향성 움직임과 변동성은 실적 발표 후 2거래일에서 3거래일 동안 약화되는 경향을 보인다. 이 사실은 중요한 의미를 지닌다. 가령 상대적으로 견조한 실적이 발표되면 투기적 포지션들이 대거 청산 움직임을 보이므로 3일 동안은 매도세가 강한 경우가 많다. 이 매도세로 주가는 중간 지지선으로 흘러내린다. 이 지점에서 60분봉 차트로 바닥을 다지는 모습을 확인한 후 진입하라. 매수세가 다시 유입되어 실적 발표 전의 고점을 뚫기를 기대할 수 있다. 마찬가지로 실적 경고나 실적 악화 발표를 보고 바로 공매도를 하는 것은 좋은 생각이 아니다. 초기 하락으로 주가가 금세 기술적 과매도 수준에 이르면 하락추세가 본격적인 힘을 내기 전에 반등이 나올 수 있기 때문이다. 그렇게 되면 너무 일찍 행동에 나선 공매도자들은 압박을 받게 된다. 이러한 하락 시나리오에서 더 나은 전략은 반등이 진행되는 과정을 지켜보다가 저항선, 예컨대 갭하락한 날의 시가 등에 닿았을 때 공매도를 하는 것이다.

장기 포지션 보유자라면 실적 시즌 동안 어떻게 관리해야 할까? 이는 단기 전략과 완전히 다른 문제다. 장기 투자는 대부분 펀더멘털을 보고 포지션을 잡기 때문에 단기적인 가격변동에 휘둘리지 말아야 한다. 실적 발표에 따라 갭이 발생하는 것은 장기 투자자들이 예상하는 리스크의 일부다. 다만 원한다면 급격한 변동의 영향을 상쇄시킬 수 있도록 옵션을 매수하여 리스크를 줄이는 방법이 있다.

그런데 현실적으로 실적 발표 때마다 발을 뺄 수는 없다. 아마 실적 발표 시기를 몰랐거나 예고 없는 사전 발표로 어쩔 수 없이 급물살에 휩쓸리는 경우가 분기마다 한두 번은 있을 것이다. 이런

점에서 보면 증권거래위원회의 공시 규정도 기술적 분석가들을 뜻밖의 손실로부터 보호해주지 못한다는 사실을 알 수 있다. 더욱이 나쁜 뉴스는 발표되기 전에 차트에 무언가 암시적인 신호를 드러낼 가능성이 낮다. 그래서 상승 패턴을 보고 들어갔다가 실적 경고나 실적 악화 발표로 뒤통수를 맞는 경우가 많다.

시장의 공격적 주기, 방어적 주기

시장은 수익을 빠르게 낼 수 있는 공격적 시기와 수익을 내기 힘든 방어적 시기 사이를 오간다. 공격적 시기의 특징으로는 유망 종목이 눈에 쉽게 띄고 시장에 대중적 참여가 활발하며 매수세와 매도세가 균형을 이룬다는 점을 들 수 있다. 반면 방어적 시기에는 휩소와 함정이 발생하는 일이 많고 참여자가 감소해 유동성이 낮으며 매수세, 매도세 모두 실종된다는 특징을 보인다. 또한 방어적 시기가 공격적 시기보다 오래 유지되는 경향이 있다. 그러나 2003년 여름의 대세 상승장이나 2008년 가을의 하락장 같은 예외도 있다.

이러한 주기의 전환기에는 가능한 빨리 매매 전략을 바꾸어야 한다. 불행하게도 이미 상당히 진행되기 전까지 이러한 분위기의 전환을 파악하기는 어렵다. 그러나 상황 변화를 확실하게 말해주는 중요한 단서가 하나 있다. 지금까지의 전략이 번번이 들어맞지 않아 연전연패를 하고 있다면 '모든 것이 바뀌었어'라고 시장이 당신에게 말해주는 것이다. 대부분의 트레이더가 이처럼 이해할 수 없는 손실을 연달아 내고 나서야 상황이 변했다는 사실을 깨닫는다.

장기적인 생존을 위해서는 공격적 시기보다 방어적 시기에 매매를 잘 해야 한다. 이 말이 맞는지 확인하려면 손실이 났던 해의 매매기록을 보라. 아마 돈을 잃은 달의 손실이 돈을 번 달의 수익보다 훨씬 클 것이다. 대개 손실이 난 이유는 시장을 이기려고 무모한 매매를 했기 때문이다. 손실 때문에 분노에 사로잡히면 자신이 시장의 먹잇감인 줄도 모르고 스스로 무덤을 파게 된다. 방어적 시기는 8월의 혹서기처럼 계절적 영향을 받는 경우가 많지만 연중 어느 때고 찾아올 수 있다. 그래서 전통적으로 1월 효과가 나타나던 시기에도 방어적 시기가 난데없이 복수에 나설 수 있다.

이 주기는 또한 자연스러운 강약의 흐름을 따른다. 트레이더들은 모멘텀 트레이더, 추세 추종자, 역추세 트레이더, 스캘퍼 등 다양한 성향을 지닌다. 이들은 각자 판단과 취향에 맞는 전략을 추구한다. 그래서 공매도만 하는 트레이더도 있고, 공매도를 절대 하지 않는 트레이더도 있다. 각 전략은 패턴의 일정한 부문을 활용한

표 3.1	전략과 시장 주기의 상관관계	
전략	공격적	방어적
모멘텀	급등락	가격 채널
스캘핑	높은 변동성	낮은 변동성
공매도	하락추세	과매도 반등
데이 트레이딩	횡보 국면	추세 국면

다. 이에 따라 전략과 패턴이 완벽하게 정렬되는 시기 사이에는 방어적 시기가 형성된다.

트레이더 개인에게도 공격적-방어적 주기가 있는데 시장의 공격적-방어적 주기와 호응할 수도 있고, 호응하지 않을 수도 있다. 개인과 시장의 공격적 주기가 시너지를 일으킬 때 최고의 수익을 올릴 수 있다. 하지만 시장이 방어적 시기인데 개인이 공격적 시기라면 엄청난 손실을 입을 가능성이 있다.

충격 소용돌이의 활용

충격 소용돌이shock spiral는 대형 악재가 변동성을 급등시키고, 장대봉을 만들며, 지수가 장기 지지선이나 저항선으로 빠르게 이끌리는 상황을 가리킨다. 2008년 9월과 10월에 터진 폴슨Paulson 사태가 그 한 예다. 충격 소용돌이가 생기면 전날 마감한 지점의 반대방향으로 함정(갭)이 생기거나 급격한 반전이 일어나는 경우가 많다. 따라서 충격 소용돌이는 단기간에 큰 손실과 수익을 초래할 수 있다. 트레이더들은 불에 뛰어드는 나방처럼 충격 소용돌이로 몰려들지만 대다수는 엄청난 손실을 입고 떨어져나온다.

앞서 말했듯이 혼란기에는 발을 빼고 상황이 안정되기를 기다리는 것이 좋다. 그러나 이러한 조언은 시장이 급변할 때 큰 수익을 얻고자 노리고 있는 데이 트레이더들에게는 적절한 말이 아니다. 충격 소용돌이에 걸린 가격 패턴은 중기 트레이더들에게는 고통을 안기지만 단기나 장기로 접근하는 투자자들에게는 아주 좋은 기회를 제공한다. 다시 말해서 60분 및 일간 차트에서는 혼란과 리스크만 드러낼 뿐 기회는 보여주지 않지만 5분 및 15분, 혹은 주간 차트에서는 유용한 돌파 패턴을 발견할 수 있다. 이러한 구도는 1일에서 3일 정도 물량을 보유하는 스윙 트레이더들에게 특히 위험하다. 높은 변동성이 지지선 또는 저항선을 쉽게 압도하기 때문이다. 따라서 스윙 트레이더라면 충격 소용돌이가 발생했을 때는 발을 빼야 한다.

시카고옵션거래소는 2004년 3월에 변동성지수선물을 도입했다. 이후 선물의 영향으로 변동성 지수의 패턴은 크게 달라졌다. 이 사실은 트레이더들이 변동성의 확대와 축소에 큰돈을 거는 충격 소용돌이 발생 시 더욱 중요한 의미를 지닌다. 여러 금융시장의 상관관계는 프로그램 알고리즘의 영향과 더불어 변동성 지수와 주요 주가 지수 사이에 밀접한 반비례관계를 형성시켰다. 즉, 변동성 지수의 반대방향으로 주식시장에서 대응하면 된다는 전략이다.

위기 시에는 변동성 지수의 15분 내지 60분봉 차트를 참고하는 것이 큰 도움이 된다. 해당 차트에 50봉 및 200봉 지수이동평균선을 설정하고 가장 명확한 지지선과 저항선을 그어라. 그 다음 5-3-3 스토캐스틱을 하단에 추가하여 단기 주기를 추적하라. 그러면 변동성 지수가 저항선에 닿을 때는 지수의 반등을 노리고 매수하거나 공매도를 커버하는 것이 좋고, 변동성 지수가 지지선에 닿을 때는 수익을 실현하는 것이 좋다는 사실을 알 수 있다. 변동성 지수가 장 마감 시 저항선 근처에서 강하게 버틸 때는 신중해야 한다. 이러한 움직임은 변동성 지수의 상향돌파가 임박했음을 암시하므로, 주가 지수에서 갭하락이 나올 가능성이 높다. 그 다음 변동성 지수가 돌파 후 새로운 지지선에서 바닥을 다지면 고점을 갱신할 수 있다는 신호다. 따라서 주가 지수가 크게 하락할 위험이 있다. 2008년 4분기에 이러한 현상이 연달아 발생했다. 마찬가지로 먹구름이 지나간 후 주요 지수가 상승하고 변동성 지수가 200일 이동평균선 같은 장기 지지선으로 떨어진다면 상황을 예의 주시해야 한다. 이 선에서 변동성 지수가 반등에 실패하면 크게 하락하면서 주식시장의 랠리를 촉발하는 경우가 많기 때문이다.

변동성 지수는 강세장과 약세장에 호응하면서 큰 주기로 확산과 수렴 과정을 거치기 때문에 장기 방향이 단기 변동보다 더 중요하다. 또한 15에서 시작하든 45에서 시작하든 수개월 내지 수년 동안 횡보 패턴을 이어가기도 한다. 이 축소 시기는 종종 주식시장의 바닥 다지기와 일치한다. 추세를 중시하는 트레이더들은 몇 달이 걸리더라도 이러한 패턴을 추적할 필요가 있다. 변동성 지수가 횡보를 끝내고 위나 아래로 방향을 전환하면 주식시장이 상승 또는 하락 주기로 접어든다고 볼 수 있기 때문이다. 따라서 변동성 지수의 장기 등락은 지수의 상대강도와 밀접하게 연관되어 있다. 여기에 대해서는 12장에서 자세히 설명하겠다.

충격 소용돌이가 발생했을 때 주요 지수에 형성된 변동폭은 수개월 동안 유지될 수 있다. 1987년의 폭락 이후 다우지수의 움직임을 생각해보라. 다우지수는 10월 19일에 1616포인트에서 저점

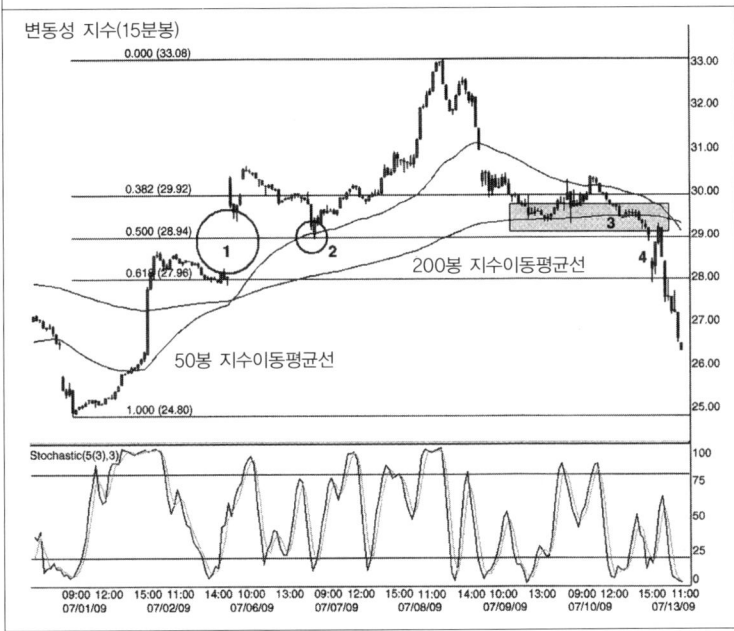

그림 3.5 변동성 지수 패턴

변동성 지수 패턴을 참고하여 급등, 급락, 충격 소용돌이의 진행을 추적하라. 주가가 급락할 때 변동성 지수는 급등한다. 그림 3.5에서 변동성 지수는 정확하게 중간 지점에서 지속갭(1)을 만든 다음 50봉 지수이동평균선을 찍고 반등한다(2). 그리고 33.08에서 고점을 찍고 반전하여 2거래일 동안 200봉 지수이동평균선에서 지지된다(3). 뒤이은 하향돌파(4)는 주식시장에서 돈을 걸 좋은 시점임을 말해준다.

eSignal©2009

을 찍고 반등하여 10월 20일에 2164포인트에서 고점을 찍었다. 이후 잠시 2193포인트를 찍은 때를 제외하고는 1989년 1월까지 이 범위 안에서 머물렀다. 이러한 수렴은 중대한 위기가 찾아왔을 때 일어나는 대규모 수급 전환을 시사한다. 2008년 10월의 폭락 이후 확인했듯이 이때 형성된 주요 지점은 계속 예의주시해야 할 필요가 있다. 나이가 지긋한 트레이더들은 동의하지 않을지도 모르지만 2008년의 폭락은 1987년의 폭락보다 훨씬 더 복잡한 양상으로 전개되었다. 그리고 당시의 충격 소용돌이가 형성한 변동폭은 전체 지수보다 거래량 많은 대형주에서 더 쉽게 파악할 수 있었다.

충격 소용돌이의 역학은 개별 종목에서 급락과 버블이 발생할 때도 작용한다. 개별 종목의 경우에는 변동성 지수를 참고할 필요는 없고 개별적인 가격 패턴만 신경 쓰면 된다. 이때는 실적을 비롯한 재료의 영향으로 형성된 갭에 특별히 주목해야 한다. 갭과 관련한 전략은 5부에서 자세히 다룰 것이다.

04 CHAPTER

어느 쪽이 우세한지를 알려주는 상대강도

장기적으로 수익을 올리려면 마켓 타이밍Market Timing 실력이 뛰어나야 한다. 마켓 타이밍에는 추세 상대성, 보유기간, 일간 동향, 절기라는 네 가지 핵심 요소가 필요하다. 가장 좋은 때에 가장 유리한 가격으로 매매하려면 이 요소들을 모두 고려해야 한다. 최적의 가격과 최적의 타이밍 중 하나를 만족시키기는 상대적으로 쉽지만 동시에 만족시키기는 매우 어렵다. 만약 두 가지를 꾸준하게 만족시킬 수 있다면 엄청난 우위를 차지할 수 있다.

시간 문제는 별개로 하고, 최적의 가격을 만족시키려면 인내심이 필요하며, 시장의 노이즈*에 손실제한 수준이 걸려들기도 한

---

* Noise. 시장의 방향을 가늠하기 어렵게 만드는 가격과 거래량의 변동-옮긴이

다. 스윙 트레이더들이 참고하는 대부분의 신호는 특정한 가격 수준에 도달했는지 여부에 의존한다. 때문에 추세가 형성될 때까지 자금이 묶이므로 시간이 지날수록 기회비용이 증가한다. 대신 시장이 유리한 방향으로 움직일 때는 리스크 대비 보상 비율이 최초 진입 시와 달라질 수 있다.

반면 가격을 별개로 하고, 최적의 시간을 만족시키면 즉각적인 수익을 올릴 확률이 높아지지만 선택이 틀렸을 경우 과도한 손실을 입을 수 있다. 모멘텀 트레이더들이 참고하는 대부분의 신호는 패턴이 추세를 형성하는 시점에 의존한다. 이 경우 큰 수익과 큰 손실을 낼 가능성이 공존하기 때문에 기회와 비용이 모두 커진다.

마켓 타이밍에 능통한 트레이더는 최적의 가격과 시간을 조합함으로써 낮은 리스크로 진입하여 즉각적인 수익을 누린다. 그러기 위해서는 수많은 상대강도 주기를 신중하게 분석해야 한다. 다양한 시간단위와 투자상품에 걸쳐서 복잡하게 얽힌 상대강도를 정확하게 해석하려면 풍부한 경험이 필요하다. 그렇지만 시장의 복잡한 퍼즐을 푸는 능력을 습득한 소수의 트레이더들은 커다란 보상을 얻을 수 있다.

매수-매도 주기로 불리기도 하는 상대강도는 다양한 양상을 지닌다. 가능한 많은 형태를 일상적인 매매 전략에 반영하는 것이 중요하다. 상대강도를 파악하려면 스토캐스틱과 RSI를 비롯한 많은 수단이 필요하다. 가령 모든 거래일에는 일련의 상승 업종과 하락 업종이 나온다. 각 업종을 상승률와 하락률에 따라 나누면 어느 업종을 사고 어느 업종을 팔며 어느 업종을 피해야 하는지 말해주는 상대강도를 확인할 수 있다.

매수-매도 주기는 끊임없이 반복된다. 또한 종종 일정한 간격으로 반복되기 때문에 정확한 예측이 가능하다. 그러나 이 주기는 모든 시간단위에서 전개되면서 다양한 수렴-확산 관계를 만들어낸다. 이 관계를 분석하는 일은 아주 어렵지만 일단 분석 능력을 습득하면 대단히 유용하게 쓸 수 있다.

상대강도는 전체적인 흐름에서 파악되어야 하기 때문에 교차나 과매수-과매도 신호 같은 좁은 범위로 데이터 수집범위를 한정시키지 말아야 한다. 상대강도는 두 개의 시장 데이터를 비교하는 데서 나오며, 각 틱Tick은 수렴-확산 역학에 좌우된다. 이러한 분석을 연장시키면 그래프나 순위 혹은 목록을 구할 수 있다. 기본적으로 상대강도는 매수세와 매도세 사이의 끝없는 싸움을 드러내며, 특정한 시기에 어느 쪽이 우위를 차지했는지 말해준다.

모든 매매 전략은 상대강도 분석에 의존한다. 시장은 온갖 주기로 가득하고, 각 주기는 가격변동을 좌우한다. 모든 가격변동을 추적하는 것은 불가능하지만 상대강도가 우리의 포지션에 영향을 미칠 때가 언제인지는 파악해야 한다. 그러기 위해서는 차트 하단에 5-3-3 스토캐스틱을 넣고 200일 지수이동평균선 대비 주가 수준 같은 기준을 적용하여 관심종목을 관리해야 한다. 여기에 월간 주기를 보여주는 RSI(14, 7)와 실시간으로 ETF/업종별 일일 상승률과 하락률을 정리한 목록을 추가하면 모든 도구가 마련된 것이다.

스토캐스틱을 활용한 상대강도 분석

스토캐스틱은 모든 시간단위에서 매수세와 매도세의 흐름을 추적한다. 과매수와 과매도를 오가는 이 주기는 일정한 시간에 따라 공수가 교대되는 스포츠 경기를 연상시킨다. 우리는 관중석에 앉아서 지는 쪽을 이용해 돈을 벌어야 한다. 특히 지수선물이 60분과 90분 주기로 매수-매도 주기를 만드는 일중 시장은 더욱 그렇다. 이 주기에 직접 돈을 걸 필요는 없다. 이 주기는 우리가 이미 파악한 기회에 대하여 유리한 매매 시점을 말해준다. 여기에 더하여 지수 패턴과 스토캐스틱 주기 사이의 수렴-확산 관계는 그날의 가장 큰 싸움에서 어느 쪽이 이기고 있는지 보여준다.

스토캐스틱 주기는 특정 종목이 해당일에 지수보다 강한지 아니면 약한지 알려주는 수렴-확산 관계를 만들어낸다. 또한 스토캐스틱 주기는 매수-매도 주기가 전체 시장보다 앞서는지, 동행하는지, 뒤처졌는지 말해준다. 이 기능만으로도 수많은 전략에 요긴하게 사용될 수 있다.

스토캐스틱은 대표적인 과매수-과매도 지표다. 불행하게도 대부분의 트레이더들은 스토캐스틱이 제공하는 중요한 정보를 정확하게 해석하는 법을 모른다. 스토캐스틱이 양 극단에 있을 때가 기회인데 이를 놓쳐서는 안 된다. 과매수나 과매도의 초기 단계(80선 위 혹은 20선 아래)에서 가장 안정적인 수익을 기대할 수 있다. 이때 이중천정이나 이중바닥 패턴이 나오면 반전을 예상할 수 있다. 또한 스토캐스틱이 80 또는 20선 근처에서 고점을 낮추거나 저점

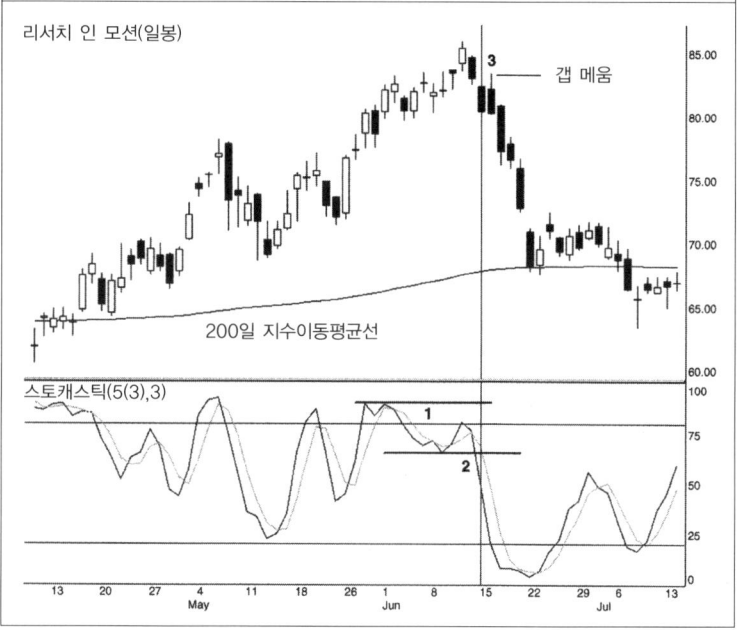

그림 4.1 스토캐스틱의 매매 신호

스토캐스틱이 이중천정을 만든 후 하락하는 것은 믿을 만한 매도 신호다. 리서치 인 모션(Research in Motion)의 주가는 한 달에 15포인트 이상 상승한 후 85달러에서 고점을 찍는다. 이 상승의 마지막 단계에서 스토캐스틱은 고점을 낮추고(1), 이틀 후 하향돌파(2)한다. 갭을 메우려는 반등이 실패한 지점(3)에서 공매도로 진입한다면 큰 수익을 올릴 수 있다.

을 높인 후 반대방향으로 움직인다면 확실한 진입 내지 청산 신호로 보아야 한다.

현실적으로 스토캐스틱을 어떻게 설정하든 크게 문제될 것이 없다. 모든 설정에서 유효한 패턴을 보여주기 때문이다. 나는 개인적으로 모든 시간단위 차트에 5-3-3으로 설정한다. 다른 설정은 비슷한 주기를 만들어내지만 노이즈의 수준에 따라 달라질 수 있다. 중요한 점은 자신의 매매스타일에 맞게 설정하는 것이다.

가령 데이 트레이더들은 5-3-3 설정으로 보다 명확하게 미세한 움직임을 포착할 수 있는 반면 장기 투자자들은 14-7-7 설정을 하면 휩소와 흔들기를 버티는 데 도움이 된다.

처음부터 종목 선정에 실패하면 스토캐스틱도 도움이 되지 않는다. 세심하게 관심종목을 관리하여 가장 활발한 패턴 주기와 호응하는 종목들을 골라야 한다. 그러기 위해서는 효율적인 기준으로 데이터를 정렬할 필요가 있다. 200일 지수이동평균선 대비 주가 수준은 상대강도를 측정하는 효과적인 도구다. 펀더멘털 데이터를 사용하지 않아도 이 기준에 따른 유망 종목은 〈인베스터스 비즈니스 데일리Investor's Business Daily〉에 나오는 IBD100 목록과 겹칠 것이다. 유망 종목은 매일 갱신하는 것이 좋다. 워든 텔레차트Worden TeleCharts를 쓰는 트레이더들은 이 자료에 친숙할 것이다. 다른 차트프로그램을 통해서도 쉽게 상대강도를 구할 수 있다.

워든 텔레차트는 전체 시장 대비 백분위를 활용한다. 그런데 이를 계산하는 데에는 미적분이 필요해 복잡하기 때문에 비슷한 정렬 기능을 하는, 보다 간단한 공식을 아래에 소개한다.

- **■ 200일 이동평균 대비 가격 수준**
  ※ 단순이동평균보다 지수이동평균을 활용하길 추천한다.

  - 공식: 200일 이동평균 대비 비율
    ([C − 200일 이동평균]/200일 이동평균) × 100

    예 1: A주식 종가 45달러, 200일 이동평균 40달러
    ([45 − 40]/40) = 0.125 × 100 = 12.5%
    ∴ 이동평균 대비 12.5% 상위

> **예 2**: B주식 종가 35달러, 200일 이동평균 40달러
> ([35 − 40]/40) = −0.125 × 100 = −12.5%
> ∴ 이동평균 대비 12.5% 하위

전체 종목을 정렬하려면 시간이 많이 걸리므로 52주 고가와 52주 저가에 근접한 종목들로 한정하는 공식을 적용하여 목록을 추려라.

> ■ 필터(강도)
> • 공식: 52주 고가 대비 비율
>   (1 + [(C − 52주 고가)/52주 고가]) × 100
>   **예**: A주식 종가 50달러, 52주 고가 60달러
>   (1 + [(50 − 60)/60]) = (1 + [−0.17]) × 100 = 83%
>
> ■ 필터(약도)
> • 공식: 52주 저가 대비 비율
>   (1 + [(C − 52주 저가)/52주 저가]) × 100
>   **예**: B주식 종가 35달러, 52주 저가 30달러
>   (1 + [(35−30)/30]) = (1 + [(35−30)/30])
>   = (1 + [0.17]) × 100 = 117%

먼저 52주 고가나 52주 저가를 기준으로 강도 목록 상위 25퍼센트와 약도 목록 하위 25퍼센트에 속하는 종목들을 추려라. 그 다음 이 목록을 대상으로 200일 이동평균 대비 주가 수준을 구하면 된다. 그 결과를 양 방향으로 분석하면 모멘텀 투자에 적합한 정보를 얻을 수 있다. 다만 이 정보는 출발점에 불과하다는 사실

을 명심해야 한다. 여전히 가장 유망한 후보 종목들을 추적하면서 유리한 패턴과 리스크가 낮은 진입 시점이 나타날 때까지 기다려야 하기 때문이다.

장기 지표도 상대강도를 파악하는 유용한 도구다. 나는 RSI(14, 7)를 선호한다. 그러나 많은 실시간 호가 시스템은 이 지표를 기본 설정으로 제공하지 않는다. 프로그램 언어에 익숙하지 않다면 17-17-1 스토캐스틱을 대안으로 활용하기를 권한다. 느리게 움직이는 상대강도 지표는 월 단위 매수-매도 스윙을 잘 보여준다. 주식 시장은 21일이나 28일 주기로 강세와 약세 사이를 오가는 경향이 있다. 이 주기의 바닥에서 최고의 매수 기회가 나오고 천정에서 최고의 공매도 기회가 나온다. 장기 상대강도 지표는 종종 상향돌파나 하향돌파로 방향 전환이 확정되기 전에 전환점을 보여준다.

전체 시장뿐만 아니라 개별 종목도 일정한 간격으로 주기를 형성한다. 가령 애플이나 리서치 인 모션의 주가가 21일에 걸친 일련의 하락주기를 형성했다면 다음에 상대강도가 과매수 수준에서 반전할 때도 20일에서 22일 정도 하락주기를 형성할 가능성이 높다. 이는 조기에 진입하고자 하는 수많은 전략을 뒷받침해주고 보상과 리스크를 가늠하는 데 도움을 주는 대단히 유용한 정보다. 장기 지표는 지수와 개별 종목에 있어서 중요한 전환점에서 핵심적인 필터로 작용한다. 오랜 상승과 하락 후에는 탐욕과 공포에 사로잡힌 사람들의 주장이 언론과 인터넷을 들썩거리게 만든다. 이때 장기 상대강도는 감정적 요소를 걸러내고 주가의 객관적인

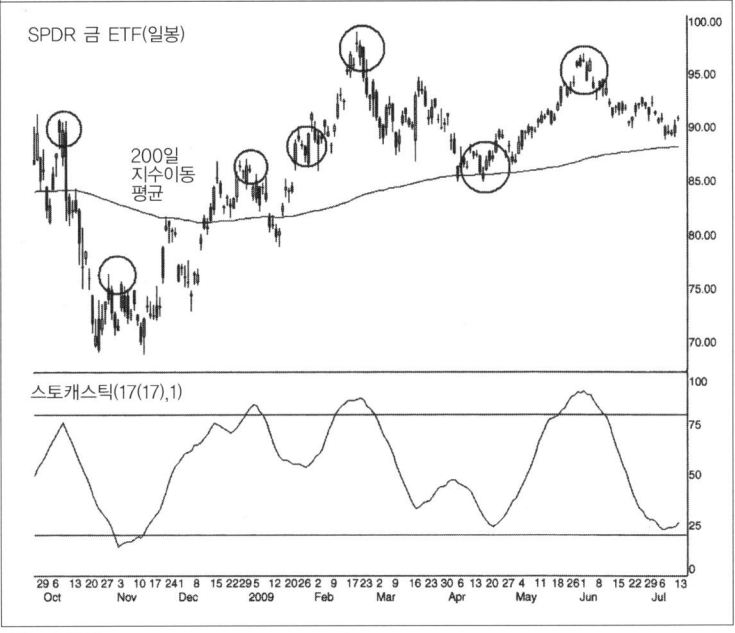

그림 4.2 장기 상대강도(스토캐스틱 17-17-1)

장기 상대강도 지표를 활용하여 주간 및 월간 단위 변동을 파악할 수 있다. 완벽하지는 않지만 17-17-1 스토캐스틱은 2008년 10월에서 2009년 7월 사이에 SPDR 금 ETF 차트에서 나타난 주요 전환점을 대부분 포착했다. 이 시기가 지난 20년 동안 가장 변동성이 심한 기간이었다는 점을 감안하면 효용성이 대단히 높다고 볼 수 있다.

위치를 말해준다.

　장기 지표가 상단에서 눌렸다가 반등할 때는 롱 포지션을 피해야 한다. 최소한 6주에서 8주에 이르는 오랜 하락을 알리는 신호일 수도 있기 때문이다. 반대로 주가가 지지선까지 떨어진 상황에서 장기 지표가 과매도선 위로 반전하면 좋은 진입 시점을 잡을 수 있다.

매수-매도 스윙으로 우세 쪽에 편승하기

　상대강도와 약도는 매수-매도 스윙을 드러낸다. 즉, 상대강도와 약도를 통해 현재 시장을 매수세가 이끌어가고 있는지 매도세가 이끌어가고 있는지를 알 수 있다. 현실적으로 어느 때건 특정한 금융상품에 대한 매수자와 매도자는 한정되어 있다. 수급의 균형이 한쪽으로 기울 때마다 매수-매도 스윙은 주기적으로 천정과 바닥을 형성하면서 실전적인 자료를 제공한다. 한마디로 시장은 수급 불균형 때문에 과매수나 과매도 상태로 밀리는 것이다. 이 힘은 한쪽에서 공급이 재충전되거나(과매도 상태일 때) 다른 쪽에서 수요가 고갈될 때(과매수 상태일 때) 균형을 되찾는다. 트레이더의 관점에서 이 사실은 대단히 중요한 의미를 지닌다. 과매수 상황에서는 롱 포지션의 리스크가 증가하고 과매도 상황에서는 숏 포지션의 리스크가 증가한다.

　포지션 진입과 청산을 결정하는 매매 전략은 매수-매도 주기 내에서 상대강도와 호응해야 한다. 다시 말해서 과매도 상황에서 약한 종목을 매수하는 것은 합리적이지만 추가 하락을 노린 추격 공매도는 어리석다. 반대로 과매수 상황에서 강한 종목을 매수하는 것은 돈을 잃는 지름길이지만 롱 포지션을 청산하는 것은 리스크를 줄여준다.

　이를 활용할 때는 주기의 길이를 감안해야 하기 때문에 전략을 짜는 과정이 복잡해진다는 점이 있다. 매수-매도 스윙은 여러 시간 단위에서 이루어지기 때문이다. 월간 차트에 나타나는 긴 주기가 있는 반면 90분봉 차트에 나타나는 짧은 주기도 있다. 이러한 변수들을 효율적으로 관리할 수 있어야 고수의 반열에 오를 수 있다.

그것이 어떻게 발생했는지, 얼마나 지속될 것인지는 모른다 하더라도, 특정한 시점에 어떤 매수-매도 주기가 진행되고 있는지는 알아야 한다. 그러기 위해서는 5-3-3 스토캐스틱을 활용하여 4일에서 7일 동안 지속되는 일별 등락과 다섯 시간에서 열 시간 동안 지속되는 60분 등락을 추적해야 한다. 60분 등락은 2일에서 3일 동안 형성되는 매수-매도 스윙을 찾아내는 데 대단히 유용하다. 이 주기는 특히 스윙 트레이더들에게 중요한 의미를 지닌다.

그림 4.3에서 켈젠Celgene의 주가는 2주에 걸쳐 좁은 범위에서 진동한다. 한편 5-3-3 스토캐스틱은 세 시간에서 일곱 시간에 이르는 반주기half-cycle를 따라 오르내린다. 그중 몇 개의 등락은 장대봉을 유발하지만 나머지는 방향성 없는 노이즈만을 남긴다. 그러나 모든 경우에 어느 쪽이 공격하고 어느 쪽이 수비하는지는 알 수 있다. 끝으로 스토캐스틱이 과매수선과 과매도선을 건드리면 중간에서 반전하는 경우보다 더 오래 지속되는 역추세를 초래하는 경향이 있다는 점을 확인하라.

그러면 다음과 같은 일반적인 시나리오를 생각해보자. A 종목의 주가가 저항선을 돌파한 후 급격하게 꺾인다. 그에 따라 매도세가 확고한 주도권을 잡고 60분 패턴의 매수-매도 스윙도 아래로 향한다. 매도자들은 하루에서 하루 반나절(다섯 시간에서 열 시간) 동안 주가를 더 아래로 밀어붙이면서 지지선을 깰 수 있다. 이 무렵 다른 트레이더들도 돌파 및 상대강도 검색을 통해 관심을 갖는

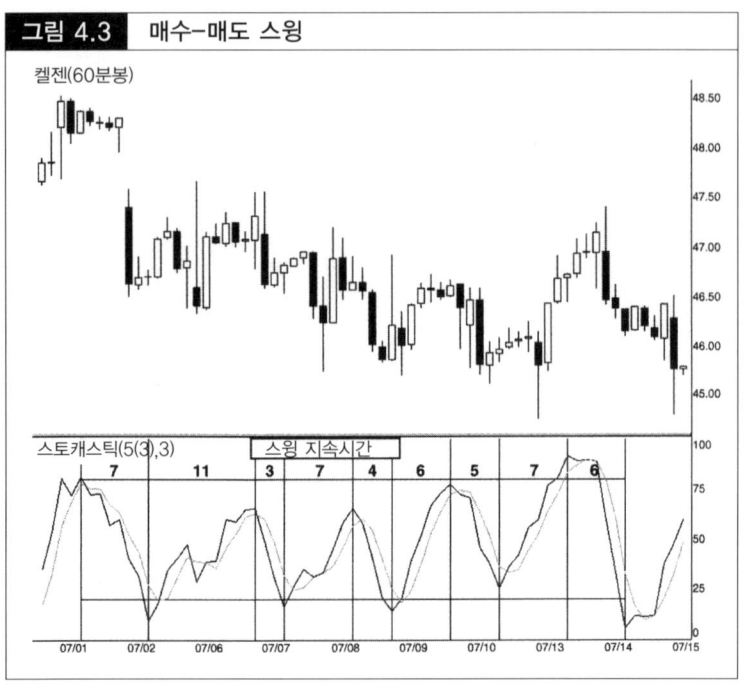

다. 그러나 이때 스토캐스틱이 반전하면서 섣불리 진입하면 안 된다는 사실을 말해준다. 하락추세가 다음 날까지 이어지면서 주가는 더 낮은 시가에서 출발했다가 좁은 횡보 패턴을 만든다. 이러한 주가밀집 과정은 단기 저점이 찍혔다는 신호를 내보내어 추세를 매수세 쪽으로 돌린다.

이제 상황을 지켜보던 트레이더들은 상향돌파를 노릴 수 있다. 그들은 가격 패턴을 분석하여 임박한 상승추세가 강하게 진행될지 미약한 수준에서 그칠지 파악할 단서를 찾는다. 이때 하락반전의 깊이가 핵심적인 단서를 제공한다. 상향돌파가 이루어지려면, 대개 마지막 하락이 직전 상승을 되돌리는 비율이 38퍼센트 이내로 비교적 높은 지점에서 전환점을 형성해야 한다. 또한 상승반전은 50봉 지수이동평균선 같은 중간 이동평균선이나 그 위에서 출발해야 한다. 이러한 조건을 확인했다면 공격적인 트레이더들은 바로 진입할 것이고, 신중한 트레이더들은 전고점을 넘어서는 것을 확인하고 진입할 것이다.

물론 이러한 전략이 언제나 성공하는 것은 아니다. 상대강도 지표가 한쪽 극단에 이르렀다가 일정기간 그대로 머물기도 하기 때문이다. 또한 시장 주기들이 상충하거나 너무 오랫동안 비슷한 수준에 머물러 있으면 너무 늦게 매수하거나 너무 일찍 매도하게 만든다. 결국 중요한 것은 매수-매도 스윙을 활용하여 지속적으로 성과를 낼 수 있는지 여부다. 사실 잘못 이해되는 경우가 많긴 하지만, 이 매매법은 실제로 투자성적을 크게 개선시켜줄 수 있다. 시장의 전문가들이 무슨 말을 하건, 다른 트레이더들이 어디에 돈을 걸건 당신으로 하여금 그에 상관하지 않고 독립적으로 생각할 수 있는 단서를 제공해주기 때문이다.

매수-매도 스윙에 따른 매매법은 전문가들의 말과 다른 트레이더들의 움직임 외에 독자적인 판단기준을 제공한다. 이 점에서 매수-매도 스윙에 따른 매매법의 또 다른 이점이 생긴다. 성공투자를 하려면 시장의 노이즈에 현혹되지 말아야 한다. 그러기 위해서는 패턴 주기와 매수-매도 스윙처럼 시장의 구조를 분석하는 확고한 시각을 가져야 한다. 그래야만 월스트리트나 언론에서 연일

남발하는 공수표에 속지 않을 수 있다.

반전과 역스윙을 통해 매매 기회 포착하기

시장이 한 방향으로 꾸준하게 움직일 때는 대부분의 트레이더들이 좋은 매매를 한다. 그러다가 반전이 일어나면서 문제가 시작된다. 이때 트레이더들은 물량을 계속 보유할지, 줄일지, 처분할지 결정해야 한다. 이 결정에서 수익과 손실이 판가름난다. 대개 우리는 며칠 내지 몇 주 동안 보유할 생각으로 주식을 매수한다. 나름대로 분석을 열심히 한 덕분인지 진입 후 초기 움직임은 유리한 방향으로 흘러간다. 이때 우리는 작은 수익에 기뻐하며 자신의 뛰어난 실력을 자화자찬한다. 그러나 사실은 언제 당할지 모르는 처지에 있는 것이다. 시장은 추세와 역추세를 통해 끊임없는 파동을 만들기 때문이다. 모든 작용은 그에 따른 반작용을 낳는다. 이 양면적인 역학은 일반적인 트레이더들이 모처럼 잘 잡은 포지션으로 큰 수익을 실현하기 전에 흔들기를 통해 물량을 빼앗아가는 사악한 수단을 만들어낸다.

따서 언제나 역스윙을 염두에 두어야 한다. 그래야 위험을 보다 신중하게 측정하고 적절한 대응에 나설 수 있다. 다음은 역추세를 파악하는 열 가지 방법이다.

1. 일간 추세에서 한 방향으로 봉 세 개가 나오면 반전하는 경

향이 있다. 이러한 경향을 이용한 고전적인 전략도 있다.

2. 차트에 볼린저밴드를 적용하여 봉 길이의 75퍼센트 이상이 상단이나 하단을 뚫는지 확인하라. 이 경우 다음 한두 봉에서 반전이 일어날 가능성이 높다.

3. 화요일에 추세가 반전될 가능성이 높다. 특히 추세가 지난주에서 계속 이어져온 경우는 더욱 그렇다. 따라서 화요일 개장 전 혹은 월요일 오후에 포지션을 청산하여 리스크를 피하는 것이 좋다.

4. 반전이 일어날 가능성이 가장 높은 때는 신고점이나 신저점을 기록한 후다.

5. 추세가 반전되기 전에는 대개 변동성이 정체된다. 따라서 주가가 등락을 멈추고 좁은 폭을 형성할 때 주의해야 한다.

6. 거래량이 폭발할 때 추세가 반전될 가능성이 높으므로 주의해야 한다.

7. 보다 장기의 시간단위에서 잠재적인 반전 지점에 이른다면 한 단계 낮은 시간단위에서 반전 패턴을 찾아라.

8. 전형적인 반전형 봉들을 익혀두어야 한다. 중요한 지지선이나 저항선에서 나타나는 망치형이나 십자형, 큰 상승 후에 나타나는 흑운형, 장대봉 후에 나타나는 잉태형 등이 거기에 해당된다.

9. 3파 형태로 상승이나 하락이 진행된 후 큰 반전이 일어나는 경우가 많다. 각 동인파동 사이에는 조정이나 정체 국면이 끼어든다. 마지막 파동은 기술적 분석의 관점에서 가장 많은 확산을 만들어내는 경향이 있다.

10. 강력한 추세에 맞선 큰 갭은 봉 하나로 추세 반전을 알려준

다. 반대방향으로 갭이 나오고 마감 때까지 메워지지 않으면 추세가 반전되었다고 판단할 수 있다.

이상적인 시간 대 이상적인 가격

앞서 언급했듯이 종종 가격과 시간이 어긋나는 경우가 있다. 가령 진입하는 가격 수준은 완벽했는데 수익이 나기까지 예상보다 오래 기다려야 하는 때가 있다. 혹은 이미 저점을 찍고 꽤 반등했지만 상황이 너무 좋아서 큰 리스크를 안고서라도 진입해야 하는 때도 있다. 트레이더들은 둘 중 하나에 집착하는 경향이 있기 때문에 어느 쪽이 자신의 매매법과 더 잘 맞는지 파악해야 한다.

변동성이 높은 상황에서 완벽한 진입대를 찾을 때 심리적 영향력을 무시해서는 안 된다. 하락장에서 매수하려면 배짱과 낙관적 태도가 필요하고, 상승장에서 공매도를 하려면 두려움과 의심을 극복할 줄 알아야 한다. 사실 대다수 트레이더들은 역추세 전략에 따른 심리적 부담을 감당하지 못한다.

다른 한편 완벽한 타이밍을 잡으려면 유망한 종목을 계속 관찰하면서 진입 신호를 기다려야 한다. 샌드위치를 만들거나 개를 산책시키려고 자리를 뜨면 그날 가장 높은 수익을 주는 자리를 놓치기 십상이다. 타이밍에 민감한 전략은 논리적으로 손실제한 수준을 진입 시점보다 훨씬 아래로(롱 포지션의 경우) 잡아야 하기 때문에 평균적인 손실이 더 클 수밖에 없다. 또한 이 전략은 기회비용이라는 모호한 개념과 씨름해야 한다. 현실적으로 완벽한 진입 시점을 잡았더라도 주가가 횡보하면서 실패로 돌아가거나, 적절한 추세가 형성되더라도 기대만큼 강하지 않아서 충분한 수익을 얻지 못하는 경우가 많다.

결론적으로 가격 기준 매매는 리스크를 줄이지만 인내심을 요구하는 반면 시간 기준 매매는 더 빠른 수익을 얻기 위해 더 높은 리스크를 감수해야 한다. 그러면 각 매매법을 적용할 수 있는 사례를 살펴보자.

그림 4.4에서 와이어스Wyeth의 주가는 42달러 근처에서 이중바

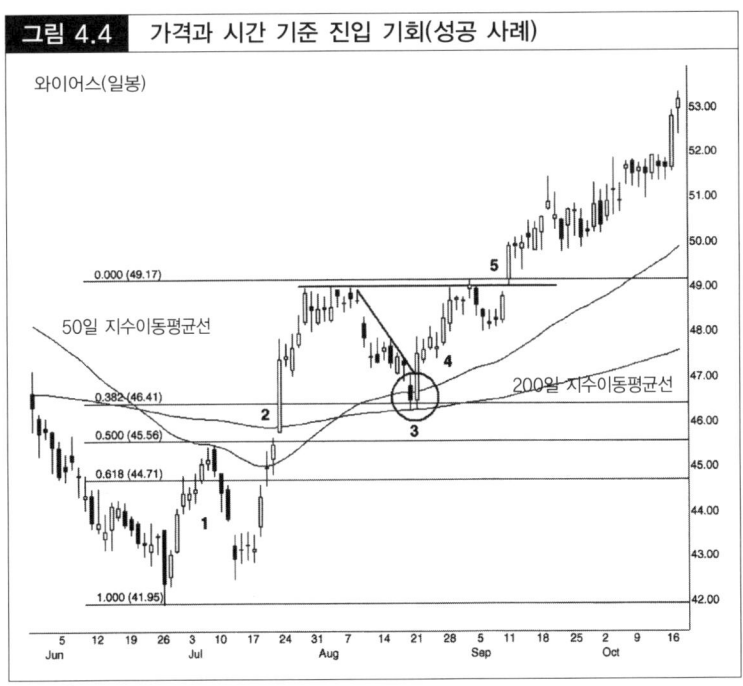

그림 4.4 가격과 시간 기준 진입 기회(성공 사례)

닥을 만든 후(1) 상승하기 시작한다. 7월에 50일 지수이동평균선과 200일 지수이동평균선을 뚫은(2) 주가는 49달러에서 상승세를 마감한다. 상승추세를 놓친 트레이더들은 두 번째 진입 기회를 노리며 하락반전에서 매수 신호가 나오기를 기다린다. 주가가 6일간 형성된 지지선을 깨고 지난 상승폭의 38퍼센트를 되돌리는 하락을 할 때(3) 진입을 위한 이상적인 가격이 온다. 이후 주가는 2주에 걸친 하락추세선을 돌파하고 상승하면서 갭을 메운다(4). 이 상승추세는 가격 측면에서 최적의 진입 지점이 이미 지나갔지만 여전히 이상적인 기회를 제공한다. 두 번째 이상적 진입 타이밍은 몇 주 후 주가가 한 달에 걸쳐서 역머리어깨형을 완성하고(5) 49달러를 돌파할 때 찾아온다.

이 사례에서는 가격과 시간에 기반한 모든 진입 신호가 마술처럼 들어맞는다. 매도세는 정확하게 이동평균선에서 제압되고, 추세선 돌파는 즉각적인 급등으로 이어지며, 역머리어깨형 이후 장대양봉이 나오면서 6주에 걸친 꾸준한 상승추세가 형성된다. 그런데 많은 경우 두 기준에 따른 진입이 실패로 돌아갈 수도 있다. 하락이 지지선에서 멈추지 않을 수도 있고, 추세선 돌파가 실패로 끝날 수도 있다. 이러한 리스크 때문에 어느 기준으로 진입하든 적극적인 포지션 관리가 필요하다. 그러기 위해서는 포지션을 잡은 후 바로 손실제한 수준을 정하고 가격이 예상한 방향으로 움직이는지 살펴야 한다.

그림 4.5에서 어플라이드 머티리얼즈Applied Materials의 주가는 가격과 시간에 기반한 매매 전략이 잘못되는 사례를 보여준다. 시작

그림 4.5 가격과 시간 기준 진입 기회(실패 사례)

은 좋아 보인다. 주가는 연이어 급등하면서 17달러선에 걸친 200일 이동평균선을 뚫는다(1). 이후 주가는 반락과 반등의 과정을 거쳐 다시 200일 이동평균선을 시험하면서(2) 가격에 기반한 진입 신호를 보낸다. 하루 동안 200일 이동평균선을 깬 주가는 다시 상승하면서 거의 완벽한 시간 기준 진입 시점을 제공한다. 주가는 고점 근처에서 5거래일 동안 머물다가 다시 상향으로 돌파하면서(3) 또 다른 시간 기준 진입 신호를 보낸다. 그러나 몇 주 후 주가는 상승을 멈추고 50일 이동평균선과 200일 이동평균선이 모인 지지선으로 급락한다(4). 원래 진입 지점인 이 지점에서 12일 동안 횡보가 발생하여 연속적으로 잘못된 신호를 내보낸다. 마지막으로 주가는 휩소 구간을 벗어나면서(5) 또 다른 시간 기준 진입 시점을 제공한 뒤 19달러까지 상승한다. 그리고 다시 혼란한 양상을 보이면서 한 달 동안 손실제한 수준을 흔드는 변동성을 연출한다.

주가가 지지선으로 떨어졌을 때 나타난 혼란한 가격변동은 즉시 손을 털고 다음 기회를 기다려야 한다는 경고를 내보낸다. 그러나 많은 이들이 휩소 구간에서 충동적으로 돈을 던져넣으면서 확실한 변화가 일어나기를 기도한다. 가격 기준이든 시간 기준이든 수익을 올리려면 쓸데없는 고집을 꺾을 수 있는 원칙이 있어야 한다. 근본적으로 투자 성적은 완벽한 가격이나 시간과 맞물린 특정한 가격변동에 좌우된다. 주가가 예상과 벗어난 움직임을 보이면 리스크 대비 보상 비율을 점검하고 필요할 경우 빠져나올 줄 알아야 한다.

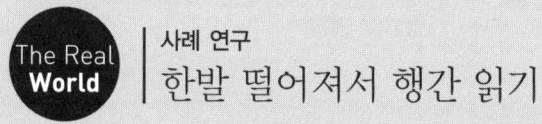

사례 연구
한발 떨어져서 행간 읽기

6월 셋째 주로 접어들면서 시장은 복잡한 양상을 보인다. 단순한 기술적 분석은 당신이 트레이딩을 하는 데 필요한 어떤 해답도 들려주지 못하고 있다.

그림 4.6에 나타난 대로 2009년 3월의 저점에서 출발한 상승은 6월 초까지 이어지면서 S&P500 지수를 200일 이동평균선 위로 올려놓는다(1). 이후 저항에 부딪힌 지수는 2주 동안 횡보한다(2). 이 시점에서 일부 애널리스트들은 추가 상승을 예고한다. 그러나 지수는 만기주가 시작되는 6월 15일에 횡보 구간을 아래로 뚫고 흘러내린다(3). 수요일까지 매도세가 이어진 후 만기일인 금요일에 주가가 소폭 반등한다(4). 상승이 재개되기를 기대하던 분위기가 지배적이었다고 보임에도 만기주에 매도세가 강해진 이유는 무엇일까? 그것은 만기를 앞두고 콜 옵션을 쓸모없게 만들어서 매수자들의 고통을 극대화시키려는 시장의 사악한 움직임에 따른 것이다.

주말이 지난 후 매도자들이 주도권을 잡고 이틀 동안 지수를 하락시킨다. 지수는 50일 이동평균선을 뚫고 4주 저점까지 떨어졌다(5). 지지선이 뚫리자 원기를 회복한 매도세는 추가 하락을 도모한다. 그러나 급히 뛰어드느라 달력을 보지 않은 매도자들은 난관

에 부딪혔다. 분기 말에 이르른 탓에 윈도우 드레싱이 상승세를 이끈 것이다. 기술적 분석에만 의존했던 매도자들은 기관이 우량 종목을 충분히 쓸어담을 때까지 기다려야 한다. 펀드매니저들의 연말 보너스가 걸린 상황에서 펀더멘털이나 기술적 분석은 큰 힘을 발휘하지 못한다.

다른 힘들을 압도하는 윈도우 드레싱의 영향력은 다음과 같은 교훈을 준다.

- 윈도우 드레싱 효과는 아무 기술적 맥락 없이 작용하기 때문에

모멘텀 지표를 참고하는 것은 의미가 없다.
- 가격 포지션을 감안하지 않기 때문에 이동평균선이나 추세선도 윈도우 드레싱의 폭주열차를 막지 못한다.
- 매집 대상 종목의 상승폭은 무작위로 나타난다.
- 윈도우 드레싱의 영향력은 해당 분기의 마지막 거래일 전날 절정을 이룬다.
- 윈도우 드레싱 효과에 따른 상승 중에는 하락반전이 거의 일어나지 않는다.
- 윈도우 드레싱 효과는 대개 하루 동안 발휘되고 금세 사라지지만 주가는 익월까지 상승폭을 유지한다.
- 기관이 새 분기에 대비하여 선호 종목을 사들이면서 새 달의 첫 거래일에도 상승 여력이 작용한다.
- 수급이 정상적으로 작동하는 두 번째 거래일에 분위기가 급변한다.

다시 그림 4.6으로 돌아가자. 지수는 50일 이동평균선에서 반등하여 분기 말 4거래일 전에 2퍼센트 상승한다(6). 며칠 더 긍정적인 분위기가 이어지지만 지수는 크게 오르지 않는다. 그러다가 재미있는 일이 일어난다. 지수는 새 분기 첫 날, 첫 한 시간 동안 상승하다가 위쪽에 긴 꼬리를 남기며 하락하여 일간 저점 근처에서 마감하면서 잉태형을 만든다(7). 윈도우 드레싱 효과의 여파로 원래는 이날까지 상승이 기대되었지만 종가가 크게 밀림으로써 이후 하락할 것이 예상된다. 절기의 영향과 그에 따른 가격변동

사이의 수렴-확산 관계는 차트 분석만큼이나 강력한 지표로서 단기에서 중기에 이르는 시장의 방향을 예측하는 데 대단히 효과적이다. 이 경우 예정된 상승에 실패한 지수는 매도세가 주도권을 잡을 것이라는 경고 신호를 내보낸다.

다음 날 이 하락 시나리오가 그대로 전개되어 지수는 50일 이동평균선이 걸쳐진 900포인트 밑으로 밀린다(8). 이에 확신을 얻은 공매도세가 유입되면서 3거래일 동안 하락이 이어진다. 세 번째 하락일에 지수는 6주 지지선인 880포인트를 깨면서(9) 이전 상승을 100퍼센트 되돌린다. S&P500 지수가 하락을 마무리하는 동안 많은 ETF들이 가세하여 불길한 머리어깨형을 만들어낸다. 이후 이틀 동안 머리어깨형이 깨지고 하향 도미노 효과가 조금씩 약해지면서 시장은 대규모 조정을 준비한다. 그러나 달력을 보지 않는 공매도자들은 이번에도 청산 시점을 놓치고 만다.

대규모 매도가 나온 후 이틀째 거래일(10)은 만기주 전 금요일이기도 하다. 일주일에 걸친 하락으로 약세 분위기가 만연한 가운데 공매도 물량과 풋/콜 비율은 빠르게 상승한다. 공매도자들이 만기주를 앞두고 커다란 표적을 뒤에 단 것이다. 만기주 동안 어느 쪽이 표적인지 파악하는 일은 어렵지 않다. 만기주 첫 날로 접어들면서 불현듯 불안한 느낌이 들 때 그 실체를 따져보면 된다. 주가가 급락하여 롱 포지션의 손실을 감당할 수 없을까 봐 두려운가? 아니면, 주가가 급등할 것이 확실한데 롱 포지션을 충분히 취하지 못해서 불만인가?

공매도자들은 대개 체결창에서 나타나는 모든 파동에 과민하게 반응하면서 작은 숏 스퀴즈 조짐에도 엄청난 공포심을 느낀다. 그들은 만기주 첫 날인 7월 13일 아침에 그 공포심을 절실하게 느꼈어야 했다.

그림 4.7은 그날 주가가 급등하면서(1) 공매도자들을 쥐어짜는 모습을 보여준다. ETF들이 연달아 무너진 목선Neckline에 재진입하여 위로 탈출하면서 머리어깨형도 도움이 되지 않는다. 설상가상으로 지수는 자연스러운 전환점이자 신규 공매도 진입 지점인 50일 이동평균선마저 상향돌파해버린다. 절기의 영향을 잘 아는 트레이더들은 이러한 이례적 상승을 미리 예측할 수 있다. 월요일의

그림 4.7 만기주 전 숏 스퀴즈

상승은 강력했지만 화요일의 반전 가능성이 공매도자들에게 다시 지수를 끌어내릴 기회를 제공한다. 그러나 첫 한 시간 동안 매도세가 강했는데도 불구하고 공매도자들은 지수를 되돌리는 데 실패한다(2). 지수가 폐장까지 느리게 회복되는 모습은 상승이 임박했음을 암시한다. 절기상 가능성이 높았던 반전이 나오지 않았기 때문이다. 그 결과 7월 1일에 하락장을 만든 힘이 정확히 반대로 작용한다. 게다가 이 힘은 그전의 갑작스러운 상승이 아직 끝나지 않았다는 신호를 내보낸다. 지수는 이틀 동안 추가 상승하면서(3) 상승 체결량과 하락 체결량의 비율이 90 대 10에 이르는 초강세장을 연출한다.

시장의 사악한 작동 방식 때문에 많은 기술적 분석가들과 애널리스트들이 예상했던 조정은 순식간에 급등으로 바뀌었다. 그 과정에서 절기의 영향은 모든 고비마다 기술적 분석과 일반적 기대를 무력화시키면서 체결창을 지배했다.

The Master Swing Trader Toolkit

스윙 트레이딩 전략

투자의 목적은 결국 돈을 버는 것이다. 우리는 돈을 벌기 위해 시장에 들어왔다. 그러면 간단하게 현실을 살펴보자. 당신은 올해 수익을 올리고 있는가? 수익은 생활비를 충당하거나 친구들에게 자랑할 만한 수준인가? 작년에는 어떠했는가? 2년, 3년, 5년 전보다 현재 꾸준하게 수익을 올리고 있는가?

── 05 CHAPTER

성공하는 투자의 성격

　돈을 버는 트레이더와 돈을 잃는 트레이더의 차이를 살펴보자. 경험이 문제일까? 아니면 투자로 돈을 버는 재주를 타고나는 사람들이 있는 것일까? 수익은 리스크와 어떤 관계를 지니는 것일까? 돈을 버는 트레이더는 기꺼이 보다 위험한 매매에 뛰어드는 것일까?

　투자심리학자인 마크 더글라스Mark Douglas는 돈을 버는 트레이더가 되는 3단계가 있다고 말한다. 첫째, 유망한 기회를 찾는 법을 배워야 한다. 둘째, 적절한 시기와 가격에 포지션을 드나드는 법을 배워야 한다. 셋째, 꾸준한 수익을 올릴 수 있는 수준까지 경험을 쌓아야 한다. 다시 정리하자면 수익을 내려면 매매법, 매매시스템, 매매계획을 충실하게 이행하는 데 필요한 원칙에 통달해야 한다.

트레이더들은 투자 경력 초기에 비슷하게 매력적인 두 가지 접근법 중에서 하나를 선택해야 한다. 어떤 접근법도 맞거나 틀렸다고 말할 수 없으며, 모두 수익과 손실의 피드백 고리에 대한 철저한 집중을 요구한다. 두 가지 접근법은 다음과 같다.

1. 불리한 상황에서 발을 빼도록 만드는 구체적인 수단을 따른다.
2. 다양한 기술을 익혀서 시장상황의 변화에 맞게 적용한다.

돈을 잃는 트레이더들은 시장상황에 맞지 않는 매매법이나 아직 통달하지도 못한 매매법에 매달린다. 그렇기 때문에 매매법에 치명적인 문제가 있다는 사실을 깨닫지 못한다. 책을 통해 배운 지식이나 잘못된 결정으로 돈을 번 경험을 과신하기 때문이다. 반대로 돈을 버는 트레이더들은 두루 습득한 다양한 전략의 약점을 잘 알고 언제나 손실 관리에 집중한다.

매매법의 효용이란 장기간에 걸쳐서 손익을 따져보기 전에는 제대로 이해할 수 없는 법이다. 되도록 짧은 기간 안에 매매법의 약점을 파악하여 실질적인 가치가 있는지 결정하는 것이 관건이다. 실제 주변을 볼 때 매매법이 생활습관, 성격, 목표에 맞지 않는 경우가 많다. 가령 장기 투자에 적합한 성격을 가진 사람이 데이 트레이딩을 하거나 데이 트레이더가 변동성을 꺼리기도 한다. 매매법이 성격과 맞지 않으면 반드시 나쁜 결과가 생긴다.

나심 탈레브는 『행운에 속지 마라 Fooled by Randomness』에서 우리가 돈을 잃는 이유를 설명한다. 그의 설명에 따르면 많은 트레이더들은 자신이 올바른 때에 올바른 전략으로 올바른 위치에 섰다고 생각한다. 불행하게도 그들은 상황이 변했는데도 전략을 완벽하다고 믿으며 고수하다가 시장에서 밀려난다. 이러한 설명이 낯익게 들리지 않는가? 실제로 상승장의 천재들은 IT, 부동산, 에너지주의 버블이 붕괴되자마자 순식간에 사라지고 말았다. 그런데 당신은 왜 여전히 2년, 5년, 혹은 10년 전과 같은 방식으로 투자하는가? 아마 끝없이 주가가 오르던 과거와 같은 시장이 다시 돌아올 것이라고 믿기 때문일 것이다. 그런 식으로 돈을 계속 잃으면서 힘들게 일해 번 돈을 주식시장에 갖다바치는 사람들이 상당히 많다.

시장이 어려울 때 나온 설문조사를 보면 한결같은 결과를 보여준다. 약 절반의 응답자는 큰 손실을 입어서 시장을 떠나는 문제를 고민하고, 나머지 절반은 최고의 수익을 올려서 기뻐한다. 지난 하락장에서 당신은 어느 쪽이었는가? 과거의 습관에 집착하기보다 시장의 현실을 받아들이고 적응하려고 노력했다면 좋은 결과를 냈을 것이다. 그러나 그저 좋은 날이 오기를 기도하면서 하락장에서 상승장에 맞는 매매를 했다면 추풍낙엽 신세를 면치 못했을 것이다.

지금까지 리스크 대비 보상 비율 분석이나 손실제한 등 자금을 관리하는 기법에 대한 책들이 수도 없이 출간되었다. 그러나 여전히 돈을 버는 트레이더보다 돈을 잃는 트레이더들이 훨씬 많다. 돈을 잃는 트레이더들은 언제 돈을 넣고 언제 빼야 하는지를 모른다. 사실 스스로 돕지 않으면 누구도 당신이 숨겨진 수익을 취하거나 불가피한 손실을 받아들이도록 도울 수 없다. 물론 모든 전략은 잘 맞지 않는 때가 있으며, 수익을 안겨주는 전략도 예외는 아니다. 그러나 상당수 트레이더들은 탐욕과 공포에 사로잡혀서 뛰어난 매매법을 따르지 않는다.

투자의 목적은 결국 돈을 버는 것이다. 우리는 돈을 벌기 위해 시장에 들어왔다. 그러면 간단하게 현실을 살펴보자. 당신은 올해 수익을 올리고 있는가? 수익은 생활비를 충당하거나 친구들에게 자랑할 만한 수준인가? 작년에는 어떠했는가? 2년, 3년, 5년 전보다 현재 꾸준하게 수익을 올리고 있는가? 어떤 의미에서 수익을 올리는 능력은 선천성 대 후천성의 문제다. 타고난 투자자도 있지만 대부분의 사람들은 평생 학습을 통해 선천적 결함을 보완해야 한다. 다행히 리스크 감수와 같은 중요한 역량은 시장을 사랑하고 자기훈련을 할 준비가 되어 있으면 누구나 배울 수 있다.

돈을 잃는 트레이더들은 돈을 버는 트레이더들의 습관, 태도, 전략을 배워야 한다. 그래야 승리자들을 따라하면서 장기 실적을 개선시켜주는 원칙을 내면화할 수 있다. 그러나 돈을 잃는 트레이더들은 원칙을 싫어한다. 시장을 호령하는 과감한 투자와는 거리가 멀기 때문이다. 그러나 원칙은 생존으로 가는 유일한 길이다. 아이러니하게도 돈을 잃는 명백한 이유를 무시하는 사람들이 수천 달러를 쓰면서 투자세미나에 참석한다. 슬픈 사실은 투자세미나에서는 결코 원칙을 지키는 법을 배울 수 없다는 것이다.

기대수익 관리의 난제

원칙 있는 자금 관리는 성공투자에 중요한 역할을 한다. 그러나 일단 돈을 벌려면 당신이 쓰는 매매법의 기대수익$^{Positive\ Expectancy}$이 좋아야 한다. 기대수익은 투자금에 대비하여 합리적으로 기대할 수 있는 수익을 말한다. 기대수익을 구하는 공식은 다음과 같다.

■ 기대수익

기대수익 = (돈을 벌 확률 × 평균 수익) − (돈을 잃을 확률 × 평균 손실)

사실 대부분의 트레이더들은 기대수익을 판단할 만큼 전략을 충분히 이해하지 못한다. 시스템 트레이더들은 사후 검증$^{Back\ Testing}$으로 마법의 숫자를 구한다. 그러나 자유재량으로 매매하는 트레이더들은 매매기록을 충실하게 모으고 매번의 매매마다 성과를 분석해야 한다. 문제는 사실과 다르게 자신의 매매법이 높은 기대수익을 제공한다고 오판하기 쉽다는 것이다. 기대수익에서는 매도가 매수보다 훨씬 중요하다. 연구에 따르면 무작위로 진입 시점을 설정해도 수익을 올리는 시스템을 구축할 수 있다는 결과가 나왔다. 이론적으로는 침팬지가 다트를 던져서 복판에 명중시키는 식으로 수익을 올리는 것이 가능하다는 얘기다. 다만 침팬지는 돈을 잃는 트레이더와 마찬가지로 치명적인 결함을 안고 있다. 바로 돈을 빼야 할 때가 언제인지를 모른다는 것이다.

기대수익 관리의 어려운 점은 숫자가 아니라 심리에 있다. 많은 트레이더들은 시장에서 원하는 만족을 바로 얻지 못하면 완벽하게 좋은 전략이라도 포기해버린다. 그리고 나면 그들은 기대수익을 확인하지 않고 계속 다른 전략을 찾아다니는 불만의 악순환에 빠진다. 전략의 잠재력이 결실을 맺을 때까지 기다리는 트레이더가 드물기 때문에 성공하는 트레이더가 드문 것이다.

물론 꼼꼼하게 매매계획을 세우고 그대로 실행하는 것은 따분한 일이다. 그러나 그것만이 손실의 고리를 끊고 수익의 길로 가는 확실한 방법이다. 원칙을 지키는 것이 얼마나 중요한지는 당신 스스로 깨달아야 한다.

생존형 트레이더가 되기 위한 매매계획

매매계획은 트레이더마다 다르기 때문에 그 형식이나 분량은 무척 다양하다. 소수의 재능 있는 트레이더들은 냅킨의 한 면에 모두 정리할 수 있는 핵심적인 내용만으로 성공적인 투자를 한다. 보다 분석적인 트레이더들은 일상적인 투자행동, 심리적 프로세스, 종목 선정 메커니즘에 대한 모든 세부사항을 방대한 분량으로 적어놓고 참고한다. 나머지 트레이더들에게 적합한 매매계획은 이 양 극단 사이에 존재한다. 간단하게 말해서 너무 적게 고민하면 위험하고 너무 많이 고민하면 비생산적이다. 매매계획은 해야 할 일과 하지 말아야 할 일을 말해주어야 한다. 그리고 수익 목표,

손실제한 수준, 리스크 감수 정도를 비롯한 수익과 손실의 모든 측면을 다루어야 한다. 그 다음 트레이더가 할 일은 매매계획에서 정한 규칙, 요건, 전략을 몸에 익히는 것이다.

생존형 매매계획은 일반적인 기술적 분석과 시장의 속설보다 손익과 관계된 리스크 측면에 초점을 맞춰야 한다. 또한 언제든 시장의 사악한 힘이 개입하여 수급의 자연스러운 흐름을 되돌릴 수 있음을 감안하여 모든 기회를 회의적인 눈으로 검토하는 것이 필수다. 그리고 가능하다면 시장의 사악한 힘에 호응하여 낡은 매매법에 의존하는 약한 트레이더들로부터 수익을 취할 기회를 노려야 한다. 또 한 가지, 현대 시장에 만연한 패턴 실패의 압도적 힘을 인식하고 직관보다 눈앞의 사실적 상황을 이용할 전략을 세워야 한다.

매매계획을 세우고 몇 주 동안 실행에 옮긴 다음 모든 포지션이 어떤 결과를 냈는지 복기하며 일지를 작성하라. 곧바로 만족스러운 결과를 얻지 못했다고 해서 서두르거나 잘못되었다고 판단하지 말고 조금씩 매매법을 조정해나가라. 시장 또는 종목에 큰 변화가 있다면 잠재적 영향을 차분하게 따질 수 있는 휴일에 검토하라. 몇 주 혹은 몇 달 후 매매일지와 매매계획을 비교하여 종목 선택과 매매 방식에서 개인적인 스타일이 확립되었는지 확인하라. 성공투자를 하려면 지속적인 조정이 필요하다. 매매일지는 장기 목표에 집중할 수 있도록 활용해야 하며 나쁜 결정을 한 데 대한 이유나 변명거리로 써먹지는 않도록 주의해야 한다.

생존형 매매계획에는 네 가지 핵심 요소가 있다. 포지션을 취하기 전에 이 핵심 요소를 기준으로 투자가치를 평가해야 한다. 이러한 검증과정은 숨겨진 위험과 기회를 드러내므로 충분한 시간을 들일 가치가 있다.

1. 예측 예측에는 한 방향 예측과 양 방향 예측이라는 두 가지 종류가 있다. 한 방향 플레이를 할 때는 특정한 보유기간 내에 예상대로 가격이 움직일 확률을 가늠해야 한다. 사실 이 일은 대부분의 트레이더들에게 매우 어렵다.

확률을 정하는 데 도움이 되는 방법이 있다. 예측이 들어맞을 확률은 교차검증이 얼마나 충실한가에 좌우된다. 교차검증이란 가격 패턴과·다양한 이동평균선, 피보나치 되돌림, 추세선, 갭, 기술적 지표와의 수렴-확산 관계를 분석하는 것을 말한다. 기본적으로 예측한 방향과 일치하는 자료가 많을수록 실현 확률이 높아진다.

2. 타이밍 수익이냐 손실이냐는, 당신이 돈을 들고 시장에 뛰어드는 시점에 결정난다. 따라서 싸워야 할 시점을 현명하게 골라야 한다. 지난 차트를 복기하면 수많은 기회를 찾을 수 있을 것이다. 그러나 실제 매매는 아직 향후 변화가 일어나지 않은 차트의 제일 오른쪽 끝에서 이루어진다.

리스크를 감수하기 전에 얼마나 오래 포지션을 취할지 보유기간을 정하라. 이 기간 안에 예측한 추세가 마무리되어야 최대한 수익을 올릴 수 있다. 가격과 시간을 조화시키는 기술을 익히려면 오랜 경험이 필요하다. 간혹 원하는 움직임이 나올 때까지 버티면 된다고 생각하는 사람도 있다. 하지만 이러한 접근법은 효율적이지 않다. 포지션을 유지하는 기간이 길어질수록 리스크는 증가하는 반면 패턴과 진입 가격에 따라 한계가 정해지는 잠재적 보상은 증가하지 않기 때문이다. 이러한 구도는 상당히 위험한 상황을 만들어낼 수 있다.

3. 변동성 모든 매매 기회는 포지션을 취하기 전에 살펴야 할 특정한 변동성을 지닌다. 변동성이 강한 시장은 변동성이 약한 시장보다 더 짧은 시간에 더 멀리 움직인다. 따라서 변동성은 손익에 커다란 영향을 미친다. 대개 성공적인 매매는 변동성의 전환 추세와 잘 맞물릴 때 이뤄진다. 한 가지 중요한 비밀을 말하자면 변동성이 낮을 때 포지션을 취하면 대부분 유리한 리스크 대비 보상 비율을 확보할 수 있다.

그러기 위해서는 추세-횡보 축의 주기적 변화에 맞추어 매매할 수 있도록 뛰어난 패턴 분석 능력을 갖춰야 한다. 가령 대칭 삼각형 파동은 패턴이 시작되는 지점과 추세선들이 수렴하여 교차하는 지점 사이의 약 3분의 2에 해당하는 지점에서 대부분 상향돌파 혹은 하향돌파가 일어난다. 그러나 이러한 관측은 신호가 나오기 전에 삼각형 패턴 안에서 형성되는 파동의 수로 뒷받침되어야 한다. 대개 삼각형 패턴은 돌파를 하기 전에 5파 스윙을 완성하기 때문이다. 따라서 이 두 가지 관측을 잘 조합해야 훌륭한 투자 결정을 내릴 수 있다.

다음 세 가지 기준을 적용하면 현재의 변동성 주기를 쉽게 파악할 수 있다.

- 봉은 변동성이 높을 때 길어지고 변동성이 낮을 때 짧아진다.
- 볼린저밴드는 강한 추세가 형성될 때 급격히 확산하고 횡보할 때 수렴한다.
- 가격과 이동평균선의 이격은 장기 주기를 드러낸다. 가격이 이동평균선으로 회귀하기 시작하면 새로운 확장 주기가 시작됨을 예고한다.

그러면 바이오크리스트의 주가 차트에 이 내용을 적용하여 변동성 주기의 변화를 파악해보자. 그림 5.1에서 바이오크리스트의

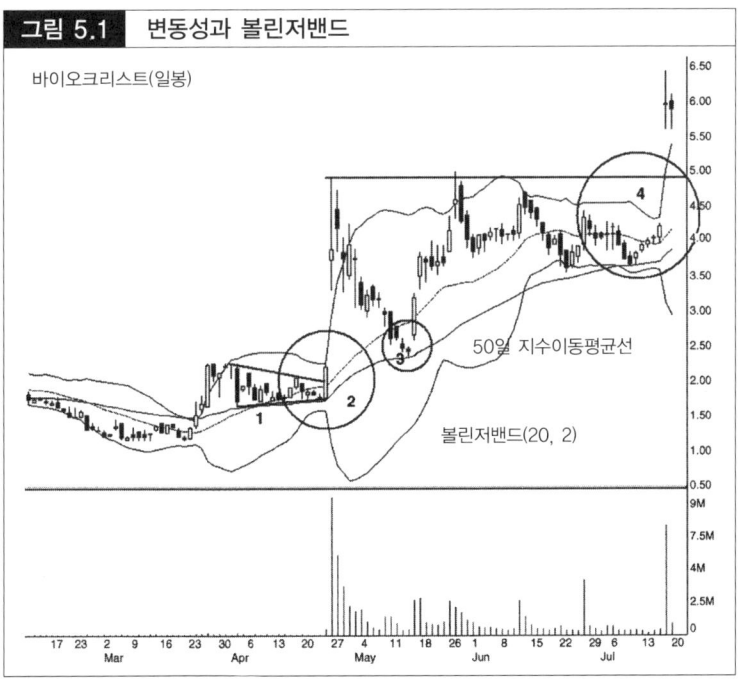

주가는 3월 말에 오랜 침체에서 벗어나 2달러선까지 오른다. 이후 주가는 4월 한 달 동안 횡보하면서 볼린저밴드와 일봉이 수렴하는 가운데 대칭 삼각형 패턴(1)을 형성한다. 이 패턴의 끝 부분에서 거래량이 폭발하면서 변동성이 급격히 상승하고, 주가는 갭을 만들면서 5달러선까지 급등한다(2). 이후 추세 반전으로 주가는 NR7봉(Narrow Range 7 Bar: 마지막 7거래일 동안 가장 폭이 좁은 마지막 일봉)을 만들면서 50일 이동평균선에 닿은 다음(3), 저항선까지 급반등하면서 상승 삼각형 패턴을 형성한다. 이후 볼린저밴드가 급격하게 수렴하고 주가는 7월 중순까지 횡보하면서 다시 50일 이동평균선에 닿는다. 뒤이어 주가는 5거래일 동안 상승한 후 거래량을 동반한 채 갭상승하여(4) 볼린저밴드를 확산시킨다.

4. 리스크 오래전에 한 유명 트레이더에게 당신을 성공으로 이끈 투자비법이 무엇이냐고 물은 적이 있다. 그는 마치 화두를 던지듯 '리스크 관리'라는 두 단어를 말했다. 이 말이 얼마나 중요한지 깨닫는 데 나로서는 몇 년의 세월이 걸렸다. 조금 과장해서 말하자면 모든 포지션에서 리스크 관리만 적극적으로 한다면 앞에서 언급한 세 가지 요소를 무시해도 수익을 올릴 수 있다.

이 계시와도 같은 말의 의미를 더 깊이 파헤쳐보자. 사실 분명한 패턴이 형성되어야만 돈을 벌 수 있는 것은 아니다. 가격이 어느 방향으로 가는지 몰라도 된다. 돈은 리스크가 낮은 포지션을 취하고 적극적으로 관리하기만 해도 충분히 벌 수 있다. 가장 큰 난관은 리스크의 속성을 파악하는 것이다. 대부분의 트레이더들은 리스크의 속성을 제대로 모르며, 리스크를 극복하는 데 필요한 단계를 밟지도 않는다. 왜 그럴까? 미로 속의 생쥐처럼 덫이 놓여 있는지 막다른 골목인지 살피지도 않고 어딘가에서 풍기는 치즈 냄새만을 정신없이 뒤쫓기 때문이다.

이 네 가지 구성요소를 포함하여 실전적인 매매계획을 세웠다면 해야 할 일의 절반은 끝난 셈이다. 지금부터는 각 요소를 경험 수준과 자금 사정에 맞게 조정해야 한다. 다음은 그 일을 하기 위한 열 가지 방법이다.

1. 자신의 스타일을 정하라 이때 매매규칙, 종목 선택, 투자 규모, 청산 기준 등을 감안해야 한다.

2. 매매계획을 현실적 여건과 조화시켜라 보유기간은 가장 중요한 요소다. 경험과 자금 수준에 맞게 정해야 하며, 그 다음으로 가족이나 여유 시간 같은 문제를 고려해야 한다.

3. 투자목표를 점검하라 리스크 회피와 수익 확보 중에서 어느 것이 더 중요한가? 수익으로 주택대출을 갚아야 하는가 아니면 휴가 비용만 대면 되는가? 명확한 목표를 모른다면 확실히 파악할 때까지 투자 규모를 작게 가져가라.

4. 투자 규모를 자금사정과 감수할 수 있는 리스크 수준에 맞추어라 크게 부풀리려는 욕심으로 작은 포지션을 무리하게 굴리지 말라. 이리저리 굴리기보다 자산 대비 적정 투자금을 장기 포지션에 넣어라. 언제 어떻게 투자금을 활용할지 결정하라.

5. 진입과 청산 규칙을 정하라 포지션 진입과 청산에 필요한 조건

의 목록을 만들어라.

6. 포지션 크기를 정하라 상황이 유리할 때는 포지션 크기를 키우고, 불리할 때는 줄여라. 또한 포지션 크기에 제한을 두어서 리스크를 관리하고, 새 전술을 실험할 때는 작은 포지션을 이용하라.

7. 여건에 따라 주문 방식을 정하라 매매에 집중할 수 있는 시간에 따라 주문 방식을 달리해야 한다. 장이 열려 있는 내내 컴퓨터 앞에 앉아 있을 수 없다면 모든 포지션에 손실제한주문을 걸어라.

8. 매매계획을 지속적으로 보완하라 매매전술의 실효성을 유지하려면 새로운 리스크를 감안해야 한다. 오랜 매매계획을 고수하려고 신선한 아이디어를 버려서는 안 된다. 다만 매매계획은 점진적으로 보완하되 큰 그림을 보면서 조금씩 개선해나가야 한다.

9. 매일 개장 시 집중할 부문을 정하라 투자활동에 쓸 시간이 한정되어 있다면 가장 급한 일부터 해야 한다.

10. 정보 소스를 정하라 뉴스를 볼 것인가, 숫자를 볼 것인가? 재료를 활용할 것인가, 말 것인가? 매매에 참고할 핵심적인 정보 소스를 미리 확보하라.

이제 매매계획을 실행에 옮길 시간이 되었다. 투자로 돈을 잃는 방법은 여러 가지가 있으며, 오래 투자하다 보면 그중 대부분을 알게 될 것이다. 생존형 매매계획은 다른 트레이더들이 직면하는 수많은 함정을 피하도록 도와준다. 다음은 가장 높은 리스크가 발생하는 다섯 가지 경우다.

1. **나쁜 장** 장이 나쁘면 좋은 패턴도 크게 도움이 되지 않는다. 그러니 체결창에서 혼조세가 연출되면 발을 빼라. 시장에서 오래 살아남으려면 효율적인 매매관리가 필요하다. 매매 우위를 확보할 수 없고 리스크를 측정할 수 없을 때는 매매하지 말아야 한다.

2. **나쁜 타이밍** 방향을 맞추고도 돈을 잃는 경우가 부지기수다. 금융상품은 서로 다른 시간단위에서 상충하는 추세들의 지뢰밭을 지나게 되어 있다. 투자분석을 통해 기대했던 수익을 거두려면 포지션을 대다수 주기에 맞게 잡아야 한다.

3. **나쁜 매매** 시장에는 당신의 주의를 끌려는 함정들이 많다. 따라서 진입하기 전에 지표들이 완벽하게 수렴하는지 확인하고, 위험 신호가 발견되면 즉시 탈출해야 한다. 생각 없이 진입하는 것은 추세가 유리한 방향으로 움직이건 그렇지 않건 간에 완전히 어리석은 짓이다. 바보같이 진입했다면 푼돈이라도 벌고 나오겠다는 욕심은 버리고 가능한 빨리 탈출하라.

4. **나쁜 손실제한주문** 잘못된 손실제한주문은 좋은 포지션을 잃게 만든다. 손실제한주문은 리스크를 최소화하면서도 시장의 노이즈가 일어나는 구간 밖에 설정해야 한다. 많은 트레이더들은 세력이 내부정보를 가졌기 때문에 손실제한주문들을 귀신같이 공략한다고 생각한다. 그러나 진실은 그렇게 은밀하지 않다. 사실 대다수 트레이더들이 언제나 같은 장소에 손실제한주문을 걸기 때문이다.

5. **나쁜 행동** 현대 시장은 분명한 추세를 형성하기 전에 거센 흔들기를 진행한다. 이러한 흔들기가 통하는 이유는 대부분의 트레

이더들이 일반적인 전략을 따르기 때문이다. 문제는 그 전략이 이미 세력들에게 간파당했다는 것이다. 뻔한 매수 신호와 매도 신호는 순진한 사람들을 유인하는 덫으로 작용하기 십상이다.

요요 트레이더

세상에는 세 종류의 트레이더가 있는데 승자, 패자 그리고 요요 트레이더다. 승자와 패자의 의미는 쉽게 가늠할 수 있다. 그러면 요요 트레이더의 의미는 무엇일까? 간단하게 말해서 요요 트레이더는 하루에 많은 돈을 벌기도 했다가 잃기도 하는 사람이다. 슬픈 사실은 요요 트레이더가 금융시장의 말없는 다수를 차지한다는 것이다.

요요 투자의 문제는 단순하다. 많은 트레이더들은 비교적 쉽게 수익을 주는 포지션을 잡기도 하지만 잘못된 포지션에도 함부로 들어가서 큰 손실을 입는다. 그나마 가끔씩 나는 수익 때문에 시장에 오래 머무는 경우가 많지만 결코 의미 있는 수익은 올리지 못한다.

요요 트레이더들은 두 가지 상반된 성향을 지닌다. 첫 번째 유형은 언젠가는 대박이 나기를 기대하면서 매일 지지부진한 결과를 낸다. 두 번째 유형은 장기에 걸쳐서 좋은 매매로 수익을 내지만 나쁜 매매로 한번에 까먹고 만다. 모든 트레이더들은 전체 투자경력에 걸쳐서 가끔씩 두 가지 성향을 모두 드러낸다. 요요 투자에서 벗어나려면 가능한 한 문제를 일찍 인식하고 불가피한 손실을 줄이는 예방적 전략을 써야 한다.

요요 투자를 벗어나지 못하는 데에는 두 가지 이유가 있다. 첫 번째 이유는 효과적인 리스크 관리능력을 갖추지 못했기 때문이다. 그래서 포지션이 추세와 충돌해도 적절한 대응을 하지 않는다. 불행하게도 과거의 운 좋았던 경험 때문에 최악의 상황에 처했는데도 추세가 다시 돌아올 것이라는 헛된 기대를 버리지 못하는 경우가 많다. 그러나 대개는 아무리 기다려도 손실만 늘어날 뿐이다.

두 번째 이유는 단순하게 시장을 추종하기 때문이다. 이 문제는 시장에서 오래 살아남는 데 큰 장애물로 작용한다. 많은 트레이더들의 투자 계좌는 시장을 그대로 따르는 지수 차트처럼 보인다. 그래서 상승장에서는 돈을 벌고 하락장에서는 돈을 잃는다. 시장에서 오래 살아남는 핵심적인 열쇠는 시장상황에 관계없이 수익을 지키는 것이다. 따라서 시장 수익률을 극복하지 못하는 것은 매우 심각한 문제다. 상승 심리에 빠져 있으면 언제든 나타나는 하락반전과 조정 국면에서 손실을 피할 수 없다. 대부분의 트레이더들은 무의식적으로 상승추세만을 정상으로 인식하고 하락추세는 일탈로 간주하는 경향이 있다. 이러한 심리적 오류 때문에 2000년 3월의 고점과 2007년 7월의 고점 이후에 숱한 트레이더들이 돈을 잃었다.

경험 많은 트레이더들도 잘못된 심리로부터 자유롭지 못하다. 상승 무드는 일종의 최면과 같아서 패턴 주기와 리스크 분석에 기반한 전략을 버리고 모멘텀만 좇게 만든다. 그런데 더 큰 문제는 시장이 제한적 전술에 맞는 완벽한 조건을 제공하지 않는데도 행동한다는 것이다. 슬프게도 대부분의 트레이더들은 추세가 반대로 형성될 때 원칙을 따르지 못하고 조금이라도 원하는 방향으로 가격을 움직이려고 하다가 손실을 키운다. 심한 경우 현실적으로 존재하지 않는 패턴을 억지로 끼어맞추기도 한다. 헛된 기대와 과도한 매매가 만나면 치명적인 손실을 낳는다. 이 손실은 마침내 트레이더가 현실을 깨닫거나 시장에서 밀려나기 전까지 계속 커지기만 한다.

요요 투자를 초래하는 심리는 다른 방식으로도 문제를 일으킨다. 투자 게임은 너무나 많은 노력을 요구하기 때문에 어중간한 투자자들은 게으름을 피우며 자기파괴적인 스타일을 만든다. 시장의 변화를 분석하려고 애쓰는 동안 너무나 지치기 때문에 회색지대에 있는 많은 의문들을 섣불리 흑백으로 나누어버린다. 이 무의식적 행동은 명백한 신호를 왜곡시키고 무모한 포지션을 취하도록 만든다.

요요 트레이더들은 현실을 직시해야 한다. 수익과 손실이 끝없이 반복된다면 결국 제자리걸음을 하는 셈이라는 사실을 깨달아야 한다. 이 경우 태도와 기법의 근본적인 변화 없이는 실패할 수밖에 없다. 안타까운 사실은, 요요 트레이더에서 돈을 버는 트레이더로 변모하는 과정은 돈을 잃는 트레이더에서 가끔 돈을 버는 트레이더가 되는 과정보다 훨씬 어렵다는 것이다. 요요 트레이더들은 과거에 나쁜 결정을 내려서 돈을 번 경험이 있기 때문에 자신이 확실한 성공의 길에 들어섰다는 착각에 빠지기 쉽다. 그러면서도 다행인 점은 누구나 진정한 깨달음에 이를 수 있다는 것이다. 다만 자신이 처한 상황을 먼저 깨달아야 한다. 대개 그 변화의 시작은 변변치 못한 투자 수익에 대한 아내의 잔소리 같은 외부적인 요인으로 촉발된다.

다음은 요요 투자에서 벗어나기 위한 네 가지 방법이다.

1. 매매 횟수를 제한하라 대부분의 요요 트레이더들은 하락장 다음 날 손실을 급하게 복구하려고 하거나 상승장 다음 날 너무 공격적으로 매매하다가 큰돈을 잃는다. 하루에 실행할 매매 횟수를 정하라.

2. 매매 규모를 줄여라 탐욕과 공포는 요요 트레이더에게 특히 많은 영향을 미친다. 규모를 줄이면 좋은 매매에서 오래 버틸 수 있고, 나쁜 매매로 손절하는 경우라도 심리적 타격이 적다.

3. 관심종목에 집중하라 다음 주 혹은 다음 달에 매매할 다섯 종목 내지 열 종목을 정하고 다른 종목은 매매하지 말라. 또한 관심종목에 포함되어 있더라도 좋은 기회가 아니면 들어가지 말라.

4. 손익금액을 한정하라 하루에 얻을 수익과 감수할 손실의 액수를 정하라. 이때 수익액이 손실액의 최소 두 배는 되어야 한다. 어느 쪽이든 한계에 이르면 바로 발을 빼고 그날 매매를 끝내라.

장기 수익률을 높이는 다섯 가지 원칙

시장은 줄곧 상승만 하지 않는다. 그래서 매수 편향 트레이더들에게 문제가 생기는 것이다. 그들은 상향돌파 시 매수하는 데 익숙해진 나머지 시장이 반전할 때 수익을 지키는 일이 얼마나 어려운지 잊어버린다. 대다수 트레이더들은 더 이상 효과가 없음이 분명한데도 오랫동안 효과를 보았던 방식을 좀처럼 포기하지 못한다. 사실, 보상을 안기는 행동을 반복하는 것은 인간의 본성이다. 문제는 보상이 더 이상 주어지지 않아도 같은 행동을 반복한다는 것이다. 마치 실제로 먹이를 주지 않아도 종소리만 울리면 침을 흘리는 파블로프의 개처럼 말이다.

조정장에서 수익을 지키기 위한 첫 번째 요건은 더 이상 먹히지 않는다는 사실을 깨닫는 순간 즉시 매매 전략을 바꾸는 것이다. 설령 그것이 과도한 기민함이라고 해도 수익을 놓치는 것은 한두 번뿐이다. 예컨대 시장이 상승추세를 꺾는 듯하다가 다시 급반등하면 이때의 수익을 놓치게 될 것이다. 하지만 다른 상향돌파를 찾아내면 된다. 아마 대부분의 경우는 몇 주 혹은 몇 달에 걸쳐서 지수가 흘러내리면서 당신이 신중하게 접근한 데 대해 충분한 보상을 할 것이다. 기민한 대응 전략을 따른 트레이더는 그간의 상승장에서 애써 번 종잣돈을 지켜낼 뿐 아니라 새로운 환경에 합당한 매매로 수익을 불려나갈 수 있다.

현실적으로 기민하게 매매 전략을 바꾸려면 상당한 자기훈련이 필요하다. 분명히 가격이 상승하거나 호재가 나타나면 당장 뛰어들고 싶은 마음이 들 것이다. 사실 좋은 기회를 놓칠지 모른다는 두려움은 거의 모든 시장 참여자들이 걸려 있는 고질병이다. 반등이 나왔을 때 정 유혹을 못 견디겠다면 포지션을 작게 취하고 손실제한주문을 좁게 설정하라. 그러면 추세 반전에 따른 수익을 노리는 동시에 함정일 경우 입을 피해를 최소화할 수 있다.

하락반전 시 매수 편향 트레이더들을 위험에서 구할 다섯 가지 원칙이 있다. 이 원칙들은 대단히 유연해서 단기 하락과 장기 하락에 모두 적용할 수 있다. 이 원칙들을 충실하게 따르면 최소한 다음 상승장에 참여할 투자자금은 지킬 수 있다.

1. **선택** 하락반전이 일어나면 보다 변동성이 낮은 종목을 골라라. 일일 평균 변동폭 기준을 2포인트 이내로 잡으면 소형주와 인터넷 채팅방에서 화제의 중심에 있는 종목들은 거의 제외될 것이다. 이 시기에는 많은 트레이더들이 수익을 취하고 방어적인 플레이에 들어가므로 공공서비스 업종과 소비성 내구재 업종이 좋다.

2. **스캘핑** 보유기간을 줄이고 유리한 파동을 이리저리 찾는 일을 멈추어라. 복잡하게 고민할 필요가 없다. 진입한 모든 포지션이 위험하며, 조정은 모든 손실제한주문을 건드릴 때까지 계속될 것이라고 가정하라. 이처럼 불안한 기간에 대응하는 최선의 방법은 수익을 빨리 취하고 주가가 더 낮아졌을 때 재매수하는 것이다. 또한 반등이 나오면 욕심부리지 말고 바로 이익을 실현해야 한다. 가령 삼각형 패턴이 마무리되는 지점에 들어가서 상향돌파가 나오면 추세가 형성되기를 기대하며 계속 보유하지 않고 첫 번

째 상승의 상단에서 매도하는 식이다.

3. **규모** 하락기에는 포지션의 규모를 줄여야 한다. 강한 상승기에는 누구나 포지션을 크게 가져간다. 그러다 조정 국면이 닥치면 리스크가 대폭 증가한다. 포지션 크기가 작으면 약한 물량들을 털어내려는 흔들기를 견딜 수 있다. 또한 지수가 중간 저점 근처로 갔을 때 제한적인 리스크로 상황을 정찰할 수도 있다. 만약 판단이 틀렸다면 작은 손실로 마무리하고 더 낮은 진입 시점을 찾으면 된다. 이러한 시도가 잦아진다면 조만간 적절한 시점이 나올 가능성도 높아졌다고 볼 수 있다.

4. **관망** 위험한 시장에서 나쁜 결정을 내리면 몇 달 동안 어렵게 쌓은 수익을 다 날릴 수 있다. 조정장에서 피한 손실은 수익이나 마찬가지라고 생각하라. 조정 국면이 시작되면 장기간에 걸쳐 산발적인 매도가 이루어진다. 이때는 기회비용을 감안하여 한발 물러서서 관망하는 것이 최선이다. 혹시나 브이(V)자로 치고 올라오지 않을까 하는 기대는 손실을 부르는 위험한 환상이라는 사실을 명심해야 한다. 급락장에서는 오랜 악전고투 없이 반등이 나오는 경우가 거의 없다.

5. **공매도** 조정장에서 살아남기 위한 전략으로 공매도를 마지막에 소개하는 것을 놀랍게 생각하는 사람도 있을 것이다. 그 이유는 바로 대부분의 매수 편향 트레이더들이 하락반전 시에도 전략을 바꾸지 못하기 때문이다. 매수에 편중된 심리가 적절한 공매도를 하는 데 필요한 시각을 가리기 때문이다. 그래서 그들은 공매도를 할 때 매우 불안해하고 소폭의 스퀴즈만 일어나도 당황하여

평정심을 잃는다. 게다가 강세장에서 주가가 하락할 때는 공매도 타이밍을 잡기가 어렵다. 여전히 강력한 매수세가 도사리고 있기 때문이다. 그러나 2002년이나 2009년 초와 같은 약세장의 후반에는 오히려 공매도로 쉽게 수익을 올릴 수 있다.

냉정한 손익 결산의 중요성

투자 성과와 관련된 문제에는 전술적, 심리적, 지각적 사안들이 모두 영향을 끼친다. 특히 투자 계좌가 복수일 때는 더욱 그렇다. 각 계좌는 다른 목적하에 운용될 수 있는데 은퇴연금 계좌를 예로 들어보겠다. 이 계좌는 성격이 특수하긴 하지만 그 수익성을 자신의 투기적 성격의 계좌와 다른 각도에서 보는 것은 잘못된 것이다. 가령 투자 계좌에서 약간의 수익을 얻었지만 은퇴연금 계좌에서 큰 손실을 보고 있다고 치자. 그래도 대부분은 투기적 성격의 계좌에서 수익을 얻었다는 사실만 중시한다. 어쨌든 은퇴연금 계좌는 먼 미래에 손실을 회복할 것이라는 막연한 믿음 때문이다.

이 잘못된 생각에서 벗어나는 확실한 방법이 있다. 모든 투자자산과 포지션을 하나의 표로 정리해서 종합 결산을 하는 것이다. 이 작업은 근거 없는 확신을 갖고 장기 포지션을 거의 잊고 지내던 사람들에게는 대단히 어렵다. 특히 당신이 55세 생일을 지났다면 더욱 그렇다. 대부분의 은퇴연금 계좌는 59세 6개월이 되면 아무런 벌칙금 없이 돈을 인출할 수 있다. 따라서 50세 후반에 속한 사람들에게 은퇴연금 계좌는 더 이상 매일 혹은 매달 수익을 낼 필요가 없는 먼 훗날의 일이 아니다. 오히려 만년의 삶을 위한 핵심적인 소득원이 될 수도 있다.

주, 월, 연 단위로 수익을 파악할 때는 반드시 모든 투자 계좌를 통합해야 한다. 트레이더들은 대단히 감정적인 동물이어서 온갖 착각과 망상에 빠진다. 손익결산은 우리가 선택한 투자 비즈니스의 현실을 말해주는 유일한 자백약truth serum이다. 나머지 모두는 신선놀음일 뿐이다.

다만 통합적으로 수익을 판단하되 지나치게 단기적인 시각에 연연해서는 안 된다. 매일, 매주 수익을 올려야 한다는 생각은 말이 되지 않는다. 월간이나 연간 단위로 수익을 결산하는 것이 적당하다. 이렇게 하면 며칠 동안 손실을 겪더라도 깊은 지뢰밭으로부터 빠져나올 시간적 여유를 가질 수 있다. 우리 모두가 알다시피 최근 몇 년 동안 유난히 어려운 시기들이 있지 않았는가.

그렇다면 성과를 분석한 내용은 어느 정도로 자세해야 할까? 나는 한때 과도하다 싶을 정도로 성과를 관리했다. 그래서 몇 페이지에 걸쳐서 매매 결과의 모든 면을 담아서 복잡한 통계를 냈다. 그러나 요즘은 계좌별로 수익곡선 정도만 추적하고, 최종 결산에 영향을 미치는 이자, 수수료, 배당금들을 기록하는 정도로 한다.

트레이더들은 퍼센트라는 단위를 이용해 수익에 대해 또 다른 거짓말을 한다. 간단하게 말해서 퍼센트는 작은 계좌에서는 거의 의미가 없지만 은퇴연금 계좌 같은 큰 계좌에서는 대단히 중요하다. 가령 1만 달러를 100퍼센트 불리는 것은 대단한 일이 아니다. 하지만 50만 달러가 넘는 돈을 가지고 같은 마법을 부려보라. 또한 복수 계좌에 걸쳐서 수익률의 평균을 내곤 하는데 이것은 실익이 없는 행동이다. 모든 수익률을 더해서 계좌 수로 나누면 착각에 빠지기 쉽다. 대신 모든 계좌의 자산을 더한 다음 총 수익이나 총 손실로 나누어라. 그 결과가 마음에 들지 않을 수도 있지만 최소한 진실된 숫자를 얻을 수 있다.

반면 초보 트레이더들은 수익률이나 손실률 등 백분율을 아예 신경 쓰지 말아야 한다. 투자를 배우는 데 있어서는 달러와 센트가 훨씬 더 실질적인 사실을 말해준다. 투자 첫 해에 당신이 해야 할 일은 장기간에 걸쳐서 가능한 멀리 돌아가지 않고 수익을 늘리는 것이다. 수익곡선이 올바른 방향으로 향하는 한 매달 몇 달러만 늘어난다 해도 상관없다.

트레이더들은 기억력이 나쁘다. 연달아 나쁜 포지션을 잡는 바람에 큰 손실을 내고도 한 주나 한 달만 실적이 좋으면 수익권으로 돌아섰다고 착각하곤 한다. 이러한 근시안은 시장이 오랜 조정 끝에 반전했을 때 더욱 팽배해진다. 돈을 잃는 트레이더들은 손실을 기록한 때가 조정 국면이었기 때문에 자신의 진정한 성적을 반영한 것이 아니라고 생각한다. 그래서 의식 속에서 나쁜 시기의 기억을 흐릿하게 만들어버린다. 그런데 모든 트레이더들은 정기적으로 부진한 시기를 겪기 마련이다. 그러므로 성과를 상대적으로 좋았거나 나빴던 최근으로 한정하여 분석하는 것은 적절하지 않다.

장기적인 수익은 금융시장에서 요행은 통하지 않는다는 깨달음에서 시작된다. 각 포지션을 일관되게 관리하고 사전에 수립한 계획에 따라 매매해야 한다. 결국 투자는 확률 게임이며 성공은 장기간에 걸쳐 작은 우위를 활용하는 데서 온다. 수익을 냉정하게 판단해야 하는 이유가 거기에 있다. 투자는 대부분의 사람들이 장기적으로 실패할 수밖에 없는 어려운 일이라는 사실을 인정해야 한다. 이 냉엄한 현실을 깨달아야만 매매 성적을 정확히 보여주는 결산 시스템이 얼마나 강력한 무기인지 역시 깨달을 수 있다.

06 CHAPTER

아홉 가지 생존형 매매 전략

 시장은 오르기 마련이라는 믿음은 자연스러운 것이다. 그것이 고질적 매매 실패로 이어지는 길이라고 해도 말이다. 현실적으로 모든 금융상품은 시간의 흐름에 따라 양 방향으로 움직인다. 따라서 한 방향으로만 투자해서는 결코 생존할 수 없다. 반전, 휩소, 속임수가 발생할 때마다 수익을 모두 뺏길 것이기 때문이다. 대부분의 트레이더들은 상향 모멘텀을 좇는 성향이 있다. 그래서 큰 폭의 상승이 나오면 얼른 추격하여 포지션을 잡는다. 이러한 추종 성향은 어려운 상황이 닥쳤을 때 수익을 지키는 능력을 약화시킨다. 어렵게 얻은 수익을 지키려면 생존형 전략을 적용해야 한다.
 생존형 전략의 첫 번째 과제는 심리적인 것이다. 많은 트레이더들은 시장환경이 바뀌어서 더 이상 통하지 않는 낡은 전략을 가지고 과거에 돈을 벌었던 경험에 집착한다. 이 파블로프의 개 신드롬은 매번 종이 울릴 때마다 그들의 침샘에 침이 고이게 만든다. 진실은 명확하다. 미미한 매매 우위는 대중들이 보편적인 전략으로 몰려들 때 바로 사라지는 움직이는 표적과 같다. 오랜 상승 후에 강세함정이 자주 나타나고, 꾸준한 하락 중에 숏 스퀴즈가 자주 나타나는 이유가 거기에 있다.

관망은 모든 생존형 매매 전략의 주요 요소다. 추세 반전이 일어나면 일단 매매 빈도를 줄이고, 남은 포지션에서 수익을 얻지 못하면 즉시 탈출해야 한다. 시장에 참여하는 시간보다 관망하는 시간이 더 많으면 가격변동과 시장의 방향에 대하여 보다 객관적인 시각을 얻을 수 있다. 비효율이 줄어드는 모습을 확인했다면 기어를 바꾸고 다음 추세 혹은 횡보에 맞는 매매 전략을 준비해야 한다. 생존형 접근법은 추세가 반전할 때 특히 효과를 발휘한다. 위기 시 발을 빼서 손실을 줄이고, 아낀 자금을 다음 기회에 활용할 수 있기 때문이다. 가령 강세장에서 상향돌파가 나온 종목을 추격매수하던 중에 지수가 반전했다고 가정해보자. 매도세가 강해지면서 일별 실적이 나빠지기 시작할 것이다. 이와 같은 추세 전환을 인지했다면 즉시 발을 뺀 다음 지수가 20일 단순이동평균선이나 50일 지수이동평균선 같은 지지선에 닿을 때까지 기다려야 한다. 지수가 지지선에 닿으면 폐장 후 차분히 분석해보라. 수많은 매수 신호를 발견할 수 있을 것이다.

단기 및 장기 순환매에 주목하라. 업종 지수나 관련 ETF의 목록을 정리하여 지속적으로 관찰하라. 이 목록을 일간 등락률 및 주간 등락률로 분류하면 실시간으로 업종의 순환매 상황을 추적할 수 있다. 그리고 소매 업종과 주택건설 업종처럼 동반하는 성향이 있는 업종들과 귀금속 업종처럼 대개 주요 지수와 반대방향으로 움직이는 업종들을 확인하라. 시장 참여자들은 언제나 자금을 넣어둘 더 나은 업종을 찾는다. 이 자금흐름을 남들보다 빨리 파악하면 상당히 유리한 고지에 설 수 있다.

▪ **순환매의 다섯 가지 일반적 형태**

1. 강세장이 무너지면 가장 차트가 나빠 보이는 부진한 업종으로 자금이 이동한다.
2. 랠리가 과열되면 첨단기술 업종에서 의료, 식품, 제약 같은 방어적 업종으로 자금이 이동한다.
3. 경기가 둔화되거나 정체되면 원자재 업종에서 블루칩으로 자금이 이동한다.
4. 경기 확장의 초기 단계에는 순환주로 자금이 몰리고, 본격적인 확장 단계에는 순환주에서 자금이 빠져나간다.
5. 미국 시장에서는 달러가 강하면 소형주가 상승세를 보이고, 달러가 약하면 원자재주가 상승세를 보인다.

스윙 분석을 통한 진입

스윙이 어디서 시작되고, 얼마나 진행되며, 언제 마무리되어 반대방향의 새로운 스윙으로 넘어갈지 모르면 돈을 벌기 어렵다. 보유기간과 리스크 대비 보상 비율을 비롯한 매매의 모든 측면은 스윙의 규모에 크게 좌우된다. 스윙은 모든 시간단위에서 일어나므로 어느 것을 보고 매매할지 정확하게 알아야 한다. 현재 진행되는 스윙을 분석하는 일은 가장 간과되고 있는 기술적 도구인 두 눈에서 시작된다.

스윙은 일정한 비례를 이루는 경향이 있다. 가령 18일에서 20일에 걸쳐서 한 방향으로 나아간 스윙은 종종 18일에서 20일에 걸친 반대방향의 스윙으로 이어진다. 이러한 비례는 더욱 작은 단위로 분할된다. 또한 과거 스윙은 현재 스윙에 영향을 미친다. 가령 작년에 15봉 주기로 일련의 스윙이 나온 종목은 올해에도 같은 주기의 스윙이 나올 가능성이 높다. 그리고 지난 스윙과의 각도를 비교하여 현재 스윙의 규모를 예측할 수 있다. 급격한 스윙은 완만한 스윙보다 지속시간이 짧다. 이는 밝기가 강한 별일수록 빨리 연소되는 기본적인 물리현상과 유사하다. '평온한 시기에 사서 요란한 시기에 팔라'는 증시 격언에서 알 수 있듯이 가격과 시간의 상관관계는 수익 목표, 청산 시점을 정하는 데 대단히 중요한 의미를 지닌다.

모든 시간단위에서 나타난 장대봉은 예의주시해야 할 중요한 신호다. 해당 시간단위에서 추세가 스윙의 종결 지점으로 가속하다가 급하게 멈추고 역스윙으로 전환할 가능성이 높기 때문이다. 이러한 역학은 전고점이나 전저점으로 추세를 완전히 되돌리기까지 20퍼센트에서 25퍼센트 남은 지점에서 자주 발생한다. 피보나치 수열에 따라 62.8퍼센트와 78.6퍼센트 되돌림 지점은 반전이

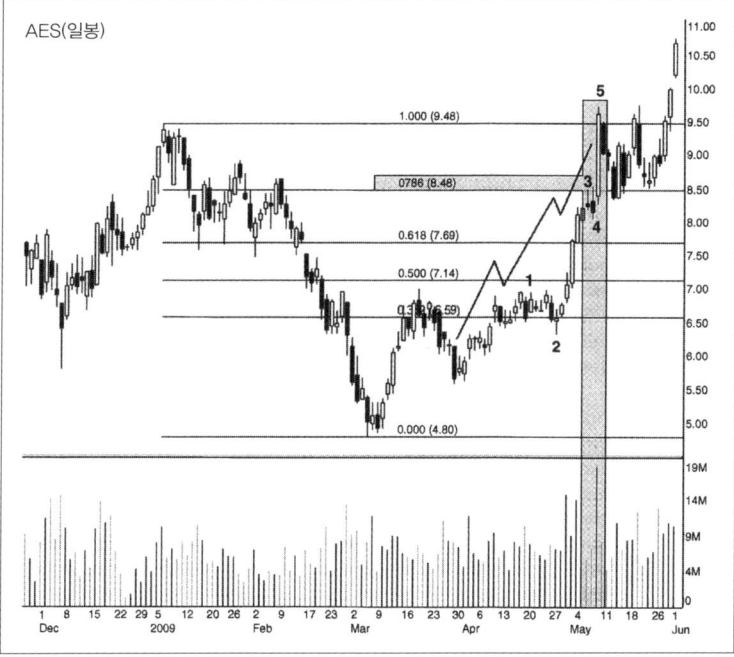

그림 6.1 스윙 중 장대봉

가격과 시간 측면에서 중요한 지점에 형성된 장대봉은 종종 스윙의 종결을 의미한다. AES의 주가는 9.48에서 4.80까지 하락하다가 3월에 반등한다. 일련의 상승파동을 타고 오르던 주가는 이전 하락스윙을 78.6퍼센트 되돌리는 지점까지 이른다. 그리고 다음 날 장대양봉으로 이전 하락스윙을 100퍼센트 되돌리면서 첫 상승 패턴을 완성한다.

일어날 마지막 지점이다. 가격이 최후의 피보나치 장애물인 78.6 퍼센트 되돌림 지점을 넘어서면 이전 스윙을 100퍼센트 되돌리는 지지선이나 저항선까지 나아가는 경우가 많다. 이후에는 첫 상승 또는 첫 패턴 실패의 역학을 따른다.

무엇보다 가격 스윙은 차트에서 두드러지는 주요 고점과 저점을 형성한다. 시장은 고점과 저점을 추구하는 동시에 갭처럼 움직임을 방해하는 장애물을 설치한다. 차트상의 변곡점들은 트레이더들이 설정하는 가격 목표가 된다. 한편 스윙의 각도와 스윙 내 진전 상태를 분석하면 때로 정확하게 주요 종결 지점까지 가는 데 걸리는 시간을 예측할 수 있다. 이 시간은 해당 스윙을 공략하기 위한 보유기간이 된다.

시장은 다른 시간단위에서 복수의 스윙을 동시에 진행시키기 때문에 정밀하게 분석할 필요가 있다. 그래서 투자 성과의 모든 면에 영향을 미치는 추세 상대성이라는 개념이 중요해진다. 기본적으로 추세는 모든 시간단위에서 독립적으로 움직이다가 더 큰 스윙의 영역에 들어서면 휩쓸리는 경향이 있다. 따라서 한 시간단위에서 발견한 스윙을 다른 시간단위 기준으로 매매하면 소위 추세 상대성 오류라는 논리적 오류를 저지르게 된다.

차트에 나타난 여러 요소들은 현재 스윙이 전고점이나 전저점을 100퍼센트 되돌릴 확률에 영향을 미친다. 갭, 추세선, 이동평균선은 모두 주요 가격 수준을 향한 진전을 가로막는다. 이러한 장애물들은 전고점이나 전저점에 훨씬 못 미친 지점에서 반전을 초래할 수 있기 때문에 세심하게 분석해야 한다.

이런 사실을 바탕으로 우리는 수익 목표와 손실 목표를 잡을 수 있다. 진입 지점과 현재 스윙의 예상 종결 지점 사이의 거리는 수익 목표를 설정하는 기준이 되며, 진입 지점과 현재 스윙의 시작 지점 사이의 거리는 손실 목표를 설정하는 기준이 된다. 이어 진입 지점 전후에 있는 반전을 유도할 만한 장애물들을 고려하여 수익 목표와 손실 목표를 조정하면 된다. 이러한 작업을 통해 해당 종목에 대한 예상 수익과 예상 손실을 구할 수 있다.

수익 목표를 조정하는 방법은 현재 스윙 내에서 발생하는 소규모 역스윙을 감당하도록 보유기간을 늘리면 된다. 또한 보유기간을 줄이고 소규모 역스윙 뒤에 손실제한주문을 설정하여 손실 목표를 조정할 수 있다. 물론 미리 절대 손실제한 수준을 정하여 리스크를 더 줄일 수도 있다.

간단하게 말해서 가장 수익성 높은 포지션은 진입 지점과 이전 스윙의 고점 내지 저점 사이 구간에 장애물이 적고, 진입 지점과 현재 스윙의 시작 지점 사이에 장애물이 많을 때 나온다. 때로 패턴 주기가 진행되는 과정에서 이처럼 좋은 기회들이 생겨난다. 차트 보는 법을 조금만 익히면 유리한 패턴을 쉽게 찾아낼 수 있다. 이렇게 좋은 방법에 관심을 기울이는 사람이 적다는 사실이 놀라울 따름이다.

그림 6.2에서 셀레스티카^{Celestica}의 주가는 3개월에 걸쳐서 7.36달러에서 12.22달러로 상승한다. 상승추세는 두 개의 급격한 파동(1, 3)과 그 사이에 하나의 밀집 패턴(2)을 형성한다. 10달러선에서 나온 지속갭(A)은 대규모 스윙의 절반 지점이자 6주에 걸친 횡보 구간을 돌파하는 지점에 해당한다. 이 갭은 또한 더 작은 시간단위에서도 돌파갭으로 작용한다. 주가는 10월에 고점을 찍으면서 작은 머리어깨형 반전 패턴(C)을 만든다. 이후 갭을 만들면서 큰 거래량을 싣고 하락하여(4) 돌파 이후의 진행을 완전히 되돌린다. 이때 형성된 장대음봉으로 50일선이 돌파되고 이는 이때부터 저항선으로 바뀐다. 하락추세는 여름에 나온 조정 패턴(2)의 상단에서 멈추고, 한 달 넘게 횡보 구간이 이어진다. 그러다가 마침

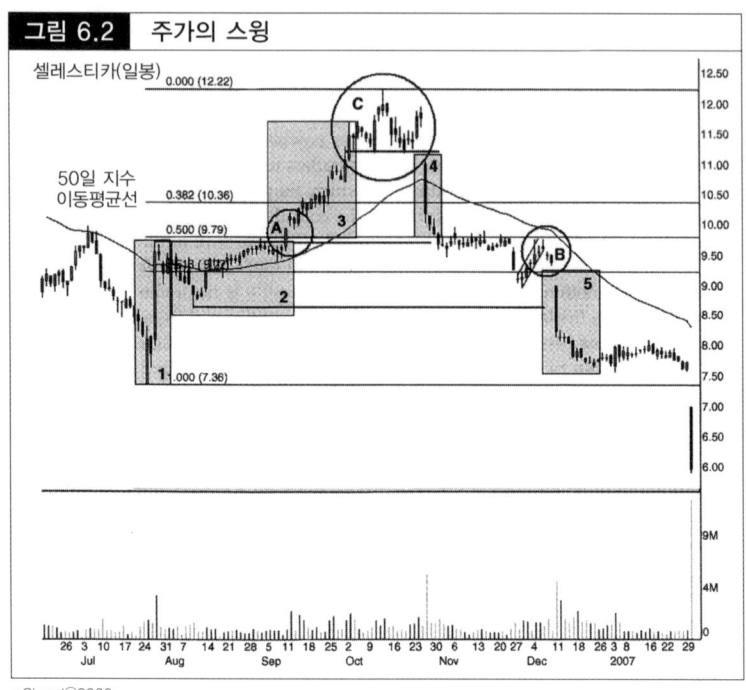

내 하향돌파가 나오고 저항선(B)까지 반등하던 주가는 두 번째 급락(5)으로 이전 전체 상승 파동을 완전히 되돌린다.

첫 장대음봉(4)에서 숏 포지션을 잡을 경우 잠재적 보상을 제한하는 유일한 장애물은 밀집 패턴(2)과 지속갭(A)이 수렴한 가격대다. 이때 이 가격 수준을 수익 목표로 정하고, 손실 목표를 무너진 머리어깨형의 목선 바로 위에 놓을 수 있다. 만약 진입이 늦어서 장대음봉이 이미 많이 진행되었다면 어떨까? 그래도 크게 문제될 것이 없다. 반등이 일어난다 해도 깨진 50일 이동평균선이 새로운 장애물로 작용할 것이기 때문이다. 이를 감안하여 50일 이동평균선 바로 위에 새로운 손실 목표를 정할 수 있다.

12월 초에 반등 시도가 끝나고 주가는 9.50달러 부근에서 지지선을 깬다. 그에 따라 하락 모멘텀을 노린 공매도 신호가 발생한다. 그러나 저항선에 닿는 반등이 나올 때(B)까지 기다리는 것이 바람직하다. 그러면 작은 일봉들이 9.70달러선에서 갭을 메우는 이상적인 지점이나 주가가 반전하여 6일 동안 형성된 약세 깃발 패턴을 깨는 이상적인 타이밍에 진입할 수 있다. 이 공매도 기회에 맞는 손실 목표는 갭이나 깃발 바로 위다. 적절한 수익 목표는 조정 패턴(2)의 저점이었지만 매도세가 빠르게 이 가격대를 뚫어버린다. 덕분에 상승스윙의 시작점인 7.36선까지 장애물이 존재하지 않는다. 따라서 7.36달러가 새로운 수익 목표가 된다. 실제로 주가는 2주 동안 계속 하락한 후 모멘텀이 약화되면서 청산 신호를 내보낸다.

자신만의 매매 우위를 정확한 스윙 분석과 결합시켜서 특정한 기회에 맞는 보유기간을 찾아내야만 완벽한 매매가 이루어진다. 이때 매매 우위는 경험과 효과적인 검색 그리고 이 책에 나온 개념들을 활용하여 좋은 패턴을 골라내는 기술을 말한다. 또한 정확한 스윙 분석은 유리한 가격변동을 막는 장애물들을 고려하여 적절한 수익 목표와 손실 목표를 설정하는 것을 말한다.

좋은 매매 기회로 보이는 패턴을 분석할 때 다음과 같은 두 가지 질문을 던져보아야 한다.

- 다음 장애물에 부딪힐 때까지 얼마나 멀리 갈 수 있는가?

• A 지점에서 B 지점까지 가는 데 얼마나 오래 걸리는가?

이 질문에 정확한 답을 구하는 것이 매력적인 형태의 패턴을 찾아내는 것보다 더 중요하다. 간단하게 말해서 멀리 나아갈 곳이 없다면 상향돌파나 하향돌파도 아무 의미가 없다는 얘기다. 이는 생각보다 위험한 문제다. 트레이더들은 과도한 리스크를 초래하는 커다란 장애물들을 무시하고 좁은 구간에 초점을 맞추어 무의식적으로 패턴을 만들어낸다. 이러한 성향은 사냥을 좋아하는 인간의 본성에서 나온다. 우리는 교과서적인 패턴을 발굴하면 흥분한 나머지 리스크 대비 보상 비율이 나쁘고 스윙 규모가 매매계획에 맞지 않으면 아무 의미가 없다는 사실을 잊어버린다. 물론 강한 추세는 진입 지점과 스윙 종결 지점 사이에 놓인 모든 장애물을 극복할 수 있다. 그러나 장애물이 많아서 반전이 자주 일어나 보유기간이 늘어난다면 애초 설계했던 매매계획과 맞지 않는다.

금융시장에서는 맥락, 즉 전후의 흐름이 모든 것이다. 오늘 일어나는 일은 과거에 일어난 일과 직접 관련된다. 그래서 좋은 매매를 하고 싶다면 현재 스윙의 맥락을 분석해야 한다. 이 일은 결코 쉽지 않다. 모든 금융상품의 가격변동은 복수의 시간단위에서 동시에 복수의 스윙을 형성하기 때문이다. 또한 이전 주요 역스윙의 구조와 규모는 현재 스윙에 기반하여 매매하는 데 중요한 정보를 제공한다.

가격 스윙을 브이형 패턴, 즉 급락이 있고 그 폭만큼을 재빨리 회복하는 패턴의 변형적인 형태로서 톱니 모양의 패턴이 형성되

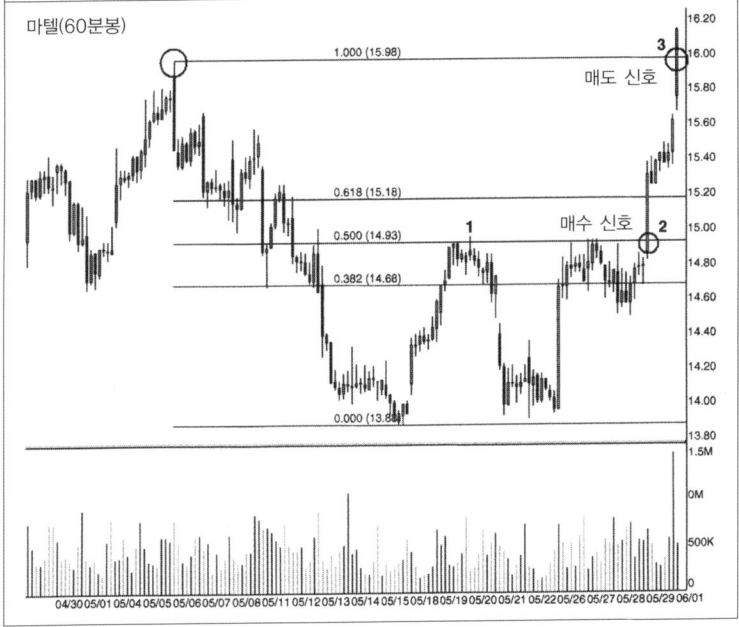

그림 6.3 스윙의 목표수익

마텔(Mattel)의 주가는 2포인트 넘게 하락하다가 13.88에서 반등한다. 이후 이전 하락스윙의 50퍼센트까지 반등하는 넓은 이중바닥 패턴이 나온다(1). 이후 주가는 마침내 큰 W자 혹은 이중바닥의 중간 고점을 상향돌파하면서(2) 매수 신호를 내보낸다. 그러나 이제는 진입 지점과 이전 스윙의 고점(3) 사이에 1포인트의 수익 구간밖에 존재하지 않는다.

는 것이라고 생각하면 큰 오산이다. 매매 기회를 제공하는 주목할 만한 가격 스윙은 대개 추세가 형성된 구간의 서너 배에 달하는 횡보(주가 밀집) 구간으로 이어진다. 주가는 이러한 횡보를 거치는 동안 천정 패턴 혹은 바닥 패턴 같은 의미 있는 가격 수준을 만들어낸다. 또한 현재 스윙은 이전 스윙을 되돌리는 비율을 기준으로 측정할 수 있는데, 횡보 구간이 전고점 내지 전저점까지 이르는 여정의 첫 38퍼센트를 차지하는 경우가 많아 잠재적 수익이 나머지 구간으로 제한된다. 간혹 횡보 구간이 차지하는 비율이 20퍼센트에서 25퍼센트 정도로 적은 경우도 있는데 이때는 더 유리한 포지션을 차지할 가능성이 높아진다. 그림 6.2에서 그 예를 볼 수 있다. 머리어깨형이 하락스윙의 작은 부분만을 차지했기 때문에 공매도로 얻을 수 있는 잠재적 수익 구간이 길었다.

지표 간 교차검증을 통한 매매 기회 포착

찰스 다우Charles Dow는 100년 전에 다우 이론을 정립한 일련의 글들을 쓰면서 유명한 수렴-확산 분석을 소개했다. 그의 가설에 따르면 추세는 산업평균 지수와 철도평균 지수 사이의 일치된 가격변동을 통해 확증되지 않으면 오래가지 못한다. 다시 말해서 두 주요 지수가 수렴해야 추세의 유효성이 증명된다. 또한 다우는 추세가 오래가려면 거래량도 뒷받침되어야 한다고 주장했다. 즉, 주가가 추세와 같은 방향으로 움직일 때 거래량이 늘어나고, 반대방향으로 움직일 때 거래량이 줄어들어야 한다는 것이다. 이 논리에 따르면 상승추세에서 거래량 증가는 수렴을, 거래량 감소는 확산을 가리킨다.

현대 시장에는 수천 개의 수렴-확산 관계가 존재한다. 생존형 트레이더로서는 어려운 문제가 아닐 수 없다. 비교해야 할 데이터와 추세를 모르면 어떤 정보를 얻어도 실질적인 도움이 되지 않는다. 자칫 잘못된 결론에 따라 매매할 위험도 있다. 이 오류는 2008

년의 폭락장만큼 많은 손실을 초래한다.

　기술적 분석과 체결창 분석은 효율적인 수렴-확산 해석에 의존한다. 그러나 이 일은 대부분의 트레이더들에게 상당한 부담으로 다가온다. 이 두 가지는 시장에 존재하는 모든 데이터에서 수렴-확산 관계를 형성하기 때문이다. 때문에 변수가 무한할 수밖에 없는데 이에 따른 문제를 극복하려면 가격변동, 방향, 타이밍을 실질적으로 말해주는 유효한 관계를 찾아야 한다. 수렴-확산 관계를 분석하기 위한 일반적인 출발점은 주요 지수 및 파생상품 지수다. 우리는 매일 매매 종목 및 관심종목의 주가 추이와 지수 혹은 지수선물을 비교한다. 이 부분은 2장에서 수렴-확산 관계에 미치는 프로그램 알고리즘의 영향력을 다루면서 언급한 적이 있다. 사실 수렴-확산 관계는 이 책 전반에 걸친 주제이기도 하다. 일련의 수렴-확산 관계를 분석하는 과정은 각 지표들로부터의 신호를 교차검증, 즉 상호 확증하는가 여부를 확인하는 과정이다. 이처럼 수렴-확산 관계는 시장 분석의 거의 모든 측면에 해당된다. 그래서 시장 간 영향력을 이해하지 못하면 투자로 돈을 벌려는 시도는 헛되다고 말할 수 있다.

　수렴-확산 관계는 강세와 약세로 나눌 수 있다. 즉 강세 수렴, 강세 확산, 약세 수렴, 약세 확산의 네 가지 조합이 나온다. 수렴 및 확산 관계를 파악하고도 긍정적으로 작용할지, 부정적으로 작용할지 모를 수 있다. 사실 대부분의 수렴-확산 관계는 시장의 움직임, 방향, 타이밍에 거의 영향을 미치지 않는다. 다행히 보통의 상식과 약간의 직관만 있으면 정확하게 수렴-확산 관계를 해석할 수 있다. 다시 말해서 수렴-확산 관계가 강세로 느껴지면 실제로 그럴 가능성이 높다. 반대로 수렴-확산 관계가 약세로 느껴지면 포지션에서 발을 빼고 매매 기회를 재평가해야 한다.

아이러니하게도 수렴-확산 분석의 정확성을 점검하는 최선의 방법은 다른 수렴-확산 관계를 분석해보는 것이다. 수렴-확산 분석에 따른 강세나 약세 예측을 시장 전체의 움직임과 비교해보라. 지수가 예측한 방향대로 흐르고 있는가? 가령 약세 확산으로 파악했는데 주가는 강하게 상승하고 있다고 가정해보자. 분석 결과와 현실이 괴리되었음을 말해주는 이 신호는 당신이 틀렸을 가능성을 강하게 제기한다. '믿는 것이 아니라 보는 것에 따라 매매하라'는 증시 격언은 이처럼 예측과 가격 행동을 비교하는 일이 얼마나 중요한가를 가리키는 것이다.

수렴-확산 분석은 신속한 의사결정을 요구한다. 가령 당신이 세 개의 롱 포지션을 오버나이트했다고 가정하자. 종목은 IT주, 유통주, 은행주다. 다음 날 나스닥100은 상승한 반면 S&P500은 0.5퍼센트포인트 하락했다. 뉴스를 들어보니 구글은 방금 실적 전망치를 올렸고, 뱅크 오브 아메리카는 이번 분기에 상당한 적자를 냈으며, 당신이 투자한 유통기업의 월 매출은 예상치를 만족시켰다. 이처럼 상반된 데이터는 복잡한 수렴-확산 관계를 만들어낸다. 이때는 가장 위험한 종목부터 살펴야 한다. 물론 악재가 발생한 은행 종목이 가장 위험하다. 먼저 장전 호가와 전날 종가를 비교하라. 그 다음 변동률을 기준 종목인 뱅크 오브 아메리카의 가격변동과 비교하라. 최소한 당신의 포지션은 악재가 나온 뱅크 오브 아메리카보다 적게 하락해야 한다. 그렇지 않다면 대단히 나쁜 약세 확산이 발생한 것이다. 그 다음 보유종목의 체결가와 지지선을 비교하라. 악재에도 불구하고 아직 지지선을 깨지 않았다면 강세 확산에 해당한다. 끝으로 개장 무렵의 가격변동과 은행업 지수의 변동을 비교하여 차이를 확인해야 한다. 여기서 강세 확산이 나오면 악재의 영향이 적은 것으로 보고 보유하거나 일부만 정리한다. 반대로 약세 수렴이 나오거나 분석 결과가 상충하면 전부 처분해야 한다.

IT주는 나스닥100이 상승했고 당신이 롱 포지션 상태이기 때문에 둘의 방향이 수렴하므로 관리하기가 한결 편하다. 게다가 구글에서 호재가 나오면서 물량을 늘릴 만한 상황이 연출되었다. 이에 비해 유통주에 대한 수렴-확산 분석은 보기보다 어렵다. 표면적으로는 실적이 예상치대로 나왔기 때문에 분명한 수렴-확산 관계가 형성되지 않는다. 그러나 사실 예상치에 딱 맞게 나온 실적은 시장에서 중립적으로 반응할 가능성부터 시작하여 온갖 수렴-확산 데이터를 만들어낸다. 이런 경우에는 일단 주가가 상승하는지 하락하는지를 유심히 지켜보고, 이 변동이 업종 지수와 비교했을 때 어떠한지 등을 확인해야 한다.

물론 예상치를 만족시켰는데도 하락하는 주가를 바라보는 것은 대단히 억울하고 짜증나는 일이다. 특히 연중 수렴-확산 관계가 가장 복잡해지는 실적 시즌에는 더욱 그렇다. 그러나 이러한 상황은 펀더멘털이나 외부 의견 혹은 낡은 포트폴리오 이론보다 수렴-확산 관계와 그에 내재된 기술적 분석에 따른 의사결정이 얼마나 효과적인지 보여준다.

끝으로 수렴-확산 분석은 지난 10년 동안 내가 고심했던 주제인 체결창 분석에 대한 답을 제시한다. 효과적인 체결창 분석은 일련의 수렴-확산 관계를 정확한 예측으로 바꿔준다. 체결창 분석은 간단한 것처럼 보이지만 통달하는 데 수십 년이 걸릴 수도 있다. 수렴-확산 분석 역시 마찬가지다. 경기, 가격변동, 심리가 빚어내는 혼돈 속에서 시장의 방향을 가늠하는 일에 왕도는 없다.

방어적 공매도로 안전하게 수익 내기

대부분의 트레이더들에게 먼저 팔고 나중에 사서 돈을 버는 공매도라는 매매 방식은 쉽지 않다. 오히려 가격이 급락하는 것을 몇 시간 동안 지켜보다가 정확하게 잘못된 시점에 들어가기 일쑤다. 사실 이것이 공매도 플레이의 서글픈 현실이다. 약세장에서조차 공매도로 돈을 벌기는 어렵다. 사악한 시장이 언제나 다수를 벌할 길을 찾기 때문이다. 그러나 생존형 매매 전략은 오전에 형성되는 약세함정과 같은 전형적인 함정을 피하는 방어적인 절차를 제공한다.

주가 움직임을 잘 관찰해보면 대부분의 거래일에서 일일 가격 변동폭이 겹친다는 사실을 알게 될 것이다. 다시 말해서 오늘 형성되는 거래폭의 상당부분은 어제 형성된 고점과 저점 사이에 존재한다. 이러한 양상은 공매도자들에게 큰 문제가 된다. 리스크가 낮은 진입 가격을 찾기 어렵기 때문이다. 사실 가격은 대부분 제자리걸음을 하다가 순간적으로 매도세가 몰릴 때 갑자기 하락한다. 이처럼 기회의 폭이 좁기 때문에 타이밍이 완벽하지 않으면 공매도로 돈을 벌기 어려운 것이다. 설령 하락장이라 해도 공매도세가 지나치게 몰리면 약한 포지션들이 몽땅 털리기 전까지 끝없는 스퀴즈가 일어난다. 그리고 대개는 가장 확실한 공매도 지점에서 가장 난폭한 스퀴즈가 일어난다. 따라서 공매도 플레이를 하려면 사람들이 몰리지 않는 지점을 찾아야 한다.

공매도로 꾸준한 수익을 내기 위한 세 가지 핵심조건이 있다. 그것은 적절한 전략, 완벽한 타이밍, 강한 인내심이다. 이 조건을 충족시킬 수 없다면 매수 플레이에만 집중하는 것이 낫다. 실제로 숏 커버링 랠리는 주로 이 조건을 충족시키지 못하는 약한 숏 포지션들을 노린다. 공매도를 통한 수익의 대부분은 다음 네 가지 진입 전략을 따른다.

1. 상향돌파 실패 가격이 신고점을 찍었다가 이전 스윙의 고점 아래로 하락하는 것을 말한다. 이러한 실패는 대개 상향돌파 후 하나에서 세 개의 봉에 걸쳐 일어나지만 훨씬 뒤에 일어날 수도 있다. 이때의 공매도 신호는 가격이 첫 반등의 저점을 지날 때 나온다. 이 전략은 모든 시간단위에 적용할 수 있지만 일간 차트상 가격이 오랜 시도 끝에 물량을 싣고 상향돌파했다가 장대음봉이나 갭으로 하락하면서 매수자들을 함정에 빠트릴 때가 가장 효과적이다.

2. **되돌림** 되돌림을 이용한 공매도는 패턴이 무너진 후에도 상승세가 약하게 진행되다가 저항선에 부딪히는 때를 노린다. 이러한 현상은 상승추세의 상단에서 갭으로 지지선을 깨는 경우에도 일어나지만 견조한 하락추세 내에서 더 자주 발생한다. 매도 신호는 주가가 분명한 저항선까지 급격하게 이동했다가 반전하거나 나중에 다룰 캐네디언 솔라Canadian Solar의 사례(그림 6.4)처럼 분명한 저항선 위까지 갔다가 급락할 때 나온다.

3. **좁은 박스권** 좁은 박스권 패턴 안에서의 공매도는 한 방향으로 진행되는 추세를 추격하는 것보다 덜 위험하다. 주가가 하락추세가 형성되는 초기에 급락한 후 중요한 지지선 부근에서 밀집할 때를 노린다. 이틀이나 사흘 동안 형성된 박스권 안에서 공매도주문을 넣고 가격이 방향을 틀어서 대규모 반등을 노릴 경우 단기 고점 바로 위에 손실제한주문을 설정하면 된다.

4. **모멘텀 진입** 하향 모멘텀을 노린 공매도는 큰 수익을 노리는 대단히 위험한 전략이다. 핵심은 2008년에 금융 업종에서 볼 수 있었던 것처럼 연속적으로 저점을 낮추는 활발한 매도세를 찾는 것이다. 이러한 매도세를 찾았다면 진입한 다음 퍼센트 기준 손실제한주문을 설정하여 포지션을 보호하라. 이 전략에서는 원칙에 따른 청산이 대단히 중요하다. 변동성이 심한 시장에서는 숏 스퀴즈가 격렬하게 일어나기 때문이다.

간단한 검증 과정을 거치면 좋은 공매도 종목을 선정하는 데 큰 도움이 된다. 숏 스퀴즈를 발생시킬 수 있는 힘을 가진 세력은 헤지펀드를 비롯한 기관들인데 이들은 같은 종목을 집중적으로 공략한다. 거래량이 많은 종목 가운데 하향돌파 이후 목선, 마디 지수(Round Number), 삼각형 패턴의 꼭짓점처럼 널리 알려진 기술적 지점에서 급등하는 경우가 전형적인 사례다. 이러한 숏 스퀴즈에 당하지 않으려면 이전 차트를 보고 지지선이 무너진 후 어떤 움직임이 나왔는지 살펴야 한다. 그러면 다음 세 가지 중 하나의 시나리오를 확인할 수 있을 것이다.

1. 기술적 분석이 그대로 들어맞으며 주가는 새로운 저항선 위로 급격하게 오르지 않는다(확증).
2. 기술적 분석이 부분적으로 들어맞으며 주가는 새로운 저항선 위로 급격하게 올랐다가 다시 급락한다(부분실패/부분확증).
3. 기술적 분석이 들어맞지 않으며 공매도자들이 대규모 숏 스퀴즈에 걸려든다(실패).

가장 유리한 공매도 조건을 만드는 것은 두 번째 시나리오다. 이 경우 하향돌파 시에는 관망하다가 20일 단순이동평균선이나 부분적으로 메워진 갭 같은 일반적인 수준의 새로운 저항선 위에서 공매도주문을 넣을 수 있다. 더 나은 방법은 1, 2년 전의 하향돌파 사례를 찾아서 지지선을 깬 하락스윙이 끝난 후 이루어진 반등의 평균값을 계산하는 것이다. 평균값이 하향돌파 지점의 바로 위에 있는 분명한 저항선에 해당한다면 올바른 종목을 고른 것이다. 이러한 분석을 통해 하향돌파가 급락의 끝인지 아니면 새로운 하락추세의 시작인지 알 수 있다. 가능한 과거로 멀리 되돌아가서 현재와 같은 가격 수준이나 그 근처에서 나타난 움직임을 살펴라. 만약 반전이 자주 일어났다면 공매도를 하지 마라. 특히 일정한 전환점이 몇 년에 걸쳐 유지되었다면 더욱 진입하지 말아야 한다.

부분실패/부분확증 시나리오는 모든 시간단위에서 생존형 트레이더에게 좋은 공매도 기회를 제공한다. 그림 6.4는 아담과 이브 이중천정 패턴*을 형성한 캐네디언 솔라의 60분봉 차트다. 14.28달러에 형성된 지지선이 깨지면서 대부분의 트레이더들이 숏 포지션을 취할 흔한 매도 신호가 나온다. 그런데 지지선을 깬 얼마 후 하향돌파 지점(1) 위로 급한 반등이 나오면서 숏 포지션을 흔드는 숏 스퀴즈가 발생한다. 공매도자들의 손실제한주문이 도미노처럼 실행되면서 탄력을 얻은 상향 모멘텀은 하락스윙을 62퍼센트나 되돌린다(2). 그렇지만 추세는 다시 반전되어 이전의 지지선을 다시 깰 때 번째 매도 신호가 나온다. 이 '실패의 실패**' 신호는 두 가지 이유에서 보다 안정적인 진입 지점을 제공한다. 첫째, 더 이상 숏 포지션으로의 과도한 쏠림이 없다. 둘째, 시장은 추세를 재설정하기 전에 한쪽 포지션만을 공략하는 경향이 있다.

끝으로 첫 랠리와 뒤이은 급락이 진행되는 동안 50일 이동평균선(4)에서 지속적으로 지지가 이뤄졌음을 확인하라. 이는 하락추

---

* 급격하고 변동성이 심한 첫 번째 고점과 느리고 완만한 두 번째 고점을 만든 후 반전하는 패턴-옮긴이
** failure of a failure. 돌파 이후 추세가 약화되었다가 다시 살아나는 양상. 여기서는 저항선(하향돌파 이전에는 지지선이었던)을 상향돌파하고 하락추세가 되돌려지는 듯했으나 반전에 실패하고 다시 하락추세로 진행되는 상황을 가리킴-옮긴이

그림 6.4 방어적 공매도 기회 찾기

세에서도 지속적인 저항선으로 작용할 것임을 예상케 해주며 이동평균선 근처까지 반등이 일어났을 때 안정적인 공매도 진입 지점을 제공할 수 있음을 얘기해준다.

　매도세가 분명하게 힘을 얻는 모습을 확인한 때에는 이미 공매도를 하기에 늦은 경우가 많다. 더 높은 가격 수준에서 공매도를 한 트레이더들이 그 시점에서 수익을 취할 가능성이 높기 때문이다. 그들이 포지션을 정리하면서 매수세에 힘이 실리면 뒤늦게 들어온 공매도자들은 꼼짝없이 숏 스퀴즈에 당할 수밖에 없다. 공매도의 성공 여부는 월중 시기에도 많은 영향을 받는다. 옵션 만기

시 들어온 포지션들은 수급의 자연스러운 힘을 압도하는 콜/풋 청산에 따른 변화에 당하기 쉽다. 월말 근처에도 실적 개선을 노린 활동 때문에 리스크가 비정상적으로 상승한다. 절기의 영향은 약세장을 한두 주 동안 떠받칠 정도의, 즉 하락세를 누그러뜨릴 정도의 힘을 지닌다. 따라서 하락 모멘텀이 확실하게 형성되기 전에는 섣불리 공매도를 하지 말아야 한다.

공매도를 할 때는 매수-매도 스윙에 주의를 기울여야 한다. 하락스윙 지지선에 접근하는 과매도 시장은 매도세가 소진되어서 아주 적은 물량으로도 급등할 수 있다. 이러한 시나리오를 피하려면 시장에 진입하기 전에 과매수-과매도 지표를 검토해야 한다. 내가 최소한 1주에서 3주 정도 보유할 숏 포지션을 잡고 싶을 때 참고하는 지표는 4장에서 설명한 RSI다. RSI가 하단 20퍼센트에 도달했다가 위로 방향을 틀 때는 숏 포지션으로 진입하지 말아야 한다. 매도세가 거의 소진되어 매수세에 주도권을 넘기려 한다는 신호이기 때문이다. 시장은 한 방향으로 너무 멀리 갔을 때는 급하게 돌아오는 경향이 있다.

이러한 고무줄 효과는 볼린저밴드를 통해 감지할 수 있다. 원칙은 단순하다. 가격봉이 하단 밴드 바깥으로 75퍼센트에서 100퍼센트 떨어졌을 때는 절대 공매도를 하지 말아야 한다. 이러한 상황에서는 급격한 반작용 스윙이 나타나 숏 스퀴즈가 발생할 가능성이 높다. 또한 하단 밴드를 뚫을 때 많은 거래량이 실렸다면 약세함정을 조심해야 한다. 특히 밴드가 하향하고 있을 때보다 수평 상태에서 급락이 나오면 그 가능성이 더욱 높아진다.

그러면 성공적인 공매도를 위해 해야 할 일과 하지 말아야 할 일을 정리해보자. 이 요점들을 명심하면 당하는 입장에서 공격하는 입장으로 올라설 수 있다.

- **급락이 아니라 급등에 들어가라** 주요 지수가 과매수 국면으로 접어들고 분명한 저항선을 건드릴 때 숏 포지션을 잡아라. 다른 공매도자들은 가격이 상승하는 동안 밀려났기 때문에 추세 반전 시 쉽게 수익을 취할 수 있다.
- **신속하게 대응할 준비가 된 데이 트레이더가 아니라면 프로그램 매도가 지수선물을 지지선까지 밀어붙일 때는 들어가지 말라** 프로그램 매매는 방향성이 대단히 불투명해서 언제 갑작스러운 반등으로 돌아설지 모른다.
- **약한 업종을 골라라** 어떤 시장상황에서도 강한 업종과 약한 업종은 존재한다. 좋은 장에서도 매수세가 붙지 않는 업종을 공략하면 유리하다.
- **강한 업종을 피하라** 호재를 타고 상승하는 추세의 꼭대기를 노리는 것은 위험하다. 원유주나 철강주 혹은 애플의 주가가 언제 상승을 멈출지는 아무도 모른다. 그러니 어림짐작을 피하고 추세가 반전되어 하향돌파를 시작하는 종목에 집중하라.
- **시장의 절기를 주의하라** 윈도우 드레싱, 매월 첫 날, 옵션 만기 같은 절기의 영향은 유망한 공매도 패턴도 망칠 수 있다. 시간도 신경 써야 한다. 혼조세가 벌어지는 정오 무렵에는 개장 후 한 시간이나 폐장 전 한 시간보다 수익을 올리기 어렵다.

- **횡보장을 피하라** 주요 지수는 평균적으로 5일 가운데 4일 동안 횡보하면서 양 방향 포지션을 털어낸다. 5일 중 추세가 살아나는 하루를 잡아내는 것이 중요하다. 물론 공매도를 하려면 추세가 아래로 향하는 날을 찾아야 한다.
- **양 방향으로 혼조세가 연출될 때는 지수펀드를 노려라** 다양한 업종이 상승하는 가운데서도 주요 지수가 하락하는 경우가 많다. 이때 가장 약한 지수펀드를 공략하면 유리하다.
- **대형 악재가 발생한 업종을 노려라** 2008년의 역사적 약세장에서 주택건설 업종과 금융 업종은 분명한 이유로 하락했다. 주간 차트에 초점을 맞추고 장기 패턴을 활용하여 진입 및 청산 신호를 잡아내면 공매도가 과도하게 몰린 종목에서도 대부분의 흔들기를 피할 수 있다.
- **가짜 하향돌파를 조심하라** 믿을 만한 공매도 신호는 강한 종목이 중요한 저항선 위에 올라타서 숏 포지션을 털어낸 다음 다시 하향돌파할 때 나온다. 특히 이때 장기 시간단위에서 흐름이 약하다면 신호의 유효성이 더욱 증가한다.
- **인내심을 가져라** 시장은 한 번 떨어지면 강하고 빠르게 떨어지는 경향이 있지만 그 전에 흔들기를 통해 공매도자들을 불안하게 만든다. 침착하게 상황을 판단하고 적절한 손실제한주문을 설정해두면 기회를 기다리는 동안 불안감을 다스릴 수 있을 것이다.

50일 이동평균선 기준 변동성 활용법

스윙 트레이딩은 차트상의 어떤 지점보다 50일 이동평균선 부근에서 가장 활발하게 이루어진다. 스윙 트레이더는 며칠 동안만 포지션을 보유하므로 50일 이동평균선을 기준으로 삼는 것이 비논리적으로 보일 수도 있다. 그러나 50일 이동평균선에서 너무나 많은 패턴들이 형성되기 때문에 다양한 진입 전략의 기준점이 된다.

그러면 50일 이동평균선은 왜 단기 매매 기회를 찾는 데 그토록 강력한 영향을 미칠까? 기술적 분석에 따르면 50일 이동평균선은 상승추세에서 나오는 되돌림의 지지선이자 하락추세에서 나오는 반등의 저항선이다. 그래서 많은 트레이더들은 반전을 기대하면서 50일 이동평균선 직전에 주문을 넣는다. 그 결과 50일 이동평균선 근처에서 변동성이 증가하고 다양한 패턴이 형성되는 것이다.

50일 이동평균선은 장기 투자자들에게도 중요한 의미를 지닌다. 그들은 보유기간 도중에 몇 번의 되돌림이 발생할 것이라고 예상은 하지만 중대한 추세 변화가 일어나기를 바라지는 않는다. 이들이 중대한 추세 변화를 감지하는 민감한 지점이 바로 50일 이동평균선이다. 그런데 이들 장기 투자자들이 시장을 드나들 때 이루어지는 활동은 의도하지 않은 효과를 낳는다. 변동성을 증가시켜 관망하던 트레이더들로 하여금 변동성을 활용할 기회를 제공하는 것이다.

50일 이동평균선을 정확하게 계산하는 방법을 놓고 끝없는 논쟁이 벌어지고 있다. 가장 일반적인 방법은 최근 50개의 일봉을 전체로 나누어서 단순이동평균을 구하는 것이다. 기술적 분석가들은 오랫동안 다양한 방식의 변형을 시도했다. 가장 유명한 변형은 지수이동평균이다. 지수이동평균은 단순이동평균의 이중으로 계산되는 오류를 피하고 보다 빨리 변화에 대응한다. 그래서 현재 전문적인 투자자들 사이에서 가장 보편적으로 활용되고 있다. 나도 지수이동평균을 기준으로 차트를 분석한다. 따라서 이 책에서 나오는 이동평균은 단순이동평균이라고 특별히 언급하지 않는 한 모두 지수이동평균을 기준으로 삼음을 기억하기 바란다.

1990년대에는 주가가 강한 상향돌파 후 반작용 국면으로 접어들면 크게 밀리지 않은 상태에서 매수자들이 진입할 수 있었다. 그러나 사악한 현대 시장에서는 그러한 일이 줄어들었다. 지금은 주가가 상향돌파 후 50일 이동평균선까지 빠르게 밀려버리기 때문에 이전 상승세에 뒤늦게 올라탔다가 손실제한 수준을 제대로 정하지 않은 사람들의 수익을 날려버리는 경우가 허다하다. 그래서 생존형 트레이더들은 인내심을 갖고 반작용 국면이 완전히 끝나기를 기다려 진입한다.

그 구체적인 방법은 이렇다. 상향돌파가 나온 종목의 차트에서 50일 이동평균선을 찾은 다음 한두 포인트 위에 신호 지점을 설정하고 기다려라. 주가가 신호 지점까지 밀려서 50일 이동평균선을 시험하기까지 며칠 내지 몇 주가 걸릴 수도 있다. 그러나 그런 반작용이 나올 가능성이 매우 높으므로 반드시 인내심을 갖고 기다려야 한다. 이 경우 50일 이동평균선에 접근할 때 혹은 한 단계 작은 시간단위인 60분봉 차트에서 상승반전 패턴이 나올 때 매수하면 된다.

두 번째 50일 이동평균선 매매 전략은 첫 번째 전략을 변형한 것이다. 대개 상향돌파 후 나오는 되돌림은 트레이더들이 반전을 예상하는 자연스러운 지지선을 드러낸다. 손잡이 달린 컵 패턴에서 고점을 잇는 추세선이 좋은 예다. 그러나 50일 이동평균선이 더 아래에 있을 때는 지지선이 깨지는 경우가 많으므로 흔히 예상하는 지지선 수준에 손실제한주문을 설정했다가는 당하기 쉽다. 대개 그 수준에 설정된 손실제한 물량들을 모두 털어내고서야 주가는 50일 이동평균선에서 새롭게 유입된 매수세에 힘입어 지지선 위로 크게 반등한다.

그림 6.5에 나온 AK 스틸AK Steel의 차트에서 이러한 양상을 확인할 수 있다. AK 스틸의 주가는 1월에 13달러에서 고점을 찍은 다음 되돌리다가 4월에 이 수준에 근접하게 회복된다. 이후 약 2주 동안 횡보하다가 4월 말에 전고점을 돌파한다(1). 이후 상승 모멘텀을 타고 16달러선까지 향해 가다가 다시 밀린다. 전고점 지지선을 지나(2) 50일 이동평균선(3)에 닿았다가 즉시 반등한다. 2주 후 주가는 최초 상향돌파선을 두 번째로 지난 후(4) 계속 오르면서 새로운 상승추세를 형성한다(5). 이러한 가격변동은 무질서하게 보이지만 2장에서 설명한 작용-반작용-해결 주기를 그대로 따르고 있다. 이 경우 복잡한 반작용 국면에서 치열한 혼전이 벌어진다. 50일 이동평균선으로 떨어진 '실패 하락스윙'은 다시 '실패의 실패 상승스윙'으로 전환되어 지지선을 뛰어넘은 다음 해결 국면으로 접어든다.

그림 6.5 50일 이동평균선과 주가 국면

　　이러한 역학은 반대방향으로도 작용한다. 저점에서 오랫동안 횡보하다 지지선을 하향돌파한 주가는 강한 반등을 통해 저항선(직전 지지선)을 뚫고 50일 이동평균선까지 닿는 경우가 많다. 현대 시장의 사악한 행동 양상은 파티에 일찍 오는 사람보다 늦게 들어오는 사람에게 보상을 안기곤 한다. 따라서 이상적인 조건이 아니라면 모멘텀을 추격하거나 밀리는 초기 단계에서 들어가지 말고 상향돌파나 하향돌파가 실패하여 50일 이동평균선에 접근할 때까지 기다릴 필요가 있다. 이러한 실행 지연 전략은 대중에 휩쓸리지 말고 그들보다 먼저 혹은 나중에 매매하라는 나의 오랜 조언과 일맥상통한다.

50일 이동평균선에서 좁은 박스권이 형성되면 어느 쪽이든 낮은 리스크로 진입할 시간이 주어진다. 다음과 같은 시나리오를 생각해보자. 주가가 거래량을 싣고 지지선을 하향돌파하면서 급락이 나왔다. 이후 주가는 저항선(직전 지지선)을 다시 돌파하면서 반등하여 50일 이동평균선까지 오른다. 그러다가 반등이 주춤하면서 50일 이동평균선에 걸쳐 가격봉들이 수렴한다. 그때 매도세가 재개되면서 주가는 다시 급락한다. 이 경우 50일 이동평균선과 저항선이 수렴할 때 공매도를 하면 된다. 이러한 전략은 급락이 시작될 때까지 기다렸다가 추격하는 전략에 비해 두 가지 이점을 지닌다. 첫째, 좁은 박스권에서는 소폭 상승이 많이 나와서 원하는 가격에 진입하기 쉽다. 둘째, 등락폭이 적어서 손실제한 수준을 좁게 잡을 수 있다. 즉, 얻는 것도 적지만 잃을 것도 적다는 의미다.

또 다른 유용한 기법은 두 가지 시간단위를 조합하여 50일 이동평균선에서 발생하는 기회를 발견하는 것이다. 이 기법은 작은 패턴을 활용하여 큰 규모의 매매를 할 수 있도록 만들어준다. 먼저, 주가가 밀릴 때 50일 이동평균선에서 지지선이나 저항선이 수렴하는 차트를 찾아라. 그 다음 60분봉 차트 같은 단기 차트를 보고 진입 지점을 찾아라. 50일 이동평균선에서 반전이 나올 것으로 예상하지만 적절한 진입 지점을 모를 때 단기 차트의 반전 패턴이 단서를 제공해준다. 다시 말해서 60분봉 차트에서 상향돌파나 하향돌파가 나올 때 진입하면 된다. 종종 소규모 패턴의 변화는 댐을 무너뜨리는 작은 구멍처럼 대규모 패턴의 급등락을 초래한다.

50일 지수이동평균선과 궁합이 잘 맞는 지표는 스토캐스틱이나 RSI 같은 상대강도 지표다. 50일 이동평균선을 벗어나는 주요 가격 스윙이 나타나기 직전에 상대강도 지표가 과매수선이나 과매도선을 건드린 후 반전하는 경우가 많다. 일중 차트에 50봉 지수이동평균선을 적용하면 이러한 양상을 이용한 타이밍 전략을 구사할 수 있다. 예컨대 15분봉 차트나 60분봉 차트에서도 같은 방식으로 50봉 지수이동평균선을 활용할 수 있는데 한 가지 차이점이 있다. 보다 장기의 시간단위에서보다 일중 신호에 훨씬 많은 노이즈가 나타난다는 점이다. 다시 말해서 지지선이나 저항선을 깨지 않더라도 주가는 몇 차례나 이 선을 오르내린다. 따라서 일중 차트는 폭넓게 보는 시각이 필요하다. 그렇지만 주가가 고점에서 매도세에 밀려 급락하거나 저점으로부터 상승이 시작될 때는 이와 같은 단기 차트에서 좀더 안정적인 신호를 얻을 수 있다.

현대 시장에서 거래량의 의미

우리는 거래량이 가격의 의도를 드러낸다고 배웠다. 다시 말해서 매도세와 매수세의 흐름이 가격의 방향과 강도 그리고 타이밍을 말해준다는 것이다. 그러나 사악한 현대 시장에서 거래량은 더 이상 진실을 말하지 않는다. 사실 이 말은 약간 과장된 면이 있다. 거래량 데이터와 매집-분산 지표는 여전히 가격 예측에 중요한 역할을 한다. 그러나 예외가 너무 많아서 거래량 지표만 믿고 섣불리 매매하다가는 곤경에 처하기 쉽다는 정도로 이해하기 바란다.

분명히 말하지만 거래량 지표는 돈을 버는 데 방해가 되기 때문에 대부분의 경우 무시해야 한다. 몇 년 전만 해도 거래량은 기술적 분석에서 가장 중요한 지표로 대접받았다. 그러나 이제는 시대가 변했다. 파생상품, 다크 풀의 영향뿐 아니라 호가가 미세한 단위로 쪼개져 전체 매매 건수가 폭발적으로 늘어나면서 일간, 주간, 월간 단위로 주문의 흐름을 파악하기가 거의 불가능해졌다.

다음은 거래량 분석을 어렵게 만드는 주범들이다.

- 일중 가격동향의 폭넓은 노이즈 속에서 느리게 움직이며 자취를 없애는 연기금 및 뮤추얼펀드
- 호가 스프레드의 작은 변동을 통해 수익을 올리는 높은 매매 횟수의 매매 알고리즘
- 구성 종목 및 연관 업종에 밀접한 영향을 미치는 지수 파생상품과 ETF를 매매하는 대규모 프로그램

상황이 이러하기 때문에 스윙의 고점이나 저점 그리고 극단적인 사례에서만 가격과 거래량의 상관관계를 따지는 것이 낫다. 재료의 영향을 받은 거래량은 일반적인 범위를 훨씬 벗어나므로 시장을 분석할 때 무시할 수 없는 요소다. 그렇다고 해도 거래량 데이터는 잘못된 단서를 제공할 위험이 있다. 특히 S&P500으로 편입되는 종목의 경우가 그렇다. 편입 발표와 함께 지수펀드들의 매

수세가 몰려들면서 거래량이 급증하는데 여기 편승해서는 수익을 보장받을 수 없다. 프로그램이 이러한 상황을 이용하여 약탈적 대응에 나설 가능성이 높기 때문이다.

그렇다면 거래량 데이터를 믿을 수 있는 때는 언제일까? 가장 신빙성 높은 시나리오는 상향돌파나 하향돌파에 거래량이 크게 실리는 것이다. 이때 이전 60일간의 평균 거래량보다 최소 세 배 이상 실려야 한다. 또한 가격이 장대봉을 만들면서 저항선이나 지지선을 빠르게 돌파해야 한다. 이러한 상황에서는 강한 추세가 형성될 가능성이 높다. 특히 모멘텀을 노리는 개미들이 많이 몰리는 투기적 종목에서는 더욱 그렇다. 이러한 종목은 대부분 지수 편입 종목이 아니어서 전체 업종이 긴밀하게 움직이도록 만드는 바스켓 전략의 영향을 피할 수 있다. 또한 특정 기업에만 해당되는 재료, 즉 실적개선이나 획기적인 사건, 돌발 사안 등의 발생 시 거래량이 급상승할 경우 이때는 의미를 갖는다.

OBV는 신호가 모호한 가운데 주가가 중요한 지점에서 고점이나 저점 혹은 이동평균선을 시험할 때 유용한 지표다. 이러한 조건이 아니면 완전히 무시해야 한다. 주가가 여전히 지지선 내지 저항선에 걸려 있는 상황에서 OBV가 강하게 상향돌파 내지 하향돌파할 때 실전적인 신호를 얻을 수 있다. 이 경우 주가가 OBV를 따라 급변할 것이라고 예측할 수 있다. 반대로 주가는 돌파하는데 OBV가 정체된 경우 휩소가 발생할 것이라고 예측할 수 있다. 이러한 양상은 작용-반작용-해결 주기의 두 번째 국면에 해당된다.

주가와 거래량은 숨겨진 스프링으로 연결되어 있다. 그래서 일

그림 6.6 유의미한 거래량의 예

투기적 종목의 거래량 패턴은 중형주나 블루칩의 거래량 패턴보다 예측력이 뛰어나다. 소규모 바이오테크기업인 노바백스(Novavax)의 주가는 돼지독감이 유행하면서 4월에 대규모 거래량을 싣고 갭상승한다. 6월 초에 세계보건기구의 유행병 선언과 함께 급등한 거래량은 3주 후 스페인이 노바백스 제품을 공인 백신으로 지정하면서 급등세를 재개한다. 이후 주가는 7월에 긍정적인 리서치 자료가 나오면서 4월 고점을 돌파한다.

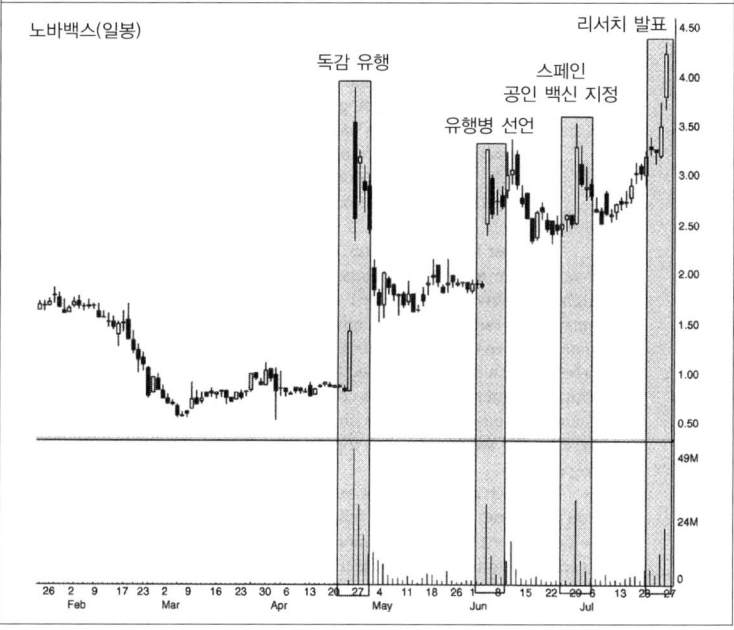

eSignal©2009

정한 지점까지 한쪽이 멀어지면 다른 쪽이 급하게 따라붙는다. 문제는 이 관계가 최근에 더욱 복잡해졌다는 것이다. 따라서 대부분의 트레이더들이 혼선을 일으키는데, 차라리 거래량 정보를 피하고 주가 패턴에 집중하는 편이 낫다.

피보나치 되돌림을 활용하는 방법

아주 오래전부터 시장에서 일어나는 미지의 변화를 읽어내기 위하여 마법, 천문학, 기도 등 모든 방법이 동원되었다. 갠Gann과 엘리어트는 시장의 신비로운 측면을 연구하여 숨겨진 수익을 올리는 방법을 찾는 데 평생을 바쳤다. 또 피보나치라는 12세기 수도사는 자연의 구조에서 재현되는 논리적인 수열을 발견했다. 이를 피보나치 수열이라 하는데 1+1=2로 시작하여 끝 두 수의 합으로 계속 진행된다. 가령 1+1=2, 1+2=3, 2+3=5, 3+5=8, 5+8=13, 8+13=21, 13+21=34, 21+34=55로 이어지는 식이다. 많은 사람들은 여전히 피보나치 수열이 마법의 영역에 속한다고 생각한다. 그러나 피보나치 수열은 분명한 현실과의 접점을 갖고 있다.

피보나치 수 사이의 비율은 급등이나 급락 후 주가가 되돌려지는 비율과 일치하는 경우가 많다. 가장 흔한 비율은 38퍼센트, 50퍼센트, 62퍼센트다. 이 비율에 해당하는 지점에서 많은 트레이더들은 반전과 반등을 예상한다. 따라서 이 변곡점에서 단기 전략을 위한 진입 신호 및 청산 신호가 많이 나온다. 주가는 지지선에서 저항선까지 오가는 동안 일반적인 되돌림 지점에서 반전한다. 그러나 최근에는 참고하는 사람들이 늘어나면서 피보나치 수열을 적용하기가 어려워졌다. 이제 이 지점은 많은 시장 참여자들이 아무 생각 없이 뛰어드는 초보 트레이더들을 노리는 곳이 되었다. 가령 급등하던 주가가 반락하면 62퍼센트 되돌림 지점에서 크게

그림 6.7 피보나치 되돌림 확률을 높이는 교차검증

교차검증을 통해 일반적인 피보나치 되돌림 지점에서 반전이 일어날 확률을 높일 수 있다. 퍼스트 에너지(First Energy)의 주가는 12월에 형성된 고점(1)을 뚫고 58달러에서 66달러로 급등한다. 이후 주가는 50일 이동평균선(2)과 전고점 지지선에 해당하는 62퍼센트 되돌림 지점까지 밀린다. 이후 8거래일에 걸쳐 상승을 암시하는 이중바닥 패턴(3)이 나오면서 세 번째 교차검증이 이루어지고, 실제로 강한 상승추세가 나온다.

반등할 것이라 예상하며 매수자들이 뛰어드는데 경험 많은 트레이더들은 이들을 노리고 공매도에 나선다.

이처럼 사악한 시장의 역학에도 불구하고 피보나치 수열은 여전히 큰 가치를 지닌다. 다만 이를 활용하는 데에도 생존형 접근법이 필요하다. 첫째, 피보나치 되돌림 지점이라는 단서에만 의존하지 말고 다른 지지선이나 저항선을 찾아야 한다. 교차검증에서 피보나치 수열의 되돌림 지점과 일치하는 단서들이 많을수록 예측한 움직임이 나올 가능성이 높아진다. 가령 62퍼센트 되돌림 지점이 50일 이동평균선이나 전고점 혹은 6개월 추세선과 겹친다면 반전이 일어날 가능성이 크게 높아진다. 이러한 교차검증을 거치면 노이즈보다 신호가 확실해서 역이용 전략을 구사해서는 안 되는 지점이라는 사실도 알 수 있다.

둘째, 피보나치 휩소에 따라 매매하는 법을 배워야 한다. 주가가 깊은 되돌림 수준까지 밀릴 때는 발을 빼야 한다. 섣불리 미끼를 물면 주가가 주요 되돌림 지점을 돌파할 때 흔들기에 당하기 쉽다. 주가가 다시 방향을 틀어서 주요 되돌림 지점을 넘어서는 때가 초기 진입 신호이며, 되돌림이 나올 때 물량을 늘려야 한다. 이 전략은 약한 포지션들을 떨구어낼 수 있을 정도로만 실패하다가 갑자기 제 모양을 찾아가는 전형적인 실패의 실패 신호를 이용하는 것이다. 앞에서 다룬 50일 이동평균선 매매 전략도 비슷한 맥락에서 이루어진다.

피보나치 휩소 매매는 모든 시간단위에서 실행할 수 있지만 대규모 추세를 이용하는 것이 가장 적합하다. 그림 6.8에서 마스터카드의 주가는 5월 13일에 갭하락한다(1). 3주 후 갭을 메운(2) 주가는 바로 급락하면서 신저점을 찍는다(3). 이후 반등하면서 이전 하락스윙을 되돌리기 시작한다. 이 반등은 62퍼센트 되돌림 지점(4)을 지나 78퍼센트 되돌림 지점(5)에 이른다. 이후 주가는 급락하여 두 시간 만에 62퍼센트 되돌림 지점(6) 밑으로 떨어져서 초기 공매도 신호를 내보낸다. 이후에는 네 시간 동안 50퍼센트 되돌림 지점(7)에서 머물면서 물량을 늘릴 기회를 준다. 이때 손실제

그림 6.8 피보나치 되돌림을 이용한 공매도

한주문은 62퍼센트 되돌림 지점 바로 위에 설정하면 된다. 이후 주가가 이전 상승스윙의 시작점이자 지지선인 162달러(8)에 접근할 때 수익을 실현하거나 대규모 하락추세의 재개를 기대하면서 포지션을 유지할 수 있다.

끝으로 생존형 트레이더는 대중과 같은 포지션을 잡는 것을 피하기 위하여 덜 일반적인 되돌림 지점을 활용할 수 있다. H. M. 가틀리H. M. Gartley는 1935년에 『주식시장에서의 수익Profits in the Stock Market』이라는 책에서 잘 알려지지 않은 피보나치 관계를 설명했다. 가틀리의 패턴은 78퍼센트 되돌림 지점에 초점을 맞추기 때

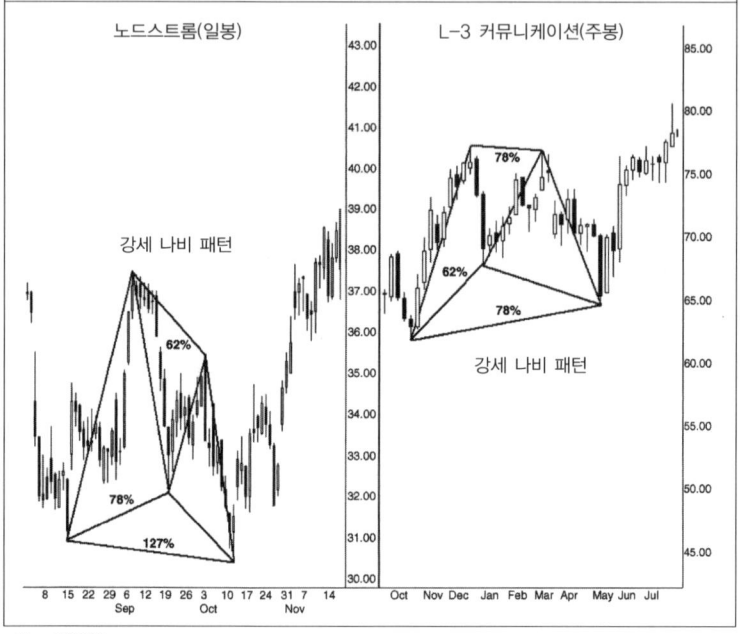

그림 6.9 피보나치 패턴의 연장인 나비 패턴

피보나치 패턴은 오래전부터 차트 분석에 활용되었다. 그러나 여전히 피보나치 패턴을 모르는 트레이더들이 많다. 가틀리가 말한 나비 패턴은 변동폭 내에서 일정한 비율의 스윙들을 형성하여 일중, 일간, 주간 단위에서 돌파를 예고한다. 이 패턴은 양 방향으로 모두 유효하며 W자와 뒤집힌 W자처럼 보이기 때문에 쉽게 찾을 수 있다.

문에 62퍼센트 되돌림 지점의 무의미한 등락에 갇힌 보수적인 트레이더들에게 또 다른 투자 기회를 제공한다. 거의 70년 전에 소개된 이 전략은 지금도 효과를 발휘한다. 피보나치 되돌림 대신 피보나치 연장도 이용할 수 있다. 가틀리는 피보나치 연장 패턴에 나비 패턴이라는 이름을 붙였다. 이 패턴은 100퍼센트 되돌림 지점을 27퍼센트 연장한 다음 반전한다.

이 오랜 패턴들을 모르면 무한한 비율과 파동의 조합이 혼란스러울 수 있다. 바로 그 점이다. 피보나치 수학의 진정한 힘은 대부분의 트레이더들을 혼란스럽게 만드는 데 있다. 시장의 목적은 다수의 편에 보상을 내리는 것이 아니기 때문이다.

장세별 역추세 전략

시장에서 쓰이는 가장 흔한 전략은 분명한 추세의 방향을 따라 매매하는 것이다. 그러나 추세를 거슬러 포지션을 잡는 전략도 있다. 사실 이 전략은 지난 10년 동안 기대보다 훨씬 양호한 수익을 안겨주었다. 문제는 적절한 진입 타이밍을 잡는 데 있다. 신중한 계획 없이 주문 흐름에 맞서는 포지션을 잡았다가는 큰 손실을 입기 쉽다. 이 전략을 사용하려면 당신 스스로를 시장의 군중으로부터 떼어놓을 수 있는 철저한 계획을 먼저 세워야 한다.

그래서 매수-매도 스윙을 분석하여 필요한 정보를 얻어내는 일이 더없이 중요하다. 특히 패턴 실패가 만들어내는 스윙의 고점 및 저점에 주목해야 한다. 거의 모든 반전은 주목할 만한 박스권의 바로 위나 아래에서 시작된다. 추세를 형성하던 주가가 고점이나 저점 근처에서 밀집구간을 형성하면서 횡보하면 대중은 같은 방향으로 추세가 재개되기를 기다린다. 그러다가 돌파가 나와서 관망하던 사람들이 들어오면 주가는 반전하여 상승추세의 지지구간이나 하락추세의 저항구간으로 돌아간다. 이러한 움직임은 특히 지수선물에서 많이 나타난다. 지수선물의 경우 추세 트레이더들에게 마지막 기습편치를 날리기 전까지는 역추세 스윙이 시작되는 경우가 드물다. 생존형 트레이더들은 추세가 반전하기 전에 마지막 함정을 놓을 가능성이 아주 높다는 사실을 이용할 수 있다. 다만 추세가 연장되면서 최후의 상승이나 하락이 진행되는 동안 원칙을 고수할 수 있어야 한다. 이 시기에는 끈기 있게 이어지는 추세를 지켜보다가 자신도 그만 추세 추종 심리에 휩쓸리기 십상이다.

역추세 전략에는 세 가지 형태가 있다. 첫 번째는 장기 이동평균선에 맞서는 것이다. 두 번째는 높은 변동성이 발생하는 급등의 끝에서 공매도하거나 급락의 끝에서 떨어지는 칼날을 잡는 것이다. 세 번째는 박스권 안에서 지지선이나 저항선에 맞서는 것이다. 각 전략은 다른 태도를 요구하며, 리스크 대비 보상 비율도 다르다. 특히 높은 변동성에 맞서는 전략은 적절한 방어수단 없이 구사하기에는 너무나 위험하다. 그러나 분명한 리스크에도 불구하고 역추세 전략은 생존형 매매 전략에서 중요한 부분을 차지한다.

만약 당신이 초보라면 위험한 다른 전략들보다 비교적 단순한 박스권 매매 전략에 집중해야 한다. 그러다가 경험이 쌓이면 보다 위험한 전략에 대한 유혹이 강해질 것이다. 사실 역추세 전략에 잘 맞는 성격을 타고나는 트레이더들이 있다. 그러나 그들도 몇 번의 큰 손실을 내면서 험난한 학습곡선을 지나야 한다. 특히 두 번째 전략을 구사하는 경우는 더욱 그렇다. 변동성이 높은 상황에서는 충분히 오래 보유하지 않는 이상 단순한 기술적 전략은 그다지 소용이 없다. 다시 말해서 큰 상승은 자연스러운 스윙을 훨씬 넘어 진행되고, 큰 하락은 최후의 저점 매수자들까지 털리기 전에는 끝나지 않는다.

200일 이동평균선 밑에서 이루어지는 매수나 위에서 이루어지는 공매도는 언제나 보다 방어적인 접근이 필요한 역추세 포지션이다. 간단하게 말해서 황소는 200일 이동평균선 위에서 살아갈 수 있고, 곰은 200일 이동평균선 아래에서 살아갈 수 있다. 지난 10년 동안을 돌이켜볼 때, 주요 지수는 오랜 시기를 200일 이동평균선 밑에서 머물렀다. 그런데 우리는 대부분 롱 포지션을 취함으로써 추세에 역행하는 매매를 했다. 그리고 수익을 냈다.

그 결과 당연스럽게 나는 2000년에 버블의 고점이 형성된 이후 검색 기준을 거듭 조정하여 1990년대에는 완전히 배제했던 매수 시나리오를 포함시켰다. 결론적으로 말하자면 약세장 이후 효과적으로 역추세 전략을 구사할 수 있는 시기는 깊은 바닥 패턴에서 상승돌파 후 지지선으로 되돌릴 때다. 트레이더들은 2003년과 2009년에 이러한 패턴이 나왔을 때 위쪽의 저항선을 주시하면서 지체없이 롱 포지션을 취했다. 사실 추세를 따를 때와 거스를 때를 말해주는 측면에서는 200일 이동평균선보다 50일 이동평균선이 낫다.

물론 떨어지는 칼날을 잡고 싶은 유혹은 누구나가 느낀다. 그러나 뛰어난 전략과 확고한 리스크 관리가 뒷받침되지 않으면 큰 손실을 낼 위험이 있다. 이런 경우 지지선-저항선과 되돌림 분석을 활용하면 어렵지 않게 급락이 멈출 지점을 예측할 수 있다. 문제는 미친 듯이 날뛰는 가격에 있다. 변동성이 극심한 매도 국면에서는 가격이 순식간에 주요한 지지선을 몇 포인트 아래로 깼다가 긴 꼬리를 남기며 다시 뛰어올라서 수많은 손실제한주문을 실행시키고 만다. 이처럼 리스크와 보상이 큰 상황은 어떻게 대응해야 할까?

변동성이 심한 장세에서 손실을 줄이고 수익을 올릴 수 있는 두 가지 방법이 있다.

- 포지션을 잘게 쪼개서 예상되는 반전 지점의 위와 아래 가격대로 순차적 지정가주문으로 들어가라. 그 다음 마지막 주문의 바로 밑에 손실제한주문을 설정하고 이것이 실행되면 전체 포지션을 청산하라.
- 극단적인 상황에서 닿을 것으로 예상되는 지점의 바로 밑에 단일 주문을 넣어라. 이 한계 지점은 사악한 시스템이 이보다 앞서 있는 수많은 포지션들을 쓸어버릴 수 있는 곳이므로 종종 정확한 전환점이 된다.

박스권 장세는 지지선과 저항선을 활용한 전형적인 역추세 전략을 구사하기에 적합하다. 하지만 박스권이 형성되는 초기에는 들어가지 않는 편이 좋다. 대부분의 휩소가 초기에 나타나기 때문이다. 역추세 전략으로 가장 공략하기 좋은 지점은 돌파를 앞두고 가격변동이 무뎌지기 직전에 나온다. 다만 이 전략은 수익을 올릴 수 있는 구간이 제한되어 있어서 진입 가격이 중요하다.

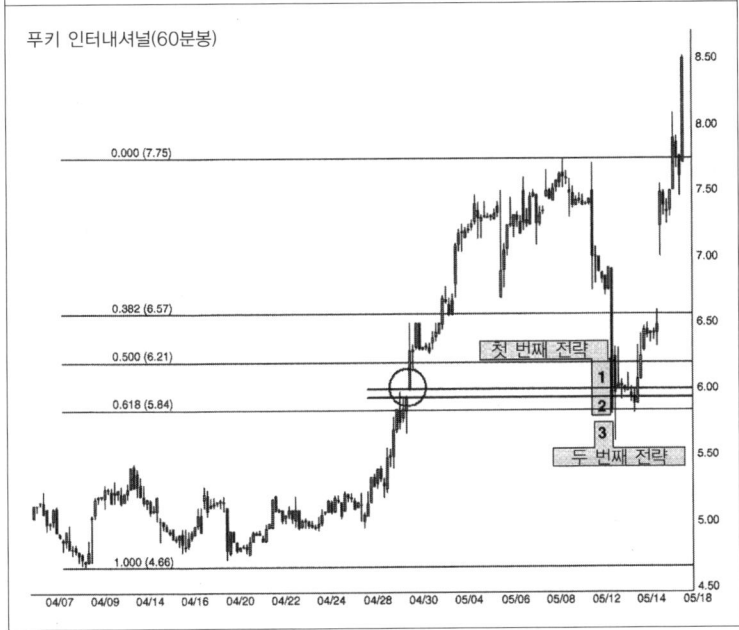

그림 6.10 1, 2차 진입 전략

이 차트에서 보이는 두 개의 진입 전략은 떨어지는 칼날을 붙잡는 것이므로 적극적인 리스크 관리가 필요하다. 푸키 인터내셔널(Fuqi International)의 주가는 50퍼센트 되돌림 지점 밑에서 지속갭을 만들면서 4.66달러에서 7.75달러까지 상승한다. 이후 급락하면서 1장에서 소개한 매시 에너지와 같은 패턴을 형성한다. 첫 번째 전략은 갭의 양쪽에서(1과 2) 작은 포지션들을 취하면서 마지막 진입 지점 밑에 손실제한주문(3)을 설정하는 것이다. 두 번째 전략은 이 지점에서 진입하는 것인데, 아이러니하게도 이곳이 최적의 진입 지점이라는 근거는 대부분의 트레이더들이 포지션을 포기하는 지점, 즉 손절매 수준으로 생각하는 곳이기 때문이다.

다음은 이 고전적인 역추세 전략을 구사하는 데 필요한 다섯 가지 요점이다.

- 지지선이나 저항선 바로 바깥에 손실제한주문을 설정하라. 진입을 이 근처에서 한다면 리스크가 크게 줄어든다.

- 진입 시 하나의 가격 수준에 초점을 맞추고 그 기준을 고수하라.
- 추격매매를 하지 마라. 유리한 리스크 대비 보상 비율을 유지하려면 체결오차*를 최소화해야 한다.
- 처음에 진입 시점을 제대로 잡는 것이 중요하다. 타이밍이 나빠 자주 재진입하게 되면 수익성이 크게 떨어진다.
- 일단 포지션을 잡으면 주가가 박스권의 반대편으로 넘어갈 때까지 보유하다가 수익을 취하고, 반대방향으로 진입을 노려야 한다.

첫 한 시간의 박스권 돌파 활용 기법

장이 열리면 매수세와 매도세가 그날의 주도권을 놓고 새로운 다툼을 벌인다. 이 거친 다툼은 종종 첫 한 시간 동안 박스권을 형성하는데, 박스권이 깨지는 지점을 잘 이용하면 효과적으로 단기 수익을 취할 수 있다.

이 전략에는 다음 네 가지 핵심 요소가 있다.

1. 종목 이 전략은 유동성이 높아야 잘 통한다. 따라서 평균 일일 거래량이 500만 주가 넘는 종목을 골라야 한다. 혹은 주요 지수나 업종과 연계된 ETF도 재료의 충격에 덜 취약해서 좋다. 매일

---

* slippage. 시장가주문 시 주문을 낸 시점과 체결된 시점 사이에 호가가 변동해 발생하는 주문가와 체결가의 차이—옮긴이

관리할 관심종목의 목록을 만들어라. 이때 전체 관심종목이 동시에 같은 방향으로 움직이도록 구성하면 안 된다.

2. **진입가** 주가가 첫 한 시간 동안 형성된 박스권의 고점을 뚫을 때 매수하거나 저점을 뚫을 때 공매도하라. 이때 휩소에 휩쓸리지 않도록 박스권의 상하단 경계를 약간 넓게 잡아라. 진입 신호는 첫 한 시간 직후에 나타날 수도 있고 장 후반까지 나타나지 않을 수도 있다. 이 전략은 단기 전략이므로 작게 쪼개지 말고 한 번에 전체 포지션을 잡아야 한다. 진입한 후에는 신속하게 수익을 취할 수 있는 지점을 찾아라. 그러한 지점이 나오지 않으면 휩소가 발생할 확률이 급증한다.

3. **손실제한** 박스권의 높이를 계산한 다음 고점이나 저점의 15퍼센트에서 20퍼센트 아래 혹은 위에 손실제한주문을 설정하라. 가령 22달러에서 24달러 사이에 걸쳐 박스권이 형성되었다면 상향돌파의 경우 23.60달러에서 23.70달러 사이, 하향돌파의 경우 22.30달러에서 22.40달러 사이에 설정하면 된다. 머릿속으로만 생각할 게 아니라 실제로 주문을 걸어두기를 권하는데 그 이유는 미처 대응하지 못할 정도로 반전이 빠르게 일어날 수 있기 때문이다.

4. **수익 목표** 지난 이틀 동안의 15분봉 차트에서 당일과 같은 방향으로 이루어진 마지막 주요 스윙을 참고하여 수익 목표를 정하라. 참고할 스윙이 없다면 가격이 변동함에 따라 손실제한 가격을 추격해 조정하고, 장 마감 시까지 주문이 실행되지 않았다면 종가로 포지션을 청산하라. 충분한 수익을 기대할 수 있을 때만 포지션을 취하고 그렇지 않으면 관망하라. 기대수익이 적어도 손절매

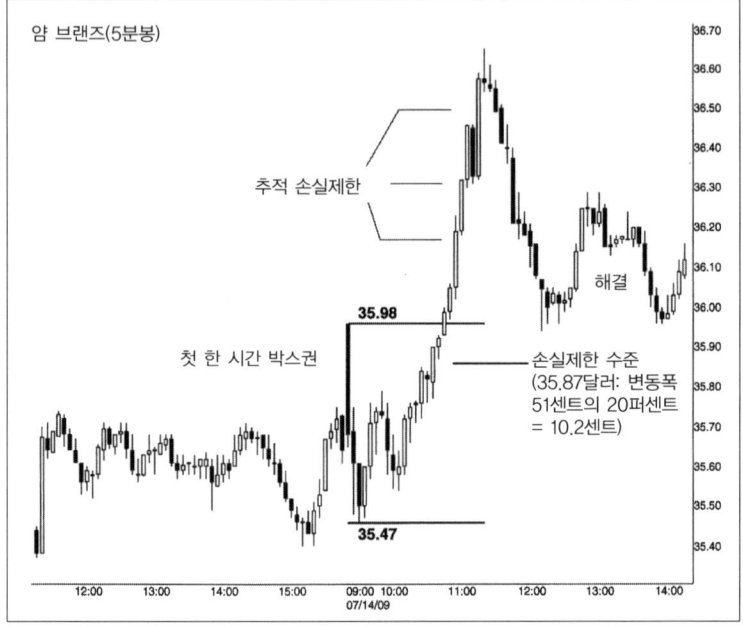

할 경우 발생하는 손실의 세 배는 되어야 한다. 가령 30달러에 진입할 경우 수익 목표가 30.70달러이고 손실제한을 29.80달러에 설정했다면 기대수익인 70센트는 손절에 따른 20센트 손실의 3.5 배다.

장이 열린 후 첫 30분 동안은 시황을 주시하면서 기다려라. 그런 다음 5분봉 차트상에 고점과 저점을 각각 표시하는 수평선을 그어라. 다음 30분 동안은 그 수평선을 벗어나는 고점이나 저점이 있는지를 관찰하여 조정하라. 만약 기회를 발견해 진입했을 경우에도 포지션을 관리하는 데 5분봉 차트를 이용하라. 단, 진입 전에 다시 한 번 현재 진행되는 패턴이 의도한 전략에 맞는지 검증해야 한다. 개장 후 첫 한 시간 동안의 스윙은 양 방향으로 진행된다. 스윙의 수준은 5분봉 차트상 고점이나 저점을 발생시키는 역스윙이 나오기 전까지는 측정할 수 없다. 개장 후 주가가 상하로 등락하는 일 없이 첫 한 시간 안에 이미 추세가 진행되는 종목도 많이 발견될 것이다. 이러한 종목에는 지금까지 설명한 전략을 적용하지 말아야 한다.

양 방향 진입 전략

양 방향 전략을 활용하면 기회를 두 배로 늘릴 수 있다. 이 전략을 쓰려면 패턴을 분석할 때 한 방향으로 치우치는 편향을 극복해야 한다. 매수 기회나 공매도 기회로 보이는 패턴도 양 방향으로 기회를 주는 경우가 많다. 이 전략의 핵심은 시장의 흐름에 자연스럽게 대응하는 것이다.

그 방식은 다음과 같다. 수렴 패턴이 어느 정도 진행되면 상향돌파와 하향돌파의 확률이 균형을 이루는 지점에 이른다. 저항선과 지지선 사이가 가깝고 분명한 경우 트레이더들은 어느 쪽이든 돌파 후 형성되는 추세를 활용하는 양 방향 전략을 구사할 수 있다. 이 전략은 비교적 간단해서 주가가 저항선 위로 오르면 매수하고, 지지선 아래로 내려가면 공매도하면 된다.

패턴의 양 방향은 리스크 대비 보상 비율이 다르다. 그래서 대개 한쪽이 다른 쪽보다 더 큰 기대수익을 갖는다. 문제는 양 방향의 기대수익이 추세를 형성할 확률과 어긋날 수 있다는 것이다. 가령 상승 확률은 높은데 롱 포지션으로 얻을 수 있는 기대수익이 낮거나, 하락 확률이 낮은데 숏 포지션으로 얻을 수 있는 기대수익이 높을 수 있다. 그래서 양 방향 전략을 쓸 때는 기대수익과 추세 형성 확률이 양쪽으로 비슷한 패턴을 찾아야 한다. 진입 신호는 다양한 형태로 나타나는데 가장 수익성이 있는 진입 신호는 가격폭이 좁을 때다. 진입 신호도 대개 한쪽이 다른 쪽보다 강하게 나타난다. 따라서 트레이더는 어느 쪽으로든 변곡점이 될 가능성이 높은 패턴을 찾아 이러한 한계를 극복해야 한다.

효과적으로 양 방향 전략을 쓰려면 세 가지 요소가 필요하다. 그것은 분명한 지지선-저항선, 양 방향 모두 유리한 리스크 대비 보상 비율, 양 방향으로 명확한 진입 신호다. 이 요소들은 간단하게 보이며 실제로도 그렇다. 문제는 편향을 극복하고 시장의 흐름에 자연스럽게 대응하는 능력에 있다. 대개 최선의 매매는 우리가 가진 편향에 반대되는 방향에서 이루어진다. 다시 말해서 대중이 한 방향으로 몰릴 때 반대방향에서 나타나는 예상 밖의 신호가 큰 수익을 안겨준다. 매수 편향이나 공매도 편향을 가진 트레이더가 열린 자세로 시장의 흐름에 자연스럽게 대응하려면 많은 연습이

그림 6.12　양 방향 전략의 실제

eSignal©2009

필요하다. 그러나 자기훈련을 통해 '믿는 것이 아니라 보이는 것에 따라 매매하라'는 고전적인 격언을 실천한다면 큰 보상을 얻을 수 있다.

그림 6.12에서 XTO 에너지의 주가는 31달러에서 41달러로 상승한 후 되돌린다(1). 12월 중순에 50일 이동평균선까지 뚫은 주가는 갭하락한다(2). 이후 주가는 35달러 위의 지지선, 37달러 위의 저항선 사이에서 박스권(3)을 형성한다. 이러한 움직임은 양 방향 전략을 구사할 기회를 제공한다. 박스권을 위로 뚫으면 실패의 실패 패턴을 노린 매수 신호가 나타나고, 아래로 뚫으면 하락추세

의 확정에 따른 매도 신호가 나타나면서 31달러선에서 전저점을 시험할 것이기 때문이다. 따라서 역지정가로 37.40달러 근처에 매수주문, 34.80달러 근처에 공매도주문을 걸어놓을 수 있다. 혹은 실시간으로 패턴을 추적하다가 돌파가 나오는 순간 바로 진입할 수도 있다. 이 사례의 경우 주가는 1월 중순에 박스권을 상향 돌파(4)하면서 매수 신호를 내보낸다.

이 전략도 첫 한 시간 돌파 전략과 같은 방식으로 손실제한 수준을 계산하면 된다. 즉, 돌파 지점 대비 패턴 폭의 15퍼센트에서 20퍼센트에 해당하는 지점에 손실제한주문을 설정한다. 그림 6.12 사례의 경우 박스권의 폭이 약 2포인트이므로 손절폭은 30센트에서 40센트가 된다. 그에 따라 매수 시 36.80달러(5), 공매도 시 35.50달러(6)에 손실제한주문을 설정하면 된다.

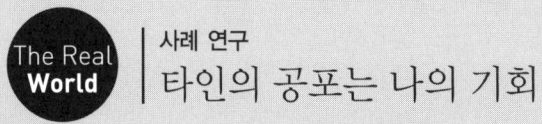

사례 연구
타인의 공포는 나의 기회

포지션을 갖지 않았다면 혼란이 벌어졌을 경우 표적들이 맞추기 좋게 정렬될 때까지 기다리는 것이 좋다.

비료 가격이 떨어지면서 7월 22일에 비료 업종의 주가가 크게 하락했다. 몇 주에 걸쳐 비료 업종이 지수 대비 저조한 흐름을 보이자 개장 때부터 작은 혼란이 벌어졌다. 비료 업종에 속한 종목들은 대다수가 5퍼센트 넘게 하락했다. 시가에 갭이 생기자 포지션을 안고 넘어온 사람들은 하락을 부추기는 다른 세력들의 먹잇감이 될 수밖에 없었다. 그러나 포지션을 갖지 않은 사람들에게 높아진 변동성은 수익을 올릴 좋은 기회를 제공한다.

포지션을 안은 채 급락을 맞은 사람들과 포지션 없이 기회를 노리던 사람들 사이의 심리적 격차를 생각해보라. 두 집단은 같은 패턴과 지표를 보지만 느끼는 심정은 천지차이다. 포지션을 안은 사람들은 통제선을 벗어난 손실을 보고 최악의 상황에 대한 공포에 사로잡힌다. 반면 관망하던 사람들은 객관적으로 사태를 파악하면서 다양한 전략을 구사할 변곡점을 기다릴 수 있다.

그림 6.13을 예로 들어보자. 당신은 비료 업종의 블루칩인 모자이크Mosaic의 15분봉 차트와 60분봉 차트를 보고 급락 이전에 5파 상승 패턴이 완료되었으며, 45달러에서 48달러 사이에 큰 지속갭

이 나왔다는 사실을 파악한다. 아침장의 하락으로 주가는 지난 상승추세의 38퍼센트 되돌림 지점을 지나 지속갭이 발생한 지점까지 밀린다. 그러나 다른 사례들과 달리 주가가 갭을 내며 이전 갭 안으로 들어갈 때 자동적인 매수 신호가 발생하지 않는다. 하지만 이 패턴은 하향 압력에도 불구하고 매수에 관심을 갖게 만드는 몇 가지 기술적 측면을 보여준다. 그림에는 나오지 않지만 일간 차트 상에서 지속갭을 가로지르면서 떨어지는 주가를 50일 이동평균선이 떠받치고 있다. 하락 모멘텀이 강화되지 않는다면 이 지점에서 바닥을 칠 가능성이 높다. 이처럼 양면적인 시나리오를 가진 패턴

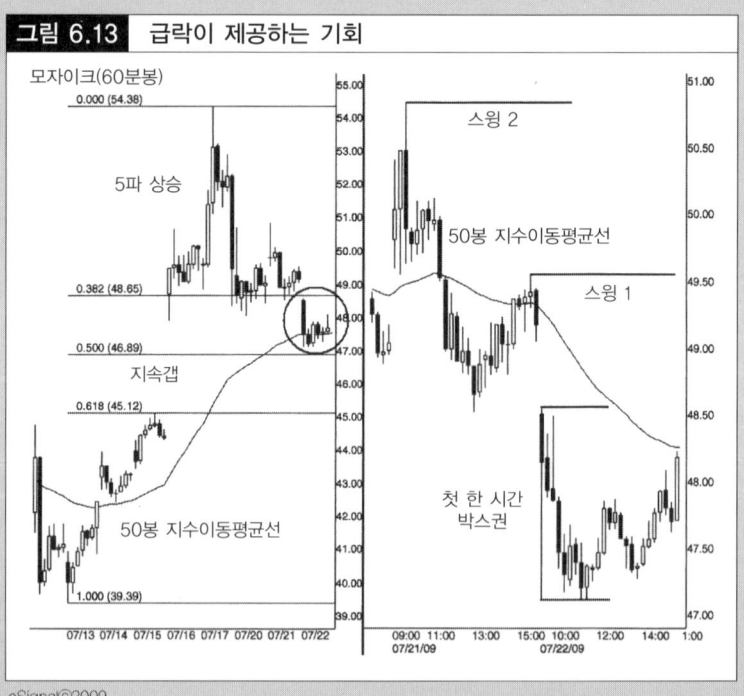

에서 한쪽으로 돌파가 나오면 매우 강하게 진행된다. 중요한 기로에서 반대쪽에 선 사람들을 깊은 함정에 빠트릴 수 있기 때문이다.

그러면 50봉 이동평균선이 이 차트에서 어떤 역할을 하는지 살펴보자. 50봉 이동평균선은 60분봉 차트에서는 지지선, 15분봉 차트에서는 저항선으로 작용한다. 이처럼 시간단위에 따라 지지선과 저항선으로 나누어지기는 하지만 중요한 가격 수준에서 이동평균선들이 기술적으로 수렴한다. 차트에서 이 점을 주목하기 바란다. 그리고 보다 중요한 사실은 50봉 이동평균선을 기준으로 두 차트가 강세 확산을 보인다는 것이다. 즉 신호가 서로 상충하는데 그 신호가 상승을 암시한다는 뜻이다. 주가가 긴 시간단위에서는 이동평균선 위에 있고, 짧은 시간단위에서는 이동평균선 밑에 있다. 추세의 방향에 있어서 긴 시간단위가 짧은 시간단위보다 우위에 선다는 나의 분석에 따르면 이러한 양상은 긍정적이다. 이 확산은 이동평균선들이 모두 지지선이나 저항선으로 작용하기 전까지는 해소되지 않는다.

이제 첫 한 시간 동안 형성되어 폐장까지 유지된 박스권을 살펴보자. 매수세와 매도세 사이의 다툼은 폐장 무렵 양 방향 전략을 구사할 수 있는 경계 안으로 잦아든다. 15분봉 차트에 나타난 신호들이 보다 긴 시간단위의 차트에 나타난 신호들과 완벽하게 호응하면서 또 다른 수렴이 이루어진다. 일간 차트상에서 주가는 38퍼센트와 50퍼센트 되돌림 지점 사이를 지나는 50일 이동평균선에서 지지되고 있다. 박스권이 위로 뚫리면 주가는 38퍼센트 되돌림 지점 위로 올라타면서 실패의 실패 패턴에 따른 매수 신호를 내보낼 것이고, 박스권이 아래로 뚫리면 50퍼센트 되돌림 지점을 지나면서 매도 신호를 내보낼 것이다.

상향돌파 시 최소 수익 목표는 스윙 1의 고점까지 잡을 수 있다. 다른 한편 박스권 밑에는 허공 뿐이어서 하향돌파 시 45달러까지 떨어지면서 60분봉 차트의 지속갭을 메울 수 있다. 이 점을 염두에 두고 양 방향 돌파를 노리면서 패턴의 양 극단에 주문을 넣어라. 매수 신호를 파악하려면 15분봉 차트의 50봉 이동평균선을 참고하는 것이 좋다. 주가가 저항선인 48.50달러 위로 상승하기 전에 진입할 시점을 제공하기 때문이다. 또한 50봉 이동평균선은 49달러 근처의 갭과 피보나치 되돌림 지점에 따른 저항선 문제도 해결해준다. 다시 말하면 박스권을 상향돌파하면서 형성된 모멘텀이 주가를 저항선 위로 밀어올릴 것이라고 예상할 수 있다. 그렇지만 잘못되면 손해를 본다. 그래서 50봉 이동평균선 바로 위에서 진입하면 리스크를 크게 줄일 수 있다. 상향돌파 시 25센트에서 30센트에 이르는 수익을 확보하기 때문이다.

그 다음에는 인내심을 갖고 가격변동이 스스로 말하도록 기다려야 한다. 이 일은 생각처럼 쉽지 않다. 이 사례의 경우처럼 하루 종일 돌파가 나오지 않을 수 있기 때문이다. 시장은 한 번에 한 장씩만 이야기를 들려준다. 개장 시 주가가 정해지면 남은 시간 동안 트레이더들은 그 의미를 파악하려고 고민해야 한다. 그들은 폐장 시 갈등이 해소되기를 기대하지만 사악한 시장은 밤새 혹은 일주일씩 기다리도록 만든 후에야 후속 상승이나 하락을 이어간다.

그림 6.14를 보면 모자이크의 주가는 다음 날 아침 거의 1포인

트 가까이 갭하락한다. 그러나 전날 첫 한 시간 동안 형성된 박스권 안에 머물다가 15분 만에 50봉 이동평균선을 뚫으면서 상승한다. 이 상승은 매수 신호를 내보낸다. 손실제한주문은 새 지지선이 된 50봉 이동평균선의 맞은편에 설정하면 된다. 이후 새 지지선은 한 번도 시험받지 않는다. 주가가 첫 수익 목표인 스윙 1 변곡점을 지나 급등했기 때문이다. 이제 당신은 바로 수익을 취하든지 아니면 유망한 가격변동을 따를 수 있는 두 가지 즐거운 선택지를 갖는다. 상승추세가 스윙 1 변곡점을 가볍게 돌파했다는 것은 더 높은 상승을 예고한다. 따라서 보다 공격적으로 51달러 근

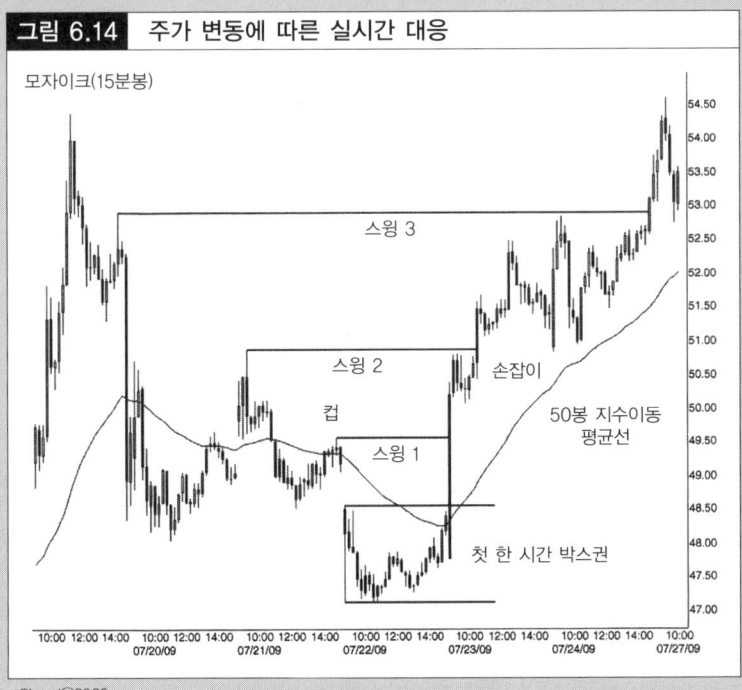

그림 6.14 주가 변동에 따른 실시간 대응

처에 있는 스윙 2 변곡점을 노릴 수 있다. 실제로 주가는 15분 후에 그곳까지 공략하여 더 나은 청산 기회를 제공한다.

이후 모멘텀이 잦아들면서 되돌림에 대비하여 남은 포지션을 청산할 시점이 되었음을 알린다. 다시 관중석으로 돌아와서 보니 주가는 한 시간 넘도록 일중 고점 근처에서 버티는 양상을 보인다. 그에 따라 소규모 손잡이 달린 컵 패턴이 완성되고, 이후 이 패턴을 돌파하면서 또 다른 진입 기회를 제공한다. 이후 주가는 폐장까지 일련의 파동을 형성하면서 더 높이 오른다. 그러나 장 후반으로 진행될수록 리스크 대비 보상 비율이 나빠진다. 또한 주가가 스윙 3 변곡점에 접근하는 속도가 느리고, 되돌림은 갈수록 깊어지며, 변동성은 더욱 심해진다. 게다가 원자재 관련 종목은 세계적인 뉴스의 충격에 취약하기 때문에 밤새 어떤 변화가 일어날지 모른다. 그래서 당신은 큰 수익을 올린 것에 만족하면서 현명하게 매매를 마감한다.

The Master
Swing Trader Toolkit

Part4

진입과 청산의 기회 관리

당신이 선수인지 관중인지 지금 결정하라. 관중석에 있는 사람은 실시간으로 실제 돈을 투자하는 사람과 상당히 다른 눈으로 시장을 본다. 그러나 많은 투자자들은 포지션에 따른 리스크를 감수하면서도 여전히 관중처럼 생각하고 행동한다.

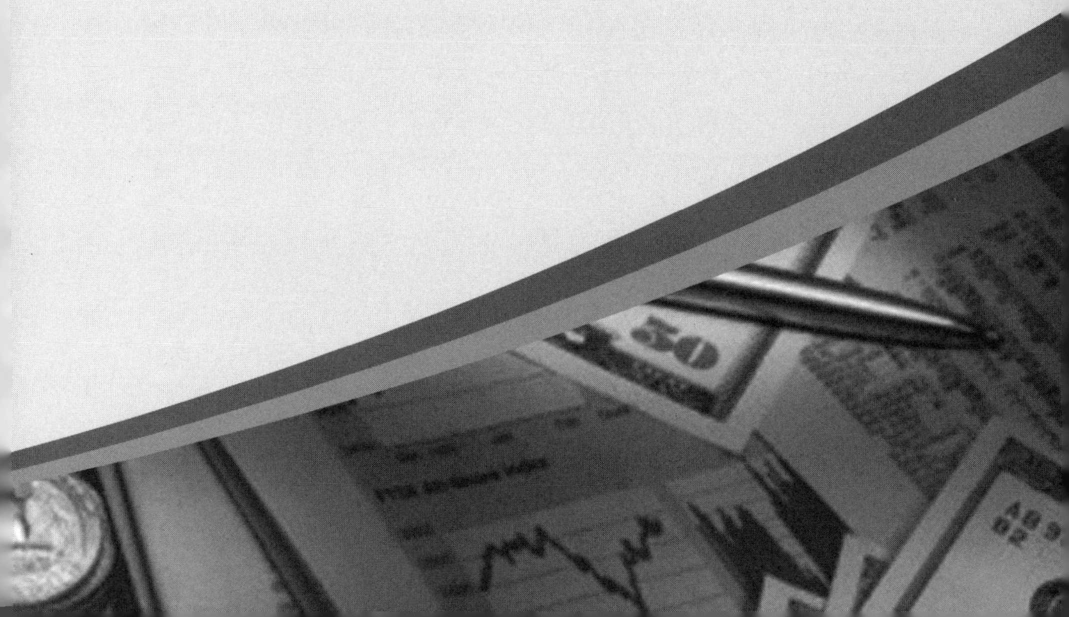

07 CHAPTER

당신은 타석에 서 있는가, 관중석에 앉아 있는가

금융시장에 참여하면서 돈을 잃을 리스크를 감수하는 일은 모든 것을 바꾸어놓는다. 신진대사, 주의력 유지시간, 의지력, 감정상태, 대인관계 등 모든 것이 영향을 받는다. 트레이더라면 대부분 큰 손실을 낸 날 진실을 말하기가 두려워서 배우자에게 거짓말을 한 적이 있을 것이다. 시장의 변화에 대한 감정적 반응은 양극단을 달리기 때문에 초보 투자자가 가상 매매 연습을 하는 것은 거의 쓸모가 없다. 실전 투자는 대부분의 사람들에게 알고 싶지 않은 자신의 어두운 일면을 노출시킨다. 특히 지적 수준이 높고 사회생활에서 많은 것을 성취한 사람들이 자백약 같은 투자의 속성 때문에 시장에서 장기적으로 성공하기가 어렵다. 그것이 바로 의사, 엔지니어, 건축가들이 직관력이 뛰어나고 리스크에 담대한 고교 중퇴자보다 시장에서 성공할 가능성이 낮은 이유다.

리스크의 심리적 영향을 최소화하려면 성격과 여건에 맞는 매매법을 개발해야 한다. 이 일은 결코 쉽지 않다. 우리가 생각하는 자신의 모습과 실제 자신의 모습은 큰 차이가 나는 경우가 많다. 또한 우리는 너무 게을러서 수익을 향한 길에서 몇 가지 단계를 건너뛰어도 된다고 생각한다. 그래서 덫이 있는 줄도 모르고 치즈 냄새만을 좇는다. 초보 투자자들은 온갖 외부적인 영향 때문에 전략과 포지션 관리에 쓸 시간과 에너지를 뺏겨서 장기적으로 성공하기가 더욱 어렵다.

당신이 선수인지 관중인지 지금 결정하라. 관중석에 있는 사람은 실시간으로 실제 돈을 투자하는 사람과 상당히 다른 눈으로 시장을 본다. 그러나 많은 투자자들은 포지션에 따른 리스크를 감수하면서도 여전히 관중처럼 생각하고 행동한다. 장기적인 하락추세를 이용하는 공매도 플레이가 두 시각의 차이를 드러내는 완벽한 예다. 금융시스템이 흔들리거나 IT 버블이 붕괴됐을 때 충분히 시장을 미워할 수 있다. 그러나 상승장에서와 마찬가지로 주가가 하락하는 동안에도 돈을 버는 공매도라는 방법이 있으며, 공매도로 돈을 벌려면 주가가 내려가야 한다. 그럼에도 불구하고 수많은 사람들은 인터넷에서 의미 없는 의견들을 쏟아내면서 당연한 일을 비난만 할 뿐이다.

관중들은 관중석에 앉아서 쉽게 의견을 내지만 선수들은 경제적, 육체적, 정신적 리스크를 감수한다. 큰 목소리와 냉소적인 시각만 있으면 누구나 의견을 낼 수 있다. 그러나 실전 투자에는 용기, 자본, 헌신이 필요하다. 관중들은 실패를 합리화하고 책임을 버니 매도프나 과도한 레버리지를 쓰는 ETF에 전가한다. 반면 선수들은 자신에게 모든 책임이 있음을 인정한다. 그들은 좋든 나쁘든 모든 뉴스를 수익의 기회로 보며, 자본주의는 스스로 조절하는 능력을 갖추었음을 알고 있다. 관중들은 실컷 비난을 하고 나면 기분이 좋을지 모르지만 실은 자기학대를 하는 것에 불과하다. 돈을 벌 생각이 없다면 금융시장에 신경 쓸 이유가 무엇인가? 아무 이해관계도 없는 일에 신경 쓰는 것 말고도 시간을 잘 보내는 방법은 많다.

변동성이 강한 시기에 시장에 대해서 떠들어대면 친구들 사이에서 우쭐거리기에는 좋을 것이다. 당신은 어느 편인가? 절호의 시기에 실제 행동에 나서는가 아니면 그저 말만 늘어놓는가? 시장이 크게 움직일 때 롱 또는 숏 포지션을 잡는가 아니면 공포에 사로잡혀서 꼼짝도 못하는가? 만약 손톱을 물어뜯으면서 관중석에 앉아 있는 스스로를 발견했다면 똑똑한 사람들은 높은 변동성을 이용하여 돈을 벌고 있다는 사실을 명심하라. 당신도 관중으로서의 심리만 버리면 똑같은 일을 할 수 있다.

나는 지난 20년 동안 금융시장과 관련하여 정말로 화가 났던 적이 딱 한 번 있다. 바로 9·11 테러 직후 미국 정부가 주식거래를 중지시킨 때다. 이 역사적인 사건은 며칠 동안 나의 밥벌이를 앗아갔다. 때로 금융거래법이 바뀌고, 버블이 붕괴되고, 부정사건이 터져서 시장을 흔들어도 완전히 문을 닫는 것보다는 낫다. 이런 일들도 짜증나기는 하지만 그래도 시장은 매일 문을 열어서 거래를 성사시켜오지 않았는가.

　말뿐인 관중에서 수익을 내는 선수가 되려면 쓸모없는 생각을 버리고 가격변동에 집중하는 대대적인 의식전환이 필요하다. 아무런 편향 없이 이 일을 해낸다면 성공적인 투자자가 될 수 있다.

신용거래의 양면

　우리는 새로운 기회의 리스크를 파악하고 포지션을 취한 다음 수익이나 손실을 낸다. 시장에서 우리가 하는 일을 표현하자면 이토록 간단하지만, 이 간단한 흐름 안에는 엄청나게 많은 변수가 존재한다. 우리가 첫 번째로 할 일은 현물, 선물, 외환 중에서 투자할 분야를 정하는 것이다. 그 다음에는 투자스타일을 정하는 민감한 결정을 내려야 한다. 당일 거래로 끝내는 데이 트레이더가 될 것인가 아니면 포지션을 유지하면서 밤새 일어날지 모르는 리스크를 감수할 것인가? 끝으로 냉정한 현실 인식이 필요하다. 자신의 성향과 맞는 특정한 전략이 있는가? 그리고 성향에 맞게 투자할 것인가 아니면 성향에 맞서서 투자할 것인가?

　리스크에 노출시킬 투자자금의 액수는 진입 전 결정의 많은 부분을 좌우한다. 특히 중년 이상의 투자자들이 크게 의존하는 은퇴계좌의 경우 리스크에 따른 제한이 결정적인 영향을 미친다. 원금을 지킬 줄 아는 투자자라면 크게 상관이 없지만 큰 수익과 큰 손실 사이를 오가는 요요 트레이더들에게 리스크는 치명적인 결과를 불러올 수 있다. 요요 트레이더들은 적은 금액의 은퇴 계좌를 큰돈으로 불릴 생각을 하지 말고 아예 투자를 피하는 것이 낫다. 다행스러운 것은 은퇴연금 계좌는 신용거래를 할 수 없기 때문에 최소한의 보호수단은 갖췄다는 점이다.

반면 신용거래가 가능한 일반 계좌는 과도한 리스크에 노출될 수 있다. 현재 일반적으로 현물은 네 배, 선물은 열 배의 레버리지를 쓸 수 있게 되었는데 그 때문에 리스크가 더욱 커졌다. 그러나 많은 초보 투자자들은 수익을 극대화하려면 모든 포지션에서 레버리지를 100퍼센트 활용해야 한다는 잘못된 믿음을 갖고 있다.

레버리지는 매매도구의 일환에 불과하다. 감당할 수 있는 최대 손실보다 리스크를 더 크게 부풀리는 신용거래는 피하는 것이 합리적이다. 신용거래는 일정한 확실성을 요구한다. 하지만 시장에서 확실성이란 쉽게 확보될 수 있는 것이 아니다. 투자는 대개 흑백이 명확하지 않은 회색지대에서 이루어지지 않는가. 그래서 신용거래를 할 때는 장세를 확실하게 판단할 필요가 있다. 전반적인 리스크, 지수 변동, 체결동향에 기반하여 장세를 판단하고 이에 따라 공격적이거나 방어적인 전략을 취해야 한다. 가령 하락장에서 롱 포지션을 취했다면 최소한 지지선에 닿을 때까지 방어적인 전략이 필요하다. 반대로 상승장은 추세 추종자들에게 돈을 벌 이상적인 조건을 제공한다. 따라서 레버리지를 적극 활용하고 옵션 투자까지 고려하면서 공격적인 매매를 할 수 있다. 장세 판단에 대한 보다 자세한 논의는 6부에서 다룰 것이다.

레버리지는 유리한 시장환경에서는 큰 힘이 된다. 2003년과

2009년의 회복장 그리고 IT주, 주택건설주, 원자재주에 버블이 형성되던 시기는 판돈을 키워서 레버리지를 수익으로 바꿀 좋은 기회였다. 이러한 시절에는 낮게 달린 과일들이 충분히 익는 시기가 언제인지만 파악하면 된다. 그러나 시장상황에 관계없이 지속적으로 수익을 올릴 만한 실력을 쌓기 전에는 신용거래를 피해야 한다. 설령 손실이 나더라도 적정한 수준에서 통제되어야 하기 때문이다. 자신이 레버리지를 활용할 자격을 갖추었는지 판정하려면 장기 실적을 보면 된다.

일중 흐름을 잘 읽는 소수의 데이 트레이더들은 신용거래의 효과를 톡톡히 누릴 수 있다. 그러나 리스크 관리능력을 갖추지 못한 사람에게 신용거래는 재앙을 불러올 뿐이다. 증권거래위원회가 일중 거래의 레버리지를 네 배로 허용한 것은 데이 트레이딩 규제에 대한 일종의 반대급부였다는 사실을 기억하라. 이러한 조치는 유동성을 크게 활용하는 트레이더들이 일중 리스크에 잘 대응할 수 있다는 점을 전제로 한다. 그러나 이 전제가 옳은지는 한 번쯤 의문을 가져볼 일이다. 데이 트레이딩이든 스윙 트레이딩이든 내가 조언할 말은 같다. 레버리지를 쓰지 않는 것이 손해라는 사실이 분명해질 때까지는 절대 쓰지 말라.

물론 선물이나 외환을 거래하는 사람들이 레버리지를 쓰지 않는 것은 거의 불가능하다. 그나마 선물 거래의 경우는 레버리지 문제가 덜 심각하다. 선물 트레이더들은 시장에 대응하는 폭넓은 기술과 리스크 관리가 생존의 최소 요건이라는 사실을 알기 때문이다. 그러나 외환 트레이더들은 다르다. 데이 트레이딩 규제 이후 미국에서는 외환시장이 폭발적으로 성장했다. 데이 트레이딩 계좌에 유지할 2만 5천 달러의 증거금이 없는 트레이더들이 다른 시장으로 눈을 돌릴 수밖에 없었던 탓이다. 주식시장에서 외환시장으로 대규모 이동이 일어난 덕분에 외환 중개사들이 호황을 맞았다. 작게는 1,500달러 정도의 돈을 들고 매일 수백 명이 외환시장으로 몰려들었다. 기술과 자본이 부족한 이들 초보 투자자들이 작은 돈을 크게 부풀려보겠다고 덤벼들지만 외환시장은 결코 만만하지 않다. 미국의 경우 느슨한 규제 때문에 외환 중개사들이 고객과 반대 포지션을 잡으면서 시장조성자처럼 행동할 수 있다. 이처럼 이해가 충돌할 여지가 잠재된 시장구조는 열리는 족족 초보 투자자들의 계좌를 털어간다.

외환 트레이더들은 상대적으로 작은 변동폭을 극복하기 위하여 레버리지를 활용해야 한다. 그러나 작은 계좌를 운용하면서 큰 레버리지를 쓰는 것은 거의 자살행위에 가깝다. 가령 10만 달러 계좌에서 레버리지를 두 배로 쓸 경우 3퍼센트 스윙으로 잃는 돈은 6,000달러, 즉 계좌의 6퍼센트다. 그러나 1,500달러 계좌에서 레버리지를 스무 배로 쓸 경우 3퍼센트 스윙으로 잃는 돈은 900달러, 즉 계좌의 60퍼센트다. 따라서 실력이 부족한 트레이더들은 레버리지를 줄여야 한다. 문제는 그들 대부분이 리스크에 대한 이해가 가장 부족하다는 것이다.

트레이더에게 실패할 확률이 100퍼센트니까 거래를 하지 말라고 말하기는 어렵다. 그러나 나는 자본이 부족하다면 아예 외환투자를 하지 말라고 말하고 싶다. 살기등등한 시장에서 부족한 자금을 가지고 실현 가능성이 낮은 백만장자의 꿈을 꾸느니 충분한 자금이 모일 때까지 기다리는 편이 낫다. 인내는 그만한 보상을 준다. 자금이 충분하면 다른 시장만큼 외환시장에서도 유리한 입장에 설 수 있다. 적어도 중개사가 반대 포지션을 잡지 않을 때는 말이다. 이런 측면에서 엄밀한 규제를 받는 외환선물이 좋은 대안이 될 수 있다.

젊은 나이에 첫 주식 계좌를 열기에 충분한 자금을 모으려면 몇 달에서 몇 년이 걸린다. 그러나 중년에 접어들어서 돈을 어느 정도 모았다면 이야기가 달라진다. 가령 당신이 40세의 기술직 종사자로서 일반적인 수준의 재산을 모았다고 가정하자. 당신은 여러 증권사에 걸쳐서 다양한 투자상품에 가입한 상태이며, 이제 스윙 트레이딩으로 더 많은 수익을 올리고 싶어한다. 그렇다 하더라도 자본의 규모에 맞지 않는 투자를 하면 치명적인 위험에 노출될 수 있다. IT 버블이 붕괴됐을 때 돈을 잃은 사례로 방송 인터뷰를 했던 한 여성이 대표적인 사례다. 나는 데이 트레이딩으로 700만 달러를 잃었다는 그녀의 말을 듣고 거의 의자에서 떨어질 뻔했다. 완전히 정신나간 짓 아닌가! 전문가가 아니라도 700만 달러로 데이 트레이딩을 하는 것이 얼마나 잘못되었는지 정도는 알 수 있다. 사실 700만 달러나 있으면 무리한 투자를 할 필요가 없다. 그 정도 돈은 기술적 분석보다 자산 관리가 더 어울린다. 탐욕이나 무지 때문에 700만 달러를 쓸데없는 위험에 노출시키는 사람은 아예 처음부터 시장에 들어오면 안 된다.

무슨 수를 써서라도 가족의 돈을 지키는 것이 당신의 책임이다.

최소한 매매 개시 5년 동안 재산의 상당부분은 안전한 투자상품에 넣어두어야 한다. 어쨌든 당신은 가족을 먹여살려야 하고, 주택대출금을 갚아야 하고, 자녀들을 대학에 보내야 한다. 그런 곳에 쓸 돈을 두세 배로 불려보겠다고 위험에 노출시키는 것은 바보짓이다. 대신 목적과 기회에 맞게 별도 투자 계좌를 만들어서 여유자금을 할당하라. 이 계좌에는 잃어도 되는 돈만 넣고 그 이상은 한 푼도 더하지 말라. 사실 장기적으로 성공하는 트레이더는 열 명 중에서 한두 명에 불과하다. 단지 돈을 벌고 싶다는 욕망은 부족한 실력을 절대 보충해주지 못한다.

데이 트레이딩을 할 생각이 없더라도 주 계좌에는 데이 트레이딩 증거금 요건을 충분히 만족시키는 돈을 넣어라. 현재의 결제 규칙은 너무 복잡하게 얽혀 있어서 최소 증거금보다 넉넉하게 넣어두는 편이 좋다. 개인적으로는 적어도 5만 달러를 넣어둘 것을 권한다. 증권사는 할인증권사보다 직접거래증권사$^{Direct\ Access\ Broker}$가 낫다. 주 계좌를 통해 대부분의 매매가 이루어진다. 물론 가장 짧은 시간에 가장 많은 돈을 잃는 것도 주 계좌다. 당연한 말이지만 장전 시장부터 장후 시장까지 항상 거래화면을 띄워놓고 주시해야 한다.

다시 말하지만 주 계좌는 할인증권사를 통하지 않는 편이 좋다. 할인증권사는 정규 개장시간에만 접근이 가능하고, 결제조건이 불리하며, 제공하는 서비스에 비해 비싼 수수료를 물린다. 다만 부 계좌로 포지션을 느슨하게 관리할 때는 할인증권사를 이용할 수 있다. 근본적으로 이러한 포지션 관리는 아예 신경을 쓰지 않음으로써 리스크 회피 성향을 극복하기 위한 적극적인 방편이다. 그러기 위해서는 적절한 타이밍을 잡는 능력이 필요하다. 상당한 비중의 투자자금을 묶혀두고 싶다면 전체 지수나 특정 업종이 강력한 추세를 형성할 때를 노려라.

많은 부자들은 총 투자자금 중에서 작은 부분만 단기 매매에 활용하고 나머지는 거의 잊어버린다. 그런데 순전히 재미로 하는 것이 아니라면 이러한 투자는 효과적이지 않다. 트레이더의 목표는 시장의 흐름을 타서 돈을 버는 것이다. 이러한 투자는 묶혀둔 큰 돈에서 나오는 수동적인 수익이 나쁜 성과를 가려버린다. 단기 매매로 돈을 잃었음에도 배당이나 이자 때문에 승자가 되었다고 착각할 수 있는 것이다. 그런 경험이 있는 사람들은 자본 규모가 일정한 수준을 넘어서면 단기 매매로 성공할 가능성이 크게 줄어든다. 성공적인 트레이더들은 분명한 목적의식을 가지고 전력투구하는 반면, 이미 충분한 재산을 모은 사람들이 이러한 열의를 갖기는 어렵다. 그들에게 매매는 집착이라기보다 소일거리에 가깝다. 이처럼 느슨한 자세를 가진 트레이더들은 충분한 재산을 모으기 위해 혈안이 된 열성 트레이더들의 표적이 되기 쉽다.

예측적 전략 대 대응적 전략

대부분의 트레이더들은 새로운 포지션을 취하기 전에 확증 신호를 기다린다. 그러나 휩소와 가짜 돌파가 횡행하는 현대 시장에서 이러한 전략은 위험하다. 가격변동을 예측하는 법을 배우면 일찍 포지션을 잡아서 뒤늦게 대응하는 대중들보다 유리한 입장에 설 수 있다. 물론 남들보다 빨리 포지션을 잡는 일은 대단히 어렵다. 트레이더들도 사회적 동물이라서 리스크를 감수하기 전에 다른 트레이더들의 동참을 원하기 때문이다. 그래서 어느 정도 안전하다는 신호를 확인하기 전에는 전략을 대담하게 실행에 옮기지 못한다.

대다수 트레이더들은 포지션에 진입하기 전에 차트나 체결창에 시선을 고정시키고 다른 트레이더들이 중요한 지점에서 어떻게 대응하는지 지켜본다. 그러나 남들의 대응을 보고 행동하면 이미 늦은 경우가 많다. 물론 반드시 그런 것은 아니다. 모멘텀 전략은 특성상 일찍 포지션을 잡기 어렵다. 대신 이 전략은 전형적인 스윙 트레이딩과 다른 태도 및 분석을 요구한다.

예측에 성공하면 신고점이나 신저점을 공략하는 것보다 낮은 리스크로 기회를 얻을 수 있다. 그러기 위해서는 다른 트레이더들의 동참을 기다리지 말고 행동해야 한다. 이 가격 기반 전략을 쓰는 것은 어둠 속에서 총을 쏘는 일과 같아서 두둑한 배짱과 자신감이 필요하다. 또한 리스크를 감수할 최적의 타이밍을 잡아내는 능력도 필요하다. 그러나 예측 매매 전략은 패턴 실패와 흔들기 같은 현대 시장의 전형적인 위험에 대처하는 것이기 때문에 생존형 트레이더들에게 적합하다.

모든 조기 진입이 성공하는 것은 아니다. 사실 대응적인 전략보다 더 자주 손실을 낼 수도 있다. 그러나 손실제한주문을 긴밀하게 설정하는 한 손실 규모는 훨씬 작을 것이다. 반대로 유망한 패턴이 나오면 본격적인 추세가 형성될 때까지 복수 포지션을 구축하여 큰 수익을 올릴 수도 있다. 특히 이 전략은 유망해 보이면서도 분명한 진입 지점이 보이지 않는 패턴에 적합하다. 생존형 트레이더는 일련의 작은 손실을 기꺼이 감수하고 이 모호성을 공략한다. 가장 큰 변수인 손실 횟수는 패턴이 어느 정도까지 밀리느냐에 따라 좌우된다.

예측 매매 전략에 거의 완벽하게 들어맞는 경우가 좁은 박스권 패턴이다. 거기에는 추세가 약화되면서 수익을 실현한 트레이더들을 털어내고 다음 파동으로 접어드는 패턴들이 포함된다. 꼬인 스프링*구간은 예측 매매 전략을 통해 낮은 리스크로 공략하기에 적합하다. NR7봉의 반대쪽에 손실제한주문을 설정하고, 이 주문이 자동적으로 실행되면 포지션을 거스르는 대규모 움직임이 나오는 신호로 받아들이면 되기 때문이다. 판단이 틀렸다면 포지션만 빼앗기고 주가가 반대방향으로 급하게 돌아서는 것을 목격하게 될 것이다. 이때는 다음 좁은 박스권을 기다렸다가 재진입하면 된다.

시장의 역학은 대응적 트레이더들에게 맞서는 방향으로 작용한다. 그들이 행동에 나설 때는 일찍 포지션을 잡은 똑똑한 트레이더들이 이미 수익을 확보하고 발을 뺄 준비를 한다. 이러한 충돌로 인해 추세가 반전될 이상적인 조건이 형성된다. 역스윙은 새

---

* coiled spring: 추세를 드러내기 전에 주가가 압축되는 것–옮긴이

그림 7.1 예측 그리고 대응

중요한 지점에서는 심리적 영향력이 강하게 작용하면서 좋은 매매 기회를 제공한다. 나스닥 100 트러스트의 가격은 7월 초에 계속 하락하면서 50일 이동평균선을 깨고 200일 이동평균선에서 멈춘다. 이후 3거래일 동안 횡보하면서 양쪽에서 포지션을 끌어들인 다음 7월 13일에 2일간의 고점 위로 오른다. 그에 따라 공매도자들이 함정에 걸리고, 대규모 상승을 예고하는 강력한 매수 신호가 발생한다.

저항선이나 지지선에 대한 반응에 따라 되돌림이나 패턴 실패를 노린 트레이더들을 끌어들인다. 이러한 진행은 2장에서 설명한 작용-반작용-해결 주기를 따른다.

예측 매매 전략을 쓰려면 매수-매도 스윙에 정밀하게 초점을 맞추고 어느 쪽이 최후의 전투에서 승리할지 말해주는 단서를 찾아야 한다. 한쪽이 함정에 걸려서 항복할 때 큰 추세가 나온다. 그런데 무너진 머리어깨형의 목선에 생긴 단봉들 같은 특정한 패턴은 실제 신호가 나타나기 훨씬 전에 진입할 기회를 준다. 트레이더는 이때 다음과 같은 간단한 질문을 던져봐야 한다. '지금 여기서 포지션을 잡으면 어떤 기분이 들 것인가?' 만약 너무나 불안해서 당장 발을 빼고 싶다면 특별한 기회를 찾은 셈이다. 하지만 대부분 트레이더가 질문을 생략해버린다.

예측 매매 전략은 매수세와 매도세가 치열하게 맞선 종목에서 좋은 성과를 낸다. 이 경우 한쪽으로 무게추가 급격하게 기울 수 있기 때문에 민첩하게 행동해야 한다. 한쪽이 투항하면 상향돌파나 하향돌파가 나올 가능성이 높다. 사실 이 전략을 쓸 때는 앞에서 설명한 양 방향 전략처럼 주가의 방향을 선택할 필요도 없다. 단지 전투가 진행되는 양상을 지켜보다가 한쪽이 우세를 차지했을 때 포지션을 잡으면 된다. 이때는 진입 가격 근처에 손실제한 주문을 설정할 터인데 이 주문이 쉽게 실행되지 않도록 변동성이 줄어들어야 한다. 이 두 조건이 충족되면 뛰어난 리스크 대비 보상 비율을 확보할 수 있다. 대치 상황의 마지막 단계에서 함정이 나타나면 주의깊게 관찰하면서 한쪽이 밀리는 순간 남들보다 빨리 포지션을 잡을 준비를 하라. 이 전략은 너무나 쉬워 보이지만 실제로 구사하는 트레이더는 소수에 불과하다.

적시에 방아쇠를 당기려면

지금부터 당신에게 익숙할지도 모를 시나리오를 들려주겠다. 당신은 며칠 동안 시장에서 좋은 기회들이 지나가는 것을 지켜본다. 좋은 기회를 놓친 것에 화가 난 당신은 성급하게 일련의 새로운 포지션을 잡는다. 그러나 당신이 공격적으로 나오는 순간 시장은 귀신같이 반대방향으로 움직이면서 손실을 강요한다. 결국 당신은 손해를 보면서 발을 뺀다. 그리고 다시 악순환이 시작된다.

그렇다. 좋은 포지션은 통근열차와 같다. 하나를 놓치더라도 다음 열차가 정시에 도착할 것이다. 그러나 트레이더들은 대부분 기다리는 것을 싫어해서 다음 열차가 도착하기 직전에 텅빈 선로에 몸을 던지고 만다. 물론 과감하게 방아쇠를 당기지 못하면 돈을 벌 수 없다. 그러나 아무 기회도 없는데 너무 공격적으로 나가면 여지없이 돈을 잃을 뿐이다.

그러면 어떻게 이 악순환의 고리를 깨고 적시에 방아쇠를 당기는 법을 배울 수 있을까? 첫째, 매매 여건부터 살펴야 한다. 수수료가 높고, 체결 시스템이 느리면 처음부터 불리한 상황에 놓이는 것이다. 100주당 1달러 이상을 수수료로 지불하는 것은 낭비다. 방아쇠를 당기는 일에 대한 두려움을 해소하려면 먼저 거래비용을 낮추어야 한다. 특히 시장 데이터와 뉴스는 구하는 방식에 따라 비용 격차가 크다. 기본적으로 주식투자용 소프트웨어에 들이는 비용은 투자 규모와 리스크에 맞아야 한다. 가령 평균 매매금액이 100달러에 불과하다면 정보료로 매달 500달러를 내는 것은 말이 되지 않는다.

대개 적시에 방아쇠를 당기지 못하는 이유는 돈을 잃을지 모른다는 두려움 때문이다. 아무리 손실이 투자의 일부분이라는 말을 들어도 두려움을 극복하기는 어렵다. 두려움을 극복하는 한 가지 방법은 일단 뛰어들어서 돈을 잃어보는 것이다. 물론 이 말이 이상하게 들릴 것이다. 그러나 뛰어난 트레이더가 되려면 손실을 감수하는 맷집을 키워야 한다. 다만 맷집 키우기용 계좌는 수수료가 싼 증권사를 통해서 소액으로 운용해야 한다. 또한 손절폭을 좁게 설정해야 한다. 여러 포지션을 유지하면서 상황이 어떻게 흘러가는지 지켜보라. 대부분의 포지션은 작은 손실을 내면서 정리당하지만 일부 포지션은 수익을 낼 것이다. 일정 기간 이 과정을 반복하면 대충 본전은 나올 것이다. 그러면 큰돈을 잃지 않고도 단기간에 수천 번의 매매 경험을 지닌 명실상부한 트레이더가 될 수 있다.

그러나 현실적으로 학습용 계좌를 운용할 금전적 여유를 가진 트레이더는 많지 않다. 혹은 너무 많이 당해서 작은 포지션을 가져가는 것도 부담스러울 수 있다. 그러면 위험에 노출되지 않고 자신감을 회복할 수 있는 방법은 없을까? 한 가지 방법은 투자 실적 외에 다른 목표를 세우는 것이다. 거기에는 차트를 보고 추세를 예측하는 능력을 키우는 것 등이 포함될 수 있다. 돈을 걸고 실시간으로 성과를 낼 필요가 없는 편안한 목표라면 무엇이든 상관없다. 물론 궁극적인 목표는 보다 강한 자신감과 적절한 공격성을 가지고 전쟁터로 복귀하는 것이다.

— **08** CHAPTER

포지션, 시장 그리고 매매스타일

20년 전에는 어떤 시장에서 거래할지 비교적 쉽게 결정할 수 있었다. 높은 거래비용, 비싼 데이터, 복잡한 규칙 때문에 거의 모든 트레이더들은 메릴 린치에 현물 계좌를 만들거나 린드-월독Lind-Waldock에 선물 계좌를 만들었다. 두 시장 모두 거래비용이 많이 들어서 자주 매매하는 것이 거의 불가능했고, 중개사들만 쉽게 배를 채웠다.

그러다가 인터넷 혁명이 일어나 금융계에 지각변동을 일으켰다. 아이러니하게도 이 거대한 변화는 상반된 결과를 가져왔다. 지금은 과거보다 훨씬 자주 거래하는데도 돈을 벌기가 훨씬 어려워졌다. 나는 이것이 시장의 속성이라고 생각한다. 시장은 시스템 변화에 적응하면서 비효율을 빠르게 제거한다.

이제 트레이더들은 여러 금융시장 중에서 능력과 생활 방식 그리고 자본 규모에 맞추어 최고의 기회와 리스크 대비 보상 비율을 제공하는 시장을 찾고 거기에 전념해야 한다. 그래야 가격 흐름을 접하는 경험이 쌓일수록 확실한 우위를 얻을 수 있다. 너무 많은 시장에 발을 들여놓으면 해당 시장에 특화된 전문가들을 당해내기 어렵다.

문제는 트레이더들이 너무 많은 시장에서 매매를 시도하는 경향이 있다는 것이다. 남의 떡이 커 보인다는 말처럼 현물시장이 부진하면 지수선물시장이 더 좋아 보이는 법이다. 물론 외환시장도 빠뜨릴 수 없다. 굉장히 어려운 시장인데도 불구하고 24시간 돌아간다는 이유로 대부분의 트레이더들이 외환시장을 기웃거린다. 게다가 트레이더들은 원래 멀티태스킹 능력을 타고나기 때문에 자신이 다양한 금융상품을 다룰 능력을 가졌다고 믿는다. 오히려 한 시장에만 전념하면 타고난 재능을 썩힌다고 생각하기도 한다.

초보 투자자들은 여러 가지 전략과 시장을 시험하면서 자신에게 맞는 것을 찾아야 한다. 그러다 보면 자연스럽게 가장 많은 돈을 벌게 해줄 시장에 전념하게 된다. 그 과정에서 소수의 금융상품에 대한 전문성을 얻을 수 있다. 이 단계부터는 투자의 유희적인 측면을 포기해야 한다. 그렇지 않으면 일이 잘 풀리지 않을 때마다 짜릿한 흥분을 안겨줄 새로운 금융상품을 찾게 된다.

대부분 사람들은 금융시장에 따라 리스크가 더 높거나 낮다고 생각한다. 사실 모든 금융시장은 동일한 리스크를 지닌다. 물론 지수선물의 한 틱은 현물의 한 틱보다 더 큰 폭의 가격변동을 일으키긴 하지만 리스크 면에서는 다르지 않다. 어느 시장이든 포지션 크기와 손절에 대한 완전한 통제권을 쥐고 있는 것은 트레이더 자신이다. 모든 차트가 같은 기술적 규칙을 따른다고 해도 각 시장의 가격변동은 매우 다른 성격을 지닌다. 가령 우량주 차트에서는 지수선물 차트의 급격한 스윙을 보기 어렵다. 또한 외환시장은 재료의 충격에 상시적으로 노출되어 있다. 그래서 세계 정세에서 나타나는 온갖 변화가 급격한 가격변동을 일으킨다.

옵션이나 스왑 같은 파생상품들은 어지간한 트레이더들이 다루기에는 위험하지만 변동성의 영향을 이해하는 명민한 트레이더들에게는 보물단지나 마찬가지다. 파생시장은 기초자산이 대다수 시장 참여자들에게 손해를 입힐 때 수익을 올리도록 만들어준다. 그런 의미에서 옵션시장은 투자를 하려면 기질이 리스크와 맞아야 한다는 주장이 옳다는 것을 증명한다.

종목 선택 시 고려할 점

종목을 선택할 때는 시장의 국면을 따라야만 최고의 기회를 얻을 수 있다. 또한 매수세와 매도세에 영향을 끼치는 순환매도 고려해야 한다. 1990년대에는 몇 주나 몇 달에 걸쳐서 순환매가 진행되었다. 그러나 지금은 몇 주 동안 매일 순환매가 이루어진다. 자동매매 프로그램이 작은 비효율을 활용하려고 매일 알고리즘을 바꾸면서 지속적인 순환매는 현대 시장의 핵심적인 특징이 되었다. 따라서 생존형 트레이더는 해당 거래일에 프로그램이 사는 것을 사고, 파는 것을 팔아야 한다.

주식시장에 집중하는 트레이더들은 다양한 종목군의 특징을 파악해야 한다. 다시 말해서 종목군들이 여러 가지 사건과 시장의 국면에 반응하는 양상을 알아야 한다. 가령 IT 버블과 신용 버블이 붕괴된 후 나온 약세장에서는 대부분의 숏 스퀴즈가 반도체 종목에서 일어났다. 이 기간 동안 필라델피아 반도체 지수는 시가에 큰 갭하락이 나온 다음 녹색으로 깜빡이면서 공매도가 많이 몰린 종목을 노리는 시장 참여자들에게 윙크를 보냈다. 반면 반도체 종목은 주요 지수가 장기적인 상승추세를 형성할 때는 굼뜨게 움직이는 경향이 있다.

다음은 주요 종목군에 대한 설명이다.

- **다우지수 구성종목** 이 종목들은 횡보 국면에서 투자하기에 적합하다. 언제나 일부 종목은 대세를 거슬러 견조한 흐름을 보여주기 때문이다. 다른 한편 대부분의 종목은 일일 변동폭이 넓지 않아서 스윙 트레이딩 전략에 맞지 않다.
- **대형 기술 종목** 이 인기 업종은 뮤추얼펀드와 일반 투자자들이 가장 많이 보유한 유동성이 풍부한 종목들로 구성된다. 이 업종의 등락은 나스닥100 지수로 표시된다. 일반적인 생각과 달리 이 업종에 속한 종목들은 ROC가 낮고 손실제한주문을 자주 건드리는 채널을 형성하기 때문에 스윙 트레이딩보다 데이 트레이딩으로 더 나은 수익을 올리는 경우가 많다.

- **생명공학 종목** 이 종목은 유동적인 우량주와 투기적인 소형주로 나눌 수 있다. 소형주는 좋은 단기 투자 대상이지만 몇 가지 부정적인 속성을 지닌다. 첫째, 종종 시가에 일일 고점이나 저점을 찍는다. 특히 리서치 결과 발표나 투자등급 조정 이후에 그런 경우가 많다. 따라서 모멘텀을 보고 따라 들어가기에는 위험하다. 둘째, 재료의 충격에 취약해서 큰 손실을 초래할 위험성이 있다. 반면 우량주는 장기에 걸쳐서 견조한 추세를 형성한다. 이 종목들은 귀금속처럼 주기가 길다. 시가총액이 큰 종목들은 제약주처럼 정책적 영향을 강하게 받는다.

- **화제 종목** 월스트리트는 화제를 좋아한다. 주식을 파는 데 도움이 되기 때문이다. 좋든 나쁘든 모든 시장환경에서 주요 지수보다 두드러지는 추세를 형성하는 종목들이 나온다. 대개 일반 투자자들이 쉽게 이해할 수 있는 강점이나 우수한 신제품을 가진 기업의 주식들이 거기에 해당된다. 대부분의 경우 이 종목들의 인기는 시간이 지남에 따라 시들해지지만 때로 마이크로소프트나 스타벅스 같은 대박 종목이 등장하기도 한다.

- **귀금속 종목** 귀금속 종목은 긴 주기를 형성하며, 일반적인 지지선이나 저항선을 넘어서 초과진행하는 경향이 있다. 그러나 대부분 선물시장에서의 헤지 영향으로 기초자산이 되는 종목들은 양 방향 모두 움직임의 폭이 적다. 특히 산업용 금속 종목은 세계 경제의 확장과 수축을 말해주는 단서를 제공한다. 최근에는 경기 주기의 중요한 변화를 알려주는 역할도 맡고 있다.

- **에너지 종목** 이 업종은 오랫동안 잠자는 거인이었다. 그러다가

2003년 강세장에서 깨어났으며, 기후 변화 문제 때문에 다음 세대에도 중요한 위치를 차지할 것이다. 원유주는 변동성이 낮은 기간에는 유가와 같은 방향으로, 변동성이 높은 기간에는 지수와 같은 방향으로 움직이는 경향이 있다. 또한 원유주는 산업용 귀금속 종목처럼 세계 경제의 수요 측면에 대한 단서를 제공한다.

- **운송 종목** 이 종목들은 헤징 때문에 에너지시장과 반대로 움직인다. 특히 수익이 연료비와 직결되는 항공주의 경우에는 더욱 그렇다. 육운, 해운, 철도 종목은 경기 변동에 반응하며 경기 주기의 가장 강한 국면과 가장 약한 국면에서 양호한 모습을 보인다.

- **경기순환 종목** 건설자재, 제지, 화학 종목은 모두 경기순환 종목으로서 새로운 경기 주기의 초기에 가장 좋은 성과를 내고, 경기가 고점을 찍은 후 수축이 시작될 때 가장 부진한 성과를 낸다. 또한 신용을 늘리고 경기를 진작하는 금리 하락에 잘 반응한다.

- **금융 종목** 이 업종은 장기간에 걸쳐 지루한 움직임을 보이며 완만한 추세를 형성하면서 기회를 거의 드러내지 않다가 역시 장기간에 걸쳐 빠른 성장을 보인다. 지난 금융위기는 예외적인 사건에 속한다. 이 업종은 경기 전환점 근처에서 급격하게 움직이는 경향이 있다.

- **유통 및 요식 종목** 이 업종은 소비활동의 척도다. 따라서 소비자들이 지갑을 열고 신용이 넉넉할 때는 강한 상승추세를 형성

하고, 고용이 불안하고 신용이 줄어들 때는 강한 하락추세를 형성한다. 또한 이 업종에서 투기성 자본을 끌어들이는 화제 종목이 종종 나타난다.

- **대장 종목** 언제나 전체 시장을 견인하는 소수의 대장 종목이 있다. 2003년과 2007년의 상승장에서는 애플이 대장이었고, 뒤이은 하락장에서는 시티그룹이 대장이었다. 대장 종목은 월스트리트의 사랑과 미움을 받으면서 강한 추세와 급격한 되돌림을 만들어낸다. 대장 종목을 매매할 때는 타이밍이 중요하다. 대장 종목이 바닥으로 떨어지면 매수하는 것이 좋고, 천정으로 뛰어오르면 공매도하는 것이 좋다.

앞서 거래량을 분석하는 것이 크게 의미 없는 일이라고 말한 바 있지만(물론 예외도 언급했다) 유동성 측면에서 거래량이 어느 정도인지는 꼭 살펴야 한다. 하루 또는 일주일 동안 보유할 종목을 선정할 때는 60일 평균 거래량을 기준으로 유동성을 파악한다. 평균 일일 거래량이 20만 주가 안 되는 종목은 무조건 피해야 한다. 특히 변동성이 심한 장에서는 더욱 거래량에 신경 써야 한다. 유동성이 부족한 종목은 호가 스프레드가 벌어지면서 큰 폭으로 오르내리기 때문에 급히 발을 빼야 할 때 많은 손실을 입을 수 있다. 이 경우 리스크를 관리하기는 거의 불가능하다. 따라서 생존형 트레이더에게는 적합하지 않다.

대신 20만 주에서 50만 주 사이로 거래되는 소형주 중에서 분명한 추세와 대응하기 쉬운 가격변동을 보이는 종목을 골라야 한다. 이 좁은 유동성 구간에서 종종 모멘텀 플레이가 이루어진다. 그래서 진입 타이밍만 잘 잡으면 단기간에 상당한 수익을 올릴 수 있다. 종목 선정 방법은 러셀2000 지수 편입종목 중에서 평균 일일 거래량을 만족시키는가를 1차 분류 기준으로, 4장에서 설명한 200일 이동평균선 대비 주가 수준 공식을 활용한 상대강도를 2차 분류 기준으로 적용하면 된다.

종목 선정에 있어서 유동성만큼 중요한 것이 주가다. 전체 종목 중에서 주가가 한 자릿수인 종목들은 특별한 성격을 지닌다. 이 종목들은 대개 두 가지 경우에 해당된다. 첫 번째는 실적이 부진하거나, 비인기 업종에 속하거나, 장이 약세라서 주가가 떨어진 경우다. 이 경우 주가가 10달러 아래로 떨어진 후 주기가 반전될 때까지 수년 동안 한 자릿수를 면치 못할 수도 있다. 그러나 주간 차트를 보고 오랜 바닥 다지기 패턴의 마무리 같은 중요한 전환점을 찾아내면 좋은 기회를 얻을 수 있다.

두 번째 경우는 더 나은 기회를 제공한다. 이 경우에 속한 종목들은 시가총액이 늘어나면서 장외시장에서 거래소로 진입한 소형주들이다. 그중에는 유망한 신약을 개발하고 있거나 든든한 투자 파트너를 둔 신생 생명공학주들도 있다. 이 종목들은 분위기만 잘 조성되면 상당한 수익을 안겨줄 수 있다. 그러나 저가주는 고가주보다 일일 변동폭이 크기 때문에 엄청난 손실을 초래할 위험도 가진다. 물론 적절한 포지션을 취하면 상관없지만 가격이 싸다는 이유로 방만하게 매매해서는 안 된다. 또한 저가주에는 밑천이 부족한 트레이더들이 많이 몰린다. 이 점은 양날의 검과 같아서 한편으로 그들의 실수를 이용하여 돈을 벌 수 있지만 다른 한편으로 그들이 심리적으로 동요하면 주가가 종잡을 수 없는 움직임을 보이기도 한다.

저가주는 전체 포트폴리오에서 일부로 한정해야 한다. 따라서 원래 생각했던 물량의 절반이나 4분의 1만 사는 것이 좋다. 그러면 더 오래 유리한 흐름을 기다릴 수 있다.

ETF, 직접 매매하거나 추이를 활용하는 방법

ETF(Exchange-Traded Funds: 상장 지수펀드)는 최근 지수선물과 같은 이유로 인기를 끌고 있다. 많은 트레이더들은 개별 종목의 위험을 피하고 지수나 업종의 전체적인 움직임, 즉 ETF에 투자하는 것이 논리적이라고 생각한다. 그러나 ETF로 수익을 내는 경우는 많지 않다. 대다수 트레이더들이 엄청나게 유동적인 ETF 시장에서 경쟁력을 잃어버리기 때문이다.

주식을 매매하는 과정을 생각해보라. 우선 차트가 유효한 패턴을 만들면서 유리한 리스크 대비 보상 비율을 제공해야 한다. 또한 예상한 가격 스윙이 적절한 시간단위 안에서 이루어져야 한다. 끝으로 전체 시장이 우리가 의도한 전략을 뒷받침하면서 수익을 올릴 확률을 높여야 한다. 이러한 과정이 전체적으로 시장에서 돈을 버는 데 필요한 경쟁력을 제공한다.

이번에는 ETF를 매매하는 과정을 살펴보자. 우선 금값 상승이나 IT주의 약세처럼 장단기 재료가 등장한다. 우리는 보편적인 추세를 활용하려고 하지만 딱히 적당한 종목을 찾을 수 없다. 그래서 눈에 띄는 종목이 나오기를 기다리는 대신 성급하게 관련 ETF에 돈을 집어넣는다. 우리는 무의식적으로 ETF가 기본 추세를 따를 것이라고 생각한다. 애초에 ETF의 존재 목적이 거기에 있기 때문이다. 문제는 그 과정에서 우리가 리스크 관리를 간과하고 가격 차트와 실적 보고서의 차이를 모르는 초보 투자자들과 같은 실수를 저지른다는 것이다.

모든 금융상품에서 리스크를 감수할 때의 이유는 가격의 위치, 방향, 모멘텀을 활용할 수 있다고 판단하기 때문이다. 다시 말해서 유효한 신호가 나타나기 전에 ETF를 매매하는 것은 실수다. 이는 상식적인 말처럼 들리지만 많은 사람들은 불리한 환경에서 과잉매매하는 경향이 있다. 어떤 의미에서 ETF는 이브의 사과와 같아서 실재하지 않는 기회로 우리를 유혹한다. 이 문제를 해결하는 간단한 방법이 있다. ETF에도 다른 금융상품과 같은 원칙을 적용하는 것이다. 다시 말해서 ETF를 매매할 때도 충분한 기간 동안 추이를 관찰하면서 적절한 패턴이 형성될 때까지 기다려야 한다. 물론 선호하는 금융상품에서 별다른 패턴이 나오지 않는 따분한 상황에서는 인내심을 발휘하기 어렵다. 그러나 다른 모든 금융상품과 마찬가지로 기다리면 기회가 온다.

생존형 트레이더는 먼저 주식매매로 안정적인 수익을 올린 다음 ETF나 옵션처럼 보다 변동성이 높은 파생상품시장으로 진출한다. 그러나 많은 트레이더들은 탐욕에 눈이 멀어서 반대로 움직인다. 주식매매로 확실한 원칙을 체득해야만 살벌한 파생상품시장에서 살아남을 수 있음을 명심하라.

대부분의 인기 있는 지수펀드는 지수선물보다 훨씬 레버리지가 낮은 편리한 대안상품이다. SPDR 트러스트나 나스닥100 트러스트를 통해 제한적 리스크로 부상하는 추세를 활용할 수 있다. 금, 은, 농산물의 가격동향에 대한 유용한 단서들을 참고할 수 있는 원자재 업종은 특히 ETF 투자에 적합하다. 그러나 모든 원자재펀드가 같은 방식으로 만들어지는 것은 아니다. 2008년 여름에 유가가 급락했을 때 많은 트레이더들이 이 점을 뒤늦게 깨달았다. 2007년과 2008년 초에 큰 인기를 끈 미원유펀드는 콘탱고* 상태가 지나치게 강해 급락 이후에도 기초자산이 반등한 만큼 회복되는 데 실패했다. 결국 트레이더들은 큰 손실을 내면서 보다 충실하게 미래 가격을 추종하는 새로운 상품으로 갈아타야 했다.

업종 ETF를 매매할 때는 장기 이동평균선을 참고하는 것이 좋다. 기관들이 장기 이동평균선을 기초로 전략을 수립하기 때문이다. 따라서 모든 ETF 차트에는 50일과 200일 지수이동평균선을 설정하고 이 지점에서 반전이 일어나는지 관찰해야 한다.

전문가가 아니라면 레버리지가 엄청나게 높은 상품은 피해야 한다. 이 ETF들은 주로 급격한 가격변동에 취한 소액 투자자들과 이들을 노린 헤지펀드들을 끌어들인다. 이러한 구도는 갭과 흔들기로 걸핏하면 지지선과 저항선을 깨는 기만적인 움직임을 만연

---

* contango. 선물 가격이 현물 가격보다 높은 상태로 정상시장이라 부른다−옮긴이

시킨다. 또한 일간 차트로는 명확하게 드러나지 않을지 모르지만 꼬리가 개를 흔드는 일이 심심찮게 발생한다. 다시 말해서 이 펀드들에 대한 조작, 특히 장 마감 전 한 시간 동안 이루어지는 조작으로 기초자산이 되는 업종이나 지수의 추세가 반전되거나 가속될 수 있다. 이는 파생상품을 만든 취지에 어긋난다. 파생상품에 내재된 높은 레버리지는 전략적 결정을 내릴 여지를 트레이더들의 손에서 빼앗아간다. 물론 이 점은 포지션 크기를 줄이고 손실제한주문을 좁게 설정하면 크게 문제가 안 되지만 초보 투자자들은 그렇게 하지 못한다. 또한 ETF는 장기적으로 기초자산 업종이나 지수와 같은 방향으로 움직인다는 인식이 널리 퍼져 있는데 이는 잘못 알고 있는 것이다. ETF는 주간 내지 월간 추세가 아니라 일일 가격변동에 따라 움직인다. 그리고 ETF의 높은 비용비율은 가격변동에 바로 반영된다.

스윙 전략에 유망한 패턴

시장의 현 단계에 맞는 포지션을 취하면 수익을 올릴 확률이 높아진다. 주요 지수나 지수선물이 현재 어떤 단계에 있는지는 패턴 분석을 통해 파악할 수 있다. 가령 S&P500이 천정 패턴을 만든 후 급락한다면 공매도에 적합한 하락추세가 형성되는 것이다. 또한 하락추세가 보다 규모가 큰 상승추세 안에서 나왔다면 상승반전을 노릴 수도 있다. 시장의 현 단계에서 가장 유리한 포지션을 찾으려면 세부적인 측면에 초점을 맞추어야 한다. 이때 패턴을 잘못 읽지 않도록 주의해야 한다. 추세의 3차원적 속성 때문에 이러한 오류를 저지르기 쉽다. 그래서 하락추세에서 나온 되돌림은 대단히 유망한 동시에 위험하다.

6장에서 언급했듯이 금융시장에서는 맥락이 모든 것이다. 해당 거래일에 가장 수익성 높은 전략을 선택하려면 현 단계에서 주기적 요소들이 만든 위계구도를 정확하게 읽어야 한다. 추세는 긴 시간단위에서 짧은 시간단위로 흐른다. 즉 주간 추세는 일간 추세보다 강하고, 일간 추세는 60분 추세보다 강하다. 따라서 60분 상승추세는 일간 저항선에서 꺾이고, 일간 하락추세는 주간 지지선에서 반등할 것이라고 가정해야 한다.

대다수 스윙 전략은 활발한 추세들 사이에서 현 주가가 차지하는 상대적 위치를 파악하는 데서 나온다. 현실적으로 유망한 패턴들 중에서 소수만이 다음과 같은 요건을 충족시킨다.

- 상대적 추세들의 적절한 조합을 보여준다.
- 시장의 현 단계와 호응한다.
- 목표 진입 가격 근처에서 거래되고 있다.

많은 경우 우리가 선택하는 종목은 지수선물과 비슷한 패턴으로 움직일 것이다. 그러나 시장의 모든 단계는 다양한 전략과 상대적인 추세 조합들을 뒷받침한다. 유망한 패턴을 발견했을 때 던져야 할 근본적인 질문은 '오늘 이 시장에서 통할 것인가'이다.

또한 포지션은 리스크 감수 정도, 보유기간, 수익 목표를 정하는 매매계획에 맞게 선택해야 한다. 매매계획에 따라 유망해 보이는 기회도 배제될 수 있다. 물론 매매계획은 언제나 변경될 수 있다. 그러나 단지 상승장을 놓치기 싫어서 개장 직전에 매매계획을 바꾸는 것은 적절하지 않다.

모든 업종이 주요 지수와 같이 움직이는 것은 아니다. 가령 귀금속 종목들은 종종 지수와 반대로 움직인다. 소형 생명공학 종목을 비롯한 투기적 종목들도 지수의 방향을 무시하고 리서치 결과, 투자등급 조정, 심리적 분위기, 인터넷 소문 등에 반응한다. 또한 에너지 종목들은 주가 지수를 따를 때도 있고, 원자재선물 지수를 따를 때도 있다. 쉬운 진입 지점을 제공하지 않는 지루하거나 위험한 장에서는 오히려 시장을 거스르는 플레이로 좋은 포지션을 취할 수 있다.

▪ **아침장의 이단아 찾기**

1. 개장 시 큰 하락이 나왔을 때 상승 종목을 찾아라. 초반 급락세를 거스르는 종목은 하루 종일 견조한 모습을 보일 가능성이 높다.

2. 지수 구성종목 가운데 하락장의 선발주자와 상승장의 후발주자를 찾아라. 이 방법은 특히 매일 대규모 순환매가 벌어지는 다우에 적합하다.

3. 업종 및 업종 ETF의 목록을 만들고 전체적인 흐름에 맞서는 종목을 찾아라.

4. 투자등급이 상승장에서 하향조정된 종목과 하락장에서 상향조정된 종목을 찾아라. 이 종목은 종종 많은 돈을 끌어들인다.

> 5. 아시아 시장과 유럽 시장에서 유별나게 강하거나 약했던 업종을 찾은 다음 아침장에 유사한 업종을 주목하라.

　　일중 주도 종목들 사이의 상관관계는 수렴-확산 관계를 통한 실전적인 자료를 제공한다. 가령 유통 종목, 요식 종목, 호텔 종목처럼 소비 기반 업종이 동반상승한다면 기관들이 3개월에서 6개월 사이에 경기가 확장된다고 보는 것이다. 또한 석탄과 천연가스 종목은 하락하고 원유서비스 종목은 상승한다면 원자재 업종 전체보다 생산 측면에 관심이 집중된 것이다.

　　업종 지수와 ETF를 조합하면 일간 업종 관찰목록을 만들 수 있다. 작은 가격변동까지 전부 고려하지 말고 가장 인기가 많은 업종에 집중하라. 개장 후 첫 한 시간 동안 탐색전이 벌어지면서 업종별 상승률이 빠르게 변할 수 있다. 그러다가 90분이 지나면 매수세가 강한 업종과 매도세가 강한 업종이 분명하게 드러날 것이다. 이때 포지션이 일간 순환과 호응하는지 확인하라. 만약 표적이 되는 포지션을 잡았다면 조정해야 한다.

　　거래일별로 순환 패턴을 관찰하라. 헤지펀드들은 단기 가격변동에서 표준편차에 따른 분석을 이용하는 온갖 반전 전략을 구사한다. 이 전략에 따라 여러 시장에 걸쳐 수백 가지 금융상품에 대한 매수나 공매도가 이루어진다. 가령 헤지펀드들은 일련의 원자재 종목을 매수하여 하루 만에 최대한 가격을 밀어올린다. 그러나 다음 날에는 가격이 정상적인 수준으로 돌아올 때까지 숏 포지션으로 밀어붙인다. 차트상으로 이 종목의 가격은 볼린저밴드 상단을 뚫고 올랐다가 반전하여 중간선으로 돌아온다.

며칠 혹은 몇 주 동안 여러 업종을 추적해보면 이러한 움직임을 감지할 수 있다. 그러면 해당 종목에 편승하든지, 해당 종목을 피할 수 있다. 이처럼 체결창 분석은 생존형 트레이더에게 금융시장의 골목대장이 된 프로그램 알고리즘과 공존할 수 있는 방법을 제공한다. 특히 기관의 개입으로 변동성과 거래량이 동반상승할 때 이 방법이 큰 도움을 준다.

주간 순환 패턴의 변화에도 신경 써야 한다. 이 변화는 기초 차트가 돌파 지점에 이르기 훨씬 전에, 부상 중인 추세를 드러낸다. 우선 일주일에 서너 번 일중 목록보다 앞서거나 뒤처지는 업종들 사이의 정렬관계를 확인하라. 그 다음 14일 RSI 같은 장기 상대강도 지표를 보고 목표 종목군이 과매수나 과매도 수준에서 방향을 바꾸는지 살펴라. 그러면 별로 힘들이지 않고 순환 과정의 변화를 조기에 발견하여 남들보다 빨리 유리한 포지션을 잡을 수 있다.

업종 목록을 잘 관리하면 추세일에 대한 신호도 얻을 수 있다. 추세일에는 개장부터 폐장까지 한 방향으로 추세가 이어지기 때문에 포지션에 따라 큰 수익이 날 수도 있고, 큰 손실이 날 수도 있다. 대개 한 달에 2, 3일 정도 추세일이 나온다. 이날 업종 목록을 보면 아침장에 거의 모든 종목이 한 방향으로 기운다.

주요 거래소의 거래량 지표를 보면서 추세일이 시작되었는지 판단하라. 그 기준은 전체 거래량의 80퍼센트 이상이 한 방향으로 나오는 것이다. 거래량과 함께 상승 종목과 하락 종목의 비율도 비슷한 양상으로 나와야 한다. 거래량 비율이 80대 20인 날은 정기적으로 나오지만 90대 10인 날은 특별한 의미를 지닌다. 과거 이러한 날은 장기 추세의 주요 전환점을 가리켰다. 그러나 지금은 프로그램 매매 때문에 90대 10의 비율을 보이는 거래일이 해마다 나온다. 이러한 현상은 프로그램 매매와 추종 매매의 절대적인 힘을 드러낸다.

포지션의 크기와 진입, 청산 계획

전체 투자액뿐만 아니라 동시에 운용하는 포지션의 수와 상대적인 크기도 투자관리 능력에 따라 정해져야 한다. 충분한 자본을 가진 생존형 트레이더에게 주어진 문제는 간단하다. '동시에 얼마나 많은 포지션을 운용할 수 있는가?' 이다. 복수 포지션을 운용할 때는 분산도 중요하다. 반도체 종목에만 투자했다가 업종 전체가 부진하면 모든 포지션에서 손실이 난다. 따라서 전체 금액이 얼마든 포트폴리오를 구성하는 종목은 업종별로 분산되어야 한다. 그렇지 않으면 종목이 여러 개라도 하나의 대형 포지션을 잡은 것과 다를 바 없다.

포지션의 크기를 관리하는 일만큼 혼란스러운 것도 없다. 유망한 패턴을 보면 대부분의 사람들은 리스크를 관리할 생각보다 빨리 들어가고 싶은 마음이 앞설 것이다. 그렇지만 생존형 트레이더는 심호흡으로 조바심을 다스린 다음 리스크 대비 보상 비율에 영향을 미치는 다음 세 가지 변수를 검토한다.

- 총 몇 주를 거래할 것인가?
- 한 번에 리스크를 질 것인가, 분산시킬 것인가?
- 한 번에 청산할 것인가, 분산시킬 것인가?

거래비용도 포지션 크기 관리에 영향을 미친다. 건별 수수료를 내는가, 주별 수수료를 내는가? 주별 수수료는 포지션 크기에 따라 달라진다. 당신의 운용자금은 어느 정도인가? 운용자금이 적다면 건별 수수료를 내야 하므로 한 번에 매매할 수밖에 없다. 반대로 운용자금이 많다면 다양한 방식을 활용할 수 있다. 또한 대형 포지션을 취하면 건별 수수료의 비중이 상대적으로 줄어든다.

보유기간 관리와 포지션 관리는 서로 연계되어야 한다. 장기 보유가 가능하다면 가장 유리한 가격에 포지션을 구축할 수 있다. 가령 어플라이드 머티리얼즈 주식을 2주나 3주 동안 보유할 계획이라고 가정하자. 원하는 평균 매수가가 23달러라면 비슷한 가격대에서 분할매수하면서 일중 변동성을 활용하여 평균 매수가를 낮출 기회를 엿볼 수 있다. 청산할 때도 같은 전략을 쓸 수 있다. 롱 포지션을 취한 종목의 주가가 상승할 경우 일부를 팔아서 수익을 확정하고 싶을 것이다. 이때 시장의 자연스러운 변동을 활용하여 청산가를 높일 수 있다. 가령 포지션을 3단위로 나누어 아침장이 상승할 때 1단위를 팔고, 천정이 형성될 때 다른 1단위를 팔고, 오후에 매수세가 들어올 때 마지막 1단위를 팔 수 있다.

트레이더들은 리스크 관리에서 포지션 크기를 조절하는 것이 얼마나 중요한지를 간과한다. 변동성이 낮은 종목을 1,000주 매매하는 것과 변동성이 높은 종목을 1,000주 매매하는 것은 완전히 다른 문제다. 그러나 많은 트레이더들은 리스크 특성이 크게 다른 두 종목을 같은 방식으로 매매한다. 한마디로 변동성이 높은 종목이나 소형주를 매매할 때는 포지션 크기를 줄이는 것이 좋다. 그래야 일상적인 등락이 진행되는 도중에 손실제한주문이 실행되어 시장에서 튕겨져나오는 일을 피할 수 있다. 반대로 느리게 움직이는 종목에 대한 포지션은 더 크게, 더 오래 가져가는 것이 좋다. 변동성이 낮으므로 튕겨나올 위험성이 적고, 수익을 낼 시간을 늘려서 기회비용을 개선할 수 있기 때문이다.

그러면 평균적인 포지션 크기를 키우는 것에 대해 진지하게 고민해야 할 때는 언제일까? 포지션을 키우는 것은 양날의 검과 같다. 포지션이 클수록 위험에 민감해져서 매매계획을 고수하기가 어려워진다. 따라서 느긋하게 움직이면서 리스크를 늘리고 관리하는 일련의 절차를 따르는 것이 좋다. 포지션이 클수록 가격 스윙에 따른 평균 수익과 손실도 늘어난다. 만약 리스크만큼 수익이 늘어나지 않는다면 포지션 크기를 줄여야 한다.

끝으로 전체 포지션 크기를 계산할 때는 레버리지를 완전히 배제해야 한다. 많은 트레이더들은 신용한도를 소진해야 한다고 생각한다. 그러나 기회에 따라 계좌 규모와 상관없는 최적의 포지션 크기가 있다. 이 크기는 리스크, 변동성, 수익 확률을 종합적으로 검토해야 파악할 수 있다. 그러기 위해서는 3부에서 설명한 스윙 분석 방법을 통해 각 진입 지점에 따른 리스크 대비 보상 비율을 측정하라. 그 다음 포지션 크기별 시나리오를 적용하여 일이 잘못될 경우 입을 수 있는 잠재적 손실을 고려하라.

에버리징Averaging, 즉 매수를 늘려 평균 단가를 낮추는 것에 반대하는 사람들이 많다. 손실이 난 포지션을 늘리거나 수익을 손실로 바꾸는 일은 절대 하지 말아야 한다는 시장의 통념 때문이다. 그러나 추가 매수로 평균 매수가를 낮추는 것은 아주 잘 맞는 특정한 매매 전략이 따로 있다. 다만 잘못 적용하면 큰 손실을 초래할 수 있기 때문에 전략을 쓸 때는 원칙을 확고히 고수해야 한다. 그저 절박한 심정으로 무작정 물타기를 하다가는 깡통을 찰 수도 있다.

스윙 트레이더는 기회주의자들이어서 포지션을 오래 보유하지 않는다. 스윙 트레이딩은 기회 구간이 좁기 때문에 단기적인 시장의 움직임을 예측하는 데 집중해야 한다. 그래서 대부분의 에버리징 기법은 가격 스윙이 추세를 형성하기보다 노이즈가 잦은 박스권 장세에서 가장 효과적이다. 다만 잘 관리된 되돌림 플레이는 예외다. 되돌림이 발생하면 완벽한 진입 지점을 찾기 어렵지만 가격이 반대로 움직일 때 작은 단위로 매매하여 수익성 있는 포지션을 구축하도록 도와준다. 이는 다른 말로 '눌림목 매매Buying the dip'로 불린다.

그림 8.1에서 노드스트롬의 주가는 3월의 저점에서 상승하면서 일련의 눌림목을 만들어낸다. 한 가지 효과적인 진입 전략은 지지선에 가까워질수록 물량을 늘려서 평균 매수가를 낮추는 것이다. 가령 강한 상승파동 이후 눌림목이 나왔을 때 1,200주를 매수하고 싶다고 가정하자. 그러면 피보나치 비율을 기준으로 38퍼센트

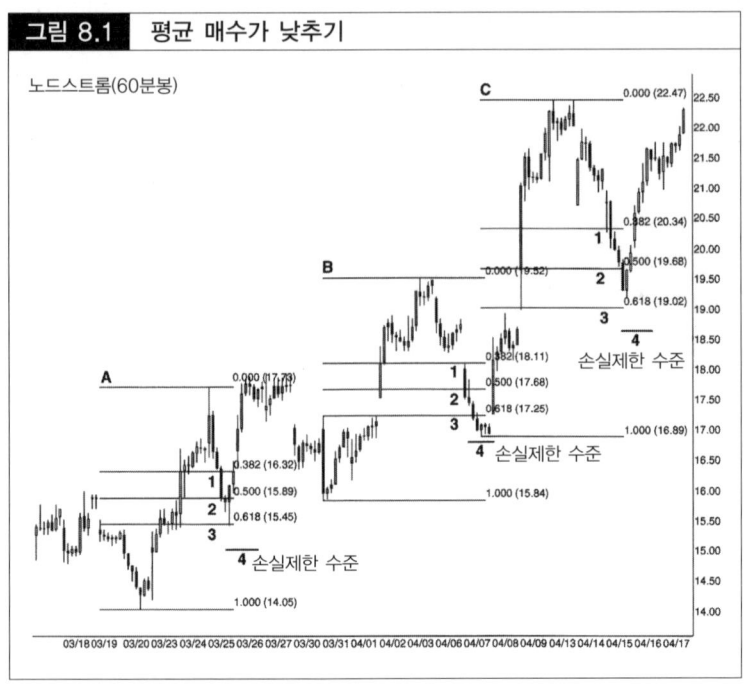

그림 8.1 평균 매수가 낮추기

되돌림 지점에서 300주, 50퍼센트 되돌림 지점에서 500주, 62퍼센트 되돌림 지점에서 600주를 사면 된다. 이렇게 단계적으로 진입하면 평균가를 50퍼센트 되돌림 지점 아래로 낮출 수 있다. 매매사례 A의 경우 3단계 매수가가 각각 16.32달러, 15.89달러, 15.45달러로서 평균 매수가는 15.77달러가 된다. 15.77달러는 마지막 진입 가격보다 32센트 높은 수준에 불과하다. 세 번째 진입 후에는 즉시 70퍼센트 되돌림 지점 근처에 손실제한주문을 설정한다. 이는 휩소를 피하는 동시에 혹시 하락세가 너무 강해 78퍼센트 되돌림 지점까지 밀릴 경우 보다 일찍 탈출할 수 있도록 하는 방어책이다. 앞서 살펴봤듯이 가격이 78퍼센트 되돌림 지점으로 떨어졌다가 62퍼센트 되돌림 지점 위로 반등하면 실패의 실패패턴에 따른 매수 신호가 발생한다. 그러나 손실이 난 포지션을 안고 반전을 기대하는 것보다 그 전에 일단 청산한 후 기회를 기다리는 편이 낫다.

그림 8.1에 나온 세 가지 매매사례(A, B, C)는 이 전략이 잘못될 위험성도 많지만 여전히 준수한 수익을 안겨준다는 것을 보여준다. 그림 8.1에서 매매사례 A는 62퍼센트 되돌림 지점을 정확하게 맞추고, 매매사례 B는 그 지점을 넘어서며, 매매사례 C는 그 지점에 도달하지 않는다. 따라서 되돌림 지점에 따라 다양한 결과가 나온다.

- **매매사례 A** 1,200주를 매수한 상황에서 강한 반등이 나오면서 하락스윙의 시작 지점인 17.73달러선에서 수익을 실현할 수 있다.
- **매매사례 B** 손실제한주문을 마지막 진입 시점에 너무 가깝게 설정할 경우 주당 75센트에서 80센트의 손실을 볼 수 있다. 대신 아슬아슬하게 위기를 넘긴다면 다음 날 상당한 수익을 올릴 수 있다.
- **매매사례 C** 마지막 진입을 못해서 600주만 매수하게 되며 평균매수가는 20.01달러지만 빠르게 수익을 올릴 수 있다.

매매사례 C처럼 되돌림의 진행경과에 따라 애초에 계획했던 물량을 전부 확보하지 못할 수도 있다. 그러나 이는 반전이 예상보다 일찍 일어났다는 것을 의미하므로 잘된 일이다. 근본적으로 에버리징 전략은 분할매수를 통해 수익성을 높이는 것이다. 그러나 마지막 진입 가격 아래로 계속 가격이 떨어질 수도 있다. 그렇기 때문에 반드시 손실제한주문을 좁게 설정해야 한다.

또한 가격이 낮아질 때마다 물량을 늘림으로써 리스크도 증가하는데 이를 충분히 보상할 만큼 수익 목표를 높게 잡아야 한다. 스윙 분석법을 활용하면 쉽게 수익 목표를 계산할 수 있다. 먼저 물량을 전부 매수한 후 평균 매수가를 구하라. 평균 매수 지점에서 다음 저항선까지의 거리(수익 목표)가 손실제한주문까지의 거리(손실 목표)보다 최소한 세 배는 멀어야 한다. 이러한 조건이 성립되지 않으면 추가 매수로 평균 매수가를 낮추는 전략은 쓰지 말아야 한다.

많은 경우 피보나치 되돌림 지점처럼 명확한 진입 지점이 나오지 않는다. 특히 급등이나 급락 이후 주가가 되돌릴 때는 역추세가 38퍼센트 되돌림 지점까지 도달할 가능성이 낮다. 리스크 대비 보상 비율이 유리하다면 급등하는 추세 내에서 작은 횡보 패턴이 형성된 구간을 찾아서 분할매수하되 물량은 절반만 잡고 손실제한주문을 마지막 진입 지점 옆에 설정하라. 마지막 진입 지점은 지지선 바로 위에 있어야 한다. 만약 손실제한주문이 실행되면 새로운 진입 지점을 찾아서 다시 절반의 물량을 확보하라. 이 경우마저 실패한다면 다른 종목을 살피는 것이 낫다.

이제는 되돌림을 이용한 에버리징 전략이 단순한 물타기가 아니라는 사실을 분명하게 이해했을 것이다. 그렇다면 가장 중요한 차이점은 무엇일까? 에버리징 전략을 구사할 때는 매매계획과 탈출 경로에 대한 원칙을 따르는 것이 필수적이다. 반면 물타기는 이미 매매계획이 실패했는데도 불구하고 탈출 경로를 찾지 않는 것이다. 주가가 되돌릴 때 포지션을 추가할 경우 어느 쪽에 해당하는지 냉정하게 살펴야 한다.

그러면 포지션 관리에 대하여 지금까지 살핀 내용을 정리해보자.

1. 포지션 크기를 계산할 때는 레버리지를 배제해야 한다. 각 매매 기회에는 계좌 규모와 상관없는 최적의 포지션 크기가 있다.

2. 운용금액이 적다면 포지션도 작게 가져가라. 그리고 단타에 매달리지 말고 몇 주나 몇 달 정도로 보유기간을 늘려라.

3. 승자처럼 매매하되 패자처럼 생각하라. 잡으려고 하는 포지션 크기에 대한 최악의 시나리오를 감안하고 절대 과잉매매하지 말라.

4. 큰 포지션은 짧게, 작은 포지션은 길게 가져가라. 담력의 크기는 포지션 크기와 반대로 가야 한다.

5. 시간이 오래 걸리더라도 가장 유리한 가격에 포지션을 구축하는 일에 집중하라.

6. 미리 거래비용을 계산하라. 운용자금이 적은데 건별 수수료를 내거나 운용자금이 큰데 주별 수수료를 내고 있다면 증권사를 바꿔라.

7. 되돌림 시에는 천천히, 횡보 시에는 빨리 전체 포지션을 구

축하라. 되돌림 후 예상보다 빨리 반등이 나오면 작은 포지션으로도 큰 수익을 올릴 수 있다.

8. 거래하는 시장의 리스크 특성에 맞는 포지션을 취하라. 변동성 심한 종목을 매매할 때는 포지션 크기를 줄여라.

9. 느리게 움직이는 종목은 손실제한주문이 실행될 가능성이 낮으므로 포지션을 크게 구축하고 관망하라.

10. 포지션 크기를 늘릴 때는 느리게 움직이고, 결과가 어긋나면 대폭 줄여라.

바스켓 매매

많은 종목을 매매하면 좋은 기회를 놓칠 가능성이 줄어드는데 소수의 종목만 매매할 이유가 있을까? 실제로 전반적인 리스크를 줄이는 방식으로 십여 가지 종목을 동시에 관리할 수 있다. 그 방식은 다음과 같다. 기관과 펀드는 여러 금융상품에 걸쳐서 리스크를 분산하고 목표한 움직임에 자본을 집중시키기 위하여 바스켓 Basket 매매를 한다. 바스켓은 일종의 포트폴리오에 해당하지만 매매수단이기도 한다. 다시 말해서 그들은 단기간에 수익을 창출해야 한다. 그렇다면 유동성이 풍부한 ETF를 단순히 사고파는 일이 더 쉽지 않을까? 그렇지 않다. ETF는 유망한 종목을 선별할 수 없고 모든 구성종목을 포괄적으로 매매해야 하기 때문에 더 돈을 벌기가 어렵다.

기관은 다양한 기법으로 바스켓을 구성한다. 그중 다수는 알고리즘을 활용하여 폭넓은 사후검증을 통해 기회를 포착한다. 이 기법은 시장의 비효율을 이용하기 위하여 높은 상관관계를 지닌 일군의 주식과 기타 금융상품을 가려낸다. 물론 이 기법도 나쁜 결과를 가져올 수 있다. 가령 펀드매니저들은 종종 구성종목을 너무 다양화하거나 매매 신호를 지나치게 조정하여 좋은 바스켓을 망치곤 한다. 그런데 더 큰 문제는 그들이 과거 데이터를 기반으로 하고 있다는 점에서 발생한다. 시장에서 일어나는 현상은 언제든 장기 평균에서 크게 이탈할 수 있다는 얘기다. 2007년 여름, 변동성의 영향을 수익률 예측에 반영하지 않는 바람에 퀀트펀드$^{quant\ fund}$ 운용자들이 큰 손실을 입은 것이 그러한 사례다.

자신의 전략에 맞는 바스켓을 구성하는 가장 간편한 방법은 업종과 지수를 추적하는 것이다. 이 방법을 쓰면 일부 종목군에 대한 전문적인 지식을 쌓아서 종종 기관들보다 나은 수익률을 올릴 수 있다. 이 방법은 주별 수수료를 내야만 편하게 쓸 수 있다. 대부분의 증권사는 현재 주별 수수료를 물린다. 일반적인 금액은 1,000주 기준으로 5달러다. 전체 바스켓을 한 번의 클릭으로 매매할 수 있도록 해주는 증권사도 있다.

유기적인 바스켓을 구성하려면 충분한 연구가 필요하지만 그렇게 어려운 일은 아니다. 첫째, 일군의 지수 혹은 업종 구성종목들을 상대강도에 따라 분류하라. 그 방법은 일정한 기간에 걸친 가격의 변동이나 200일 이동평균선을 기준으로 한 이격률을 분석하라. 보유기간이 단기라면 단기 이동평균선을 기준으로 삼으면 된다. 다만 이 방법은 데이 트레이딩을 하기에는 너무 손이 많이 간다. 그 다음 강한 종목이나 약한 종목들로 바스켓을 구성하거나 포지션 합성을 통해 리스크를 분산하는 전략을 써라. 가령 반도체 업종의 경우 장비주를 매수하고, 제조업 주식을 공매도하는 식이다. 이러한 전략은 거시적 힘이 업종이나 지수를 움직일 때 발생하는 영향력을 줄여준다.

그러면 각 종목의 비중은 어떻게 정해야 할까? 기본적인 방향성 전략으로 업종이나 지수 수익률을 상회하고 싶다면 비중을 동일하게 맞추는 편이 좋다. 크게 고민할 필요가 없다. 바스켓 구성 종목의 가격이 비슷하다면 같은 수로 가져가고, 다른 종목보다 훨씬 싼 종목은 두 배나 세 배로 가져가라. 바스켓의 총액이 원하는 수준보다 높은 리스크를 초래하지만 않으면 된다.

> ▪ **바스켓 리스크를 관리하는 세 가지 방법**
> - 관련 업종 또는 지수 차트에서 돌파가 나타날 때 전체 바스켓에 대한 매매 결정을 내려라.
> - 기술적 분석을 이용하여 바스켓에 대한 단일 차트를 만든 다음 그 패턴을 보고 매매 결정을 내려라.
> - 전체 바스켓에 금액 기준 내지 비율 기준 손실제한 수준을 정하라.

다우지수 편입종목들로 바스켓을 만들고 싶다고 가정하자. 물론 다우 다이아몬즈 트러스트 ETF$^{\text{Dow Diamonds Trust ETF}}$나 다우선물을 통해 전체 지수를 살 수도 있다. 그러나 방향성 전략을 쓸 때는 약한 종목들을 제외하는 것이 낫다. 가령 200일 이동평균선보다 10퍼센트 위에 있는 종목들로만 구성하는 식으로 간단한 선별기준을 적용하면 된다. 구성종목과 각 포지션의 크기를 결정했다면 전형적인 돌파나 좁은 박스권 혹은 되돌림 패턴을 통해 진입신호가 나오기를 기다려라. 일단 포지션을 잡은 후에는 개별적인 조정은 하지 말아야 한다. 전체 바스켓을 통합적으로 관리해야만 리스크 특성을 유지할 수 있다.

이 전략을 쓰려면 상당한 자기훈련과 두둑한 배짱이 필요하다. 아마 일부 구성종목은 잘못된 방향으로 가고, 일부 구성종목은 아무 도움도 되지 않는 경우가 많을 것이다. 이러한 경우에는 바스켓의 평균 성과를 통해 수익을 올리는 것이 목적이라는 사실을 명심해야 한다. 따라서 바스켓 전략의 경쟁력은 구성 후에 나타나는 가격변동이 아니라 선별 과정에서 나온다. 바스켓 전략의 성패 여부는 어떻게 판단할까? 간단하다. 바스켓의 성과를 기초자산이 되는 업종이나 지수와 비교하면 된다. 이들의 수익률을 큰 폭으로 상회하지 못하면 바스켓 전략을 쓸 필요가 없다.

보유기간의 문제

스윙 포지션은 얼마나 오래 가져가야 할까? 이 문제는 생활 방식과 자금 수준 등에 따라 결정된다. 하루 종일 모니터를 들여다볼 수 있다면 매시간 포지션을 드나들 수 있지만 다른 직업을 가진 사람은 여건상 포지션을 오래 보유해야 한다. 따라서 손실제한 주문 같은 기계적 포지션 관리 기법을 통해 심각한 손실을 회피해야 한다. 보유기간에 지나치게 얽매일 필요는 없다. 그러나 시장은 한 시간단위의 기회가 다른 시간단위에서는 함정이 되는 거대한 체스판과 같다는 사실을 이해해야 한다.

한 가지 전형적인 사례를 들어보자. 당신은 정오 무렵 유망한 종목을 매수한다. 주가가 바로 상승한 덕분에 당신의 포지션은 상당한 수익을 얻는다. 장이 마감될 때까지 매수세가 약해지는 모습이 나오지 않았기 때문에 당신은 다음 날 개장 때 수익을 실현하기로 결정한다. 그러나 다음 날 아침에 일어나 보니 지수선물은 하락하고, 당신이 산 종목의 주가는 갭하락한다. 결국 수익이 하루 만에 손실로 탈바꿈한다.

이 사례에서 데이 트레이딩 기준으로 파악한 매수 신호는 스윙 트레이딩 기준으로 보면 강세함정이었다. 게다가 갭하락으로 포지션을 털어낸 후 주가가 다시 갭을 메우거나 장 마감 무렵 신고점을 찍는 경우도 많다. 그러나 실시간으로 발생하는 무수한 변수에 대응하려면 직면한 상황에서 리스크 노출 정도에 맞는 최선의 전략을 선택하는 수밖에 없다. 그래서 가장 논리적이었던 결정이 나중에 보면 잘못되는 경우가 비일비재하다.

간단하게 말해서 보유기간은 선택한 기회에 맞게 조정하는 것이 최선이다. 사실 이 조언은 『마스터 스윙 트레이더』에서 했던 말과 어긋난다. 그때 나는 고정된 보유기간을 선택하여 익숙해질 때까지 연습하라고 조언했다. 그러나 생존형 매매를 위해서는 상황 변화에 대한 전략적 대응이 필요하다. 지금은 프로그램 알고리즘이 시장에서 일어나는 흐름에 따라 여러 시간단위에서 수많은 함정을 놓는다. 이 살벌한 현실에 대응하는 최선의 방법은 함정이라는 사실을 깨닫는 순간 즉시 발을 빼는 것이다.

그러면 다시 시가의 갭하락으로 수익이 사라지는 경우를 살펴보자. 1990년대에는 장 마감 시 추세가 강하면 다음 날도 주가가 상승할 가능성이 높았다. 그러나 지난 10년 동안 펀드들이 이러한 양상을 역이용하면서 엄청나게 추세가 강하지 않은 한 추격매수를 무모한 도박으로 만들었다. 심지어 강한 추세가 형성된 시장에서도 한쪽이 지나치게 공격적으로 나오면 시가에서 함정이 나오기 일쑤다.

3차원의 추세 퍼즐을 풀어서 실전적인 전략을 세우는 일은 초보 투자자에게는 매우 어려운 작업이다. 따라서 초보 투자자들은 단일한 보유기간을 고수하면서 함정에 걸려 손실이 나기 시작하면 곧바로 발을 빼야 한다. 이 전략을 쓰려면 손익 패턴을 연구하여 종목 선정 과정에 반영하는 노력이 필요하다.

언뜻 특정한 시점에 어떤 시장 참여자들이 표적인지 파악하기는 불가능하다고 생각하기 쉽다. 그러나 사실은 그렇지 않다. 우선 다음 질문부터 던져보라. 현재 누가 가장 약한 포지션을 가졌는가? 대개 가장 뻔한 지점에서 들어온 게으른 포지션이 가장 약하다. 게으른 매매는 언제나 벌을 받는다. 모든 트레이더들은 주가의 변곡점에서 감에 따라 게으른 매매를 한 적이 있을 것이다. 그리고 그 매매에서는 예외없이 쓴맛을 보았을 것이다.

보유기간을 복수로 관리하는 최선의 방법은 계좌를 나누는 것이다. 물론 이 방법은 투자자금이 적은 트레이더에게는 해당되지 않는다. 일반적으로 은퇴 계좌는 신용거래가 안 되므로 장기 매매에 적합하다. 장기 보유용 계좌를 별도로 운용하면 추세가 포지션과 반대로 갈 때 도움이 된다. 포지션을 장기 보유하면 리스크 대비 보상 비율이 달라지고 손실제한주문도 단기 보유보다 느슨하게 설정할 수 있다. 그러나 아무리 보유기간이 길어도 깊은 함정에 걸리는 수가 있다. 2008년의 폭락장에서 미국의 은퇴연금들이 거의 40조 달러를 잃은 것이 그 증거다.

보유기간별로 계좌를 나누어 관리하는 것이 합리적이기는 하지만 항상 계획대로 일이 진행되지는 않는다. 가령 며칠 동안 보유할 생각으로 포지션을 잡았지만 심한 일중 가격변동 때문에 오래 보유하기에는 위험한 상황에 처할 수도 있다. 이때는 즉시 계획을 변경해야 위험에 대처할 수 있다. 사실 이러한 대처는 장 마감 시 바뀔 수도 있는 상황에 대한 불완전한 관찰에 의존하는 측면이 있다. 이 시나리오에서 취할 수 있는 최선의 방법은 포지션 크기를 줄이고 조금이라도 수익을 확정하는 것이다. 포지션 크기를 줄이는 것만으로도 위험에 대처하는 데 큰 도움이 된다. 조기 탈출을 하면서 확정한 수익이 손실을 어느 정도 감수할 수 있도록 해주기 때문이다.

함정의 발생 가능성을 파악하기 위해서는 인간의 행동 방식을 이해하는 것도 중요하지만 기본적인 기술적 분석도 커다란 역할을 한다. 반전과 흔들기는 매수세와 매도세가 충돌하는 주요 지점에서 발생하는 경우가 많다. 문제는 심리적 편향에 가려서 이 변곡점을 놓치기 쉽다는 것이다. 우리는 포지션에 유리한 방향으로 가격이 움직일 때는 상반되는 신호를 쉽게 무시해버린다. 포지션을 다음 날로 안고 넘어갔다가 수익이 손실로 바뀐 경우를 복기해보면 지지선 또는 저항선 대비 주가의 위치 같은 수렴-확산 신호로 대부분의 함정을 발견할 수 있었다는 사실을 알게 될 것이다.

200일 이동평균선이나 다년간의 고점 또는 저점 같은 대규모 패턴의 요소들은 보유기간과 관련하여 특별히 고려할 필요가 있다. 시장은 돌파나 반전을 일으키기 전에 몇 주에 걸쳐서 이러한 장기 가격 수준을 시험한다. 그동안 가격 스윙은 트레이더들의 심리를 저울질한다. 이러한 저울질에 적절하게 대응하는 방법은 보유기간을 줄이고 시장이 패를 보여줄 때까지 방심하지 않는 것이다. 이 지점에서 수익구간을 짧게 잡지 않고 대박을 노리는 미숙한 투자자들은 큰 곤경에 빠지기 쉽다.

가령 한 종목의 주가가 지지선인 200일 이동평균선까지 밀린다고 치자. 언뜻 반등을 노릴 좋은 기회인 것처럼 보인다. 그러나 하락 모멘텀이 완전히 사라질 때까지는 장기 포지션으로 수익을 내기는 어려운 경우가 많다. 다시 말해서 이 지점은 일종의 격전지이기 때문에 반등이 나오기까지 며칠 내지 몇 주가 걸릴 수 있다. 따라서 바닥 다지기가 끝나고 본격적인 상승이 나오기 전까지는 포지션을 단기로 운용하면서 매수세가 유입될 때 치고 빠지는 전략이 바람직하다.

끝으로 50일 이동평균선이나 수평 볼린저밴드 같은 단기적 요소에는 역시 단기 전략으로 대응해야 한다. 이 지점에서는 최소한 몇 봉 동안 함정이 발생하기 쉬우므로 보유기간을 짧게 잡고 수익이 나면 바로 실현해야 한다. 다만 60분봉 차트에서 확실한 반전 패턴이 나오면 장기 전략과 마찬가지로 보유기간을 늘려도 된다.

파트타임 트레이딩

현대 시장에서는 시간 기준으로 다양한 방식의 매매가 이루어진다. 한 극단에서는 빠른 손을 가진 스캘퍼들이 분 단위로 포지션을 드나든다. 다른 극단에서는 구식 매매자들이 주식증서를 장롱에 넣어두고 10년 넘게 묵힌다. 대부분의 사람들은 양 극단의 넓은 중간지대에서 매매하는 것을 편하게 여긴다. 그들은 분 단위 등락에 연연하지 않으면서도 마켓 타이밍의 미덕을 인정한다. 그러나 그중에서 실시간으로 계속 체결창을 지켜볼 수 있는 사람은 많지 않다. 대부분은 다른 직업을 갖고 있기 때문에 생활 방식에 맞는 파트타임 전략을 써야 한다.

파트타임 트레이딩에는 장기 차트가 적당하다. 가족과 친구 그리고 경력 등 다른 곳에 많은 시간을 할애해도 시장에 참여할 기회가 주어지기 때문이다. 파트타임 트레이더들은 일간 차트보다 주간 차트를 통해 기회를 찾아야 한다. 평일에는 생업에 집중하고 주말에 포지션을 평가하고 주문을 넣어라. 주간 차트는 노이즈를 걸러내고 주요 추세를 보여준다. 그렇다고 해도 진입 지점과 청산 지점을 세심하게 정하지 않고 무작정 돈을 넣을 수는 없다. 장단기 전략의 장점을 두루 살리는 한 가지 효과적인 방법은 주요 지지선과 저항선을 참고하여 순차적으로 진입하면서 평균 매수가를 낮추는 것이다.

다우 운송지수펀드의 주간 차트를 보고 매수 기회를 찾는 경우를 예로 들어보자. 그림 8.2를 보면 10월에 가격이 전고점을 뚫고 (1) 77.50달러까지 상승한 다음 73달러 근처의 지지선을 따라 횡보한다(2). 이 경우 횡보구간의 하단에 해당하는 평균 74달러 근처에서 진입하는 것이 리스크 측면에서 적절하다. 74달러에 평균 매수가를 맞추려면 몇 주에 걸쳐 73달러, 74달러, 75달러로 포지션을 나누어 진입하면 된다. 그 다음 72달러 근처(3)에 손실제한 주문을 설정하여 포지션을 보호한다.

이 장기 패턴에서는 다른 진입 전략도 적용할 수 있다. 지지선에 해당하는 73달러에 단일 지정가주문을 넣고 체결될 때까지 기다리는 것이다. 이 전략을 보다 세련되게 구사하려면 지지선 양쪽으로 주문을 나눌 수 있다. 앞에서 언급했듯이 하락추세는 종종 주요 지지선을 지나 초과진행한 다음 급하게 반등한다. 따라서 지지선 밑에 절반의 주문을 넣으면 마지막 하락 지점에 들어갈 수 있다.

이 두 가지 진입 전략을 쓰면 낮은 리스크로 유리한 포지션을 취할 수 있다. 다만 원하는 패턴이 나올 때까지 기다릴 줄 알아야 한다. 주말에만 매매하면 기회를 놓친다는 생각에 빨리 수익을 올리려고 추세를 추종하기 쉽다. 이러한 행동은 장기 전략을 망쳐놓는다. 이 전략에서는 미리 정해놓은 진입조건이 만족될 때까지 초

연하게 기다리는 자세가 가장 중요하다.

파트타임 트레이더들에게 한 가지 좋은 소식은 최근 들어 기술적 분석이 단기 차트보다 장기 차트에 더 잘 맞는다는 것이다. 프로그램 알고리즘이 장기간에 걸쳐서 가격변동을 조작하기는 어렵기 때문이다. 넓은 시간단위에서는 자연스러운 수급의 힘이 차트를 지배하여 지지선과 저항선 그리고 추세를 파악하기 쉽게 만든다. 따라서 파트타임으로 매매하는 생존형 트레이더에게 유리한 환경을 제공한다.

다음은 장기 차트를 활용할 때 참고해야 할 열 가지 지침이다.

1. 최소한 10년에서 15년에 걸쳐 매매 결과에 영향을 미칠 모든 고점과 저점을 확인하라.

2. 작은 포지션을 취하고 신용거래는 하지 말라. 그래야 리스크를 낮추고 흔들기를 견딜 수 있다.

3. 급격한 가격변동이 적은 안정된 종목만 골라라.

4. 재료에 따른 개별 종목의 급등락을 피할 수 있으므로 가능한 ETF를 매매하라.

5. 현재의 스윙으로 인한 휩소를 피하고 기본 추세에 변화가 생길 때만 걸리도록 손실제한주문을 느슨하게 설정하라.

6. 주간 볼린저밴드(20, 2)를 지표로 활용하라. 이 지표는 포지션 진입과 청산을 위한 가장 유리한 지점을 보여줄 것이다.

7. 약한 포지션들이 흔들기에 나가떨어질 지지구간 내지 저항구간의 경계에서 매매하라.

8. 주요 지지선이나 저항선에 맞추어 추가 매수함으로써 평균 매수가를 낮춰라.

9. 주간 5-3-3 스토캐스틱을 참고하여 장기 매수-매도 스윙을 파악하라. 상향스윙에서 매수하고 하향스윙에서 공매도하면 된다.

10. 시장의 주요 지표들이 완벽하게 정렬될 때까지 기다려라. 지루하다는 이유로 원칙을 포기해서는 안 된다.

변동성이 낮은 종목을 고르고 실시간 경보시스템을 갖추기 전까지 물리적 손실제한주문을 설정하라. 이 점만 지키면 파트타임 트레이딩이라고 해도 장기 차트를 통해 큰 성공을 거둘 수 있다.

그러나 몇 번 운이 좋았다는 이유로 한계를 잊고 지나치게 공격적으로 매매하면 안 된다. 주요 가격 수준 사이에는 너무나 많은 장애물들이 있어서 자기도 모르게 리스크가 높은 포지션에 들어갔다가 제때 빠져나오지 못하는 경우가 많다.

앞서 언급했듯이 대부분의 트레이더들은 경험이나 자금 수준에 비해 너무 큰 포지션을 취한다. 파트타임 트레이딩을 하면서 이러한 실수를 저질렀다가는 엄청난 손실을 입을 수 있다. 포지션 크기는 곧 리스크라는 사실을 명심하라. 포지션 크기를 줄이면 가격이 보다 멀리 움직일 때까지 기다릴 수 있는 여유가 생긴다. 이 여유는 두 가지 방식으로 도움을 준다. 첫째, 매매 실패의 영향력이 줄어들기 때문에 진입구간이나 청산구간의 폭을 지나치게 좁게 잡지 않아도 된다. 둘째, 손실제한 수준을 느슨하게 잡을 수 있으므로 휩소를 피할 수 있다.

실시간으로 매매할 수 없다면 시장가주문을 넣어서는 안 된다. 체결가에 상관없이 분석을 통해 미리 정한 가격에 지정가주문을 넣고 체결되기를 기다려라. 파트타임 트레이더의 경우 증가한 리스크를 관리할 수 없으므로 절대 추격매매를 하면 안 된다. 필요하면 일중 장세를 살펴도 되지만 급격한 가격변동에 혹해서 나쁜 결정을 내리지 않도록 주의해야 한다. 가능한 저녁이나 주말에 장을 분석하고 매매 결정을 내려라. 주가 추이를 확인하고, 손실제한주문을 조정하며, 손익 목표를 다시 계산하라. 특정한 날이나 주에 실적이 나쁘다고 해도 미리 정한 매매계획을 지켜야 한다.

장기 패턴에 따라 매매하는 경우에도 체결 정보는 즉시 확보해야 한다. 요즘은 스마트폰이나 컴퓨터 혹은 전화로 체결 정보를 확인할 수 있다. 체결가를 알아야 손실제한주문을 넣을 수 있고, 임박한 위험에 대한 경고 신호도 얻을 수 있다. 가령 일주일 정도는 기다릴 작정으로 현재가보다 많이 낮게 지정가주문을 넣었는데 바로 체결이 되었다고 치자. 이는 가격이 급락했다는 뜻이다. 따라서 예상하지 못한 리스크가 발생했다는 신호이므로 즉시 대응해야 한다.

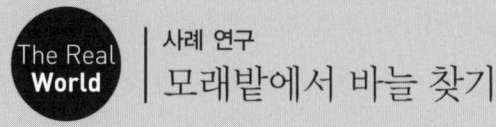

사례 연구
모래밭에서 바늘 찾기

당신은 저녁에 여러 차트들을 살피면서 완벽한 패턴을 찾는다.

나는 요리를 잘하는 편이어서 주위에 자랑을 많이 한다. 그러나 내가 하는 모든 요리가 성공하는 것은 아니다. 한 번은 큰 솥 한 가득 끓인 칠면조 스프를 완전히 망친 적이 있다. 풍미를 더하려고 파슬리를 처음 써봤는데 향이 너무 강한 것이 문제였다. 결국 칠면조 스프는 우리집 개조차 거부하는 실패작이 되었다.

이 이야기의 교훈은 명확하다. 한 가지 요소만 잘못되어도 완벽해 보이는 패턴이 완전히 망가질 수 있다는 것이다. 한마디로 좋은 매매는 다양한 요소들이 조화를 이루어 예측한 결과를 낼 때 이루어진다. 그러나 한 가지 요소라도 어긋나면 잠재적 수익이 사라질 수 있다. 따라서 다음 포지션을 요리할 때는 쓴맛을 보기 전에 문제가 있는 요소들을 철저하게 골라내야 한다.

몇 가지 사례를 살펴보기 전에 확실하게 짚고 넘어갈 것이 있다. 정말 운이 좋다면 뱀구덩이에서 굴러도 물리지 않을 수 있다지만, 그래도 위험한 포지션을 잡는 것은 여전히 멍청한 짓이다. 주식투자는 언제 어느 때고 무슨 일이든 생길 수 있는 확률 게임이기 때문이다. 다시 말해서 장기적으로 돈을 벌려면 확률의 법칙을 존중하고 군말없이 따라야 한다. 주가 패턴은 때로 느리게, 때로 빠르게 확률을 불리한 방향으로 몰고 간다. 물론 운이 좋아서 돈을 벌 수도 있지만 장기적으로 살아남기 위해서는 현명한 종목 선정이 가장 강력한 방어수단이다.

그림 8.3에 나온 딜라즈Dillard's의 주가 추이는 매우 이상적이다. 딜라즈의 주가는 12월에 22달러까지 상승하다가(1) 되돌린다. 하락은 14달러 근처에서 끝난다. 두 번에 걸쳐 바닥을 친(2) 주가는 4월에 전고점으로 복귀한다(3). 이후 주가는 2주 동안 횡보한 다음 고점을 높이면서(4) 4개월에 걸쳐 손잡이 달린 컵 패턴을 완성한다. 이때 22달러에 형성된 저항선은 200일 이동평균선과 수렴

그림 8.3 　상향돌파의 실패

하면서 교차검증을 한다. 이 패턴은 상향돌파를 예고하며 더 높은 고점을 향한 파동을 탈 기회처럼 보인다.

그러나 주가가 나아갈 곳이 없으면 상향돌파도 아무 의미가 없다. 지난해에 형성된 패턴을 보면 12월 상승 전에 25달러에서 23.50달러로 고점이 낮아진다(5). 이 전고점들은 손잡이 달린 컵 패턴에 이은 상향돌파를 막는 강력한 저항선으로 작용한다. 보다 낮은 전고점인 23.50달러선이 상향돌파선보다 불과 1.5포인트 위에 있기 때문에 돌파 타이밍을 잘 잡는다 해도 잠재적인 수익이 크지 않다. 따라서 손잡이 달린 컵이 유망한 패턴이기는 하지만 불리한 리스크 대비 보상 비율을 고려하여 들어가지 말아야 한다.

이 사례가 주는 교훈은 패턴이 좋아도 잠재적인 수익이 적으면 다른 차트로 옮겨가야 한다는 것이다.

트레이더라면 누구라도 떨어지는 칼날을 잡고 싶은 유혹을 떨쳐내기 힘들다. 많은 투자자들의 계좌에 남은 흉터가 그 증거다. 그림 8.4에 나온 짐보리의 주가는 강력한 5파 상승 후에 반락한다. 이전 추이를 보면 주가가 지지선 역할을 하는 지속갭(1)으로 반락할 때 하락폭을 상당부분 되돌리는 반등을 노릴 수 있다. 그러나 이 차트에서 갭 지지선을 노리고 뛰어드는 것은 현명하지 않다. 우선 1봉 반전 패턴으로 급격한 갭하락이 나왔다(2). 반전된 주가는 9월에 지속갭이 나온 후 가장 많은 거래량을 기록하며(4) 50일 이동평균선을 깬다(3). 이 세 가지 부정적인 단서는 50일 이동평균선에서 새 저항선이 형성되었다는 사실을 말해준다.

다음 날 전형적인 스윙의 역학이 작용하면서 주가가 지속갭의

그림 8.4 지속갭과 갭하락

경계로 갭하락했지만 하루 만에 갭을 메우며 더 높이 반등한다(5). 그러나 반등은 이내 힘을 잃고, 두 번째 갭하락(6) 이후 무너지고 만다.

이 차트를 보면 한 가지 유용한 지침을 얻을 수 있다. 대개 지속갭 구간으로 하락하면 매수 신호지만 갭을 만들며 하락할 경우는 예외다. 설령 갭으로 하락하지 않는다고 해도 하락세가 지나치게 강하면 섣불리 들어가지 않는 것이 좋다.

이 사례를 통해 우리는 쉽게 관찰할 수 있는 실마리가 수익과 손실을 좌우한다는 사실을 알 수 있다.

책에서 보았다는 이유로 특정한 패턴과 사랑에 빠지는 경우가 많다. 그러나 시장은 그렇게 쉽게 선물을 주지 않는다. 그림 8.5에서 오토네이션의 주가는 23달러에서 12달러까지 하락하다가 1월에 반등한다(1). 이후 16.50달러 근처에서 반등을 멈춘(2) 주가는 3개월에 걸쳐 횡보하면서 상승 삼각형 패턴을 형성한다(3). 이 패턴은 거의 모든 측면에서 5월 초의 상승을 예고하지만 두 가지 부정적인 요소가 있다. 첫째, 하락추세의 저점 근처에서 형성되는 상승 삼각형 패턴은 상승추세의 고점 근처에서 형성되는 상승 삼각형 패턴보다 상향돌파를 이룰 가능성이 낮다. 둘째, 삼각형 패

그림 8.5 삼각형 패턴

턴의 역학상 상향돌파 지점 위로 여유 공간이 있어야 한다. 즉 저항선이 훨씬 위에 있어서 공매도자들이 기회를 얻기 전에 충분한 모멘텀이 형성되어야 한다.

그러면 2007년 후반에 연이어 낮아진 고점들(4)을 살펴보자. 이 부정적인 패턴을 통해 삼각형 패턴의 상향돌파 지점보다 높은 지점에서 물린 사람들이 많다는 사실을 알 수 있다. 그들 중 다수는 본전 근처로 주가가 회복되면 여지없이 포지션을 정리할 것이다. 이러한 대기물량은 상향돌파 이후 추가 상승을 막는 부담으로 작용한다. 실제로 200일 이동평균선 위로 하루 동안 상승한 주가는 (5) 즉시 반전하여 삼각형 파동의 관에 못을 박는다. 이 지점에서는 새로운 하락추세가 시작될 가능성이 대단히 높다. 뒤늦게 상향돌파에 대응한 매수자들을 함정에 빠트리는 동시에 공매도자들을 끌어들이는 실패 패턴이 나왔기 때문이다.

이 사례를 통해 유명한 패턴을 해석할 때는 억지로 모양만 끼워 맞추지 말아야 한다는 교훈을 얻을 수 있다. 주변 단서들까지 꼼꼼하게 살펴야 손실을 피할 수 있다.

The Master
Swing Trader Toolkit

노출 관리

최근 10년 동안 기술적 분석은 상당히 인정받는 연구분야가 되었다. 그러나 현실적으로 몇 가지 추세선과 지표만 보고 쉽게 돈을 버는 것은 불가능하다. 수익을 내려면 치열하고 급박하게 돌아가는 전장의 열기 속에서 좋은 결정을 내리거나 미리 준비한 전략을 정확히 실행에 옮기는 방법밖에 없다.

── **09** CHAPTER

포지션 관리

    많은 트레이더들은 몇 시간 동안 공을 들여서 좋은 패턴을 찾아냈다가도 진입, 손실제한, 청산 중 하나를 잘못해서 기회를 망친다. 사실 포지션을 관리하는 것은 적절한 패턴이나 공략하기 좋은 비효율을 찾는 일보다 훨씬 어렵다. 그래서 포지션 관리 능력은 실전적 트레이더와 이론만 뛰어난 기술적 분석가를 나누는 기준이 된다. 인터넷에서 말만 앞세우는 사람들의 진정한 실력이 드러나는 것도 이 대목이다. 인터넷에는 이론가들이 숱하게 널려 있는데 이들은 정작 실전에 들어가면 맥을 못 춘다.

    최근 10년 동안 기술적 분석은 상당히 인정받는 연구분야가 되었다. 그러나 현실적으로 몇 가지 추세선과 지표만 보고 쉽게 돈을 버는 것은 불가능하다. 수익을 내려면 치열하고 급박하게 돌아가는 전장의 열기 속에서 좋은 결정을 내리거나 미리 준비한 전략을 정확히 실행에 옮기는 방법밖에 없다. 우리와 달리 시스템 트레이더들이 내리는 좋은 결정은 실시간 체결창 관찰이 아니라 미리 설정한 프로그래밍에서 나온다. 어느 경우든 현명한 사람은 지수선물의 변동, 차트 내 충격의 발생, 상대강도의 오르내림 등을 통해 시장의 에너지가 어떻게 흐르는지를 파악하고 이에 따라 결정을 내린다.

7장에서 관중과 선수의 차이를 설명한 적이 있다. 모양 좋은 패턴을 찾는 일과 그 패턴에 돈을 거는 일 사이에도 비슷한 차이가 존재한다. 패턴을 보는 방법은 몇 주나 몇 달이면 누구나 익힐 수 있다. 그러나 적절한 리스크를 감수하면서 포지션을 관리하는 방법을 통달하려면 10년 넘게 걸릴 수도 있다. 슬프게도 소수의 능력자를 제외한 대부분의 사람들은 고수가 되는 길이 자신의 능력과 의지 그리고 지식을 넘어선다는 사실을 절감하고 중도에 포기하고 만다.

한 가지 실험을 가정해보자. 먼저 열 명의 뛰어난 트레이더들을 찾는다. 그 다음 같은 금융상품에 대하여 다섯 명은 롱 포지션을, 다섯 명은 숏 포지션을 취하게 만든다. 이상하게 들리겠지만 열 명 모두 궁극적으로 돈을 벌고 포지션을 정리할 수 있다. 그 이유는 논리적으로는 이해하기 힘든 시장의 다음과 같은 진리 때문이다. 미숙한 트레이더들은 종종 무시하곤 하지만 시장에서 장기적으로 성공하려면 그 진리를 깨달아야 한다.

- 모든 가격변동은 추세 속에 또 다른 추세를 형성하면서 양 방향으로 이루어진다.
- 어떤 종목을 매매하느냐보다 언제 매매하느냐가 훨씬 중요하다.

생존형 트레이더들은 이 두 가지 계율을 포지션 관리의 철칙으로 삼는다. 또한 그들은 심리적 흥분 때문에 조금만 방심해도 수익이 손실로 바뀔 수 있다는 사실을 안다. 마켓 타이밍은 원래 기회의 문이 열리고 닫히는 시간이 지극히 짧다는 사실을 전제하는 것이다. 시장에서 보내는 대부분의 시간은 지루한 탐색전으로 흘러간다. 탐색전이 벌어지는 동안 가격변동은 간헐적인 짧은 방향성 신호만 내보내며 의미 없는 긴 노이즈를 만들어낸다. 생존형 트레이들은 현재 시장이 어떤 상태인지 파악한 다음 거기에 맞추어 포지션을 관리한다. 그래서 기회가 없는 오랜 기간 동안 빈손으로 앉아 있다가 마침내 시장이 잠에서 깨어나면 다람쥐처럼 민첩하게 움직인다. 이처럼 심리적 대응태세를 180도로 전환하는 일은 쉽지 않다. 그래서 이미 한풀 꺾인 추세를 뒤쫓거나 새로운 추세가 형성되었는데도 손을 놓고 있는 트레이더가 많다.

트레이더들은 시장의 움직임을 면밀히 관찰하여 상태를 파악해야 한다. 장기 포지션에 손실제한주문을 설정하는 경우에도 일중 변동폭을 파악하는 것이 도움이 된다. 일중 가격변동을 정확하게 해석하려면 지수선물을 통해 매수세와 매도세의 흐름을 파악하고 해당 거래일에 형성 중인 패턴에 어느 정도의 영향을 미치는지 분석해야 한다. 이 두 가지는 인형과 인형술사처럼 보이지 않는 줄로 연결되어 있다.

> **■ 일중 시장 관찰 방법**
>
> 1. **첫 한 시간과 마지막 한 시간 동안 선제적으로 대응하라** 단, 노련한 트레이더들은 이 시간 동안 적극적으로 매매해도 되지만 초보 트레이더들은 관망해야 한다.
> 2. **시간대별 경향을 파악하라** 시장은 일정한 시간 동안 추세를 만드는 경향이 있다. 나머지 시간에는 거짓돌파만 나온다.
> 3. **여러 일중 지표를 종합적으로 참고하라** 완벽한 신호를 찾으려 하지 말고 상반되는 정보를 해석하는 법을 배워라.
> 4. **뉴욕 시장의 동향을 관찰하라** 일중 고점과 저점이 나오는 지점을 예의주시하라.
> 5. **한 눈은 포지션에, 다른 눈은 지수에 두어라** 진입 종목의 주가와 지수의 움직임을 비교하라.
> 6. **2, 3일간의 거래범위에서 돌파가 나오는지 확인하라** 이 단기 스윙은 추세 내지 박스권의 형성 여부를 알려준다.

손실제한 설정의 원칙

손실제한은 주식시장을 떠날 때까지 힘들게 배워야 하는 기술이다. 변동성이 아주 심한 장을 제외하면 가격봉들은 대개 서로 겹친다. 그래서 추세가 형성되기 전까지 가격봉은 당신의 포지션을 수차례 오르내릴 것이다. 이러한 횡보는 작은 수익과 큰 수익을 동시에 보호하기 위해서는 어떤 수준에 손실제한주문을 설정해야 할지 난감하게 만든다. 사실 이 두 가지 목표는 양립할 수 없는 경우가 많다. 대개는 장기 보유로 큰 수익을 얻기보다 작은 수익을 얻기가 쉽다.

일반적인 사례를 하나 들어보자. 당신은 좋은 기회를 발견하고 완벽한 가격에 진입하는 데 성공한다. 덕분에 곧 당신의 포지션은 수익을 기록한다. 그러나 본격적인 추세를 형성하기 전에 주가가 반전하여 손실제한주문을 건드리는 바람에 손실을 보며 시장에서 쫓겨나고 만다. 이러한 흔들기로 좋은 포지션을 빼앗기지 않으려면 두 가지 상반된 접근법 중 하나를 선택하면 된다.

- 리스크를 감당할 수 있는 한도 내에서 노이즈 구간보다 멀리 떨어진 곳에 손실제한주문을 설정한다.
- 단기 가격변동에서 나온 데이터를 활용하여 짧은 시간단위 기준으로 손실제한주문을 설정한다. 필요할 경우 감수할 수 있는 전체 리스크 범위 내에서 몇 번이고 재진입한다.

그림 9.1에서 애플의 주가는 차트에는 보이지 않지만 5월 초에 133.50달러까지 상승하다가 거의 3주 동안 하락했다. 이후 5월 26일에 고점을 회복한 데 이어 다음 날 아침에 상향돌파한다. 이 돌파로 15분봉 차트에서 쉽게 관찰할 수 있는 새로운 작용-반작용-해결 주기가 형성된다. 매수세(작용)가 135달러선에서 약화되면서 횡보가 시작된다(반작용). 후속 상승(해결)을 노리는 경우 이 횡

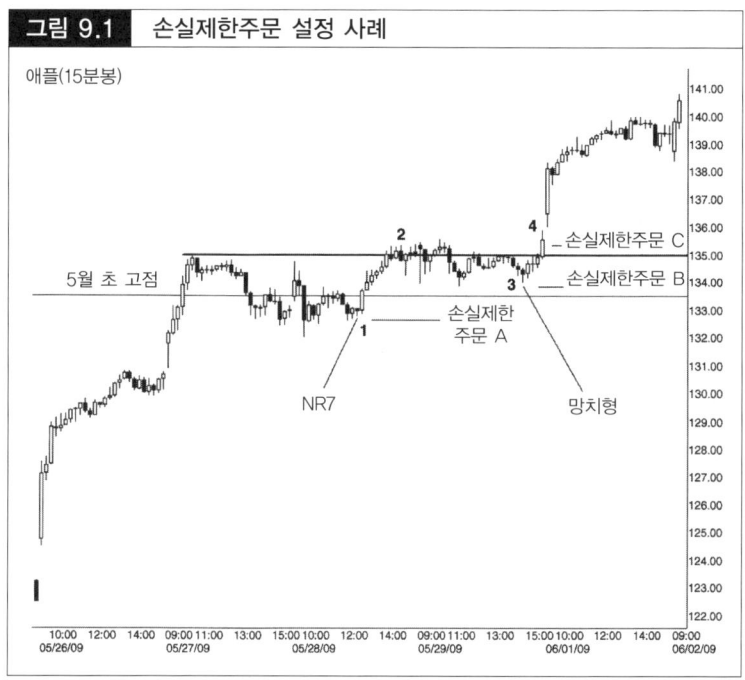

그림 9.1　손실제한주문 설정 사례

보 패턴 내에서 매수해야 한다. 5월 28일에 박스권을 깨는 장대양봉(1)이 나왔을 때 첫 번째 매수 신호가 발생한다. 변동성이 낮은 상태에서 높은 상태로 이동할 때는 실패 패턴이 나오기 어렵다. 따라서 이때 적절한 손실제한 지점은 NR7봉 바로 아래(A)다. 주가가 2일간의 고점인 135달러선 위로 오를 때(2) 두 번째 매수 신호가 발생한다. 그러나 손실제한주문을 어디에 두든 간에 이 지점에서 진입하면 돈을 잃을 가능성이 높다. 실제로 주가가 네 번이나 저점을 찍으면서 하루 넘게 흔들기가 계속된다. 세 번째 저점보다 약간 높게 찍힌 네 번째 저점(3)은 휩소가 끝나간다는 의미에서 매수 신호다. 이 지점에서 포지션을 잡고 작은 망치형 바로 밑에 단기 손실제한주문 B를 설정한다. 예측대로 주가는 정체구간을 갭으로 탈출하여(해결, 4) 네 번째 진입 기회를 제공한다. 해결 국면의 모멘텀이 빠른 상승을 이끌 것이므로 손실제한주문 C는 갭 바로 밑에 설정한다.

대부분의 트레이더들은 같은 곳에 손실제한주문을 설정함으로써 프로그램 매매의 표적이 된다. 표적이 되고 싶지 않다면 추세선, 주요 가격, 이동평균선 같은 흔한 지점에 손실제한을 설정하지 말아야 한다. 논리적으로 유추할 수 있는 지점은 아예 피하는 것이 상책이다. 이러한 지점은 주가가 반대방향으로 튀기 전에 물량을 털어내려는 집중적인 공격을 받기 쉽다. 흔들기는 현대 시장의 부정할 수 없는 면모이기 때문에 억울하더라도 적극 대응하는 수밖에 없다. 그 때문에 누구도 섣불리 투자 게임이 쉽다고 말하지 못한다.

가격변동이 예측한 방향으로 가는 한 포지션을 유지해야 하지만 그렇지 않을 때는 즉시 청산해야 한다. 손실제한주문은 이러한 잠재적인 실패에 대응하는 방법이다. 포지션별로 예측이 틀렸다고 말해주는 지점이 있다. 이 자연스러운 손실제한 수준을 찾은 다음 최근 변동폭을 보고 흔들기에 당하지 않도록 조정하면 된다. 또한 손실제한 방법은 의도한 전략과 호응해야 한다. 가령 데이 트레이딩이 아닌 스윙 트레이딩을 할 경우는 손실제한주문을 더 느슨하게 설정한다. 이는 매매 초기에 더 많은 리스크를 지는 방식이지만 시간적 여유가 있으므로 흔들기를 견디는 쪽에 역점을 두는 것이다. 반대로 데이 트레이딩을 한다면 손실제한주문을 바짝 좁혀야 한다.

손실제한 전략을 초기 손실제한, 추적 손실제한, 청산 손실제한의 3단계로 나누어 시기에 맞게 실행하라. 이 3단계 전략을 쓰려면 포지션에 진입하기 전에 수익 목표를 정해야 한다. 2부에서 설명했듯이 지지선이나 저항선의 위치에 따라 청산 지점이 정해지고 장애물 여부에 따라 조정된다. 이 청산 지점이 수익 목표다. 사전 분석을 통해 보유기간 내에 주가가 수익 목표에 도달할 수 있다는 확신이 설 때 진입하라. 수익 목표는 청산 손실제한주문을 설정할 때 적극적으로 수익을 보호하기 위해 대단히 중요하다.

초기 손실제한주문은 아주 간단하게 설정할 수 있다. 패턴이 무너지는 지점에 설정하거나 그림 9.1의 애플 사례에서 설명한 단기 전략대로 하면 된다. 모든 패턴은 무너지는 지점이 있다. 가령 추세선으로 밀리는 종목을 매수할 경우 추세선 반대편에 설정하면 된다. 물론 이런 방법이 항상 통하는 것은 아니다. 현대 시장에서는 주가가 추세선을 깨고 그곳에 몰려 있는 손실제한 물량을 털어낸 다음 돌아서는 경우가 빈번하기 때문이다.

다음은 흔들기에 대처하는 세 가지 방법이다.

- 더 많은 리스크를 감수하고 손실제한 수준을 멀리 잡는다.
- 논리적인 지점에 손실제한주문을 설정하고 포지션이 청산되더라도 주가가 반전하면 다시 들어간다.
- 진입 지점과 손실제한 지점이 거의 같은 패턴을 찾는다.

가장 안정적인 손실제한 전략은 낮은 리스크로 포지션에 진입하고 분쟁이 진행 중인 구간 바깥에 손실제한주문을 설정하는 것이다. 먼저 일반적인 패턴의 경계(그림 9.2 참고)에서 지지구간과 저항구간을 찾아라. 이 구간은 두 가지 역할을 한다. 첫째, 청산을 위한 손실제한주문이 중대한 위험에 처하는 지점이 어디인지를 알려준다는 것. 더 중요한 두 번째로는 새로운 포지션을 위한 매매 지점을 알려준다는 것이다. 패턴의 경계에서 진입하면 가시밭길은 이미 지나온 셈이므로 휩소에 걸려들 염려 없이 손실제한주문을 매우 좁게 잡을 수 있다.

적절한 시기가 올 때까지는 수익 보호 모드로 전환하지 말라. 다시 말해서 추세가 장대봉들을 만들면서 유리한 방향으로 진행될 때까지 손실제한은 그대로 유지하라. 새로운 포지션으로 진입한 초기에는 원래 수익과 손실 사이를 오가는 일이 흔하다. 따라서 패턴이 무너지지 않는 한 인내심을 가져야 한다. 좋은 매매는 정원 가꾸기와 같다. 꽃을 심고 잡초를 뽑은 다음 자라기를 기다려야 한다. 이렇게 기다리다 보면 주가는 마침내 진입 가격에서 새로운 수준으로 옮겨간다. 이때가 보다 단기적인 기준을 적용하여 첫 번째 추적 손실제한 수준을 정할 시기다. 일간 차트를 본다면 60분봉 차트, 60분봉 차트를 본다면 15분봉 차트를 참고하라. 진입가와 현재가 사이에 나타난 가격변동을 보고 정체구간 바로 뒤에 손실제한주문을 설정하라. 일간 차트의 하향돌파는 60분봉 차트의 반전에서 시작되고, 60분봉 차트의 하향돌파는 15분봉 차트의 반전에서 시작된다. 짧은 시간단위를 기준으로 손실제한주

그림 9.2 패턴의 경계를 활용한 진입과 손실제한

흔들기가 진행될 때 이미 진입한 상태면 돈을 잃기 쉽고 관망하고 있다면 돈을 벌기 쉽다. 셰브런(Chevron)의 주가는 꾸준하게 하락하다가 6월 22일에 갭을 만들며 66달러까지 떨어진다(1). 이어진 직사각형 패턴(2)에서 공매도자들이 들어오고, 이들은 저항선인 67.25달러 바로 위에 손실제한주문을 설정한다. 주가는 7월 1일에 직사각형 패턴의 상단을 뚫고 올라가(3) 갭을 메우면서 공매도자들의 물량을 털어낸 다음 한 시간 후에 돌아선다. 이 반전은 낮은 리스크로 숏 포지션에 진입할 좋은 기회를 제공한다(4). 손실제한 수준을 60분 고점 대비 1포인트 미만으로 설정할 수 있기 때문이다.

eSignal©2009

문을 정하면 가격이 불리한 방향으로 흘러가더라도 최대한 수익을 보호할 수 있다. 추적 손실제한주문은 일중 차트에서 가격이 새로운 수준으로 이동한 후 횡보할 때마다 조정해야 한다. 가격이 진입 지점과 수익 목표 사이 거리의 75퍼센트 수준에 이를 때까지 이 과정을 반복하라. 그 다음에는 진행하는 가격을 따라 적극적으로 추적하면서 손실제한주문을 조정해야 한다.

푼돈을 벌려고 큰돈을 위험에 빠트리는 것은 전혀 합리적이지 않다. 가격이 수익 목표에 접근할 때 욕심이 발동하여 이러한 위기를 맞는 경우가 흔하다. 원래 수익 목표는 중요한 저항선이나 지지선을 기준으로 정하지만 반드시 가격이 그 지점을 찍고 돌아선다는 보장은 없다. 따라서 예상보다 빨리 반전이 일어나는 경우에 대비하여 수익을 보호하기 위한 추적 손실제한주문을 설정해야 한다.

수익 목표 근처에서 반전의 기미가 나타나면 최후의 한푼까지 수익을 짜낼 기회를 얻을 수 있다. 마지막 손실제한 수준을 정한 후 수익 목표에 두 번째 손실제한주문을 내는 것이다. 이때 수익 목표는 롱 포지션의 경우 현재가보다 위에, 숏 포지션의 경우 현재가보다 아래에 있는 상황이다. 가격이 결승선을 향해 마지막 질주를 한다면 두 번째 손실제한주문이 실행되어 수익을 극대화할 수 있다. 이 기민한 접근법을 적절하게 활용하면 미처 포지션을 청산하지 못한 트레이더들이 당하는 모습을 지켜보면서 벌어들인 돈을 느긋하게 계산할 수 있을 것이다.

생존형 손실제한 전략

주식투자에 나서는 사람들은 대개 비슷한 책을 보고 공부한다. 불행하게도 이 책들이 소개하는 손실제한 기법은 더 이상 시장에서 통하지 않는다. 문제는 기술적 분석을 활용하는 사람들은 소수이기 때문에 뻔한 지지선이나 저항선 뒤에 손실제한 수준을 정해도 안전하다는 잘못된 인식에 있다. 많은 초보 투자자들은 책에 나온 내용을 충실하게 따르면서 같은 지점에서 포지션에 진입한다. 적어도 표면적으로는 이러한 행동은 합리적이다. 그들이 진입하는 변곡점들은 자연스러운 리스크 관리의 법칙을 따르기 때문이다. 그러나 누구도 그들이 도살장으로 끌려가고 있다는 말을 해주지 않는다. 이 책의 서두에서 언급하길, 금융상품은 가장 많은 트레이더들에게 손실을 입히는 가격 수준을 향해 움직인다고 했다. 추세가 아주 강하면 며칠 혹은 몇 주 동안 이 사악한 힘을 거스를 수 있지만 이는 어디까지나 예외일 뿐이다. 대개의 경우 가장 큰 표적을 향해 움직이게 되어 있는 시장의 힘은 단기적인 가격변동에 절대적인 영향을 미친다.

모든 펀드, 기관, 생존형 트레이더들은 일반적인 손실제한 지점에 함정에 빠트릴 유동성이 모여 있다는 사실을 안다. 지지구간이나 저항구간 밖에 있는 방어적 손실제한주문 역시 도미노 효과에 휩쓸릴 수 있기 때문에 위험하다. 이를 역으로 생각해보면, 매매하기 전에 일반적인 손실제한 지점을 파악하면 많은 문제를 피할 수 있다는 결론이 나온다. 지난 차트를 보고 주가가 해당 지점에 이르렀을 때 어떤 반응이 있었는지 살펴보라. 해당 지점을 뚫은 후 금세 반전했는가? 그렇다면 해당 지점에 정한 손실제한주문은 털리기 쉽다.

이 화전火田식 역학을 피하는 효과적인 방법은 모든 유혹적인 지점으로부터 멀리 떨어진 곳에 손실제한주문을 설정하는 것이다. 물론 이 일은 말처럼 쉽지 않다. 손실제한주문을 설정하는 것은 매매계획의 핵심이며, 예상되는 수준에서 손실을 감당할 수 없을 경우 모든 계획을 새로운 리스크에 맞추어 변경해야 하기 때문이다. 늘어난 리스크에 대응하려면 그만큼 보다 유리한 가격 수준에서 진입해야 한다. 둘은 서로 연동되어야 하므로 진입가를 바꾸지 않으면 손실제한주문을 바꿀 수 없다. 여기서 문제가 생긴다. 우리는 쉽게 털리지 않을 곳에 손실제한주문을 설정하고 싶지만 포지션 진입 방법을 바꾸는 것을 원치는 않는다. 이런 이유로 많은 트레이더들이 흔들기에 효과적으로 대응하지 못하고 잘못된 진입 지점을 추격하면서 돈을 잃는다. 그들은 일반적으로 돌파가 나온 후 뒤늦게 포지션에 진입한다. 실제 시장에는 이 전략 외에는 다른 전략을 배울 생각도 하지 않는 트레이더들이 많다. 이렇게 수동적으로 포지션에 진입하면 지지선이나 저항선과 너무 멀어서 흔들기를 버텨내기 어렵다. 그래서 이 전략은 실패로 이어지는 지름길이 되는 것이다.

그래도 모멘텀 추종 전략을 쓰고 싶다면 방법은 고정 가격이나 단기 이동평균선 기준으로 손실제한 수준을 정하는 것이다. 먼저 고정 가격을 이용하는 방법은 감당할 수 있는 최대 손실을 계산하여 진입가보다 20센트나 50센트 혹은 1달러 뒤에 손실제한주문을 설정하면 된다. 이 방법은 패턴 분석이 필요없기 때문에 쉽게 적용할 수 있다. 이에 비해 단기 이동평균선을 기준으로 하는 방법은 실시간 가격변동에 대응하는 것이므로 보다 적극적인 성격을 띤다. 그러나 실행하는 방법은 더 간단하다. 15분봉 차트에서 8봉 단순이동평균선에 손실제한주문을 정하면 된다. 즉 진입할 때의 봉을 기준으로 이전 여덟 개 봉의 종가를 평균 내서 손실제한 수준을 삼는 방법이다. 이렇게 했을 때 주문이 너무 자주 실행된다면 60분봉 차트의 8봉 단순이동평균선을 쓰면 된다.

그렇지만 가능하면 5퍼센트, 10퍼센트, 50퍼센트 같은 퍼센트 기준 손실제한은 하지 말 것을 권한다. 이러한 수치는 현재 시장이나 리스크에 대하여 어떤 것도 말해주지 못한다. 가령 평균 일일 변동폭이 11퍼센트인 종목에 진입했다고 치자. 이 경우 10퍼센트를 손실제한 기준으로 삼으면 아무 의미가 없는 노이즈에 노출될 뿐이다. 이 방법의 더 큰 문제는 정작 리스크의 진정한 속성에 대응하지 못하면서도 리스크를 관리하고 있다는 착각을 심어준다는 점이다. 보상과 리스크는 매우 밀접한 관계를 맺기 때문에 이 점은 대단히 중요한 의미를 지닌다. 한마디로 하나를 제대로 관리하지 못하면 나머지도 모두 제대로 관리할 수 없다. 특정한 패턴과 진입 지점에 따라 측정가능한 리스크가 존재한다. 또한 모든 포지션은 다른 리스크 속성을 지니며, 리스크는 수익 목표에 도달할 가능성과 그동안 부딪힐 저항의 정도를 말해준다. 손실제한 수준을 계획할 때 이러한 데이터를 반영하지 않으면 거듭 크나큰 손실을 입고 포지션을 털릴 수밖에 없다.

손실제한과 관련하여 가장 안정된 전략은 손실제한 포지션들이 거의 정리되는 지점 근처에서 진입하는 것이다. 그러기 위해서는 깊은 되돌림이 나올 때까지 기다리거나, 흔들기를 진입 도구로 활용해야 한다. 즉, 일반적인 손실제한주문이 대량으로 실행될 때까지 관망하다가 모멘텀이 약화되는 순간 뛰어드는 것이다. 이 진입 기법은 앞에 나온 셰브런 사례에서 언급한 것으로서 성공률이 대단히 높다. 다만 변동성이 높은 시기에 들어가야 하므로 담력이 강해야 쓸 수 있다. 이 기법으로 진입한 후에는 흔들기 구간의 경계보다 한 틱 아래에 손실제한주문을 설정하라. 흔들기로 한쪽 포지션들이 거의 정리되면서 생긴 단기적인 불균형이 평균회귀라는 주가의 속성을 작동시킬 것이기 때문에 이 손실제한주문은 쉽게 실행되지 않는다. 흔들기는 종종 반대방향으로 강한 추세가 시작되기 전에 이루어진다. 따라서 흔들기를 유리한 진입 지점을 찾기 위한 유용한 선행지표로 삼을 수 있다.

오버나이트 판단 기준

나는 1990년대에 다른 많은 사람들처럼 데이 트레이딩에 주력했다. 그러다가 몇 가지 논리적인 이유로 1990년대 후반에 스윙 트레이딩으로 전환했다. 첫째, 잠시도 방심할 수 없는 데이 트레이딩의 속도 때문에 정신적으로 엄청나게 피곤했다. 데이 트레이딩을 하려면 나쁜 데이터로 가득한 상황에서 중요한 결정을 내려야 한다. 나로서는 사양하고 싶은 일이었다. 둘째, 분 단위 내지 시간 단위로 포지션을 드나드는 것보다 며칠 동안 포지션을 보유하는 전략이 더 자신 있었다. 지금도 데이 트레이딩을 하긴 하지만 리스크가 증가했거나 스윙 트레이딩의 기회가 없을 때 방어적으로만 한다. 나처럼 데이 트레이딩을 하다가 스윙 트레이딩으로 넘어온 사람들은 대부분 포지션을 다음 날로 안고 넘어가는 것이 너무 위험하다고 말한다. 하지만 내가 보기에는 전혀 그렇지 않다.

야간시장의 상황을 유리하게 활용하는 법을 배우고 오버나이트가 위험하다는 생각을 버려라. 대부분의 수익은 폐장과 다음 날 개장 사이에 형성된다. 데이 트레이딩을 하면 오버나이트의 불확실성을 피할 수 있는 것은 사실이다. 그러나 이 사실은 동전의 양면과 같다. 대개 일중 수익은 오버나이트 수익보다 훨씬 적다. 또 보유기간이 짧으면 수익률을 올리기도 어렵다. 데이 트레이딩은 계속해서 완벽한 타이밍을 잡아야 성공한다. 반면 스윙 트레이딩을 하면 휩소를 극복하고 큰 수익을 올릴 수 있다. 데이 트레이딩은 스윙 트레이딩보다 효과적으로 손실을 관리할 수 있지만 높은 노이즈와 거래비용을 무릅써야 한다.

물론 물량을 다음 날로 안고 넘어가면 그만한 리스크가 따른다. 악재로 갭하락이 나올 수도 있고, 기업의 놀라운 실적호조 발표로 갭상승이 나올 수도 있다. 특히 횡보장이나 혼조장에서 이러한 위험이 높다. 그러나 대부분의 오버나이트 리스크는 적절한 매매계획을 실행하면 극복할 수 있다. 무엇보다 지속적으로 정보를 수집하면서 경제지표 발표나 옵션 만기 같은 절기의 영향을 눈여겨봐야 한다. 옵션으로 보호해두지 않는 이상 절대 실적 발표 시즌에는 포지션을 오래 보유하지 말라. 예상을 상회하든 하회하든 간에 결과가 주가를 어떻게 움직일지 알 수 없다. 따라서 유일한 논리적 선택은 발을 빼고 다른 트레이더들이 리스크를 감당하도록 하는 것이다. 다만 2부에서 말했듯이 눈먼 돈과 좋은 기회를 찾아서 실적 발표를 이용하는 전략은 괜찮다.

리스크에 민감한 트레이더들은 주말 동안 포지션을 보유하는 일을 꺼린다. 그러나 이 전략으로 주중 오버나이트 전략보다 더 큰 수익을 올릴 수 있다. 왜 그럴까? 월요일 아침장이 열리면 새로운 종목을 매수하겠다고 대기하고 있는 수많은 물량을 생각해보라. 이들의 활발한 종목 사냥은 내가 보유 중인 종목에도 매수세가 유입될 가능성을 높여준다. 그래서 화요일에 반전 편향이 생기는 것이다. 이 편향은 월요일의 매수세를 이용하려는 경향에서 나온다. 월요일에 많은 트레이더들이 추격매수로 인기 종목의 주가를 상승시킨 다음 수익이 생기기를 기다린다. 그러나 다음 날(화요일) 아침이 되면 약한 포지션들을 노린 살벌한 흔들기가 전개된다.

가격의 장기 추이를 보고 갭이 발생한 빈도를 지수와 비교하여 오버나이트 리스크를 낮추어라. 이 간단한 분석을 통해 큰 우위를 차지할 수 있다. 차트에는 대개 갭이 있기 마련인데, 이 갭이 추세 방향에서 일정한 신호를 드러내주기 때문이다. 분석 결과 오버나이트 리스크가 높다면 폐장 전에 청산했다가 다음 날 다시 들어가는 편이 낫다.

추세장에서 공격적으로 포지션을 잡고 횡보장에서 방어하는 훈련을 하라. 뻔한 말처럼 들리지만 강세장에서 매수하고 약세장에서 공매도하면 오버나이트 리스크가 줄어든다. 또한 추세장에서는 보유기간을 늘리고 횡보장에서는 줄여야 한다. 그리고 횡보장

그림 9.3 오버나이트, 할 것인가 말 것인가

어번 아웃피터스(Urban Outfitters)의 주가는 120분봉 차트에서 두 달에 걸쳐 손잡이 달린 컵 패턴을 만들면서 좋은 오버나이트 기회를 제공한다. 실제로 7월 29일에 주가는 개장과 함께 저항선(1) 위로 올라섰다가 급격하게 반전한다. 이후 주가는 빠르게 저점을 찾은 다음 여섯 시간 동안 꾸준하게 오르지만 저항선을 돌파하지는 못하고 밀린 채로 마감된다. 이 지점에서 진입하면 다음 날 아침에 나온 상향돌파로 수익을 올릴 수 있다.

에서는 오버나이트 횟수를 줄이고 손실제한주문을 좁게 설정해야 한다. 반면 추세가 형성될 때는 보다 공격적으로 대응해야 한다. 수익의 80퍼센트 이상은 매매일의 20퍼센트에서 나온다. 따라서 가격이 위나 아래로 향하면 시장에 뛰어들어야 한다.

오버나이트 리스크 때문에 불안하다면 포지션 크기를 줄여라. 폐장 직전에 일부 수익을 취하고 다음 날로 넘어가라. 시가가 제자리이거나 유리한 방향으로 움직이면 포지션 크기를 다시 늘릴 수 있다. 반대로 시가가 불리한 방향으로 움직이면 가만히 있는 것이 대개 최선의 전략이다. 장 초반 변동성의 주요 목적은 약한 포지션들을 털어내는 것이다. 이때 항복하면 가장 큰 손해를 볼 가능성이 많다. 사실 이러한 상황에서는 포지션 크기를 늘리는 것이 좋다. 다만 두 가지 조건이 충족되어야 한다. 첫째, 신규 매수는 장기적으로 다른 가격 수준에서 포지션을 구축하기 위한 사전 계획의 일환으로 이루어져야 한다. 둘째, 포지션 구축의 근거가 되는 패턴을 시가 수준이 무너뜨리지 말아야 한다.

많은 투자서들은 그날 고점이나 저점 근처에 이른 종목에 대한 추격매매를 권한다. 일부는 이 고전적인 기법을 뒷받침하는 통계까지 제시한다. 하지만 이 기법은 더 이상 통하지 않는다. 그 이유는 프로그램 알고리즘 때문이다. 프로그램 알고리즘은 아무리 강한 추세라도 반전시켜서 추격매매자들을 함정에 빠트릴 수 있다. 그러니 불안감에 잠을 설치지 말고 때로 좋은 지점에서 잡은 오버나이트 포지션도 기대한 수익을 올리지 못할 수 있다는 사실을 받아들여라. 하지만 단순히 손실이 날지 모른다는 걱정 때문에 오버나이트 포지션을 포기해서는 안 된다. 장기적으로는 이 평범한 전략의 진가가 드러날 것이다. 물론 오버나이트 포지션에 끔찍한 일이 일어나기도 할 것이다. 모든 매매의 핵심은 확률 관리에 있다. 오버나이트 포지션의 가치는 장기적으로 거둔 평균 성과에서 판가름난다. 일부 포지션은 뜻밖의 악재나 충격에 노출되겠지만 적극적인 손실제한 전략으로 관리하는 한 자연스러운 추세의 힘이 평균적으로 수익을 안겨줄 것이다.

장 마감 시 체크리스트

일반적인 상황을 가정해보자. 장 마감이 다가오고 있다. 당신은 포지션을 보유한 여러 종목 중에서 어느 것을 청산하고 어느 것을 안고 넘어갈지 고민한다. 이때 다음 열 가지 질문을 검토해야 한다.

1. 조용한 시기에 샀는가, 요란한 시기에 샀는가? 비교적 조용한 시기에 매수한 종목이 다음 날 큰 움직임을 노리기에 좋다. 수익 실현이나 반전에 덜 취약하기 때문이다. 활발한 추세가 나오는 와중에 진입했다면 다음 날 주가가 어디서 시작할지 예측하기 어렵다. 사실상 돈을 벌 확률과 잃을 확률이 같다고 볼 수 있다. 동전 던지기 같은 확률을 보고 오버나이트 포지션을 잡는 것은 결코 좋은 생각이 아니다.

2. 첫 번째 청산 지점을 놓쳤는가? 청산 기회는 주기를 이룬다. 다시 말해서 지나치게 욕심을 부리면 수익을 극대화할 수 있는 청산 지점을 놓칠 수 있다. 그렇다면 일단 물러서서 기다려라. 다음 날 청산주기가 다시 찾아와 어제 놓쳤던 기회를 다시 주기도 한다.

3. 폐장 시 상승세가 강한가 하락세가 강한가? 60분 지수선물 차트를 참고하라. 폐장 무렵 5-3-3 스토캐스틱이 상승하는가 하락하는가? 하락한다면 다음 날 약세로 출발할 가능성이 높고, 상승한다면 다음 날 강세로 출발할 가능성이 높다.

4. 날짜와 요일은 언제인가? 화요일에는 반전이나 휩소를 예상하고, 수요일에는 화요일의 추세가 지속될 것을 예상하라. 금요일

장이 강세로 마감하면 다음 주 월요일 장도 강세로 출발할 것이다. 다만 만기주 다음 월요일에는 종종 반전이 일어난다. 또한 다음 날 개장 전에 경제지표 발표 일정이 있는지 확인하고, 있다면 투자심리에 끼칠 영향을 고려하라.

5. 오늘 표적은 어느 쪽이었는가? 사악한 시장은 매일 다른 표적을 겨눈다. 여러 업종에 걸쳐서 급등과 급락이 순환하는 이유가 거기에 있다. 이틀 하락했다가 회복하거나 이틀 상승했다가 밀리는 업종을 찾아라. 일중 마지막 한 시간 동안 주가가 포지션과 반대로 가면 청산하고 다른 순환매 기회를 노려라.

6. 얼마 동안 포지션을 보유했는가? 애초의 매매계획을 고수하라. 포지션에 진입하기 전에 보유기간과 수익 목표를 정했는가? 그렇다면 노이즈를 이유로 전략을 변경하지 마라. 포지션에 진입한 근거가 유효하다면 현재 손익만 보고 청산 결정을 내리면 안 된다.

7. 장 마감 후 실적 발표가 있는가? 보유종목이나 업종 대장주가 장 마감 후 실적을 발표한다면 발을 빼라. 매매는 도박이 아니라 확률이 유리할 때 리스크를 감수하는 것이다. 시장이 실적 발표에 어떻게 반응할지 누구도 모른다.

8. 오버나이트 물량은 어느 정도인가? 밤잠을 설치지 않고 감당할 수 있는 리스크의 정도를 파악하라. 시장의 위험도를 감안하여 오버나이트 물량을 정하라. 장세가 조용한가 아니면 요란한가? 변동성이 높을 때는 당연히 오버나이트 물량을 줄여야 한다.

9. 왜 보유종목은 그 가격에 종가가 나왔는가? 주가는 다양한 이유에 따라 움직인다. 대개 주가는 매수세나 매도세에 의해 적극적으

로 움직이는 것이 아니라 높은 노이즈에 의해 수동적으로 움직인다. 적극적인 움직임이 포지션과 호응하거나 수동적인 움직임이 포지션과 상반될 때 좋은 매매 기회가 나온다. 리스크를 감당할 수 있다면 수동적인 반대 움직임에서 포지션 크기를 늘려라.

10. 포트폴리오 균형을 맞추려면 어떤 종목을 매수하거나 공매도해야 하는가? 포트폴리오에 포함시킬 새로운 종목을 찾아라. 지지선으로 급락하는 종목이나 급등 후 기세가 꺾인 종목 등 선호하는 전략에 맞는 종목이 적당하다. 핵심은 다른 트레이더들이 아직 몰려들지 않은 기회주를 발굴하는 것이다.

10 CHAPTER

포지션 관리의 핵심 사항

생존형 트레이더는 방향성 움직임을 활용하고 함정이나 흔들기에 당하지 않기 위해 포지션에 대한 정확한 피드백을 얻어야 한다. 그러기 위해서는 장중에 지속적으로 포지션을 관찰하고 관리해야 한다. 그러나 많은 트레이더들은 여건상 계속 체결창을 지켜볼 수 없다. 본업이 따로 있는 트레이더들은 4부에서 설명한 파트타임 트레이딩 전략을 대안으로 활용할 수 있다.

매매를 하다 보면 착실하게 수익을 쌓는 포지션이 있는 반면 부진을 면치 못하는 포지션도 있다. 따라서 포지션의 노출과 리스크를 대응적으로 관리해주어야 한다. 그러기 위해서는 장세에 맞게 포지션 크기와 보유기간을 지속적으로 조정해야 한다. 대응적 장세 판단은 성공적인 매매 전략의 필수 요소다. 금융시장은 위험과 기회의 주기를 오간다. 트레이더는 현재 시장이 어떤 국면에 있는지 파악하고 그에 맞는 전략을 적용해야 한다. 장세 판단을 통해 수익을 극대화해야 할 때와 손실을 최소화해야 할 때를 판가름할 수 있다. 또한 특정한 시점에 들어맞는 종목을 선정할 수 있다. 가령 장이 활발할 때는 변동성 강한 소형주를 매매하는 것이 좋고, 장이 부진할 때는 우량주를 매매하는 것이 좋다.

대응적 장세 판단을 통해 그날 장의 특성을 정의할 수 있다. 다시 말해서 변동성, 투자심리, 지수선물 가격 등에 기반하여 공격적이거나 방어적인 전략을 채택할 수 있다. 생존형 트레이더는 기회가 클 때 공격적이어야 하고, 위험이 클 때 방어적이어야 한다. 이처럼 매일 매매기조를 바꾸는 일은 일중 전략의 미묘한 영역에 속한다. 6부에서 이 부분을 보다 자세하게 다룰 것이다.

당일 매매의 원칙이 되는 매매기조

당신은 10여 차례 차트를 검토하고 리스크 대비 보상 비율을 계산한 다음 완벽한 진입 지점을 파악했다. 뒤이어 당신은 약간의 흥분과 함께 마우스를 클릭하여 포지션에 진입했다. 자, 이제 어떻게 해야 할까?

첫째, 체결 상황을 통해 단서를 얻어라. 체결오차가 발생했다면 리스크 대비 보상 비율을 다시 계산할 필요가 있다. 예상한 가격보다 많은 틱 차이로 주문이 체결되면 리스크를 감당할 수 있는지 재확인하고 청산 지점을 조정해야 한다. 그 다음 차트를 다시 보고 옳은 선택을 했는지 판단해야 한다. 포지션을 보유 중인 때와 관망할 때 시각이 달라지기 쉽다는 점을 염두에 두어라. 끝으로 매매계획에 포함된 경우 물리적 손실제한주문을 설정하라. 그렇지 않다면 포지션을 청산할 가격이나 조건을 정하라.

가능하면 직접 손절하라. 그래야 매매에 대한 책임을 받아들이면서 원칙을 세울 수 있다. 또한 고정된 숫자에 따르지 않고 지속적으로 계산을 하면서 손실을 끊어낼 수 있다. 가격변동으로 예측, 목표, 심리가 바뀔 때마다 심리적 손실제한주문을 조정하고, 매매가 잘못되었음을 증명하는 지점에서 즉시 포지션을 청산하라. 실패 패턴이 휩소로 드러날 수도 있지만 진실을 확인하려고 행동을 지체해서는 안 된다. 원한다면 흔들기가 끝난 후 포지션에 재진입할 수도 있다. 다만 모든 포지션은 별개로 간주되어야 한다. 따라서 재진입했을 경우 차트를 새로 분석하고 수익 목표를 다시 정해야 한다. 포지션 재진입은 종종 실패로 끝난다는 사실도 알아야 한다. 흔들기가 추세 변화의 신호인 경우가 많기 때문이다. 분석 결과 좋은 포지션을 흔들기에 너무 자주 털린다면 손실제한 전략을 조정할 필요가 있다.

일중 차트는 실시간으로 피드백을 제공한다. 가격변동을 관찰하면서 15분봉 차트와 60분봉 차트에서 개별 봉들이 어떻게 마감할지 예측하라. 상승 틱과 하락 틱이 볼린저밴드와 스토캐스틱에 어떤 변화를 주는지 예의주시하라. 볼린저밴드의 상단이나 하단을 깨면서 모멘텀의 절정을 알리는 신호가 나오는지 관찰하라. 주요 가격 지점에서 봉 사이의 작지만 중요한 갭을 찾아라. 수익과 손실을 가르는 패턴의 변곡점을 찾아라. 매수세와 매도세가 예상한 흐름을 보여주는지 확인하라. 5-3-3 스토캐스틱으로 시장의 맥박을 측정하라. 매수세나 매도세가 뚜렷하게 강해져도 주가가 유리한 방향으로 이동하지 않는다면 반전을 초래할 숨겨진 수요나 공급이 있다는 신호일 수 있다.

포지션 크기를 조절함으로써 리스크 변화에 대응하라. 예정보다 빨리 수익 목표가 다가오면 수익을 일부 실현하라. 가격변동이 혼란스럽거나 외부 영향으로 예측이 어려워지면 포지션 크기를 줄여라. 갑작스러운 호재가 발생하거나 패턴이 모든 시간단위에서 완벽한 모양을 형성하면 포지션 크기를 두세 배로 키워라. 분명한 신호가 나오면 포지션 크기를 키우고, 매수세와 매도세가 충돌하면 포지션 크기를 줄여라.

각 포지션은 투자자금에 관계없이 적절한 규모라는 것이 있다. 가격봉이 신선한 데이터를 피드백 고리에 제공하면 리스크 수준도 달라진다. 연전연승하는 장에서는 리스크가 줄었다는 증거이므로 포지션 크기를 늘려야 한다. 반대로 손실이 늘어나면 포지션 크기를 줄이고 더 나은 시기를 기다려야 한다. 미숙한 트레이더들은 모든 포지션에 매수력을 총동원해야 한다는 생각 때문에 리스크를 늘린다. 시장에서 오래 살아남으려면 돈을 벌려는 궁리를 멈추고 매매를 잘 하는 방법부터 배워야 한다. 거래일의 장세에 맞게 적절한 매매기조를 적용하면 저절로 수익이 나게 되어 있다.

전투구간과 양상을 드러내는 체결창 분석

체결창 분석에 통달하지 않고는 성공적인 트레이더가 될 수 없다. 이 말은 차트와 지표만 공부한 사람에게는 충격으로 다가올 것이다. 물론 체결창을 분석하지 않고도 매매를 할 수는 있다. 그러나 모양 좋은 차트도 완전히 잘못된 신호를 내보낼 수 있다는 사실을 알아야 한다. 반면 체결창은 차트 분석가들이 볼 수 없는 매수세와 매도세의 흐름을 보여준다. 이 흐름은 아무런 눈속임 없이 시장 참여자들의 움직임을 있는 그대로 드러낸다. 한마디로 체결창은 거짓말을 하지 않는다.

나는 체결창 분석의 비법을 묻는 사람들에게 10년 동안 노트를 앞에 놓고 체결창을 들여다보라고 말한다. 이 말은 농담이 아니다. 체결창을 보고 다른 시장 참여자들의 매매패턴을 읽어내는 수준에 도달하려면 10년 넘는 세월이 걸릴 수도 있다. 그러나 그만한 노력을 기울일 가치가 있다. 일단 그 비법을 터득하면 평생 남들보다 우위에 설 수 있기 때문이다.

그러면 체결창 분석을 통해 다른 시장 참여자들이 얼마나 흥분했는지 파악하는 방법을 알아보자. 관심종목의 일일 실시간 거래량 창에 30일 거래량 이동평균선이나 60일 거래량 이동평균선을 설정하라. 일일 거래량이 이동평균선 위에 있는 종목은 변동폭이 확장될 것임을 암시한다. 이러한 분석은 거시적 요소가 지수에 영향을 미치지 않을 때 가장 효과적이다. 개장 첫 한 시간 동안의 거래량이 60일 평균 거래량의 50퍼센트가 넘는 종목은 좁은 박스권에 갇혀 있더라도 그날 추세를 형성할 가능성이 높다.

베테랑 트레이더인 래리 페사벤토Larry Pesavento는 '시가 원칙opening price principle'이라는 강력한 도구를 소개했다. 그는 오랜 관찰을 통해 개장 틱이 거래일 내내 변곡점으로 작용하는 경우가 많다는 사실을 발견했다. 이 사실은 트레이딩에 매우 유용한데, 특히 가격이 위나 아래에서 시가를 시험할 때 더욱 그렇다. 그러면 구체적인 활용 방법을 살펴보자. S&P500이나 나스닥100 지수선물 혹은 관련 펀드의 차트에서 시가를 기준으로 추세선을 그려라. 그런 다음 장중에 가격이 추세선으로 되돌리면 돌파나 반전이 일어나는지 예의주시하면서 매매 신호로 삼아라.

그림 10.1은 나스닥100 트러스트의 시가가 5거래일 연속으로 변곡점 역할을 하는 모습을 보여준다. 첫째 날은 개장 이후 거의 두 시간 동안 좁은 박스권이 형성된다(1). 이때 시가는 하락으로 이어질 삼각형 패턴의 중심점 역할을 한다. 둘째 날은 갭하락으로 시작하여(2) 점심시간까지 하락하다가 크게 반등한다. 그러나 저항선 역할을 하는 시가에 약간 못 미친 지점에서 상승세가 꺾이면서 급락으로 장이 마감된다. 셋째 날, 가격은 약간 낮은 지점에서 출발하여(3) 크게 상승하면서 시가를 시험하지 않는 추세일을 만든다. 넷째 날에는 횡보가 나타난다(4). 횡보의 상향스윙은 두 번이나 시가 수준에서 반전한다. 마지막 날에는 압도적인 매도세가 시가부터 하락추세를 형성한다(5). 시가와 일일 고점의 차이가 8센트에 불과한 것을 확인하라.

체결창을 분석할 때는 현재가와 일일 변동폭의 관계에 초점을

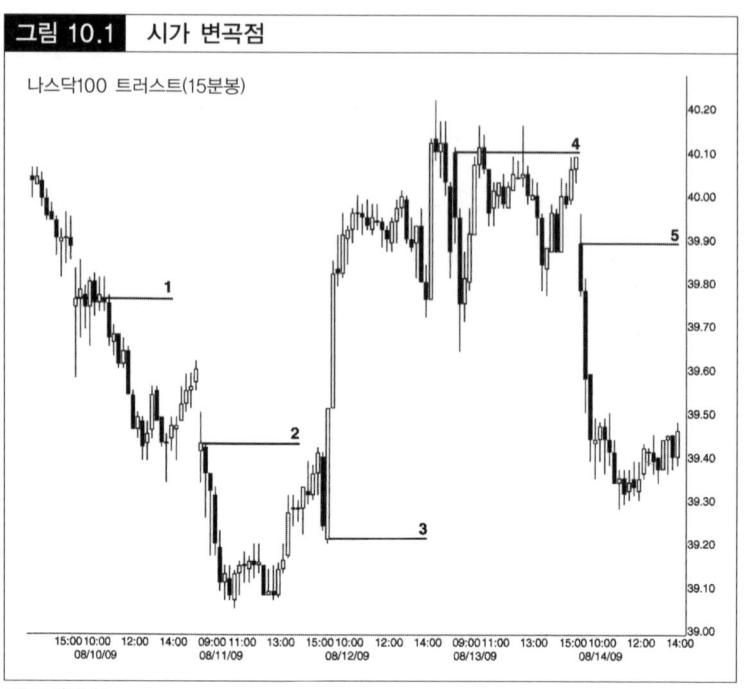

그림 10.1 시가 변곡점

맞추어야 한다. 이 관계는 실시간 체결창에서 변동폭 대비 퍼센트로 표시된다. 이 단순한 수치로 몇 초 만에 많은 종목의 가격 추이를 판단할 수 있다. 가령 장 마감을 한 시간 앞두고 지수가 하락했다고 치자. 대부분의 관심종목은 일일 변동폭의 30퍼센트 미만에 머물고 있지만 한두 종목은 거의 100퍼센트 수준에 올라 있다. 이 주도주들은 다른 종목들이 지수와 함께 하락하는 동안 신고점을 깨고 있다. 따라서 신호들이 상충하면서 강세를 암시한다는 점을 이용하여 장 마감 때까지 모멘텀 플레이를 하거나 다음 날 아침의 반전을 노리고 포지션을 안고 넘어갈 수 있다.

최종 체결가와 호가 스프레드만 알아도 충분히 체결창 분석을 할 수 있다. 시간대별 체결창은 도움이 되지만 반드시 필요하지는 않다. 호가창 화면은 주의만 분산시키므로 아예 무시하는 것이 낫다. 체결창 분석과 기술적 분석은 별개라고 오해하는 사람들이 많다. 그러나 체결창 분석을 효과적으로 하려면 차트에서 매수세와 매도세가 충돌하는 주요 지점을 파악할 수 있어야 한다. 이 지점을 파악했다면 체결창을 통해 전투가 진행되는 양상을 관찰하라. 전투는 몇 분 만에 끝날 수도 있고, 몇 시간 동안 계속될 수도 있다. 변동폭의 경계가 어떻게 방어되는지 보고 방어선을 뚫을 만한 힘이 있는지 파악하라. 매수세와 매도세 중에서 어느 쪽의 의지가 더 강한지 확인하라. 전투 중에 일어나지 않은 일은 일어난 일만큼 중요하다. 가령 가격이 주요 저항선까지 올라갔다고 치자. 이 지점에서 매도세가 체결창을 공격하면서 반전을 시도해야 옳다. 그러나 몇 분이 지나도 뚜렷한 매도세가 보이지 않는다면, 이 공백은 매도세가 한발 물러서서 추가 상승을 허용하고 있음을 의미한다.

기본적으로 주문 흐름은 대중들의 심리를 거슬러 가격을 조작한다. 간단하게 말해서, 체결창은 당신보다 차트를 더 잘 안다. 대개 기관과 프로그램 알고리즘은 주식시장과 다른 시장의 역학관계를 전체적으로 관찰한다. 그들은 저항선과 지지선을 건드리면서 얼마나 많은 거래량이 나오는지 확인한다. 때문에 피드백 고리가 작용하는 동안 주요 지점이 깨지지 않을 때 뚜렷한 반전이 일어나고, 탐욕이나 공포가 돌파를 초래할 때 숏 또는 롱 포지션으로 진입하고자 하는 물량이 계속 쌓여가는 강력한 모멘텀이 형성된다.

가장 보편적인 기술적 도구를 통해 체결창의 메시지를 걸러내라. 다음 사항에 해당되면 지지선이나 저항선이 돌파당할 가능성이 높기 때문에 반전을 노리면 안 된다.

- 뉴욕거래소 틱*이 거듭 1,000이나 -1,000을 넘는 경우
- 두 거래소에서 상승/하락 지표**가 1,500 이상이거나 -1,500 이하인 경우
- 한 거래소에서 상승/하락 지표가 2,000 이상이거나 -2,000 이하인 경우
- 두 거래소에서 상승/하락 거래량***이 4:1보다 크거나 1:4보다 작은 경우
- S&P500과 나스닥100 지수선물이 2퍼센트 이상 오르거나 내린 경우

같은 재료로 움직이는 종목이 있다 해도 체결 흐름은 같지 않다. 따라서 포지션을 잡기 전에 반드시 그 종목의 체결 흐름을 관찰하면서 리스크 속성을 파악해야 한다. 호가 스프레드 내에서 가장 많은 시간을 보내는 창구가 어디인지, 참여의 깊이는 어느 정도인지 파악하라. 현재의 변동폭과 조용한 시기의 일반적인 변동

---

* NYSE TICK. 상승 종목 수에서 하락 종목 수를 뺀 것. 가령 하락 종목이 600개고 상승 종목이 1,000개면 틱은 +400이다-옮긴이
** advance/decline. 상승한 종목 수에서 하락한 종목 수를 뺀 것-옮긴이
*** up/down volume. 상승한 종목의 거래량과 하락한 종목의 거래량을 비교한 것-옮긴이

폭을 비교하여 변동성을 측정하라. 주문을 숨길 수도 있기 때문에 호가창의 주문 크기는 허수라고 보면 된다. 그러나 매수세와 매도세의 흐름은 진실을 말해줄 수도 있다. 그러니 몇 분에 걸친 평균 체결량과 가격변동을 비교하라. 이 간단한 방법으로 표면 아래에서 헤엄치는 커다란 고래들을 찾을 수 있다.

■ **체결창 분석의 요점**

1. **주요 가격 지점을 기억하라** 그 다음 가격이 주요 가격 지점에 접근할 때마다 체결창을 관찰하라. 남들보다 빨리 반전을 예측하도록 노력하라.

2. **심리와 가격 흐름이 괴리되는 경우를 찾아라** 숨어 있는 매수자들이 하락을 막고 있는가? 혹은 분명한 이유 없이 상승세가 꺾였는가?

3. **가격변동이 예측과 맞는지 확인하라** 상향돌파 지점에서 매수세가 붙는지, 하향돌파 지점에서 매도세가 붙는지 관찰하라. 그렇지 않다면 관망하거나 반대 포지션을 잡아라.

4. **시가 원칙을 활용하라** 시가를 기준선으로 삼고 돌파나 반전이 나올 때 매매하라.

5. **가격과 일일 변동폭 사이의 관계를 추적하라** 변동폭 상단에서 머무는 것은 숨겨진 강세를, 하단에서 머무는 것은 숨겨진 약세를 의미한다.

6. **조용한 시기에는 기관을, 요란한 시기에는 개미를 따라가라** 혼란기에는 기관이 유동성이 몰린 곳을 사냥하지만 대중들이 몰려오면 가격에 대한 주도권을 잃는다.

7. **유동적인 종목은 채널 안에서 움직인다** 채널 중간지역에서 일어나는 진동은 무시하고 가격이 경계에 접근할 때 예의주시하라.

8. **대부분의 거래량은 몇 푼의 수익을 좇는 스캘퍼들에게서 나온다** 이 미세한 가격 움직임 아래 숨어 있는 고래를 찾아 앞에 기다리고 있는 것이 강한 상승일지 매물 폭탄일지를 예측하라.

체결창 분석의 단서

체결창 분석의 경험이 많은 트레이더들은 일련의 중요한 단서들을 기억해두었다가 즉시 대응에 나선다. 책이나 세미나보다 개인적으로 터득한 단서들을 잘 활용하는 것이 수익을 내는 지름길이다. 시장은 끊임없이 엉뚱한 방향을 가리키지만 오랫동안 체결창을 통해 축적한 지식으로 무장하면 흐름의 핵심적인 요소들을 분별할 수 있다.

- **글로벡스 선물** 장전 지수선물 가격을 15분봉 차트의 50이동평균선과 비교하라. 지수선물 가격이 이동평균선 위에 있으면 시가가 상승할 가능성이 높고, 이동평균선 아래에 있으면 하락할 가능성이 높다. S&P500은 위에 있고, 나스닥100은 아래에 있다면 IT주와 소형주에서 시작하여 우량주로 이어지는 순환매를 예상하라. 나스닥100이 위에 있고 S&P500이 아래에 있다면 순서를 바꾸면 된다. 이때는 특히 투기적인 종목들이 장세를 주도한다.

- **상승 종목/하락 종목** 시장의 폭과 상승/하락 거래량은 숨겨진 강세와 약세에 대한 소중한 정보를 제공한다. 상승 종목이 하락 종목보다 1,000개 이상 많을 때는 일중에 가격이 되돌릴 때 매수하고, 하락 종목이 상승 종목보다 1,000개 이상 많을 때는 일중에 가격이 반등할 때 공매도하라. 또한 두 거래소에서 상승 거래량과 하락 거래량의 비율이 4:1 이상이면 매수세나 매도세 한쪽이 시장을 지배하는 추세일이 될 것을 예고한다. 추세일에

는 일중 반전이 일어날 가능성이 낮다. 이때는 가격 흐름에 맞서지 말고 60분봉 차트에서 상향돌파나 하향돌파를 노려라.

- **매수/매도 흐름** 뉴욕거래소 틱은 일중 스윙 주기의 꼭대기와 골짜기를 보여준다. 이 틱이 하루 만에 세 번째로 ±1,400 같은 극단적인 상태를 보이면 대규모 반전을 예상하라. 이보다 작은 틱은 60분에서 90분 주기로 등락하는 일중 스윙을 파악하는 데 활용하라.

- **은밀한 돌파** 일중 가격이 지난 2거래일에서 5거래일 동안 깨지 못한 지지선이나 저항선으로 꾸준하게 향할 때는 돌파를 예상하라. 이때 15분봉 차트에서 되돌림 없이 착실하게 나아가는 일련의 짧은 봉들이 찍혀야 한다. 이러한 움직임이 지지선이나 저항선에 닿으면 빠르게 돌파할 가능성이 높다. 왜 그럴까? 큰손들이 은밀하게 물량을 모으거나 처분할 때 흔하게 나오는 모양이기 때문이다. 그들은 일정한 주기로 조금씩 물량을 모으거나 처분하면서 천천히 가격을 움직인다. 이 과정에서 형성된 모멘텀이 본격적으로 힘을 받으면 지지선이나 저항선을 쉽게 깰 수 있다.

- **과거 가격 수준** 가격은 아무리 오래전에 생긴 것이라도 이전의 모든 고점과 저점에 반응한다. 작년에 생긴 큰 고점과 저점을 참고하여 수익을 취하고 손실을 줄여라. 이 주요 가격 지점들은 쉽게 추세를 꺾을 수 있다. 가격은 종종 이 지점으로 급격하게 이동하면서 빠른 수익을 안겨준다. 5년이나 10년 전에 형성된 고점과 저점도 새로운 포지션 진입을 위한 유용한 기준점 역할

을 한다.

- **프로그램 알고리즘** 되돌릴 때 매수하기 위해 유동성 높은 종목을 골라내라. 그 다음 프로그램 알고리즘이 가격을 계속 낮추면서 단기 지지선을 깰 때까지 지켜보라. 매매프로그램을 짜는 사람들은 일반 트레이더들보다 차트를 더 잘 알기 때문에 지지선 근처에 설정된 손실제한 물량을 털어내는 일을 잊지 않는다. 끝으로 저점이 크게 낮아진 다음 매도호가는 거의 움직이지 않는 가운데 매수호가가 전 체결가 이후 20센트나 30센트 혹은 40센트 늘어나는 때를 기다려라. 이러한 변화는 매도세가 거의 끝나고 반등을 노릴 기회가 왔음을 말해준다. 이때는 매도호가가 저점보다 많이 높더라도 포지션에 진입해야 한다.

끝으로 체결창을 활용하는 매매 전략에 큰 보탬이 될 사실을 하나 알려주겠다. 가격이 저항선 바로 위나 지지선 바로 아래처럼 중요한 지점에 들어서면 3단계에 걸친 주기가 형성된다. 이 긴밀한 파동은 2장에서 설명한 작용-반작용-해결 주기를 이룬다.

1. 돌파에 따른 낙관
2. 돌파에 맞서는 역포지션에 따른 공포
3. 돌파 혹은 실패를 확증하는 강한 낙관 혹은 강한 공포

대부분의 트레이더들은 돌파가 나오면 흥분한 나머지 체결창이 터져나갈 때 같이 뛰어든다. 지금까지 줄기차게 말한 대로 이러한

그림 10.2 꾸준한 상승 뒤 상향돌파

체결창 분석 경험이 많은 트레이더들은 대중들이 간과하는 단서를 파악할 수 있다. 가령 3거래일에서 5거래일 동안 깨지지 않은 저항선으로 가격이 꾸준하게 상승하면 상향돌파가 나온다는 신호다. 브랜디와인 부동산 신탁(Brandywine Realty Trust)의 주가는 8.34달러까지 급등하다가 되돌린다. 이후 이틀 동안 주가는 이 선에서 네 번이나 반전한 끝에 8월 3일 오후에 느리고 꾸준하게 상승하면서 힘을 모으는 모습을 보인다. 다음 날 모멘텀이 급증하면서 주가는 수직으로 저항선을 깬다.

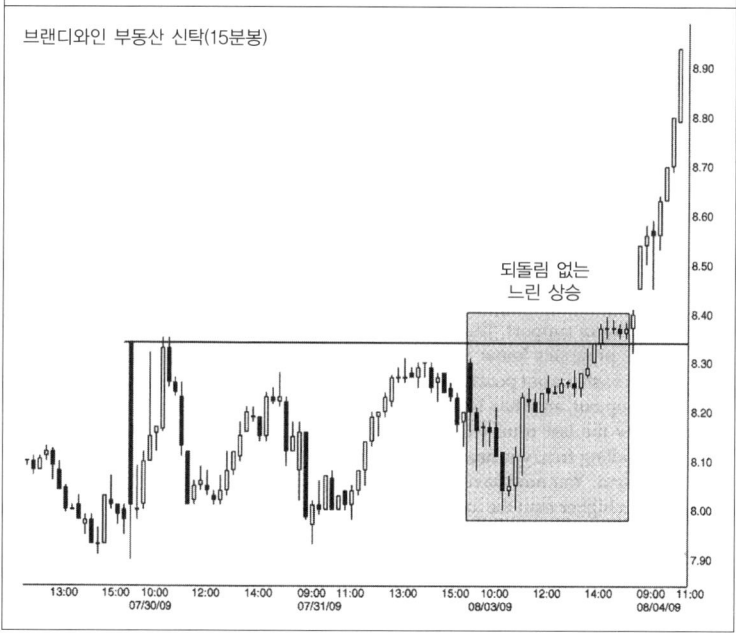

행동은 돈을 잃는 지름길이다. 이제는 한발 물러서서 3단계 주기의 진행과정을 보고 진정한 추세인지 고약한 함정인지 판단해야 한다.

정규장에 영향을 미치는 시간외시장

매매는 뉴욕 시간 기준으로 오전 9시 30분에 시작하여 오후 4시에 끝나는 것이 아니다. 우리의 현대 시장 환경에서는 수천 주의 거래가 장전(프리마켓) 혹은 장후(포스트마켓)에도 이뤄진다. 정규장도 충분히 어려운데 더 일찍 일어나거나 더 오래 남아 있어야 할 이유가 있을까? 그렇다. 시간외시장을 잘 활용하면 수익을 늘리고 손실을 줄일 수 있다.

시간외시장은 IT 버블이 절정일 때 일반인에게 공개되었다. 이전에는 월스트리트 금융회사들이 쓰는 인스티넷Instinet으로만 접근할 수 있었다. 그러나 아일랜드 전산거래망이 등장하면서 일반인도 시간외시장에서 저렴하게 매매할 수 있게 되었다. 당시에는 모두가 세계 시장이 24시간 내내 활발하게 돌아가는 날이 올 것이라고 믿었다. 그러나 2000년에서 2002년에 걸친 약세장이 시간외시장의 유동성을 말려버렸다. 이후 프로그램 알고리즘, 거래소 합병, 아시아 시장과 유럽 시장의 약진 등으로 다시 상황이 바뀌었다.

시간외시장은 돌발 재료와 심리적 변화에 초점을 맞추면 대단히 유리한 가격에 매매할 수 있는 기회를 제공한다. 특히 매수나 공매도 중 한쪽이 장 마감 때까지 포지션을 정리하지 못하고 함정에 걸린 경우에는 더욱 그렇다. 포스트마켓 매매의 가장 뚜렷한 위험은 다음 날 장세에 맞지 않는 잘못된 포지션을 잡는 것이다. 또한 호가 스프레드가 크다는 점도 리스크 요인이다. 따라서 대부분의 경우에는 정규장에만 매매하는 것이 좋다.

장전에 발생한 재료가 정규장에 어떤 영향을 미칠지 가늠하기는 어렵다. 그러나 재료를 소화하는 과정은 생각만큼 어렵지 않다. 먼저 재료를 범주별로 나누어라. 당연히 보유종목과 관련된 재료에 초점을 맞추어야 한다. 그 다음 급격한 가격변동을 초래하는 투자등급 조정이나 실적 재료가 나왔는지를 살피고, 다른 시장 참여자들이 어떻게 반응하는지 지켜보라.

투자등급 조정은 시황, 절기, 가격 추이 등에 따라 상반된 영향을 미친다. 적어도 주요 투자사에서 발표하는 투자등급 순위는 꼼꼼하게 확인해야 한다. 골드만 삭스가 인텔의 투자등급을 올리거나 애플의 투자등급을 낮추면 소규모 투자사 같은 데서 발표한 경우보다 더 빠르고 오래가는 추세가 형성된다. 일반적으로 월요일에 나오는 애널리스트의 보고서가 가장 큰 영향을 미친다. 대형 투자사들이 주로 월요일에 개별 종목보다 전체 업종을 움직이는 재료를 내놓기 때문이다. 그들은 반도체 업종이나 금융 업종 같은 인기 업종에 미리 포지션을 잡아놓고 투자의견을 통해 개미들을 끌어들인다.

개장 전후에는 호재든 악재든 장전 재료를 추격하는 포지션을 잡지 마라. 장 초반에 당하기 쉽다. 바람직한 전략은 해당 종목을 관심종목에 올려두고 15분봉이 세 개에서 여덟 개가 만들어지는 동안 변동폭이 형성될 때까지 기다리는 것이다. 그동안 재료에 급하게 반응하여 포지션을 잡은 트레이더들이 대부분 밀려나간다. 휩소가 그들을 벌하는 모습을 지켜보다가 더 나은 지점에서 진입하면 된다. 다만 최고의 진입 기회가 올 때까지 며칠이 걸릴 수도 있다는 점을 염두에 두어야 한다.

  정규장이 시작되기 전에 간밤의 원자재시장과 외환시장의 동향을 점검하라. 그래야 지수에 영향을 미치는 거시적 힘을 파악할 수 있다. 헤지펀드와 기관들은 종종 해외 시장에서의 매수와 매도로 일일 전략을 시작한다. 이 점을 고려하여 원자재시장이나 외환시장에서 특정한 움직임이 나타난 펀더멘털 외적인 이유를 찾아야 한다. 가령 석유수출기구나 연준의 발표 혹은 중국의 경제성장률 예측이 그 이유일 수 있다. 언론들이 개장 전에 관련 뉴스를 집중보도하면 미국 시장도 영향을 받을 수밖에 없다.

  장전 재료의 유효성을 판별하는 일도 중요하다. 많은 기업들은 주가를 부양하려고 연일 보도자료를 뿌린다. 거기에는 주가에 전혀 영향을 미치지 못하는 사소한 내용들도 많이 담겨 있다. 언론은 시장에 대한 영향을 가늠할 수 없기 때문에 중요하지 않은 내용들도 보도한다. 가령 아이팟과 아이폰이 시장을 강타한 후에는 판매와 관련된 일화들이 숱하게 언론을 장식했다. 중소 생명공학 기업들도 영양가 없는 재료들을 많이 만든다. 그들은 매출이 적기 때문에 주로 신약개발 재료로 투자자들을 끌어모은다. 그러나 이 재료는 대부분 FDA 승인과 무관한 연구결과이기 때문에 금세 영향력을 잃는다. 그래서 개장과 동시에 장전 상승폭의 일부 혹은 전부를 반납하는 경우가 많다.

시간외시장, 직접 매매하거나 추이를 활용하는 방법

시간외시장의 은밀한 역학을 익히려면 시간이 걸린다. 그래서 초보 투자자들은 나쁜 결정을 내릴 확률이 더 높다. 그러나 숨겨진 매수세나 매도세의 크기를 파악할 수 있는 쉬운 방법이 있다. 먼저 관심종목을 소량 매수한 다음 호가창에서 매도 잔량이 줄어드는지 지켜보라. 만약 줄어든다면 실질적인 매도자에게서 물량을 산 것이다. 더 나은 경우는 매수 후 호가가 올라서 필요할 때 수익을 내고 포지션을 청산할 수 있는 것이다. 만약 내 주문이 체결된 가격에 매도 주문이 늘어난다면 숨겨진 매도세가 있다는 의미이므로 즉시 포지션을 청산하고 다른 기회를 찾아야 한다.

시간외시장에서 명확한 지지선이나 저항선을 기준으로 나타나는 움직임에 주목하라. 호재가 나온 후 저항선이 깨지는가? 반대로 악재가 나온 후 지지선이 깨지는가? 정규장에서 강한 움직임이 나왔어도 시간외시장에서 주요 지점을 깨지 못하면 다음 날까지 추세가 이어질 가능성이 낮다. 이러한 정보는 다음 날 장이 열렸을 때 최선의 대응을 할 수 있도록 도와준다. 일반적으로 유리한 움직임이 지지선이나 저항선에서 정체되면 수익을 실현해야 하지만 반대 포지션을 취한 경우 더 나은 청산 지점이 나올 때까지 버텨야 한다.

그림 10.3은 캐터필러Caterpillar가 뉴욕 시장이 열리기 두 시간 전에 실적을 발표한 7월 21일 전후의 흥미로운 주가 추이를 보여준다. 주가는 발표를 앞두고 투기적인 매수세가 몰리면서 거의 하루

종일 꾸준하게 오른다(1). 도박 심리 덕분에 종가는 시가보다 높게 형성된다(2). 7월 21일 정규장이 열리기 전, 마침내 실적이 발표되자 5분봉상 장대봉이 나오면서 주가는 3포인트 넘게 급등한다(3). 이후 주가는 45분 동안 횡보하다가 5월 7일에 기록한 고점인 41달러선을 뚫으면서 2개월 만의 고점을 찍는다(4). 그러나 상승세는 개장 45분 전인 8시 45분에 전고점에서 정체된다. 횡보가 이어지면서 열기가 식자 개장 후 세 시간 만에 3포인트 넘는 급락이 나온다(5).

기민한 트레이더들은 개장 전에 나온 장대양봉에 올라탈 수 있

그림 10.3 실적 발표 이후 주가의 급등과 급락

을 것이다. 그러나 현실적으로 실적 재료는 리스크가 낮은 기회를 거의 제공하지 않는다. 이미 롱 포지션을 잡았다면 저항선까지 주가 추이를 관찰하다가 주저없이 수익을 취해야 한다. 관망하던 트레이더들도 저항선을 보고 포지션을 취해선 안 된다는 경고로 받아들일 것이다. 역추세 전략을 쓰는 트레이더들은 매수세가 붙을 때 숏 포지션을 잡을 수 있다. 그러나 아침장에 얼마나 깊이 반전할지 예측하기 어렵기 때문에 리스크 대비 보상 비율을 알 수가 없다.

〈배런스Barron's〉는 주말에 나오는 미국의 소수 경제지 중 하나로 우량주와 관심주를 선정하고 평가한다. 따라서 월요일 장전에 참고하는 것이 좋다. 배런스 효과는 일단 발동되면 '반전의 화요일'이 찬물을 끼얹기 전까지 월요일 장 내내 영향을 미친다. 문제는 배런스 효과의 발동 여부다. 실질적인 정보가 뒷받침되지 않는 한 주말에 나온 의견의 영향은 크게 줄어들기 마련이다.

그런데 〈배런스〉가 내 보유종목을 나쁘게 평가했다면 어떻게 해야 할까? 최악의 대응은 장전이나 개장 시에 파는 것이다. 현명한 대응 방법은 인내심을 갖고 기다리는 것이다. 화요일이나 수요일에 반전이 나올 가능성이 높기 때문이다. 다만 기다리는 만큼 리스크가 늘어난다는 점은 감안해야 한다.

장전 지수선물을 참고하여 초반 전략을 세워라. 현재가를 전날 종가와 비교하여 시장의 어느 쪽이 함정에 걸렸는지 파악하라. 이러한 분석을 통해 많은 위기를 피할 수 있다. 전날 종가 대비 지수선물의 밤새 움직임은 월요일에 더 정확하게 방향을 말해준다. 가령 월요일 장전 지수선물이 금요일 폐장 때와 같은 방향으로 움직이면 추세를 따르고, 화요일 장전 지수선물이 월요일 폐장 때와 같은 방향으로 움직이면 추세를 거슬러라. 최소한 이론적으로는 화요일의 반전이 아침장에서 추세를 바꿀 것이기 때문이다.

시간외 재료에 대한 반응은 때로 경험 많은 트레이더들도 놀라게 만든다. 종종 상승장에서는 악재가 무시되고 하락장에서는 호재가 무시된다. 이 역설적 행동은 생존형 트레이더들에게 소중한 교훈을 제공한다. 사실 재료가 호재인지 악재인지는 중요하지 않다. 재료가 예측과 어긋나는 정도를 파악해야 한다. 이 일은 예측의 내용을 알지 못하면 할 수 없다. 그러나 이러한 통찰 없이 매매하는 것은 대단히 위험하다. 관찰력보다 심리와 반응이 포지션 관리를 좌우하기 때문이다. 때로 장전 재료는 엄청난 파장을 일으키면서 시장의 한쪽을 큰 위험에 빠트린다. 2001년 9월 11일 아침이 그런 경우였다. 따라서 항상 지수선물과 주요 ETF의 동향을 파악해야 한다. 주요 재료에 대한 반응으로 지수가 급변하면 선물이나 ETF로 헤지에 나서라. 이때 기존 포지션과 헤지 포지션의 비율을 적절하게 맞추는 것이 중요하다.

시간외시장에 접근할 때 소극적인 태도를 가졌다가는 적극적인 트레이더들에게 당하기 쉽다. 따라서 가능한 빨리 어느 쪽이 강한 패를 쥐었는지 파악하고 정규장에서 얼마나 적극적으로 매매할지 결정해야 한다. 또한 장전에 상황을 판단할 때는 유연한 자세를 유지하여 적절한 데이터가 나타나면 즉시 방향을 바꿀 수 있어야 한다. 그래야 무사히 장 초반을 넘길 수 있다.

장전 필수 점검사항

장전 점검은 그날 실행할 매매에 대한 준비다. 경쟁자들이 여전히 잠들어 있는 동안 실전적인 정보를 모으고 신중하게 종목을 고르는 노력을 기울이면 분명히 보상을 얻을 수 있다. 장전 움직임을 해석하는 일은 쉽지 않다. 그러나 다음 주요 점검사항만 잘 챙겨도 충분한 효과를 기대할 수 있다.

1. **지수선물을 점검하라** 지수선물의 현재 가격 수준을 확인하라. 그 다음 밤새 동향을 보고 고점과 저점을 파악하라.

2. **거시적 힘을 확인하라** 해외 시장의 동향을 살펴라. 아시아 시장과 유럽 시장을 움직인 힘을 파악하라. 그 힘은 뉴욕 시장에도 영향을 미칠 것이다.

3. **재료를 선별하라** 포지션에 영향을 미칠 수 있는 재료부터 살펴라. 그 다음 실적 발표와 투자등급 조정 같은 영향력이 큰 재료를 확인하라.

4. **다른 시장 참여자들의 동향을 파악하라** 대부분의 증권사에서 제공하는 매매프로그램은 뉴욕 시장 개장 전 서너 시간 동안의 매매 동향을 보여준다. 이 정보를 통해 다른 시장 참여자들이 큰 재료나 충격에 어떻게 대응하는지 확인하라.

5. **가격 수준을 기록하라** 시간외시장에서 형성된 주요 가격 수준은 정규장에서 고점과 저점이 될 수 있다. 이 기준점은 나쁜 포지션에서 빠져나오거나 변동폭을 설정하려는 큰손들의 숨겨진 움직

임에 의해 결정되기도 한다. 따라서 정규장에서 가격이 장전 기준점 근처로 가면 예의주시해야 한다.

6. 지지선과 저항선을 살펴라 장전에 지지선 혹은 저항선에 대비하여 가격이 어떻게 움직였는가? 호재로 저항선이 깨졌는가? 아니면 악재로 지지선이 깨졌는가?

7. 안전한 청산 기회를 노려라 일찍 일어나는 새는 악재가 덮쳤을 때 안전하게 빠져나올 기회를 얻을 수 있다. 최선의 탈출 시점은 할인증권사를 이용하는 트레이더들이 첫 호가를 확인하는 아침 8시다. 그들이 악재를 알기 전에 유리한 호가를 넣어서 탈출하라.

8. 시장의 방향을 판단하라 장전 동향을 전날 폐장 시 동향과 비교하여 어느 쪽이 함정에 걸렸고, 어느 쪽이 유리한지 파악하라. 그래야 개장 시 약한 포지션을 잡는 것을 피할 수 있다.

9. 절기를 감안하라 월요일 장전 지수선물이 금요일 폐장 때와 같은 방향으로 움직이면 추세를 따르고, 화요일 장전 지수선물이 월요일 폐장 때와 같은 방향으로 움직이면 추세를 거슬러라. 또한 수요일과 목요일에는 추세가 지속될 가능성이 높고, 금요일에는 상반되는 의지 사이의 충돌이 벌어질 가능성이 높다.

10. 이슈를 찾아라 거래일마다 대부분의 종목은 별다른 움직임을 보이지 않는다. 따라서 추세를 형성할 소수의 종목을 찾아내야 한다. 그 기준은 장전 거래량이 많은 종목들이다.

11. 재료의 영향을 파악하라 장전 재료가 호재든 악재든 상관없다. 재료가 예측과 어긋나는지 여부가 더 중요하다. 스스로 판단할 수 없다면 전문가의 의견을 참고하라.

12. 먼 지정가주문을 넣어라 장이 시작되기 전에 제정신이라면 누구도 응하지 않을 먼 호가에 지정가주문을 넣어라. 그러고는 당황했거나 아직 잠이 덜 깬 트레이더들이 체결시켜줄 때를 기다려라.

13. 매매기조를 정하라 어느 쪽이 강한 패를 지녔는지 파악하고 정규장에서 얼마나 적극적으로 매매할지 결정하라.

14. 함정을 기다려라 초반에 모멘텀이 나오는 종목의 목록을 만든 다음 뒤늦게 뛰어든 트레이더들이 함정에 빠지기를 기다려라.

15. 고점과 저점을 활용하라 투기적인 종목들은 사소한 재료에도 장전에 크게 오르내린다. 이때 그날의 고점과 저점이 찍히는 경우가 많으므로 빠르게 수익을 취하라. 그리고 그 지점을 재진입 기회를 찾는 데 활용하라.

재료 매매의 유의점과 최적 전략

뉴스는 대개 경제 뉴스, 기업 뉴스, 기관 뉴스의 세 가지 범주로 나누어진다. 경제지표 발표는 대부분 미리 정해진 일정에 따라 뉴욕 시간으로 오전 8시 30분, 9시 45분, 10시에 이루어진다. 기업 공시는 나오는 시간이 정해져 있지 않지만 분기 말의 다음 주에 크게 늘어난다. 기관 뉴스는 특히 월요일 아침에 많이 나온다. 그 중에서 트레이더들이 출처로부터 가장 빨리 접할 수 있는 것이 경제 뉴스다. 그 다음이 실적 보고서다. 증권거래법에 따라 기업들은 동시에 여러 경로로 분기 실적 보고서를 배포해야 한다. 기관 보도자료는 가장 느리게 트레이더들에게 전달된다. 사실 뉴스가 나오기 전에 주요 고객들이 이미 투자등급 조정에 따른 대응에 나섰다고 보면 된다.

재료와 가격변동 사이의 인과관계를 파악하는 일은 쉽지 않다. 그럼에도 불구하고 많은 트레이더들은 호재가 나오면 며칠 오른 종목일지라도 사야 한다고 생각한다. 스마트 머니가 이미 소문에 사서 뉴스에 팔 준비를 마쳤는데도 말이다. 대개의 경우 일반 트레이더들이 뉴스를 접할 무렵에는 발빠른 프로그램 알고리즘이 재료에 따른 비효율을 이용할 채비에 나선다. 앞서 살펴본 캐터필러 주가 차트에서 이러한 현상을 확인할 수 있다.

그러면 생존형 트레이더는 어떻게 표적이 되지 않고 재료에 따른 기회를 활용할 수 있을까? 우선 대부분의 재료가 나올 때 한발 물러서서 관망하거나 발표 몇 분 전에 포지션을 청산한다. 또는 화력을 비축하면서 충격 때문에 예측에서 멀리 벗어나는 움직임이 나오는 때를 노린다.

재료가 나온 후 변동성이 급증할 때는 종종 발표일 오후나 2, 3일 후에 최선의 진입 기회가 생긴다. 그 이유를 살펴보자. 재료 매매를 하려는 트레이더들은 모두 발표 후 몇 시간 안에 포지션을 잡는다. 그들이 일제히 몰려들면서 매수-매도 불균형이 발생한다. 그에 따라 반전이나 흔들기가 나타난다. 생존형 트레이더는 이 지점에서 본격적인 행동에 나서야 한다. 가장 먼저 할 일은 60분봉 차트에서 분명한 지지선과 저항선을 찾는 것이다. 그리고 대규모 역스윙이 나오기 전에 반전 흐름이 50이동평균선에 닿을 것이라고 가정해야 한다. 이 가정에 기반하여 물량을 나누어 지정가 주문으로 진입하라. 포지션을 구축한 후에는 기본 추세가 다시 살아나거나 손실제한주문이 자동으로 실행될 때까지는 손실이 나더라도 보유해야 한다.

보다 보수적인 트레이더들은 재료에 따른 상승추세가 급격하게 되돌릴 때도 관망할 수 있다. 되돌림이 진행되는 동안 인내심을 가지고 낮은 리스크에 진입할 수 있는 매수 신호가 나올 때까지 기다려라. 가령 매도세는 60분봉 차트의 강세 깃발처럼 짧은 시간단위에서 상향돌파가 나올 때 끝나는 경우가 많다. 재료가 나온 며칠 후에 포지션을 잡아도 일중 차트는 리스크 대비 보상 비율을 계산하는 데 필요한 대부분의 정보를 제공한다. 일단 포지션을 잡으면 재료가 발생한 날의 고점에 초점을 맞추고 이중천정 패턴이 형성되기 시작하면 즉시 탈출해야 한다.

이러한 방식으로 진입하면 다음에 관심 기업의 실적이 예상치를 밑돌거나 혁신적인 신제품을 발표했을 때 보다 효과적으로 대응할 수 있다.

그러면 세계 시장을 움직이는 경제지표 발표에는 어떻게 대응해야 할까? 먼저 발표 일정을 확인해야 한다. 월간 실업률을 비롯한 많은 경제지표는 뉴욕거래소가 개장하기 한 시간 전에 발표된다. 따라서 이 시간에 미리 일어나서 매매 화면에서 눈을 떼지 말아야 한다. 보다 바람직한 일은 발표 한 시간 전부터 지수선물 동향을 관찰하면서 재료에 따른 양 진영의 유불리를 따지는 것이다.

경제지표 발표 후에 바로 매매하면 안 된다. 몇 분 동안 지수선물의 동향을 관찰해야 한다. 주의를 기울일 사항은 실적 발표 때와 비슷하다. 예를 들어서 분명한 지지선이나 저항선이 깨지는지 살펴야 한다. 지지선이나 저항선이 깨지지 않을 경우 개장 직후 반전할 가능성이 높다. 그러나 지지선이나 저항선이 깨지면 개장 첫 한 시간 동안 추세 형성에 대한 시험이 전개될 것이다.

발표 전 편향과 재료 사이에 시너지 효과가 발생할 때 가장 강력한 추세가 형성된다. 두 힘이 호응하면 지수가 2퍼센트 넘게 갭 상승할 수도 있다. 반대로 월간 실업률 같은 주요 경제지표가 어느 쪽에도 힘을 실어주지 않을 때는 흔들기를 예상해야 한다. 그러나 혼란한 장세에서도 종종 스윙 트레이더를 위한 포지션 진입 기회가 나온다. 일찍 진입 지점을 파악하고 기다리다가 흔들기가 진행되면서 가격이 접근할 때 천천히 포지션을 구축하라. 그 다음 하루에서 사흘 동안 움직임이 지속되기를 기다려라.

또는 재료에 상관없이 차트를 보고 기술적 분석에 초점을 맞추는 방법도 있다. 호재나 악재가 등장했다는 이유로 주춤거리다가는 최선의 기회를 놓칠 수 있다. 우리는 재료의 영향을 파악할 만큼 똑똑하지 않다는 사실을 인정해야 한다. 그래도 다른 사람들이 재료를 어떻게 해석하는지 보고 적절한 행동을 취할 수는 있다. 이때 우리는 투자자이지 도박꾼이 아니라는 사실을 명심해야 한다. 경제지표만 보고 곧이곧대로 매매해서는 안 된다. 합리적인 매매 전략은 복권을 구입하는 것과 달라야 한다. 설령 도박성 매매로 몇 번 돈을 벌었다고 해도 결국은 큰 손실을 볼 수밖에 없다.

그림 10.4   재료와 주가 움직임

강력한 재료는 해소하는 데 며칠이 걸리는 매수-매도 불균형을 유발할 수 있다. 암젠(Amgen)의 항암제가 경쟁제품보다 효능이 뛰어나다는 뉴스가 나온 후 암젠의 주가는 9포인트나 갭으로 뛰어넘는다. 그러나 이후 거의 나흘 동안 꾸준하게 하락하면서 단기 과매수 상태를 해소한다. 이후 주가는 50봉 이동평균선에 닿은 다음 저점을 높인다. 이때 상향돌파를 예상하고 포지션을 잡을 수 있다.

주가는 종종 경제지표의 직접적인 영향을 반영하다가 발표 직후 돌아선다. 수면 아래에서 큰손들이 재료를 이용하여 유리한 매매 가격을 찾거나 흔들기에 나서기 때문이다. 수렴-확산 관계를 통해 이러한 반전을 예측할 수 있다. 먼저 전날 종가와 폐장 무렵 심리적 편향을 파악해야 한다. 가령 전날 하락장이 이어지면서 종가가 일일 저점이었다고 치자. 당신은 다음 날 아침 갭하락을 예상하며 지수선물 가격을 확인한다. 놀랍게도 지수선물은 몇 틱 높은 지점에서 잘 버티고 있다. 그제서야 당신은 오전 10시에 중요한 경제지표가 발표된다는 사실을 상기한다. 발표 때까지 이어지던 약한 상승은 비교적 양호한 경제지표가 나왔는데도 바로 급락으로 돌아선다. 결국 큰손들이 더 높은 가격에서 공매도를 하려고 가격을 떠받쳤던 것이다. 슬프게도 경제지표가 발표될 때마다 시장에 그대로 반영될 것이라고 믿는 일반 트레이더들의 기대를 저버리고 이러한 기만적인 행동들이 기승을 부린다.

끝으로 표준편차를 크게 벗어난 경제지표가 나온 때를 조심해야 한다. 무척 드물게 일어나는 일이기는 하지만 이런 때는 어떤 계획도 소용이 없다. 그나마 위안이 되는 점은 큰손들도 당신과 마찬가지로 당황할 수밖에 없다는 것이다.

종목 주가와 대표 지수의 일중 스윙 관계

대부분의 종목은 일중 지수 스윙의 방향을 따른다. 다만 종목별로 지수를 추종하는 정도가 다르다. 따라서 생존형 트레이더는 두 가지 중요한 일을 해야 한다. 첫째, 해당 거래일에 일중 스윙이 유리한 종목을 찾는다. 둘째, 최선의 진입 지점과 청산 지점을 찾는다.

이때 상식적인 대응이 큰 도움이 된다. 가령 지수가 상승한 날에는 장 초반에 가장 강한 종목을 고르는 것이 논리적이다. 그러나 눈에 보이는 명확한 사실을 무시하고 쓸데없이 복잡한 방법을 생각하다가 정반대로 행동하는 경우가 많다. 지수선물 동향이 상승을 예고하는 날에는 가장 강세를 보이는 종목을 매수하는 것이 좋다. 어쨌든 가장 많은 자금을 끌어들이면서 상승세를 타고 있기 때문이다.

그러나 개장 후 한 시간이 지나면 전술적인 대응이 필요하다. 강한 종목들은 장 초반에 상승하다가 중반 무렵 되돌리는 경향이 있다. 그러다가 장 후반이나 다음 날 아침에 2차 매수세가 유입되면서 재상승하는 경우가 많다. 따라서 한 시간이 지난 후에는 강한 종목을 추격하지 말고 조정받을 때를 기다려야 한다. 주가가 되돌리면서 기술적 분석으로는 도달하지 말아야 할 지점 바로 아래에 도달했을 때가 진입할 적기다. 이 지점에서는 최후의 손실제한 물량까지 털려나가고 기회를 노리고 있던 공매도 물량이 들어온다. 이 공매도 물량은 패턴을 복구하고 새로운 상승스윙을 시작하는 데 필요한 연료가 된다.

1장에서 언급했듯이 지수선물의 등락은 일중 스윙에 일정한 영향을 미친다. 그러나 스윙을 해석하려면 단지 상승추세나 하락추세를 보는 것보다 더 많은 노력이 필요하다. 일중 시장 분석의 중요한 요소들로 시가 원칙과 첫 한 시간의 변동폭이 있다. 이 요소들의 의미는 쉽게 이해할 수 있다. 시장 참여자들이 매수세와 매도세의 상대적 수준을 말해주는 단서를 찾으면서 새로운 거래일을 시작하기 때문이다. 다시 강조하건대 첫 한 시간 동안 형성되는 변동폭은 시가와 함께 중요한 기준점을 제공한다. 이 기준점들은 단기 추세를 비교할 논리적인 시험대다.

상승일에 지수선물은 시가 대비 첫 한 시간의 돌파와 되돌림을 큰 상승을 위한 도약대로 삼는다. 하락일에는 반대의 경우가 성립된다. 반면 횡보일에는 휩소가 종종 이 기준점들을 쓸모없게 만든다. 그래서 이 기준점들에서 장대봉이 나오는지 잘 관찰해야 한다. 주가가 첫 한 시간의 고점이나 저점 혹은 시가에서 급격하게 멀어지면 이 지점들은 장 후반 혹은 다음 날 매매에 참고할 변곡점이 된다. 때로 이 기준점과 가격은 복잡하고 역설적인 관계를 이룬다. 가령 지수선물이 첫 한 시간의 변동폭을 상향돌파한 후 큰 하락스윙이 나왔다가 몇 분 동안 횡보한 다음 원래 경계 안으로 돌아가는 경우가 많다. 이 소규모 패턴 실패는 롱 포지션을 청산하고, 하락 모멘텀을 노리며 숏 포지션을 취하도록 유도한다. 시장에서 진정한 하락은 지수선물이 상향돌파할 때까지 시작되지 않고, 진정한 상승은 지수선물이 하향돌파할 때까지 시작되지 않는데, 이와 같은 시장의 사악한 성향 때문에 역설적인 현상이 일어나는 것이다.

그림 10.6에 나온 대로 주가와 적절하게 공명하는 15분 스토캐스틱은 일중 스윙을 쉽게 파악하도록 도와준다. 그러나 해석을 제대로 할 줄 알아야 효과적으로 활용할 수 있다. 우선 스토캐스틱이 과매수나 과매도 구간으로 들어갔다고 해서 무조건 반전을 예상해서는 안 된다. 가격 패턴의 확증을 기다리거나 스토캐스틱이 반대방향으로 가속되는 것을 확인해야 한다. 새로운 스윙이 시작되면 역스윙이 나오기 전에 1-2-3 주기 혹은 5파 패턴이 형성되

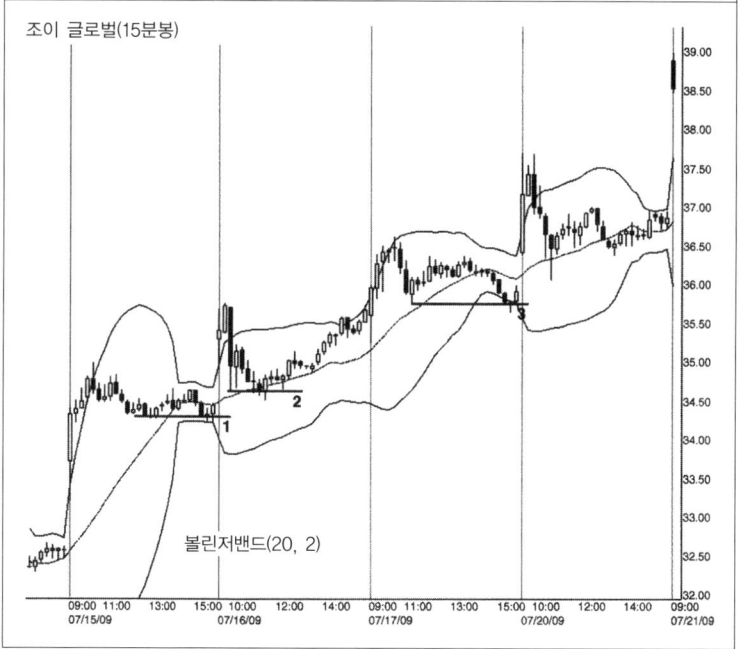

그림 10.5 일중 스윙 활용

장이 강하게 출발하면 중반에 흔들기가 나오는 경우가 많다. 조이 글로벌(Joy Global)의 주가는 4일 연속으로 시가가 상승한다. 이후 첫 90분 동안 일중 고점을 찍은 다음 폐장 때까지 지지부진한 모습을 보인다. 이런 상황이므로 장 초반에 모멘텀을 보고 들어온 포지션들은 후반에 털리기 십상이다. 생존형 트레이더들은 이때 진입하여 다음 날 개장 시 수익을 본다. 매수 신호를 주는 3거래일의 하락스윙(1, 2, 3)에 주목하라.

는지 살펴라. 스토캐스틱이 중간선에 접근하다가 돌아설 때는 계속 회의적인 눈으로 관망해야 한다. 성급한 트레이더들을 함정에 빠트리려는 속임수인 경우가 많기 때문이다.

   나흘에 걸친 S&P500 지수선물의 등락은 스토캐스틱 주기 분석의 가치를 보여준다. 그림 하단에 나온 대로 스토캐스틱은 1파에 그친 경우와 5파까지 나아간 경우를 제외하고 1-2-3 주기를 반

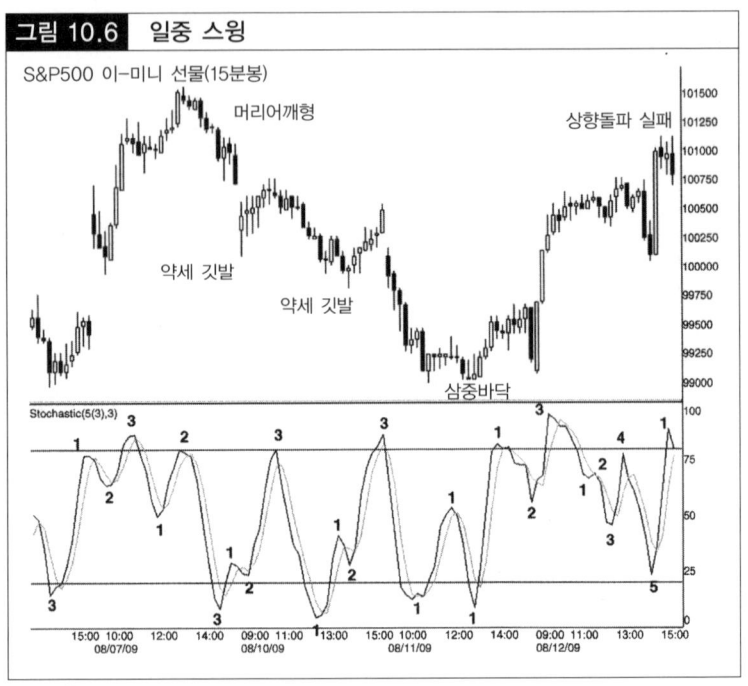

그림 10.6 일중 스윙

복한다. 각 주기는 절대 가격변동이 아닌 상대 가격변동과 수렴-확산 관계를 형성한다. 다시 말해서 가격 고점 및 저점과 스토캐스틱의 스윙이 반드시 일치하지는 않는다. 그러나 일중 시장에서 형성되는 기술적 패턴을 해석하는 데 도움을 준다. 가령 스토캐스틱의 하락스윙은 머리어깨형과 두 개의 약세 깃발 하향돌파에 따른 매도 신호를 뒷받침한다. 또한 8월 12일에는 스토캐스틱의 5파 하락스윙이 상승하는 지수와 급격하게 확산되는 동안 상향돌파 실패가 나온다.

갭을 활용하는 전략

갭은 마지막 봉과의 사이에 빈 공간을 남기며 가격을 올리거나 내리는 충격 현상이다. 시장에는 갭에 대한 오랜 조언들이 많이 있다. 그러나 '갭은 메워지기 마련이다' 같은 조언들은 올바른 결정을 내리는 데 실질적인 도움이 되지 않는다. 그러면 시장을 관망하던 중 갭이 나타난다면 어떻게 활용해야 할까? 혹은 개장 시 포지션과 반대방향으로 큰 갭이 나타나면 어떻게 대처해야 할까?

우선 어떤 종류의 갭인지 파악해야 한다. 갭 종류에 따라 최적의 대응 방식이 있다. 따라서 갭 종류를 정확하게 파악하는 일이 대단히 중요하다. 대부분의 경우 갭은 위치에 따라 다음 세 가지 중 하나에 속한다.

- 새로운 추세에서 돌파가 이루어질 때 나타나는 돌파갭
- 탐욕이나 공포가 이성을 압도할 때 추세의 중간에 나타나는 지속갭
- 마지막 모멘텀을 소진시키며 추세의 끝에 나타나는 소멸갭

각 갭은 다음과 같은 심리적 영향을 준다.

- 돌파갭은 갑자기 나타나서 놀라게 만든다.
- 지속갭은 모멘텀을 가속시키면서 흥분시킨다.
- 소멸갭은 반전을 예상했던 지점에서 나타나 화나게 만든다.

그림 10.7 돌파갭의 매매 기회

하향으로 돌파갭이 나온 후 반등하면 하락추세가 되살아날 것을 예상하고 숏 포지션을 잡아라. 아나디직스(Anadigics)의 주가는 석 달 가까이 상승하다가 크게 갭하락한다(1). 13.75달러까지 하락하던 주가는 갭을 만든 봉의 고점 근처인 38퍼센트 되돌림 지점까지 반등하며 약세 깃발을 만든다(2). 약세 깃발 패턴이 아래로 돌파당하는 지점(3)에서 하락추세의 재개를 알리는 공매도 신호가 나온다.

돌파갭이 모멘텀을 형성하면 종종 새로운 추세의 방향으로 즉각 추격매수세가 붙는다. 그래서 가격이 빠르게 움직일 때는 진입하기가 쉽지 않다. 이때는 구체적인 시나리오에 맞는 두 가지 전략을 적용할 수 있다. 다만 대개의 경우 돌파갭은 역스윙이 나타나기 전까지 모멘텀 추종자들에게 넘기는 편이 낫다.

첫 번째 전략은 아주 단순하다. 갭이 나타난 후 박스권이 형성될 때까지 기다렸다가 추세 방향대로 또 다른 돌파가 나오는 지점에서 매매하는 것이다.

두 번째 전략은 고전적인 되돌림 매매에 해당한다. 돌파갭에 이어 역스윙이 발생하긴 하지만 갭이 약간 메워지더라도 원래 추세대로 돌아서는 경우가 많다. 따라서 상향돌파 후 적은 거래량을 수반한 하락 국면에서 매수하거나 하향돌파 후 적은 거래량을 수

그림 10.8 소멸갭의 매매 기회

ATP 석유가스(ATP Oil & Gas)의 주가는 2주가 채 못 되어 두 배로 상승한다. 5월 7일에 상승추세가 가속하면서 큰 갭이 형성되었다가 한 시간 만에 메워진다. 급등에 뒤이은 급락은 추세를 마감하는 소멸갭이 나왔음을 말해준다. 이 경우 갭 이전 마지막 스윙 고점(1)으로 반등할 때 혹은 5월 11일의 하락갭(2) 같은 분명한 반전 신호가 나왔을 때 숏 포지션으로 진입할 수 있다.

반한 반등 국면에서 공매도하는 전략이 타당하다. 역스윙은 종종 갭을 포함한 기본 추세를 50퍼센트 이하로 되돌리는 깃발 패턴을 만든다. 깃발 패턴이 갭 구간에 들어설 때 진입하거나 깃발 패턴에서 돌파가 나올 때 진입하라. 중요한 점은 반전 초기에 포지션을 잡는 것이다. 기본 추세가 되살아나면 전고점이나 전저점을 크게 넘어설 가능성이 높다.

돌파갭은 바로 시험당하는 경우가 많지만 지속갭은 시험당하기 전에 많은 봉을 만든다. 그러나 지속갭을 찾아내지 못하면 활용할 수 없다. 이때 도움이 되는 오랜 기술적 분석법이 있다. 우선 위나 아래로 분명한 3파 파동이 나올 때까지 기다려라. 그 다음 시작점부터 종결점까지 거리를 재고 중간 근처에서 갭을 찾아라. 3파 파동이 분명하다면 갭의 위치가 정확하게 중간이 아니어도 된다. 지속갭을 찾은 후에는 가격이 돌아올 때까지 기다렸다가 경계 안에서 지정가주문을 넣어라. 되돌림 파동은 갭 근처의 벽에 막혀서 급격하게 돌아서야 한다. 기본 추세로 반전되기 전에 소수의 봉이 갭을 메울 수도 있다. 보다 방어적인 전략은 가격이 갭 구간으로 들어선 다음 반대방향으로 강하게 될 때까지 기다리는 것이다. 1장에서 이 고전적인 전략에 대해 설명한 바 있다.

소멸갭은 좋은 공매도 기회를 제공한다. 연장된 상승이나 하락 후에 갑자기 소멸갭이 나오면 갭 이전 지점으로 추세가 돌아섰을 때 진입하라. 소멸갭을 만든 마지막 모멘텀은 종종 사악한 면모를 지닌다. 그래서 기본 추세의 상승 각도에 버금가는 급격한 반전을 만들어낸다. 하지만 소멸갭이 메워진다는 것은 추세의 끝을 의미하는 분명한 신호다. 소멸갭은 대규모 역스윙을 앞두고 마지막으로 남은 에너지가 연소되면서 만들어내는 절정과 같다. 따라서 소멸갭이 나왔을 때 포지션을 보유 중인 상태라면 롱 포지션의 수익을 취하거나 숏 포지션을 커버해야 한다.

장전에 전날 종가 위나 아래에서 나타나는 움직임을 관찰할 때는 약간의 상식을 적용해야 한다. 중요한 점은 재료나 차트가 개장 시 나오는 갭을 정당화할 수 있는지 파악하는 것이다. 조급한 트레이더들은 장이 열리기 전에 모멘텀 열차에 올라타려고 시장가주문을 넣는다. 그러나 이러한 매매는 종종 최악의 체결가로 귀결된다. 그러지 말고 개장 시 관망하다가 첫 한 시간 돌파 전략을 적용하는 것이 낫다. 다만 갭이 이 전략에 맞는 고유한 패턴을 만들어내야 한다. 이 진입 전략에 대해서는 이 장의 끝 부분에서 자세하게 다룰 것이다.

흔들기의 양상과 역이용 전략

흔들기는 횡보 국면에서 가격이 지지선과 저항선을 깼다가 급하게 돌아서는 혼란스러운 움직임을 말한다. 이러한 움직임은 손실제한 물량을 털어내는 동시에 온갖 역포지션 진입 신호를 내보낸다. 흔들기는 다양한 양상으로 진행되는데 현대 시장에서는 다음 두 가지가 가장 흔하다.

- **강세함정 혹은 약세함정** 가격이 개장 시 15분봉 차트나 60분봉 차트의 박스권을 깨면서 포지션 진입을 유도한 후 급하게 돌아서서 갭을 메우는 흔들기를 말한다.
- **손실제한 물량 털기** 가격이 몇 시간 동안 천천히 움직이면서 포지션 진입을 유도한 후 갑자기 몇 틱씩 박스권 바깥으로 튀었다가 돌아서는 흔들기를 말한다. 진입 후 박스권 바깥에 손실제한 주문을 설정해두고 안심하고 있던 트레이더들은 순식간에 시장에서 쫓겨나고 만다.

함정은 시장의 한쪽이 주도권을 쥐는 추세의 후반 국면에서 가장 흔하게 발생한다. 오랜 상승추세가 형성되면 롱 포지션 대비 숏 포지션 비율이 비정상적으로 낮아진다. 반대로 오랜 하락추세가 형성되면 이 비율이 비정상적으로 높아진다. 이러한 상황은 추세를 거스르는 갭으로 약한 포지션들을 털어내고 매매심리의 균형을 회복할 이상적인 조건을 만든다. 대부분의 경우 갭은 금세 메워지고 다음 함정이 나타날 때까지 추세가 이어진다.

함정은 대규모 호재나 악재에 과잉반응하는 바람에 시장의 한쪽이 과도하게 붐빌 때도 나타난다. 2003년에 사담 후세인이 체포되었을 때와 2005년에 런던에서 폭탄 테러가 발생했을 때 시장의 과잉반응으로 거대한 갭이 생겼다가 금세 메워지면서 수많은 포지션들이 함정에 빠졌다. 함정을 만드는 기만적 역학은, 보다 약한 수준이긴 하지만, 예상에 어긋나는 경제지표나 실적이 발표되었을 때에도 마찬가지로 작용한다.

그림 10.9에서 나스닥100 트러스트의 가격은 5월 4일에 큰 양봉(1)으로 마감한 후 다음날 떨어진다. 오후 들어서 전날 고점 바로 밑까지 회복한 가격은 5월 6일에 큰 갭을 만들며 상승한다. 그러나 매도세가 몰리면서 가격은 2일간의 고점 아래로 밀린다(2). 급락하는 가격은 전날 저점(3)까지 깬 후에야 강하게 반전하여 시가 고점보다 약 35센트 아래에서 마감한다.

다음 날 아침, 갭을 만들며 전날 반등 고점(4)보다 높은 곳에서 출발한 가격은 다시 과격한 흔들기 속에 급락한다(5). 이 하락으로

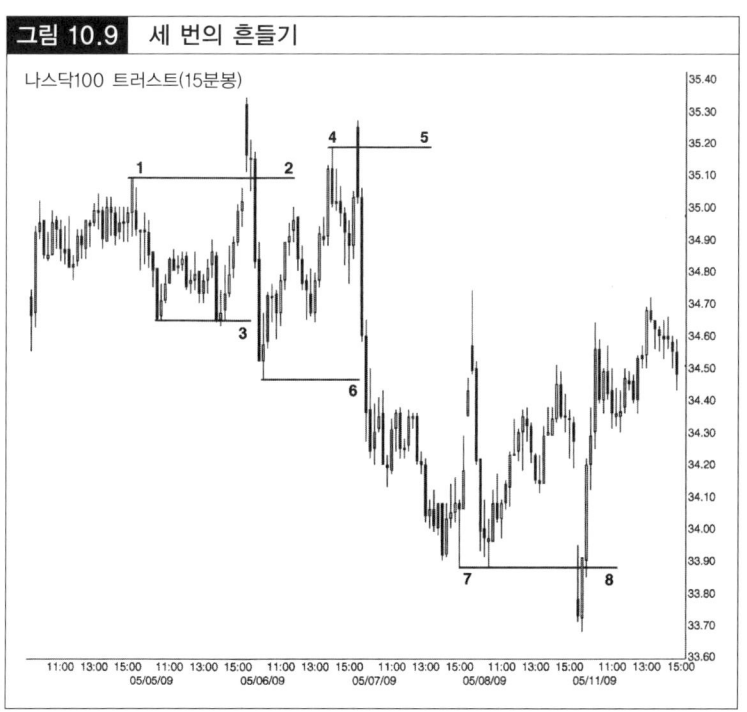

그림 10.9 세 번의 흔들기

전날 저점(6)이 깨진다. 다음 날 가격은 새로운 저점(7)을 시험한 후 강하게 반등하며 마무리한다. 다음 날 아침 저점(7)을 건너뛰는 하락갭(8)이 나타나 세 번째 흔들기가 진행된다. 이후 가격은 급격하게 상승하면서 공매도자들을 함정에 빠트린다.

주요 지수를 대상으로 한 시간외시장에서의 흔들기가 대부분의 주의를 끌지만 횡보장에서는 일중에도 종종 흔들기가 이루어진다. 이러한 흔들기는 대개 두 가지 양상으로 진행된다.

- 아침 추세가 반전되면서 지지선이나 저항선으로 접근한다. 추세 회복을 기대한 트레이더들이 달려들면 가격은 지지선이나 저항선을 급격하게 깨면서 약한 포지션들을 털어낸다. 그 다음에야 반전하여 아침의 추세를 이어간다.
- 며칠이나 몇 주 동안 형성된 박스권이 급등이나 급락으로 돌파된다. 돌파를 보고 트레이더들이 따라 들어오면 가격은 반전하여 박스권 안에서 장을 마감한다.

첫 번째 시나리오는 그림 10.5에서 다루었던 조이 글로벌의 차트에서 확인할 수 있다. 이러한 시나리오를 알면 지수선물에서 비슷한 양상이 전개될 때 상당히 도움이 된다. 지수가 지수선물의 움직임을 긴밀하게 추종할 가능성이 높기 때문이다. 또한 이 시나리오를 알면 흔들기 구간 바깥에 손실제한 수준을 정하고 낮은 리스크로 아침 추세에 올라탈 수 있다. 포지션을 잡은 후 가격은 15분봉 차트상 다음 봉이 마감될 때까지 지지선이나 저항선으로 돌아와야 한다. 그보다 오래 신고점이나 신저점을 유지하면 추가 매수세나 매도세가 들어와 손실제한주문을 건드리는 두 번째 파동을 만들 위험이 있다.

두 번째 시나리오에 따른 흔들기는 장이 마감되기 전에는 파악하기 어렵다. 이러한 흔들기는 시장의 한쪽을 터는 과정에서 수급 불균형을 초래하므로 박스권의 반대편에서 급격하게 가격 반전을

그림 10.10 박스권 저점에서의 흔들기

흔들기는 종종 가격이 박스권의 고점이나 저점을 시험할 때 이루어진다. 캐비엄 네트웍스(Cavium Networks)의 주가는 16달러(1)와 17.50달러(2) 사이에 박스권을 형성한다. 주가는 7월 7일에 박스권 하단을 향해 하락하면서 16.30 달러 근처에서 마감한다(3). 다음 날 주가는 첫 한 시간 동안 50센트 하락하면서 박스권 하단을 뚫었다가 급격하게 돌아선다(4). 이후 주가는 16달러 위에서 마감하면서 일봉상으로 상승반전을 예고하는 망치형을 만들어낸다. 실제로 다음 날 주가는 강하게 상승하면서 박스권 상단을 돌파한다(5).

일으킨다. 그 결과 일봉상 종종 망치형이나 십자형이 만들어진다. 흔들기는 가격변동의 효과가 극대화되도록 노리는 방향으로 압력을 가한다. 이 압력은 표적이 된 트레이더들에게는 결코 유쾌하지 않지만 관망하는 트레이더들에게는 좋은 기회를 제공한다. 다만 흔들기에 따른 시장의 역학을 이용하려면 타이밍이 중요하다는 점을 명심해야 한다. 수급 불균형이 3거래일에서 5거래일 정도 지속된 후에는 새로운 자금이 들어와 균형을 회복할 것이기 때문이다.

흔들기는 하루가 아니라 며칠 동안 진행될 수도 있다. 일반적인 진행을 보면 먼저 며칠 동안 주가가 하락하면서 50일 이동평균선 같은 주요 지지선에 닿는다. 다음 날 주가는 지지선을 깨고 약세를 보이며 마감한다. 그러다가 다음 날 지지선 위로 바로 올라서거나 일주일 동안 지지선 바로 밑에서 맴돌다가 위로 솟구치면서 숏 포지션들을 함정에 빠트린다. 두 경우 모두 약한 포지션들을 효과적으로 털어낸 다음 확실한 반전을 이룬다.

돌발사건 리스크

가격 패턴을 치밀하게 연구하고 뉴스를 빠짐없이 점검해도 돌발적인 리스크를 피할 수는 없다. 따라서 성과 예측 시 이를 반영해야 한다. 일단 돌발사건 리스크는 예기치 못한 돌발적 사태가 포지션에 악영향을 미칠 위험을 말한다. 투자등급 하향처럼 특정 종목에 발생할 수도 있고, 테러나 자연재해처럼 시장 전체에 발생할 수도 있다. 그중 종목의 경우는 대개 다음 세 가지 범주에 해당한다.

- 투자사의 투자등급 및 목표주가 조정
- 기업의 실적 발표나 증자 혹은 주요 인사이동
- FDA 안에 대한 정부의 승인 및 반려 혹은 증권거래위원회의 규제 변경

몇 년 전만 해도 일등급 투자사들만 단기 가격변동에 큰 영향을 미칠 수 있었다. 그러나 지금은 작은 투자사들도 타이밍만 맞으면 급격한 가격변동을 일으킬 수 있다. 헤지펀드들이 가세하여 영향력을 배가시키기 때문이다. 충격이 가장 큰 때는 상승추세 도중 투자등급 하향 소식이 가해질 때다. 트레이더들은 겁쟁이라서 그러잖아도 상승틱이 나올 때마다 공포가 기하급수적으로 커지는 상황이다. 투자등급 하향소식이 전해지면 공매도자들은 군침을 흘리며 롱 포지션들을 함정에 빠트릴 기회를 엿본다.

생명공학주들은 신약 승인 여부 때문에 특히 돌발사건 리스크에 취약하다. FDA의 주요 발표 내용은 사전에 배포되지만 아무 예고 없이 알려지는 경우도 많다. 사용법, 광고내용, 경고문구 등에 대한 FDA의 판단도 조용한 아침장을 난장판으로 바꿀 수 있다. 장전에 발표되는 연구 결과도 마찬가지다. 그나마 다행인 점은 생명공학 기업들이 정보를 통제하여 이 리스크를 줄이려고 노력한다는 것이다.

수익성을 예측할 때는 돌발사건 리스크를 고려해야 한다. 우선 적어도 일 년에 서너 번은 갑작스러운 사건 때문에 큰 손실을 볼 각오를 해야 한다. 손실액을 넉넉하게 잡아서 연간 수익 예측에 반영하라. 이렇게 리스크를 선반영하면 충격을 완화하는 데 도움이 된다. 절대 하지 말아야 할 일은 공황상태에 빠져서 최악의 가격에 물량을 던지는 것이다. 돌발사태가 생기면 냉정한 자세를 유지하면서 명확하게 설정한 탈출 경로를 따라야 한다.

장전에 발생한 돌발사태는 기민한 트레이더에게 앞서 설명한 전략을 전략들을 활용할 기회를 준다. 또한 조기에 포지션을 청산할 수 없을 때일지라도 피해를 줄이는 다른 방법이 있다. 먼저 돌발사태가 발생한 종목의 장전 변동폭을 파악하라. 이때 큰손들이 이미 지지선과 저항선을 정해놓았다고 가정해야 한다. 그 다음 장이 열린 후 역대응이 나올 때까지 기다렸다가 포지션을 정리하라. 물론 이 방법이 항상 통하는 것은 아니다. 그러나 돌발사태에 반응하여 수많은 트레이더들이 몰려들어오기 때문에 종종 이 방법으로 효과를 볼 수 있다. 이 방법은 그들이 한쪽으로 몰리면서 단기적으로 불균형이 발생했을 때를 노리는 것이다.

돌발사건 리스크는 언제든 장단기 투자자들의 계좌를 축낼 수 있다. 그래서 포지션 관리를 하려면 이 문제에 대처할 줄 알아야 한다. 포커 게임처럼 주식투자에서 역시 아무리 주어진 패를 잘 운용해도 재수가 없으면 돈을 잃을 수밖에 없다. 돌발사건 리스크로 손실이 나면 긴 슬럼프로 이어지는 경우가 많다. 갑작스러운 손실이 부정적인 심리를 자극하기 때문이다. 따라서 돌발사건 리스크로 심리적인 타격을 입었다면 추가 손실을 입기 전에 발을 빼는 것이 최선이다.

'바꿀 수 있는 것은 바꾸어야 하지만 바꿀 수 없는 것은 받아들여야 한다'는 말이 있다. 이 조언은 돌발사건 리스크를 관리하는 데 큰 도움이 된다. 주식시장에 들어선 이상 리스크의 속성을 받아들이고 방어수단을 마련해야 한다. 사실 충격에 따른 대부분의 손실은 수많은 경고 신호를 무시했기 때문에 발생한다. 문제는 우리가 몇 시간 동안 차트를 분석하면서도 경고 신호에 주의를 기울이지 않는다는 것이다.

돌발사건 리스크는 대개 아무런 경고 없이 시장을 덮친다. 그나마 위로가 되는 사실은 우리가 입은 손실이 부족한 매매실력이나 잘못된 매매관리 때문이 아니라는 것이다. 회오리바람에 휩쓸렸을 때 우리가 할 수 있는 일은 비상 대피계획을 실행하고 마음을 다스린 후 다음 매매에 집중하는 것이다.

혼조장에서 수익 내는 두 가지 지침

쉬운 장에서는 쉽게 돈을 벌 수 있다. 그러나 몇 주나 몇 개월에 걸쳐 혼란스러운 횡보가 이어질 때도 돈을 벌 수 있는가? 불행하게도 강세장에서 번 돈을 혼조장에서 다 날리는 경우가 태반이다. 이는 엄연한 현실이다. 그러나 생존형 트레이더는 혼조장의 경고 신호를 따르면서 다시 좋은 장이 들어설 때까지 수익을 지킬 줄

안다. 연일 상승하는 강세장에서는 누구나 수익을 낸다. 그러나 너무 기분을 내면 자아도취에 빠지기 쉽다. 운 좋게 추세를 잘 탔을 뿐인데 자신이 똑똑해서 돈을 번 줄 아는 것이다. 이런 사람들을 '강세장의 천재들'이라고 부른다. 쉽게 올린 수익에 취해서 도취감을 절제하지 못하면 파국을 맞을 수 있다. 이들은 처음부터 잘못된 포지션에 무모하게 들어가기 때문에 돌발사태가 발생할 경우 충격을 더욱 크게 받는다. 그렇다고 해서 공포에 떨 필요는 없다. 혼조장은 투자실력을 연마할 이상적인 기회이기도 하다. 대다수 트레이더들이 손실을 볼 때 생존능력을 보장할 전략들을 발견할 기회가 주어진다.

　모멘텀은 시간이 지나면 소진되기 마련이다. 이때 살아남으려면 과거에 손실을 초래한 매매 전략의 결점들을 보완해야 한다. 수익을 안겼던 상승추세나 하락추세는 수개월에 걸친 횡보 국면으로 이어지면서 끈기와 실력을 시험한다. 이러한 시기에는 시간을 낭비하지 말고 유리한 변화가 일어나는 다른 시장으로 눈을 돌려야 한다. 장이 혼조세로 돌아서면 가장 먼저 해야 할 일은 무모한 자신감부터 버리는 것이다. 수익이 난 것은 시장이 간만에 선심을 썼기 때문이다. 이제는 과거처럼 쉬운 장에서 벌었다가 어려운 장에서 다 까먹는 악순환을 끊어야 한다. 이 일은 겸손한 자세와 시장에 대한 절대적인 집중을 요구한다. 다시 한 번 학생으로 돌아가서 시장이 가르치는 교훈들을 열심히 배워라.

　혼조장에서 과잉매매를 하거나 패턴을 입맛에 맞게 끼워맞추거나 조급한 매매를 했다가는 돈을 잃기 십상이다. 이때는 차라리 아무것도 하지 말고 빈손으로 있는 편이 낫다. 물론 가만히 장세만 지켜보고 있는 일은 말처럼 쉽지 않다.

혼조장에서는 대중들이 시장을 비우고 프로들끼리 황량한 풍경 속에서 승부를 겨루기 때문에 시장의 역학이 급격하게 바뀐다. 이때는 일반투자자들이 돈을 벌기 어렵다. 지지선과 저항선이 매매 기회가 아니라 습격 지점이 되기 때문이다. 작용-반작용-해결 주기도 궤도를 벗어난다. 정상적인 장의 경우 가격이 고점이나 저점을 돌파했다가 지지선이나 저항선으로 되돌린 다음 다시 원래 추세를 회복한다. 그러나 혼조장에서는 돌파(작용)는 정상적으로 이루어지지만 주요 지점에 대한 시험(반작용)이 추세 회복에 기대를 걸고 진입한 포지션들을 흔들어댄다. 그러다가 더 이상 돈을 갖다 바칠 생존자가 남지 않았을 때 기본 패턴의 확증 혹은 실패를 결정짓는 마지막 국면(해결)이 찾아온다.

혼조장의 낌새가 보이면 즉시 방어조치를 취하라. 일단 포지션을 안고 오버나이트하지 말라. 하루 단위로 반전이 일어날 확률이 다른 때보다 월등히 높기 때문이다. 매일 상승과 하락이 반복되는 현상을 '빨간 봉-파란 봉 증후군red bar-green bar syndrome' 이라고 부르며, 언론은 이처럼 장을 혼란케 만드는 주범이 데이 트레이더들이라는 투로 보도한다. 그러나 데이 트레이딩이야말로 혼조장에서 가장 적절한 전략이다. 물론 많은 트레이더들은 여건이나 성향상 데이 트레이딩을 할 수 없지만 그래도 데이 트레이더들의 매매 방식을 흉내낼 수는 있다. 무엇보다 방향이 틀리면 주저없이 포지션을 청산해야 한다는 것을 기억해야 한다.

혼조장에 대응하는 다른 방법은 회오리바람을 피한 저가주를 찾는 것이다. 저가주는 위험하지만 혼조장에서는 개미들이 몰리기 때문에 우량주보다 나은 경우가 많다. 개미들은 헤지펀드나 기관만큼 속임수에 능통하지 않아서 비교적 믿을 만한 추세를 만들어낸다. 다만 혼조장에서 저가주를 매매할 때는 잘 알려진 종목은 피하는 것이 좋다. 잘 알려진 종목은 달갑지 않은 주목을 끌 수 있다. 이러한 기준으로 종목을 선정하면 보다 일관된 추세를 만날 수 있다.

혼조장에서는 갭이 발생하더라도 대부분이 반전에 의해 메워진다. 앞서 소개한 갭 전략을 활용하여 이러한 경향을 공략하라. 장 초반에 생긴 갭이 무서우면 한발 물러서서 다른 트레이더들이 미끼를 물게 놔두어라. 그 다음 가격변동이 예상대로 진행되는 것을 확인하고 포지션에 진입하라. 만약 가격이 갭을 메우지 않고 계속 나아간다면 혼조세가 끝나간다는 강력한 신호다.

혼조장에서는 충돌이 빈번하게 일어난다. 트레이더들이 상반된 전략을 가지고 대결을 벌이는 탓이다. 돌파, 모멘텀, 갭, 추세선을 놓고 정반대의 접근이 이루어진다. 한마디로 혼조장은 기술적 분석이 복음이라고 믿는 트레이더들을 미치게 만든다. 혼조장에서는 그들을 노리는 속임수가 더욱 기승을 부린다. 그러나 함정과 휩소는 역설적으로 기술적 분석의 가치를 증명한다. 기술적 분석은 차트를 볼 때 일반적인 상식을 잊고 어떤 방식이든 분쟁지역에서 대다수 포지션을 공략하라고 가르치기 때문이다.

혼조장에서 수익을 올리기 위한 두 가지 지침이 있다. 첫째, 흔들기가 끝난 후 박스권의 경계에서 매매하라. 둘째, 경쟁자처럼 속임수 게임을 펼쳐라.

이 책에 나온 사례들을 통해 함정이 설치되는 방식을 파악하라. 차트를 꼼꼼하게 분석하면 모양 좋은 패턴을 만들면서 투자심리를 자극하는 과정이 보일 것이다. 그 다음 군사 전략가처럼 지형을 관찰하여 가장 유리한 습격 지점을 찾아서 환각에 빠진 대다수 트레이더들이 뛰어들자마자 덫을 놓아라.

그저 돈 몇 푼 벌려고 너무 많은 노력을 요구하는 것처럼 들리는가? 그 말이 맞기도 하고 틀리기도 하다. 이 방법은 일반적인 매매 방법과 다른 기술들을 요구하지만 시장에서 살아남는 유일한 방법이다.

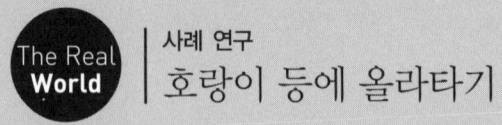

| 사례 연구
| 호랑이 등에 올라타기

개장과 함께 주가가 갭을 만들며 상향돌파를 한다. 당신은 포지션에 진입하고 싶지만 언제 어디서 들어가야 할지 모른다.

7월 20일 아침이다. 당신은 다우 케미컬Dow Chemical이 며칠 동안 17달러선에서 횡보하는 것을 지켜보았다. 그림 10.11은 투자등급 상향 소식에 주가가 갭상승하여 개장과 함께 17.25달러에서 거래가 시작되는 모습을 보여준다. 당신은 첫 한 시간 동안 네 개의 15분봉이 찍히는 것을 보면서 박스권을 형성하는 것을 확인한다. 주가가 이 박스권을 돌파할 때 첫 번째 매수 신호가 나온다. 장 초반에 형성된 박스권은 돌파되기 전에 시험구간을 거친다. 일반적으로 첫 번째 돌파 시도에서는 실패하고 뒤이은 시도에서 성공하는 경우가 많다. 이러한 진행은 차트에서 작은 손잡이가 달린 컵 패턴으로 나타났다.

당신은 전날 종가에서 수평으로 선을 긋는다. 이 선은 장 초반 박스권이 갭 방향으로 돌파될 때 '갭 메움' 여부를 판단하는 갭 메움선이 된다. 그 다음 가능한 빨리 박스권의 고점과 저점을 나타내는 두 개의 선을 그린다. 이때 갭 메움선에 가까운 선이 '반전 돌파선'이 된다.

장 초반 박스권은 개인별 매매계획, 거래시장, 일일 매매기조에

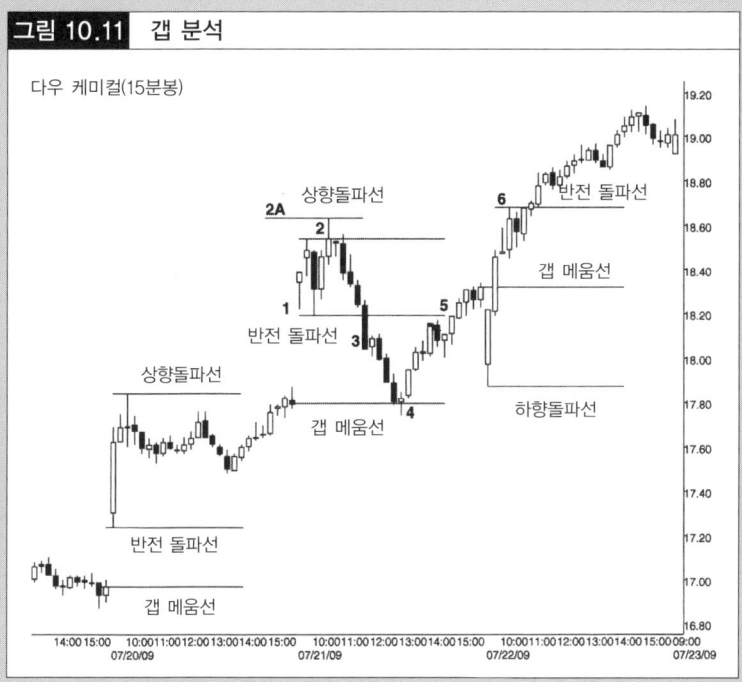

그림 10.11 갭 분석

따라 적절한 기준을 적용하여 파악해야 한다. 그 방법은 정립되는 데 많은 시행착오를 거치는 게 대부분이다. 공격적인 트레이더는 한 시간 동안 기다리지 않고 시간단위를 좁혀서 서너 개의 5분봉으로 박스권을 그릴 수 있다. 또한 방어적인 트레이더는 일중 변동을 무시하고 갭이 나온 후 2일에서 4일에 걸쳐 형성된 박스권을 참고할 수 있다. 한 시간을 기준으로 삼을 때도 유연한 시각을 가져야 한다. 가령 실질적인 박스권이 형성되는 데 45분이 걸릴 수도 있고, 두 시간이 걸릴 수도 있다. 또한 15분봉 차트에서는 노이즈가 심하게 발생한다는 점을 감안해야 한다. 한 틱이나 두 틱으로만 이루어진 상향돌파는 쉽게 반전한다. 따라서 분명한 일중 추세가 나올 때까지 진입을 서두르지 말아야 한다.

그 다음 주요 지점 대비 주가의 위치를 살펴야 한다. 첫 봉이 장기 지지선이나 저항선을 돌파하는가? 상승갭이 나온 후 주가는 여러 저항선을 지나 새로운 저항선 위에 안착할 수도 있고, 반전이 불가피한 난공불락의 저항선에 부딪힐 수도 있다. 다우 케미컬 차트에서는 첫 번째와 두 번째 갭이 나온 후 주가가 저항선을 돌파한다. 이때 주가가 첫 한 시간의 박스권이나 상향돌파선을 지날 때를 매수 신호로 삼아야 한다.

주가가 반대로 움직이면 어떻게 해야 할까? 상승갭이 나온 패턴에서의 지지선과 하락갭이 나온 패턴에서의 저항선은 반전돌파선으로 불린다. 반전돌파선이 깨지면 주가는 갭 메움선을 향해 가속하는 경향이 있다. 왜 이러한 움직임이 나오는지 이해해야 한다. 반전돌파선이 깨지면 갭 방향으로 포지션을 잡은 사람들은 모두 돈을 잃는다. 그에 따라 손실제한 물량이 도미노 효과를 일으키면서 주가 변동을 더욱 가속시키는 것이다.

갭 메움선은 상승갭에서는 지지선, 하락갭에서는 저항선이 된다. 따라서 주가가 이 선에 닿으면 바로 아침 추세 방향으로 돌아서는 반전이 나올 가능성이 높다. 그러나 반전돌파선이 새로운 저항선으로 작용하기 때문에 포지션을 잡기에 이상적인 지점은 아니다. 실제로 주가가 갭 메움선에서 반전돌파선, 반전돌파선에서 다시 갭 메움선으로 오가면서 중대한 반전을 예고하는 실패 신호를 내보내는 경우가 많다.

반대로 주가가 반전돌파선으로 되돌리면서 실패의 실패 패턴으로 상승갭 이후 고점(혹은 하락갭 이후 저점)을 시험하기도 한다. 반전돌파선을 깨고 고점이나 저점을 시험한다는 것은 추세의 끈기가 강함을 뜻하므로 갭 방향으로 포지션을 취해야 한다. 이러한 역학은 쉽게 이해할 수 있다. 상승추세에서 긍정적인 움직임은 급등을 이끄는 매수세의 힘을 드러낸다. 이때 반전돌파선 바로 밑에 손실제한주문을 설정하면 낮은 리스크로 진입할 수 있다.

그러면 다시 그림 10.11에 나온 다우 케미컬의 차트로 돌아가자. 주가는 첫 한 시간 동안 박스권을 만든 후 하루 종일 횡보하면서 어떤 신호도 내보내지 않는다. 매수 신호는 다음 날 개장 시 이틀 연속으로 갭상승하는 지점(1)에서 나온다. 그러나 첫 갭 이후에 나온 움직임이 반복될 위험도 있다. 실제로 주가는 한 시간 동안 18.20달러와 18.58달러 사이에서 횡보한다. 당신은 주가가 박스권을 돌파할 때(2) 포지션을 추가했다가 바로 반전이 일어나면서 흔들기에 노출된다. 당신은 휩소를 예상하고 상향돌파선(2A)을 다시 그린다. 실패 패턴이 나오자 공매도자들이 몰려들어서 늦은 아침 시간에 주가를 반전돌파선까지 되돌린다. 거기에 속도가 더해져서 박스권까지 하향돌파(3)한 주가는 정오 직후 갭 메움선(4)까지 내려간다. 그러나 갭 메움선이 지지선 역할을 하면서 주가를 저항선이 된 반전돌파선(5)까지 반등시킨다. 반전돌파선에서 한 시간 동안 주춤하던 주가는 다시 박스권 안으로 복귀한다. 이 실패의 실패 패턴에서는 더 높은 상승이 나와야 하지만 박스권 상단을 시험하기 전에 장이 마감된다.

셋째 날에도 갭이 나온다. 그러나 이번에는 하락갭이다. 그에 따라 전날 나온 갭 메움선이 지지선이 된다. 개장 시 주가가 급락하자 빠르게 매수세가 유입되어 첫 20분 동안 갭을 메운다. 반등은 18.70달러까지 계속되다가 한풀 꺾인다. 이 반등으로 온갖 신호가 복잡하게 얽혔다. 이때 반전돌파선이 갭 메움선보다 높이 자리잡고 있으므로 실패선이 아니라 다음 진입 지점(6)이 된다. 2분봉 차트를 보면 첫 한 시간이 끝나기 한참 전에 갭이 메워지기 때문에 쉽게 그 이유를 이해할 수 있다.

아이러니하게도 갭이 사흘 연속으로 나왔는데도 쉬운 매수 신호는 거의 나오지 않는다. 그래서 당신은 열심히 차트를 분석하고도 돈을 약간 잃는다. 그래도 갭이 나온 후 가격변동은 예상한 대로 이루어진다. 이 역학을 기억해두면 다른 시장 참여자들을 혼란에 빠트리는 다양한 갭 패턴에 효과적으로 대응할 수 있다.

The Master
Swing Trader Toolkit

Part6

리스크와 보상 관리

장기적인 수익을 올리려면 개인들에게 불리하게 작용하는 시장의 불합리한 측면을 수용하고 거기에 대처해야 한다. 그래야 성과를 개선시킬 수 있다. 또한 시장에서 꾸준하게 돈을 벌려면 월요일부터 금요일까지 모든 매매에 최대한의 정확성을 기해야 한다. 순간적인 방심이 큰 손실로 이어질 수도 있다. 특히 호시탐탐 트레이더들의 실수를 노리는 현대 시장에서는 더욱 그렇다.

─ 11 CHAPTER

실패하는 투자의 성격

모든 트레이더들은 하나의 목표를 가지고 시장에 들어온다. 그것은 돈을 많이 버는 것이다. 그러나 시장은 트레이더들의 탐욕을 이용하여 결코 목표를 이루지 못하게 만드는 사악하기 짝이 없는 역학을 가동한다. 이 역학은 너무나 효과적이어서 90퍼센트의 트레이더들이 깡통을 차고 물러난다. 심지어 경험 많은 전문 투자자들도 오랫동안 쌓은 노력과 지식을 허사로 만드는 파괴적인 시장의 역학에 고전한다. 2008년의 폭락장에서 미국의 은퇴연금들이 거의 40조 달러를 잃었다는 사실은 이 역학이 단기 투자자들만 노리는 것이 아님을 말해준다. 사실 장기 투자자들은 아주 긴 시간단위를 기준으로 삼는 트레이더일 뿐이다. 급등과 급락의 역학은 모든 주기에서 작동하면서 데이 트레이더든 가치투자자든 가리지 않고 계좌를 거덜낸다.

다른 한편 시장에서 지속적인 수익을 올리려면 손실은 절대적인 필요조건이다. 사실 가장 성공적인 전략도 아주 약간의 수학적 우위만을 지니므로 수익을 내는 과정에서 수없는 손실 상황을 당해야 한다. 대부분의 사람들은 무의식중에 손실을 피하려 한다. 성공으로 가는 길에 하등 도움이 되지 않을 뿐 아니라 탈선이라고까지 여긴다. 그러나 그것은 사실이 아니다. 우리는 손실이 가르쳐주는 시장의 행동양식에 대한 교훈을 얻어야 한다. 아이들이 뜨거운 냄비에 손을 대면 안 된다는 사실을 배우는 방식처럼 우리도 손실을 통해 시장에 대한 실전적인 데이터를 획득하고 돈을 벌려면 시장에 전략을 맞추어야 한다는 사실을 배운다.

그러나 계속해서 손실을 겪는 일은 사실 감당하기 힘들다. 우리는 손실을 감정적으로 받아들이면서 성격의 부정적인 면을 악화시킨다. 손실은 인생의 어려운 고비를 잘 넘기는 사람에게는 큰 문제가 아니지만 자존감이 약하거나 역경을 극복하는 능력이 부족한 사람에게는 치명적으로 작용할 수 있다. 게다가 거의 모든 트레이더들 곁에는 언론의 부정적인 묘사나 위험하다는 인식 때문에 주식투자를 못마땅해하는 주위사람들이 있다. 이처럼 내적인 고통과 외적인 압박이 결합된 환경 속에서 트레이더들은 자괴감과 비판을 초래하는 손실을 꺼릴 수밖에 없게 된다. 결국 수익은 갈수록 멀어지고, 투자를 포기하는 것이 고통을 끝내는 유일한 대안이 되고 만다.

4부에서 말한 대로 성공투자를 하려면 적절한 규모의 자금을 확보하는 것이 너무나 중요하다. 기본적으로 어지간한 손실을 견딜 수 있을 정도로 자금이 충분하고, 투자 리스크가 총 재산에 비해 작은 수준일 때 초보 투자자가 직면하는 수많은 장애물의 위협은 한결 줄어든다. 그래서 전문가들이 잃어도 되는 돈만 투자하라고 말하는 것이다. 이는 굉장히 중요한 조언이다. 그리고 절대 처음부터 전업투자를 하면 안 된다. 전업투자는 오랜 기간에 걸쳐 꾸준한 수익을 올리면서 자신과 주위사람들에게 능력을 증명한 다음에 해야 한다. 그 전에는 실력을 쌓는 일에만 전념하고 투자로 생계를 꾸려갈 생각은 하지 말아야 한다.

이제 생존형 트레이더에게 가장 중요한 조언을 제시하겠다. 시장에서 오랫동안 성공하려면 수익을 좇는 일보다 손실을 줄이는 일에 집중해야 한다. 자신이 틀렸다는 사실을 빨리 깨닫는 능력이 시장에서 살아남는 데 굉장히 중요한 역할을 한다. 다음은 손실과 관련된 세 가지 주요 사항이다.

- 리스크 관리를 통해 수익보다 손실 측면에 더욱 신경 써라.
- 수익은 리스크에 잘 대응하는 데서 나온다.
- 자신이 틀렸다는 사실을 깨달아야 효과적으로 손절할 수 있다.

놀랍게도 수익과 관계없는 이유로 시장에 뛰어드는 트레이더들이 부지기수다. 그들은 투자 성과에 초점을 맞추지 않고 심리적인 쾌감에 이끌려 매매를 한다. 다시 말해서 리스크에 대한 냉철한 분석 없이 돈을 거는 데서 오는 짜릿한 흥분을 느끼고 싶어한다.

그래서 방향이 맞으면 도취감에 빠지고 틀리면 절망감에 빠진다. 이처럼 주식투자를 하면서 마음속으로 롤러코스터를 타는 사람들이 많다. 물론 그들도 겉으로는 장기적인 수익이 목표라고 말한다. 그러나 수익과 관계없는 심리적 충동에 휩싸여 매매원칙을 쉽게 허물어버리곤 한다. 수익 여부에 관계없이 위험에 뛰어드는 일은 짜릿한 흥분을 제공한다. 그래서 아무 기회가 없는 지점에서도 무모한 행동을 절제하지 못하게 만든다. 이러한 행동 때문에 과잉매매와 손실이 발생한다.

수익에 도움이 되지 않는데도 매매를 하는 데는 세 가지 이유가 있다. 첫째, 주위사람들과 이야기할 소재를 만들고 싶어한다. 둘째, 삶의 다른 면에서 형편없이 실패하더라도 매매하는 순간만은 승리자가 된 듯한 기분을 느낄 수 있다. 셋째, 손실이 확정되기 전까지는 지루한 일상에서 벗어나 꿈과 희망을 가질 수 있다.

다시 한 번 핵심적인 사실을 강조하자면 대부분의 트레이더들은 지식이 부족해서가 아니라 원칙을 지키지 못해서 실패한다. 나는 지금까지 수백 명에게 주식투자를 가르쳤다. 그런데 원칙의 중요성을 이해시키는 것이 가장 힘들었다. 초보 투자자들은 세상 어딘가에 일단 손에 넣으면 시장의 모든 비밀을 풀 수 있는 성배가 있다고 믿는다. 그러나 성배는 없다. 아인슈타인이 한 말을 빌리자면 성공투자는 1퍼센트의 영감과 99퍼센트의 노력으로 이루어진다.

장기적인 수익을 올리려면 개인들에게 불리하게 작용하는 시장의 불합리한 측면을 수용하고 거기에 대처해야 한다. 그래야 성과를 개선시킬 수 있다. 또한 시장에서 꾸준하게 돈을 벌려면 월요일부터 금요일까지 모든 매매에 최대한의 정확성을 기해야 한다. 순간적인 방심이 큰 손실로 이어질 수도 있다. 특히 호시탐탐 트레이더들의 실수를 노리는 현대 시장에서는 더욱 그렇다.

트레이더의 수익-손실 주기

모든 시장 참여자들은 수익을 내는 시기와 손실을 내는 시기를 오간다. 이류 트레이더들은 장세가 나쁠 때 상승기에 번 돈을 모두 까먹는다. 반면 일류 트레이더들은 방어적인 전략을 써서 벌어놓은 돈을 최대한 지켜낸다. 어려운 때에 수익을 보존해야 다음 기회에 더 큰 수익을 올릴 밑천으로 삼을 수 있다. 물론 일류 트레이더들이 슬럼프에 빠질 수도 있고 이류 트레이더들이 손대는 것마다 대박을 터트릴 수도 있다. 그러나 이류 트레이더들에게는 이러한 경험이 오히려 독이 되기 쉽다. 자만심에 부풀어서 하락기에 접어들면 손실을 더 키울 수 있기 때문이다. 그래서 수익기와 손실기가 반복되는 과정에서 이류 트레이더들은 시장에서 밀려나가고 일류 트레이더들은 꾸준한 수익을 올린다.

수익-손실 주기는 차트처럼 다양한 시간주기를 이룬다. 나의 경우를 보면 2주에 하루나 이틀 정도는 나쁜 포지션을 잡았다가 큰 손실을 볼 위험에 노출된다. 이때 유일한 대응책은 문제를 빨리 깨닫고 손절에 나서는 것이다. 손절은 전술적인 면과 심리적인 면을 동시에 지닌다. 리스크가 높은 시기에는 큰 손실을 초래할 수 있는 포지션이 큰 수익을 안겨줄 수도 있기 때문이다. 나는 선호하는 패턴에서 공격적으로 매매하는 편이어서 선뜻 발을 빼는 것이 쉬운 일은 아니지만, 지금은 습관이 들었다.

수익-손실 주기는 대개 시장의 주기와 겹친다. 가령 매수 편향 트레이더라면 조정기에 손실을 입는 것이 불가피하다. 반면 공매도 편향 트레이더라면 상승기에 고역을 치르다가 주가가 조정에 들어가면 수익을 올린다. 장기적으로 수익을 올리려면 개인적 편향과 수익-손실 주기 사이의 직접적인 상관관계를 해체해야 한다. 이론적으로 스윙 트레이더는 어느 방향이든 좋은 패턴을 활용하는 기회주의자다. 그러나 현실적으로는 각자가 선호하는 방향이 있다. 따라서 자신의 편향을 깨닫고 시장이 반대방향으로 갈 때 대응할 수 있는 전략을 세워야 한다.

시장이 반대로 가는 것은 유리한 패턴에서 뜻밖의 손실이 생길 때 눈치챌 수 있다. 이 경우 즉시 매매 빈도를 줄이고 자신의 편향과 방향이 일치하는 업종을 찾아야 한다. 지수가 하락하더라도 전체 업종이 동반하락할 수도 있고 일부 과열된 업종만 하락할 수도 있다. 또한 주식시장이 하락할 때 원자재시장과 외환시장은 종종 반대로 움직이면서 매수 기회를 준다.

주가가 하락하면 보유기간도 조정해야 한다. 주간 차트로 초점을 넓히고 대규모 상승추세에서 되돌림이 일어나는 종목을 찾아라. 그 다음 몇 주에 걸쳐 주가 추이를 관찰하면서 지지선으로 떨어지기를 기다려라. 이때 반등시기가 전체 지수의 반전시기와 맞을 경우 4부에서 설명한 에버리징 전략에 따라 분할매수하라.

조정기에 매수 편향 트레이더가 쓸 수 있는 두 번째 전략은 하락추세 내의 작은 반등을 노리는 데이 트레이딩을 하는 것이다. 하락장에서 데이 트레이딩은 대단히 효과적인 방어 전략이다.

수익-손실 주기를 관리하는 다음 단계는 너무나 지루해서 대부분의 트레이더들은 듣고 싶어하지도 않는다. 아무 포지션 없이 시장이 돌아설 때까지 무작정 기다려야 하기 때문이다. 대부분의 트레이더들은 한 방향으로 매매할 때 더 승률이 높다. 그래서 시장이 반대로 갈 때 부진을 면치 못한다. 결국 이때는 자신이 잘 할 수 있는 방향으로 시장이 돌아설 때까지 기다리는 것이 최선이다. 물론 이 말대로 하기는 쉽지 않다. 슬픈 진실은 필요할 때 기다리는 법을 배우지 못하면 시장에서 밀려날 수밖에 없다는 것이다. 이 슬프면서도 살벌한 진실이 무서워서라도 당신이 원칙을 지키기를 바랄 뿐이다.

주요 가격과 시간에서 비효율이 발생할 때 확실한 매매 기회가 온다. 이 기회의 땅 사이에는 험하고 거친 바다가 있다. 바다에서는 몸을 사리다가 기회의 땅에 이르거든 온 힘을 집중시켜라. 어려운 장에서 매매한다고 해서 반드시 큰 손실을 입는 것은 아니지만 원칙과 감을 잃을 수 있다. 다시 말해서 진정한 기회가 찾아왔을 때 과감하게 행동할 수 없게 된다. 나만 해도 지난 20년 동안을 돌이켜보면, 어려운 시기에 쓸데없이 시달리다가 정작 절호의 기회가 왔을 때 전력투구하지 못한 일이 부지기수다. 절호의 기회는 언제나 나쁜 매매로 손실을 입고 시장에 회의를 느낄 때 찾아왔다. 이때 냉정을 되찾고 리스크를 감수하기는 쉽지 않다. 결국 나는 주저하다가 기회를 잃고 뒤늦게 후회하곤 했다.

어려운 시기에 시장에서 한걸음 물러서면 인식이 바뀐다. 일단 리스크가 사라지기 때문에 머릿속의 안개가 걷히고 의욕을 재충전할 수 있다. 때로는 리스크로부터 자유로운 관점에서 상황을 바라보기 위해 수익이 나는 포지션도 버릴 필요가 있다. 아무 포지션이 없을 때는 시장을 보는 눈이 놀랍도록 맑아진다. 장담컨대 당신은 지난 수년 동안 포지션이 눈을 흐리는 바람에 코앞에 있는 기회를 놓친 적이 수없이 많을 것이다.

큰 손실을 낸 후에는 더욱 관망하는 자세가 필요하다. 우리는 돈을 잃으면 대개 바로 포지션을 갈아타고 손실을 만회하려든다. 그러나 본전을 찾는 일에만 몰두하다 보면 오히려 상황을 악화시키는 경우가 많다. 손실이 난 이유는 잘못된 시기에 잘못된 리스크를 안았기 때문이다. 이때는 손실을 키우지 말고 한걸음 물러서서 상황을 자세히 살펴야 한다. 그래야 보다 객관적인 시각에서 기회를 평가할 수 있다. 이처럼 데이터를 치밀하게 분석하다 보면 자연스럽게 긴 휴지기를 가지게 된다.

시장에서 발을 뺌으로써 오히려 금융적 자유를 누리고 싶지 않은가? 그동안 성과를 개선시키기 위해 당신에게 내줄 숙제가 있다. 작년 매매기록을 보고 매주 들어간 포지션의 수를 세고 평균을 구하라. 그 다음에는 한 달 동안 평균 포지션 수를 절반으로 줄여라. 그러면 기회를 바라보는 시각이 크게 바뀔 것이다. 포지션 수를 줄이려면 그만큼 종목 선정을 엄격하게 해야 한다. 이러한 훈련을 통해 그동안 놓쳤던 완벽한 기회들을 보는 눈을 기를 수 있다.

매매 중독과 과잉매매

수익이 아니라 흥분을 좇다 보면 매매에 중독되기 쉽다. 이러한 양상은 인터넷 주식투자의 편리성과 결합하여 과잉매매를 낳는다. 과잉매매는 경험이 쌓여도 극복하기 어려운 결점이다. 그래서 초보 투자자뿐만 아니라 경험 많은 투자자도 과잉매매로부터 자유롭지 못하다. 대부분의 트레이더들은 가끔 다음과 같은 상황에 처한다. 그들은 수익이 나기 시작하면 포지션을 두세 배로 늘린다. 이 경우 대개 두 가지 경우로 귀결된다. 첫째, 위험을 깨닫고 포지션을 줄인다. 둘째, 위험을 무시하다가 손실을 키운다.

원칙을 말하기는 쉽지만 순간적인 감정을 억누르기는 쉽지 않다. 매일 기계적으로 매매하다 보면 집중력을 잃고 가장 기본적인 교훈조차 잊어버리는 경우가 많다. 특히 아침장에 손실이 나면 위험하다. 월요일 아침의 작은 손실이 도미노 효과를 일으켜서 일주일에 걸친 과잉매매, 줄어드는 자금, 자신감 상실로 이어질 수 있다. 과잉매매로 계속 돈을 잃다 보면 나중에는 손실에 무감각해지기도 한다. 그러면 원칙을 회복하여 정상적인 매매로 돌아오기란 쉽지 않다. 결국 이 지경에 빠진 트레이더들은 예외없이 시장에서 밀려난다.

어떻게 하면 과잉매매를 피할 수 있을까? 대개 이 악몽에서 깨어나려면 제대로 혼이 나야 한다. 먼저 모든 포지션에 대해 진입 이유를 밝히는 매매일지를 써라. 그 다음 항상 손실을 주시하면서 포지션 수가 일일 내지 주간 한계치에 도달하면 무조건 매매를 중단하라. 대체로 보면 추세장보다 횡보장에서 과잉매매가 더 빈번하게 일어난다. 따라서 매매를 시작하기 전에 장세를 먼저 파악해야 한다. 나중에 설명할 이 장세 판단 절차는 전략과 성과에 큰 영향을 미친다. 장세 판단이 중요한 이유를 이해하려면 매매일지를 보고 실적이 나쁜 날에 취한 포지션과 기본 추세를 비교해보라. 아마 잘못된 장세 판단으로 추세를 거스르는 포지션을 잡은 경우가 많을 것이다.

포지션 진입과 청산의 원칙들을 정하기는 쉽다. 하지만 간혹 이 원칙들이 통하지 않을 때가 있다. 우리는 즉각적인 만족을 추구하는 시대에 살고 있어서 매일 투자에 대한 보상을 얻고 싶어한다. 그래서 약간의 손실이 나면 원칙 탓을 하면서 새로운 포지션을 찾아 과잉매매를 한다. 하지만 과잉매매로 수익이 나면 문제는 더 커진다. 원칙에 어긋난 도박이 보상을 안겨줬다는 사실에 눈이 멀어서 무모한 매매를 일삼게 되기 때문이다. 사악한 시장은 반드시 실수로 내준 수익에 이자까지 쳐서 돌려받고야 만다. 결국 시장에서 얻은 운은 훨씬 더 큰 손실로 귀결된다.

과잉매매의 실패로 교훈을 얻지 못한 트레이더는 잘못을 반복하기 마련이다. 상황을 냉철하게 판단하고 상식적인 눈으로 시장을 바라볼 때 이 악순환을 끊을 수 있다. 특히 큰돈을 건 베팅이 실패로 돌아가거나 큰 수익이 큰 손실로 돌변했을 때 과잉매매에 빠지기 쉽다. 좋은 기회를 연달아 놓쳤을 때도 마찬가지다. 이때 감정을 통제하지 못하면 섣불리 시장에 복수하려고 들다가 악순환에 걸려든다. 시장은 그저 수급에 따라 오르내릴 뿐이다. 복수심이 부질없다는 사실을 빨리 깨달아야 무너진 원칙을 다시 세울 수 있다. 이 깨달음은 시장을 열린 마음으로 바라보고 진정한 신호만 바라보도록 만들어준다.

계좌를 축내는 매매 실수 스무 가지

초보 투자자들은 경험이 충분히 쌓이면 실수를 피할 수 있다고 생각한다. 물론 이것은 착각이다. 아무리 경험 많은 투자자라도 값비싼 실수를 저지른다. 매매 실수는 심리적인 것부터 기술적인 것까지 다양한 범주에 걸쳐서 발생한다. 그리고 가장 흔한 실수가 가장 큰 피해를 입힌다. 지난 두 번의 급락장에서 공격적인 매매로 얼마나 많은 돈을 잃었는지 생각해보라.

매매 실수를 완전히 없애기는 불가능하지만 피해를 줄일 수는 있다. 우선 모든 결정을 실행에 옮기기 전에 머릿속에서 들리는 작은 목소리에 귀를 기울여라. 즉시 아무 이유 없이 돈을 잃을 뻔했다는 사실을 깨닫게 될 것이다.

다행히 대부분의 경우에는 자신의 운명을 스스로 통제할 수 있다. 그러니 나쁜 결정을 초래할 위험이 높은 상황을 파악하는 일이 대단히 중요하다. 대개 다음과 같은 상황이 우리의 계좌를 축내는데 미리 방어책을 쓰면 피해를 크게 줄일 수 있다.

1. **장세와의 괴리** 추세장에서 횡보 매매를 하고 횡보장에서 추세 매매를 하는 것보다 나쁜 것은 없다. 반드시 매매하기 전에 장세 판단부터 하라.

2. **물타기** 잘못된 포지션을 잡았다는 사실이 분명한데도 손절하지 않고 물타기를 하면 손실만 키울 뿐이다.

3. **성급한 익절** 기껏 좋은 포지션을 잡고도 본격적인 추세가 나오기 전에 작은 수익만 거두고 빠져나오면 안 된다.

4. **성급한 진입** 아직 여건이 무르익지 않은 자리에서 들어가면 흔들기에 당하기 쉽다.

5. **뒤늦은 진입** 다른 사람들이 어떻게 대응하는지 확인하고 들어가면 이미 늦은 경우가 많다.

6. **지나친 낙관** 마냥 낙관적인 시각으로만 시장을 바라보면 매수세가 실종된 상황에서도 반등을 기대하게 된다.

7. **지나친 비관** 차트를 객관적으로 보지 않고 비관적인 전망에 사로잡히면 좋은 매매 기회를 놓칠 수 있다.

8. **중력 무시** 공매도자가 없어도 매수세가 부양해주지 않으면 주가는 내려가기 마련이다.

9. **큰 그림 무시** 단기적인 상황에 매몰되어 주간 차트나 월간 차트로 큰 그림을 보는 일을 게을리해서는 안 된다.

10. **작은 그림 무시** 큰 그림이 나빠도 작은 기회는 존재한다.

11. **숏 스퀴즈에 대한 지나친 공포** 숏 스퀴즈는 하락추세의 초반에

공매도자들을 노린다. 그러나 하락 모멘텀이 강할 때는 걱정할 필요가 없다.

12. **막차 타기** 기회를 놓치는 것이 싫어서 뒤늦게 추세에 동참하면 마지막으로 폭탄을 떠안는 경우가 많다.

13. **과도한 레버리지** 적은 돈으로 큰돈을 벌고 싶은 욕심에 무리한 신용거래를 해서는 안 된다.

14. **본전 욕심** 돈을 잃었다고 성급하게 본전을 찾으려 덤비면 원칙 없는 매매를 하게 된다.

15. **남 말 듣기** 주관 없이 전문가들이 하는 말만 듣고 매매해서는 돈을 벌기 어렵다.

16. **심리 조절 실패** 과도한 쾌감과 고통은 이성적인 포지션 관리를 어렵게 만든다.

17. **추격매수** 갭상승했다고 해서 따라들어가면 도리어 표적이 되기 쉽다.

18. **소프트웨어 의존** 매매실력이 부족하면 아무리 좋은 소프트웨어도 도움이 되지 않는다.

19. **복권 심리** 대박을 노리고 들어간 포지션으로 수익을 내는 경우는 드물다.

20. **김칫국 마시기** 실현하기 전까지는 수익이 아니다. 따라서 수익이 났다고 해서 포지션을 방만하게 운영해서는 안 된다.

계좌와 심리에 악영향을 주는 연속적 손실

연속적 손실로 투자자본이 감소하게 되면 다양한 심리적 여파를 낳는다. 연달아 손실이 나면 자신감을 잃고 과거에 효과적이었던 전략마저 믿지 못하게 된다. 연속적 손실이 주는 고통은 접근법을 바꾸고 리스크를 줄이라는 경고 신호와 같다. 일류 트레이더들도 연속적 손실을 피하지 못한다. 이것도 투자의 일면이기 때문이다. 그러나 직접 당해보면 이런 말도 거의 위로가 되지 않는다.

슬럼프 기간에는 마음을 다스려서 긍정적인 태도를 유지해야 한다. 물론 그렇게 하기가 쉽지는 않다. 그러나 절망과 수익은 공존할 수 없다. 부정적인 생각에 사로잡혀 있으면 작은 손실이 대재앙으로 번질 수 있다. 매매 전략을 조정하면 마음속의 불길을 잡는 데 도움이 된다. 무엇보다 포지션 크기를 줄이고, 위험한 매매로 손실을 만회하려고 하지 말라. 포지션 크기를 줄이면 보다 쉽게 평정심을 되찾을 수 있다. 물론 수익이 줄어들어서 손실을 복구하기에는 충분하지 않겠지만 매매 전략을 재정립하기에는 한결 도움이 된다.

슬럼프가 찾아오면 무력감에 빠지기 쉽다. 또한 당연하게 여겼던 수익이 사실은 다른 모든 사람들도 돈을 버는 쉬운 장세 덕분이었다는 깨달음도 찾아온다. 이 깨달음은 두 가지 결과로 귀결된다. 첫째, 이류 트레이더들은 시장을 떠나 보다 안전한 투자수단을 찾는다. 둘째, 진지한 트레이더들은 시장의 작동 방식과 모든 환경에서 생존하는 방법을 알아내고야 말겠다는 도전의지를 불태

운다.

본격적인 투자에 나서기 전에 감당할 수 있는 한계 손실액을 정하라. 이 금액을 잃으면 컴퓨터를 끄고 일단 시장에서 벗어나야 한다. 영원히 시장을 떠날 필요는 없다. 다만 무언가가 확실하게 잘못되었기 때문에 차분하게 문제를 분석하는 시간을 갖는다고 생각하라. 이 재충전 기간에 매일 전쟁을 벌일 때는 몰랐던 문제점들을 발견할 수 있다. 또한 손실에 따른 고뇌를 털어버리고 편하게 잠자리에 들 수 있다. 이러한 재충전은 다시 시장에 복귀했을 때 종종 좋은 결과를 안겨준다.

연속적 손실의 고통은 투자실력을 연마하는 계기가 될 수 있다. 다만 연속적 손실에 담긴 메시지에 귀를 기울이고 신속하게 매매전략에 반영해야 한다. 그러나 그 메시지를 무시하면 성공투자의 꿈은 금세 산산조각이 난다. 핵심적인 질문은 이것이다. 시장과 자신을 이기고 싶은 것인가, 아니면 돈을 벌고 싶은 것인가? 손실을 받아들이는 태도에 따라 좋은 트레이더와 나쁜 트레이더가 판가름난다. 현실을 직시하라. 판이 바뀌면 손실을 피하기 어렵다. 그러나 이 경험을 통해 생존과 번영에 필요한 약을 구할 수 있다.

많은 트레이더들은 손실이 났을 때 자신을 제외한 모든 것을 탓한다. 정작 문제는 시장의 변화에 제대로 대처하지 못한 자신에게 있는데도 말이다. 연속적으로 손실이 나기까지 우리는 수많은 정보를 얻는다. 그 과정에서 우리는 언제든 유리한 상황이 올 때까지 포지션 크기를 줄이거나 매매 빈도를 낮추거나 아예 발을 뺄 수도 있다. 그러나 많은 트레이더들은 위험을 무시하고 더 이상 통하지 않는 전략을 고수한다. 이처럼 고통을 자초하는 일은 심각한 손실을 입기 전까지 계속된다. 수익-손실 주기를 이해하는 사람들도 조금만 참으면 이 고통스러운 국면이 마술처럼 사라질 것이라고 믿는다. 슬프게도 그들은 아무리 투자의 신에게 빌어도 그러한 기적은 일어나지 않는다는 사실을 모른다.

자기파괴적 트레이딩

우리는 매일 계좌를 노리는 시장의 숨겨진 힘과 싸우는 것만으로도 충분히 힘들다. 그러나 많은 이들이 자기파괴적인 습관으로 더 힘든 상황을 자초한다. 트레이더는 실패를 부르는 부적절한 자신의 행동양상을 파악하고 통제할 필요가 있다. 먼저 현실을 무시하고 착각에 빠지는 때를 파악해야 한다. 다음과 같은 질문을 통해 문제를 발견하라. 시장이 조작되었기 때문에 돈을 잃는다고 생각하는가? 세력들의 방해만 없으면 돈을 벌 수 있다고 생각하는가? 전문가들의 말을 따랐기 때문에 손실을 입었다고 생각하는가?

근본적으로 투자는 자기 안에 잠든 능력을 깨우는 과정이다. 그러기 위해서는 시장 탓을 그만두어야 한다. 시장 탓을 하는 것은 음모이론에 통제권을 넘기는 일이다. 이러한 자기파괴는 큰 피해를 초래한다.

이런 경우 깊은 수렁에서 빠져나오는 유일한 길은 철저한 매매 복기다. 그러기 위해서는 모든 포지션에 진입한 이유를 적은 매매일지가 필요하다. 투자성적이 나쁜 트레이더들의 공통점 중 하나는 투자기록을 제대로 관리하지 않는다는 것이다. 그래서 그들은 해로운 행동을 계속할 수밖에 없다. 대부분의 트레이더들은 무의식적으로 기존의 매매 방식을 바꾸지 않으려고 한다. 해로운 행동이 이미 몸에 배어 그 자극에 익숙해져 있기 때문이다. 심한 경우 손실에 중독되기도 한다.

파괴적 매매는 대개 악순환의 고리를 만든다. 먼저 트레이더는 며칠 동안 연달아 수익을 내면서 손실을 만회하기 시작한다. 덕분에 심리상태가 호전되고 자신감이 돌아온다. 그러다가 언뜻 보기에는 괜찮지만 위험한 포지션을 잡으면서 다시 문제가 불거진다. 돌아온 자신감은 숨겨진 위험을 가려버린다. 마침내 최악의 시나리오가 현실로 바뀌고, 엄청난 손실이 트레이더를 좌절시킨다.

이러한 악순환의 고리를 끊으려면 수익을 좇기보다 손실을 피하는 데 초점을 맞추어야 한다. 그리고 자기점검과 손실회피 기법을 일상화해야 한다. 거기에는 진입 횟수를 최소화하고 포지션 크기를 줄이며 손실제한주문을 좁게 설정하는 일들이 포함된다. 여기에 한계 손실액까지 추가하면 한결 안전해진다. 가령 하루에 250달러 이상을 잃으면 무조건 그날 매매를 중단하기로 하는 식이다. 자기파괴적인 성향을 가진 트레이더들에게는 이처럼 문제를 인식시키는 엄격한 규칙이 필요하다. 그래야 손실을 키우는 무의식적인 욕망을 억누를 수 있다.

궁극적으로 시장에서 성공하는 사람들은 이미 성공한 사람들을 흉내냄으로써 그렇게 되어간다. 그러면 어떤 사람들이 꾸준한 수익을 올릴까? 그들은 상식적이고 균형 잡힌 자세로 투자의 천국과 지옥을 지나는 방법을 안다. 그래서 돈을 잃어도 절망하지 않고 돈을 벌어도 도취감에 빠지지 않는다. 그들은 냉정을 유지하면서 원칙을 지킨다. 무엇보다 그들은 다른 사람들의 움직임에 좌우되지 않고 자신만의 방식으로 매매한다. 어떻게 매매해야 할지 이미 알고 있기 때문이다. 그들은 경험을 통해 자신의 문제점을 다스리는 방법을 습득했으며, 일이 잘못되어도 남탓을 하지 않는다.

시장에서 떠나기

투자로 돈을 벌기는 결코 쉽지 않다. 그래도 사람들은 집에서 잠옷차림으로 일할 수 있다는 꿈을 좇아 시장에 뛰어든다. 그러나 투자가 모든 사람에게 맞는 것은 아니다. 무한정 돈을 들이부을 수는 없기 때문에 결국 대부분의 트레이더들은 꿈을 이루지 못하고 시장에서 밀려난다.

시장에서 철수하는 것을 고려하고 있다면 몸과 마음 그리고 계좌의 건강상태를 살펴야 한다. 매매는 혈압을 올리고 분노를 자극하는 힘든 일이다. 주식투자로 몸이 감당할 수 없는 지나친 스트레스를 받는다면 다른 일을 찾아야 한다. 철수를 고려해야 할 손실 기준이 정해져 있는 것은 아니다. 그래서 푼돈을 벌려고 하다가 큰돈을 잃고도 매매를 멈추지 않는 사람도 있고, 푼돈을 잃고도 비탄에 잠겨서 손을 떼는 사람도 있다.

사람마다 투자하는 이유가 제각각이듯이 투자에 실패하는 이유도 제각각이다. 결국 냉철한 현실 판단과 자기성찰만이 투자에서 완전히 손을 떼야 할 때가 되었음을 말해준다. 물론 자신이 투자에 재능이 있는지 여부는 진작 알 수 있다. 재능을 파악하는 일은 계좌의 운명을 파악하는 일과 완전히 다른 문제다. 뛰어난 트레이더들은 초반 몇 년 동안에는 역량을 발휘하지 못할 수도 있지만 아주 빨리 시장에 대한 감을 익힌다.

다음은 시장을 떠날 때를 가늠하기 위한 열 가지 사항이다.

1. 모든 트레이더들은 매매규칙을 가져야 한다. 매매규칙에는 한계 손실액에 이르면 영원히 시장을 떠난다는 조항도 들어 있어야 한다.

2. 손실을 낸 모든 매매를 복기하고 새로운 교훈을 얻을 수 없다면 즉시 철수해야 한다.

3. 가족이 주식투자 때문에 심한 스트레스를 받는다면 그만두어야 한다.

4. 재미로 주식투자를 하는가? 사실 대부분의 경우 주식투자는 전혀 재미있지 않다. 재미를 원한다면 주식투자 말고 다른 취미를 찾아라.

5. 얼마나 주식투자가 하고 싶은지 자문하라. 평생 주식투자를 하고 싶다면 시장에 남아도 좋다.

6. 모든 매매규칙을 따르고도 돈을 잃는다면 규칙이 문제인지 아니면 주식투자 자체가 문제인지 심사숙고하라.

7. 당장 시장을 그만둔다는 생각만 해도 미칠 것 같다면 다시 매매를 시작하라. 일단 성공투자에 필요한 열정은 갖추었으니 말이다.

8. 손실을 어느 정도까지 감당할 수 있는가? 한계 손실액까지 이르는 속도가 너무 빠르다면 빨리 그만두어라.

9. 올해만 나쁜 해였는지 아니면 모든 해가 나빴는지 냉정하게 따져보라.

10. 위험을 감수한 일에 성공한 적이 있는가? 아니면 인생이 불운의 연속인가? 후자라면 한 번 더 불운을 겪기 전에 시장을 떠나라.

12 CHAPTER

투자자금 보존

왜 좋은 포지션에서 손실이 나고 나쁜 포지션에서 수익이 나는 것일까? 그 이유는 간단하다. 투자는 어떤 일이든 일어날 수 있는 확률 게임이기 때문이다. 가격은 우리가 아무리 열심히 책을 읽고, 차트를 분석하고, 기도를 해도 자기가 가고 싶은 곳으로 간다. 그러니 100퍼센트 완벽한 포지션을 찾는 것보다 리스크를 관리하는 법을 배우는 편이 낫다. 그렇지만 이 일은 결코 쉽지 않다. 많은 투자자들이 우선 리스크의 속성을 모르기 때문이다. 다음 질문에 답해보라.

- 투자를 시작한 지 몇 년이나 지났는데도 아직 투자법에 대한 책을 사는가?

- 틀렸다는 사실을 인정하기 싫어서 엄청난 손실을 끌어안고 있는가?
- 오래전에 시장의 격언을 믿고 손실을 본 적이 있어서 아직도 거부하는가?

만약 한 질문이라도 해당한다면 리스크가 실적에 미치는 영향을 제대로 이해하지 못할 가능성이 높다.

매매하기 전에 리스크 대비 보상 비율을 계산하고 진입부터 청산까지 포지션 관리의 기준으로 삼아라. 3부에서 언급했듯이 중요한 지지선 근처에서 리스크가 낮은 롱 포지션을 잡을 수 있다. 또한 중요한 저항선 근처에서 리스크가 낮은 숏 포지션을 잡을 수 있다. 진입 지점과 다음 장애물 사이의 거리에 따라 보상 수준이 결정된다. 또한 진입 지점과 패턴이 무너지는 지점 사이의 거리에 따라 리스크 수준이 결정된다. 생존형 트레이더는 낮은 리스크로 높은 보상을 노릴 수 있는 포지션을 찾는다.

스윙 트레이딩 시 최선의 청산 지점은 추세가 강력한 장애물에 접근하면서 격렬한 움직임이 나타날 때다. 포지션에 진입하기 전에 미리 보상 수준을 계산하면서 적절한 청산 지점을 찾아야 하며, 수익 목표는 리스크가 급격하게 증가하는 지점으로 잡아야 한다. 그리고 가격이 수익 목표에 도달하면 즉시 청산하거나 최소한 반전 시 수익을 일부 지킬 수 있도록 손실제한주문을 설정해야 한다. 또한 손실 목표도 정해야 한다. 어떤 경우에 패턴이 무너졌다고 판단할 것인지를 정해두라. 가능하면 손실이 적게 난 상황에서 청산 신호가 나오는 패턴이 좋다. 대개 이동평균선, 삼각형 패턴, 갭 등에 설정된 지지선이나 저항선이 깨질 때 청산 신호가 나온다. 포지션에 진입한 후 손실 목표는 급격하게 변하기 때문에 마지막 봉이 리스크 대비 보상 비율에 미치는 영향력을 고려하여 매매계획을 조정해야 한다.

그림 12.1에서 시니어 하우징 프라퍼티즈 트러스트Senior Housing Properties Trust의 주가는 강한 상승 이후 반전하면서 18달러까지 떨어진다. 이후 주가는 50퍼센트 되돌림 지점(1)까지 반등하다가 하락하면서 60분봉 차트에서 강세 깃발 패턴을 만든다. 8월 27일 장

전에 투자등급 상향이라는 호재가 나오면서 주가는 강세 깃발 패턴을 돌파한 다음 지지선(2)까지 되돌리다가 일일 고점(3)까지 상승한다. 이때 수익 목표는 하락추세를 100퍼센트 되돌리는 지점(4)이 되고 손실 목표는 갭 구간이 된다. 갭이 메워지면 상향돌파가 실패로 돌아갔다는 뜻이기 때문이다. 이 경우 리스크 대비 보상 비율은 9:1이다. 주가가 약한 저항선인 62퍼센트 되돌림 지점(6)에서 돌아설 가능성도 있다. 그러나 그림에는 나오지 않지만 일간 차트에서 볼린저밴드가 21.75달러까지 넓게 열려 있는 점을 고려할 때 어렵지 않게 전고점을 탈환할 수 있을 것으로 보인다. 주가가 중간에서 꺾이더라도 실시간 피드백에 따라 적극적으로 포지션을 관리해주면 된다.

리스크 관리는 시장이 매우 위험한 곳이라는 분명한 인식에서 시작된다. 이 엄연한 현실을 수용하면 생존에 필요한 행동들이 보다 직관적인 성격을 지니게 된다. 리스크를 감수하기 전에 잠시 거울 앞에 서서 일이 잘못될 경우 입을 손실을 자문하라. 이 간단한 질문을 통해 수익에만 집중할 때는 보지 못했던 기회의 문을 열 수 있다. 가령 별것 없어 보이는 포지션이라도 리스크가 아주 낮다면 충분히 매력적이다.

포지션에 진입하기 전에 감수할 수 있는 최대 손실액을 정하라. 손을 쓸 수 없을 정도의 급락이 나오지 않는 한 절대 이 금액을 넘지 말아야 한다. 원하는 방향으로 가격이 움직이지 않을 때는 발을 빼고 리스크가 낮은 기회를 찾거나 포지션 크기를 줄여라. 리스크가 불확실할 때는 작은 포지션으로 시험해보다가 수익이 나면 포지션 크기를 키워라. 그 다음에는 포지션의 수익을 유지하는 데 초점을 맞추어라. 가끔은 공짜로 잡은 것이나 마찬가지인 포지션에서 멋진 일이 일어날 수 있다.

수익 목표와 손실 목표는 주가변동의 맥락에 따라 설정하고 실전적으로 조정해야 한다. 과욕을 부리면 좋은 포지션을 망치기 쉽다. 상황이 바뀌면 목표를 수정해야 한다. 마지막 몇 페니를 더 벌려고 어렵게 확보한 수익을 위험에 빠트릴 필요는 없다. 한 달 중에서 추세일은 얼마 되지 않는다. 추세일에는 가격봉이 지지선과 저항선을 쉽게 돌파하면서 순식간에 손실제한주문을 건드린다. 추세일에 시장의 반대편에 있다면 수익 목표에 도달하지 않았더라도 포지션을 청산해야 한다.

포지션을 청산하면 수익이나 손실이 확정된다. 수익 목표와 손실 목표에 도달하면 흥분하기 쉽다. 따라서 심호흡을 하고 마음을 가라앉힌 다음 포지션을 청산하라. 어중간한 지점에서 수익을 취해서는 안 된다. 가령 추세가 진행을 멈추고 반전의 기미를 보이는 시점이라면 두 가지 선택을 할 수 있다. 하나는 즉시 수익을 취하는 것이고, 다른 하나는 조정이 끝날 때까지 기다리는 것이다. 불행하게도 많은 트레이더들은 조정이 마무리되는 최악의 지점에서 발을 뺀다. 대부분의 트레이더들은 행동에 나서기 전에 다른 트레이더들이 어떻게 움직이는지 확인하고 싶어한다. 이러한 성향은 모든 포지션을 총알받이로 만들기 쉽다. 일단 종목을 정했다면 진입 지점과 청산 지점에만 집중하라.

끝으로 모든 포지션을 통합적으로 관리하라. 모든 포지션을 하나의 바스켓으로 관리하면 리스크 관리능력이 크게 개선된다. 매매기조에 따라 전체 포지션의 크기를 정하는 일로 하루를 시작하라. 그 다음 모든 포지션에 걸쳐 통합적으로 목표를 달성하라.

변동성 지수를 활용한 효율적 장세 판단

금융시장은 패턴 주기를 통해 기회와 위험을 번갈아 드러낸다. 횡보장과 추세장에서는 전략을 다르게 적용해야 한다. 단기적인 리스크 속성에 맞게 매매 전략을 조정하려면 장세 판단이 필요하다. 위험이 많고 기회가 적은 시장에서는 몸을 사리고, 분명한 추세가 형성되는 시장에서는 과감하게 포지션을 운용해야 한다. 한마디로 횡보장에서는 방어적이어야 하고 추세장에서는 공격적이어야 한다.

매일 아침 그날의 리스크 대비 보상 비율에 따라 조금씩 포지션을 조정하라. 물론 장기 포지션의 경우 장기적인 관점에 따라 조정해야 한다. 장세 판단은 매매할 금융상품과 매매기조를 말해준다. 가령 장이 좋을 때는 변동성 높은 소형주를, 장이 나쁠 때는 변동성 낮은 대형주를 매매해야 한다.

그러면 보다 적극적으로 매매해야 할 장세부터 살펴보자. 먼저 지수선물들이 분명한 추세를 형성해야 한다. 또한 일일 변동폭은 다르더라도 패턴 주기에서 지수선물들이 거의 같은 위치에 있어야 한다. 이 문제는 맥락과 관련된 다음과 같은 질문으로 이어진다. '현재 가격이 고점이나 저점 혹은 갭, 망치형, 되돌림 지점 같은 주요 지점에 대비하여 어떤 위치에 있는가?' 현재 가격과 지지선 내지 저항선 사이에 장애물이 적을수록 강한 추세가 나올 가능성이 높다.

그 다음 지수선물들 사이의 일관성을 확인하라. 모든 지수선물들이 일관되게 장애물을 지났는가? 아니면 아직 지나지 못한 지수선물이 있는가? 2008년 하반기에 지수선물들이 3월 저점 근처에 도달했을 때 어떻게 반응했는지 생각해보라. S&P500이 7월에 먼저 무너졌고 그때까지 버티던 나스닥100도 결국 9월에 무너졌다. 두 지수가 수렴하면서 역사적인 폭락이 나왔다. S&P500은 두 달 만에 40퍼센트나 떨어졌다. 이러한 지수 사이의 시너지는 역사적인 폭락이나 버블에만 한정되지 않는다. 보다 작은 규모에서도 지속적으로 이러한 변곡점이 나타난다. 지수선물들이 동시다발적으로 주요한 지점을 지날 때는 휩소가 줄어들고 가격변동이 빠르게 이루어진다.

변동성 지수는 절대적인 가격 수준과 추세 방향에 걸쳐 기회와 위험을 드러낸다. 이 지수는 몇 년에 걸쳐 천정과 바닥 사이를 오가는 주기를 형성한다. 그림 12.2를 보면 변동성 지수는 IT 버블이 형성되었다가 붕괴된 1998년부터 2002년 사이에 박스권(1)을 만들어낸다. 이후 지수는 수년 동안 10포인트에서 25포인트 사이를 오가면서(2) 비교적 낮은 리스크로 매매하기 쉬운 여건을 조성한다. 그런 다음에는 2007년에 상승하기 시작하여 15포인트에서 35포인트 사이에 잠시 박스권을 형성하다가(3) 2008년의 시장 급

그림 12.2 　변동성 지수의 주기

eSignal©2009

락을 맞아 89포인트로 급등한다(4).

　변동성 지수가 25포인트와 35포인트를 깰 때 리스크가 크게 높아진다. 2008년에 변동성 지수가 35포인트를 돌파하는 지점은 폭락에 앞서 주가 지수가 수렴하던 지점과 일치한다. 이 점은 장세 판단의 역설적인 측면을 드러낸다. 당시는 높은 리스크와 높은 기회가 공존하던 시기였기 때문이다. 대부분의 트레이더들은 이러한 시기에 대단히 방어적인 매매를 하든지 아예 발을 빼야 한다. 그러나 높은 변동성을 활용할 줄 아는 소수의 트레이더들은 횡재를 할 수도 있다. 그들은 포지션 크기 조절, 손절 관리, 변동성지수선물 등의 수단을 통해 높은 리스크를 극복하고 역사적인 기회를 활용한다.

그러면 일중 시장에 대한 공격적-방어적 접근에 대해 살펴보자. 일중 시장에도 같은 원칙이 적용된다. 즉 박스권이 형성되었을 때는 고삐를 죄고, 박스권이 깨졌을 때는 고삐를 풀어야 한다. 또한 돌파나 갭과 관련하여 추세 상대성을 고려해야 한다. 그 중요성이 일간 패턴과 주간 패턴 사이의 상대적인 비교를 통해 결정되기 때문이다. 가령 S&P500과 나스닥100 지수선물이 3일 저항선 위로 상승하더라도 두 달에 걸친 스윙의 고점이 돌파 지점보다 불과 1, 2포인트 위에 있다면 롱 포지션을 구축하기에는 위험하다.

그날 혹은 그달의 장세에 맞게 고삐를 조절하려면 다양한 데이터를 적절하게 해석해야 한다. 다행히 다우 이론을 적용하면 이 일을 한결 쉽게 할 수 있다. 다우 이론은 언제나 지수 차트의 고점과 저점을 먼저 본다. 다만 이제는 찰스 다우Charles Dow가 거의 100년 전에 보던 고전적인 지수가 아닌 지수선물들을 참고한다. 두 가지 지수선물은 현대 시장의 신경중추라고 말할 수 있다.

매수 편향이나 매도 편향을 가진 트레이더라면 지수의 방향도 중요하다. 추세가 반대방향으로 갈 경우 고삐를 바짝 죄어야 하기 때문이다. 가장 단순한 대응은 매수자의 경우 하락장에서 발을 빼고, 공매도자의 경우 상승장에서 고정수익상품으로 갈아타는 것이다. 물론 반대방향의 움직임이 때로 보다 유리한 진입 지점을 제공하기도 하지만 이 역시 장세 판단에 좌우된다.

가령 당신이 공매도 편향을 가진 트레이더라고 가정하자. 당신은 그림 12.3에 나온 대로 고점인 41달러 근처에서 시작된 이베이의 하락추세를 검토하고 있다. 이 추세는 고삐를 느슨하게 잡을 여건을 제공하므로 당신은 포지션 크기를 늘리고 보유기간도 넓게 잡는다. 8일 단순이동평균선(1)이 견고한 저항선 역할을 하면서 당신에게 유리한 모멘텀을 제공한다. 그러다가 나스닥100이 11월과 12월에 저점을 찍으면서(2) 고삐를 죄어야 한다는 신호를 내보낸다. 이베이는 IT주이자 지수 편입종목이기 때문이다. 게다가 11월 옵션 만기일도 다가오고 있다. 11월 만기주와 12월 만기주에 걸친 구간은 절기의 영향으로 상승할 가능성이 높다. 펀드매

그림 12.3 장세에 따른 숏 포지션 관리

니저들이 연말 보고서의 숫자를 좋게 만들려고 주가를 올리기 때문이다. 윈도우 드레싱의 영향은 연말까지 이어지다가 연초에 금세 사라진다.

이베이의 주가는 11월 만기주 초까지 떨어진다. 그러다가 S&P500도 저점을 찍으면서(4) 두 지수가 수렴한다. 이러한 상황은 숏 스퀴즈를 위한 이상적인 여건을 제공한다. 당신은 위험을 감지하고 숏 포지션을 커버하면서 방어에 나선다. 실제로 방향을 돌린 주가는 거의 한 달 만에 8일 단순이동평균선(5) 위에서 마감한다. 뒤이어 갭상승까지 나오지만 당신은 주로 공매도를 하기 때문에 롱 포지션을 잡지 않고 12월 만기주까지 관망한다. 이 무렵 50일 지수이동평균선과 38퍼센트 되돌림 지점에서 이루어진 세 번의 돌파 시도가 실패로 돌아간다(6). 당신은 해가 바뀌면 절기의 영향이 사라질 것으로 보고 천천히 고삐를 늦춘다. 그래서 다음 하락추세를 타기 위해 저항선 근처에서 포지션을 구축한다. 예상대로 1월 초에 하락추세(7)가 형성되고, 당신은 저점이 낮아지는 것에 맞추어 포지션을 늘리면서 공격적인 운용에 나선다.

공격적으로 대응해야 할 때와 방어적으로 대응해야 할 때를 제대로 맞추면 유리한 장세에서 포지션을 늘리고 불리한 장세에서 발을 뺄 수 있다. 이러한 매매기조 조절은 성과에 엄청난 영향을 미친다. 대부분의 손실이 불리한 리스크를 감수하는 데서 오기 때문에 장세 판단을 통해 물러설 때를 알면 손실을 크게 줄일 수 있다.

그날의 장세에 맞게 고삐를 조절하려면 단순히 지수를 분석하는 것만으로는 부족하다. 우선 장전에 포지션과 반대방향으로 갭이 나오는지 확인해야 한다. 시간외시장에서 손실을 초래하는 움직임이 나오면 다른 모든 신호가 양호하더라도 방어적으로 포지션을 운용해야 한다. 손실은 기본적으로 시장을 잘못 읽었음을 말해준다. 손실을 선별적으로 관리하다 보면 다른 기회를 놓치기 쉽다. 이러한 상황에서는 심호흡을 하고 당면한 문제에 적극 대응해야 한다. 일단 급한 불을 끈 다음 남은 시간 동안 어떤 매매기조를 취할 것인지 재검토해야 한다.

재료도 매매기조에 영향을 미친다. 연준 회의나 월간 노동통계처럼 중요한 재료가 나오는 날에는 시장의 흐름과 관계없이 방어적인 운용이 필요하다. 지수도 재료를 통해 개미들이 들어오도록 유혹하는 방향으로 움직이기 때문이다. 연준의 금리 발표 전에 주가가 상승하는 경향이 전형적인 예다. 순진한 트레이더들은 아직 발표되지 않은 재료에 시장이 반응하는 것으로 믿는다. 실은 단기 매수세를 유도하여 나중에 함정에 빠트리기 위한 속임수에 불과한데도 말이다.

장세별 포지션 전략

장세 판단에 기반하여 정한 매매기조에 따라 포지션 크기와 보유기간을 조절하라. 이러한 조절을 통해 추세장부터 횡보장까지 거의 모든 환경에 대응할 수 있다. 위험한 시기에는 포지션 크기와 보유기간을 줄이고, 유리한 시기에는 포지션 크기와 보유기간을 늘려라. 장세가 불투명할 때는 분할매수로 접근해야 한다. 그래야 리스크를 전부 감수하기 전에 시장을 시험할 수 있다. 반대로 장세가 유리할 때는 바로 100퍼센트 포지션을 잡고 분할매도로 수익을 극대화해야 한다.

시장에 오래 머물수록 리스크가 증가한다. 다시 말해서 포지션을 오래 보유할수록 돈을 잃을 위험이 커진다. 장 마감이 다가오면 오버나이트 여부에 대한 중요한 결정을 내려야 한다. 일중 시장에서도 때에 따라 적절한 전략을 적용하라. 가령 추세가 명확하고 모든 지표가 유리할 때는 첫 한 시간 동안 포지션을 구축하라. 첫 한 시간 동안에는 변동성이 증가한다. 이 변동성을 유리한 방향으로 활용해야 한다. 이 말은 『마스터 스윙 트레이더』에서의 내용과 상충하는 면이 있다. 그러나 이제는 때가 바뀌었다. 매일 첫 한 시간 동안 손을 놓고 있다가는 돈을 벌기 어렵다. 다만 혼조장에서는 여전히 첫 한 시간 동안 관망하는 것이 좋다. 변동폭이 크면 많은 시장 참여자들이 잘못된 신호를 보고 나쁜 결정을 내리기 쉽기 때문이다.

점심장과 오후장에서 등장하는 변곡점들에서도 매매기조는 중요한 역할을 한다. 추세일에는 점심 무렵 역추세가 시동을 걸면서 주가가 주춤하는 경향이 있다. 이때 역추세가 충분히 강하면 반전이 일어난다. 이러한 변화는 일간 차트에서 망치형이나 유성형으로 나타난다. 그러나 대개는 역추세가 힘을 잃고 마지막 두 시간 동안 고점이나 저점을 시험하는 경우가 많다. 따라서 하락장의 점심 무렵에 역추세가 잠깐 힘을 받는 듯 보여도 섣불리 롱 포지션을 취해서는 안 된다.

마지막 한 시간 동안에는 일간 매매기조가 마무리된다. 이때 종가가 다음 날 시가에 어떤 영향을 미칠지 예측해야 한다. 장 후반에 매도세가 약화되면서 지수선물 차트에서 두 시간에서 네 시간에 걸쳐 그릇 모양의 패턴이 형성되었는가? 이러한 패턴은 하루나

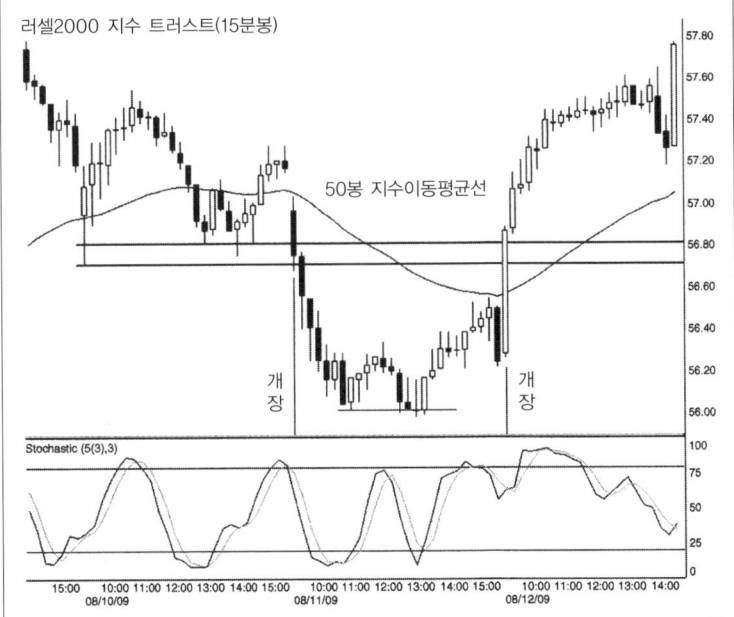

그림 12.4 일중 가격변동을 바탕으로 한 매매기조

일중 가격변동을 검토한 후 마지막 한 시간 동안 매매기조를 조정하라. 러셀2000 지수 트러스트의 가격은 갭하락하면서 56.80달러에 형성된 지지선을 깬다. 이후 가격은 오전 내내 하락하다가 점심 무렵 횡보한다. 이후 가격은 이중바닥을 찍은 다음 마지막 한 시간 동안 약하게 반등한다. 이처럼 매도세가 그치는 신호가 나오면 고삐를 늦추고 적은 물량으로 오버나이트 포지션을 취할 수 있다.

이틀 동안 매수세가 살아날 가능성이 높다. 따라서 고삐를 늦추고 반등을 노려 롱 포지션을 취하는 것이 좋다.

현재의 장세에 따라 포지션 크기를 조절하라. 장이 반대로 갈 때는 전체 계좌의 3분의 1로 노출을 한정하라. 고삐를 죄는 기간의 목표는 큰돈을 잃지 않는 것이다. 반대로 장이 유리하게 움직일 때는 전체 계좌의 90퍼센트로 노출을 늘리고 보유기간도 길게 잡아라. 햇볕이 좋을 때 건초를 만들어야 하는 법이다. 모든 지표가 유리한 방향으로 정렬하는 드문 시기에는 신용거래를 적극 활용하라. 단, 신용거래를 활용하라는 이 말은 다년간 꾸준한 수익으로 실력이 검증된 트레이더를 향해서만 하는 말이다. 또한 쉽게 수익을 주는 구간의 끝에는 거대한 벽이 나타나기 마련이다. 이를 조심하라. 호시절은 갑자기 나타났다가 순식간에 사라진다.

한 번에 전체 포지션을 취하지 않을 경우 다음 두 가지 중 한 가지 방법을 택할 수 있다.

- 점차 크기를 줄이면서 서너 번에 걸쳐 진입한다. 그러면 평균 진입가를 손실 목표에 더 가깝게 만들어서 시장이 반대로 갈 경우 손실을 줄일 수 있다.
- 같은 크기로 서너 번에 걸쳐 진입한다. 단, 평균 진입가와 전체 손실을 계산해야 한다.

두 번째 방법은 첫 번째 방법보다 대응력이 낮다. 평균 진입가를 맞출 때 일이 잘못될 가능성이 더 높기 때문이다. 두 번째 방법의 경우 포지션 진입 절차를 진행하는 동안 시장의 움직임에 따라 흔히 두 가지 상황이 전개된다. 시장이 조용하다면 가격이 박스권 안에서 오갈 가능성이 높다. 이 경우 가격이 되돌릴 때 비교적 쉽게 진입할 수 있다. 그러나 적어도 한 번은 돌파가 나올 때 진입하는 것이 좋다. 돌파가 나오면 기존 포지션에서 수익을 확보할 수 있기 때문이다.

추세가 형성될 때는 두 번째 방법을 쓰기가 어려워진다. 그렇지만 포지션에 호응하는 모멘텀이 나오면 크기를 늘리고 싶은 충동이 들기 마련이다. 그러나 추세는 언제라도 반전될 수 있으며, 그렇게 되면 손실이 더 커진다. 추적 손실제한주문을 설정하면 추가되는 위험을 막을 수 있지만, 전체 포지션을 구축할 때까지 최초 진입 직후 설정한 손실제한주문을 유지하는 것이 낫다. 평균 진입가에 맞춰 설정한 손실제한 수준이기 때문이다. 전체 포지션을 구축한 후에는 가격변동을 고려하여 손실제한주문을 재조정해야 한다.

추세장에서 첫 번째 방법을 쓰면 리스크가 줄어든다. 손실제한 방향으로 포지션이 가중되기 때문이다. 그렇다 해도 모멘텀을 보고 들어가지 말고 소규모 역추세를 기다렸다가 보다 유리한 가격에 진입하는 것이 좋다. 일간 차트를 기준으로 매매할 경우 대개 15분봉 차트나 60분봉 차트에서 진입 지점을 제공해줄 역추세를 찾을 수 있다.

한 가지 사례를 들어보자. 그림 12.5에 나온 애플의 주가는 IT주 강세에 발맞추어 급등한다. 145 근처에서 2주 고점을 돌파할

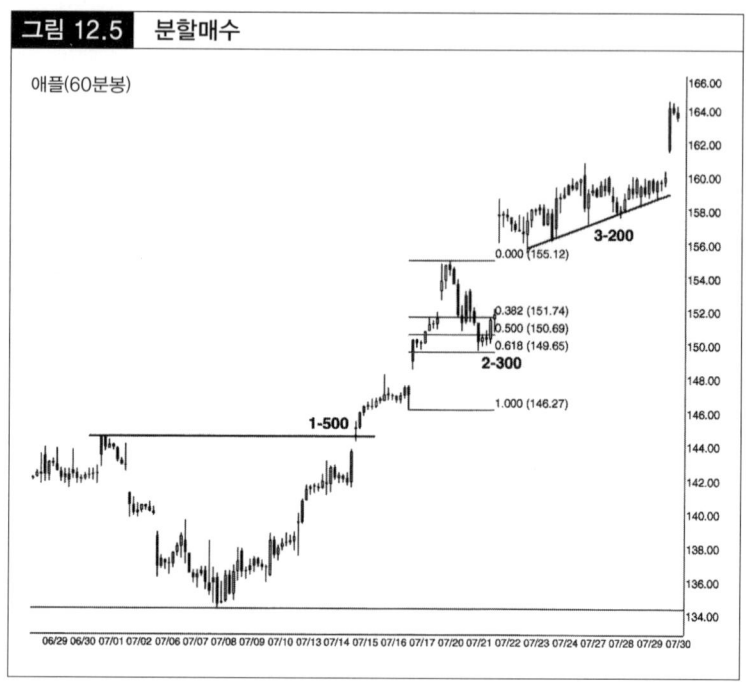

때 첫 매수 신호가 나온다. 당신은 145에 500주를 매수한다(1). 주가는 10포인트 상승하다가 62퍼센트 되돌림 지점까지 조정받는다. 당신은 150에서 300주를 매수한다(2). 이제 평균 진입가는 146.87이 된다. 이후 주가는 강하게 반등하여 신고점을 갱신하면서 60분봉 차트에서 추세선을 형성한다. 당신은 주가가 추세선인 157로 떨어질 때 200주를 매수한다(3). 결과적으로 당신은 148.90의 평균 진입가로 1,000주를 매수한 셈이 된다. 주가는 상향돌파 이후 12포인트 상승했지만 당신의 평균 진입가는 3.90포인트 상승했을 뿐이다.

방어적인 매매기조에서는 시장이 불리할 때 큰 포지션을 취하지 않는다. 위험이 증가했으므로 두 번에 나누어 평소보다 적은 물량으로 진입하라. 최초 진입은 좁은 박스권, 되돌림, 모멘텀 등 패턴을 따르면 된다. 두 번째 진입은 첫 번째 진입의 성공 여부에 따라 결정된다. 즉 기존 포지션에서 수익이 났을 경우 같은 물량만큼 진입하면 된다. 그러나 시장이 계속 유리한 방향으로 움직여도 물량을 세 번째로 추가해서는 안 된다. 방어적인 매매기조에서는 투자자금을 지키는 것이 중요하며, 혼조장에서는 언제 수익이 손실로 바뀔지 모르기 때문이다.

끝으로 현금도 포지션이라는 사실을 기억하라. 리스크가 너무 높은 장세에서는 발을 빼는 것이 상책이다. 2008년 4분기에 연출된 비정상적인 장세가 대표적인 경우다. 당시는 한 시간 만에 떼돈을 벌었더라도 리스크 관리를 제대로 못하면 한 시간 후에 원금까지 크게 깎일 수도 있는 장세였다.

청산 전략

누구나 저점 매수, 고점 매도라는 격언을 따르고 싶어한다. 그러나 현실에서 이 단순한 조언을 따르기는 정말 힘들다. 매력적인 패턴이 정석대로 형성되다가 갑자기 무너지는 사례가 얼마나 많은지 생각해보라. 이때 패턴을 보고 들어간 트레이더들은 수익을 내는 단꿈에 젖어 있다가 날벼락을 맞는다.

상황이 오리무중일 때 올바른 청산 전략은 무엇일까? 물론 모든 매매에서 성과가 나려면 시간이 필요하다. 그러나 때로 패턴이 제자리걸음을 하거나 큰 추세를 만들 탄력을 잃기도 한다. 이 경우 계속 버틸지 아니면 다른 기회를 찾을지 결정해야 한다. 이는 전적으로 기회비용의 문제다. 다시 말해서 현재 포지션에 투자한 자금과 노력을 다른 곳으로 돌려서 더 나은 성과를 올릴 수 있는지 판단하는 것이다.

많은 이들이 성과가 없는 포지션을 고수하는데, 주된 이유는 그동안 기울인 노력에 대한 보상을 얻기 위해서다. 하지만 이러한 생각은 손실을 초래하기 쉽다. 시장은 우리가 얼마나 많은 노력을 기울였는지 전혀 신경 쓰지 않는다. 다른 한편 우리는 부진한 포지션을 청산했더니 그제야 주가가 본격적으로 움직일 때의 그 불쾌한 기분을 알고 있다. 그래서 우리는 혹시라도 기회를 놓치는 일을 겪지 않으려고 포지션을 포기하기를 주저한다. 하지만 눈을 돌려 부진한 포지션을 청산한 후 해당 종목들이 어떻게 움직였는지 살펴보면 이러한 공포심을 어느 정도 극복할 수 있다. 아마 대부분은 올바른 결정이었다는 사실을 알게 될 것이다. 그러나 반대의 경우가 잦다면 청산하기 전에 충분히 결과가 나올 수 있도록 보다 장기적인 시각을 가지고 포지션에 시간을 주어라.

추세장은 트레이더들을 홀려서 유효한 이유 없이 포지션을 잡게 만든다. 이러한 실수는 결국 포지션을 청산해야 할 때도 온갖 충동적인 행동과 나쁜 결정을 초래한다. 우리가 포지션을 청산하는 이유는 수익이나 손실을 취하고 시장의 변화에 대응하기 위해서다. 각 이유는 상황에 맞는 다양한 전략을 요구한다. 트레이더들은 머릿속에서 청산 전략을 거듭 검토하여 필요한 때가 되면 즉시 행동에 옮겨야 한다. 이러한 연습은 리스크를 효과적으로 관리하는 데 필수적이다.

손실을 취하는 일은 청산 전략 가운데 가장 배우기 쉽지만 동시에 가장 실행하기 어렵다. 그래도 예측이 틀렸다는 사실이 증명되면 포지션을 청산해야 한다. 대개 버틸 것으로 예측한 지지선이 깨질 때 롱 포지션을 청산하는 경우가 많다. 생존형 트레이더는 흔들기의 영향을 분석한 뒤 지지선 바로 밑에 손실제한주문을 설정한다. 그래서 가격이 손실제한주문을 건드리면 자동으로 포지션이 청산되도록 한다. 불행하게도 많은 사람들은 지지선이 멀리 떨어진 롱 포지션에 함부로 들어간다. 이때 지지선 밑에 손실제한주문을 두는 것은 매우 위험하다. 손실제한에 대해 명확히 기준이 서지 않는다면 5부를 다시 읽어보길 권한다.

분명한 리스크 요건을 충족시키는 한 손실이 난 포지션에 재진입하는 것은 전혀 문제가 없다. 오히려 포지션 청산 후 가격이 바로 반전할 경우 재진입이 가장 현명한 선택일 수도 있다. 상향돌파를 보고 롱 포지션을 잡았다가 흔들기로 포지션을 털렸다면 지지선으로 되돌릴 때 재진입을 노릴 수 있다.

그림 12.6에서 슐룸베르거Schlumberger의 주가는 에너지 업종의 인기를 타고 강하게 상승한다. 8월 초에 100달러선에서 상승을 멈춘 주가는 50일 이동평균선으로 반락한다. 이후 며칠 동안 반등하던 주가는 다시 지지선을 시험한다. 이 경우 주가가 이동평균선

그림 12.6 재진입 전략

으로 밀릴 때(1) 이중바닥에 이은 반전을 기대하면서 포지션에 진입하고 손실제한주문을 전저점(3) 밑에 설정할 수 있다. 그러나 다음 날 갭하락이 나오면서 손실제한주문을 건드린다. 주가는 3포인트나 더 떨어진 후에 반등하여 긴 꼬리를 단 망치형을 만든다. 하루 후 주가는 50일 이동평균선 위로 반등하여 실패의 실패 패턴에 따른 매수 신호를 내보낸다. 따라서 이 지점(2)에서 재진입하고 반등 봉의 저점보다 아래(4)에 손실제한주문을 설정할 수 있다. 다행히 이번 반등은 계속 유지된다. 덕분에 기존 추세가 되살아나 주가를 7월 고점 위로 밀어올린다.

많은 트레이더들은 새로운 진입 신호가 나와도 손실을 낸 포지션에는 재진입하지 않는다. 손절당한 상처가 아직 아물지 않았기 때문이다. 사실 최초 진입의 실패로 자신감을 잃은 상태에서 재진입하는 것은 심리적으로 쉽지 않은 일이다. 그러나 엄격한 기준에 따라 손절한 경우라면 이후 좋은 기회가 나타나는 경우가 많다. 최초 진입이 잘못된 것이 아니라 단지 조금 빨랐던 것이 문제였기 때문이다. 현대 시장에서는 이러한 일이 종종 일어난다.

적절한 시점에서 수익을 실현하는 일도 어렵기는 마찬가지다. 탐욕은 언제나 냉정한 판단을 방해한다. 주식투자는 한마디로 타이밍의 승부다. 가격이 진입 전 분석에서 설정한 목표, 즉 수익 목표에 이르면 신속하게 포지션을 청산해야 한다. 시장은 지속적으로 전고점과 전저점을 시험하고, 패턴 위에 지난 싸움의 파편들을 남긴다. 가격은 이러한 변곡점에 민감하게 반응하면서 종종 급격한 변화를 보인다. 그래서 가격이 수익 목표에 이르면 무조건 포지션을 청산해야 한다. 이처럼 확고하게 원칙을 지킬 때, 반전이 일어날 가능성이 높은 지점에서 대다수 트레이더들의 들뜬 심리를 활용할 수 있다. 또한 수익이 난 포지션을 제때 정리해야 새로운 기회로 옮겨갈 수 있다. 방금 빠져나온 종목의 주가가 지지선이나 저항선으로 조정받으면서 새로운 진입 신호를 내보내는 경우도 많다.

청산 전략을 실행하는 경험을 쌓다 보면 추세가 방향을 바꾸기 전에 주요 지점으로 이끌리는 경향이 있다는 사실을 알게 된다. 느리게 움직이는 것이 아니라 급격하게 이동하는 것이 이러한 경향의 전형적인 사례다. 이러한 경향을 이해하면 감정적인 대응을 자제하고 미리 청산 계획을 세울 수 있는 경쟁력을 갖게 된다.

가격이 수익 목표에 미달하거나 반전할 경우 어떻게 수익을 보호할 것인가? 최선의 방법은 수익 목표에 근접할 때 추적 손실제한 전략을 적용하는 것이다. 추적 손실제한 전략은 다음 두 가지 방법으로 실행할 수 있다.

- 현재가보다 10센트나 15센트 혹은 20센트 뒤에 추적 손실제한 주문을 설정하고 수익 목표에 도달할 때까지 기다린다.
- 주문창을 열어놓고 가격이 고점보다 10센트나 15센트 혹은 20센트 떨어지면 바로 청산한다.

보유기간도 수익에 영향을 미친다. 수익 목표는 언제나 보유기간과 맞아야 한다. 다시 말해서 보유기간 내에 가장 많은 수익을 올릴 수 있는 포지션을 노려야 한다. 그래야 시간 기준과 가격 기준을 모두 만족시키는 청산 전략을 적용할 수 있다. 시간 기준 청산 전략은 분석이 거의 필요없다. 가격변동보다 보유기간에 초점을 맞추기 때문이다. 가격이 적시에 수익 목표에 도달하면 즉시 포지션을 청산하라. 보유기간이 다 되면 수익 목표를 맞추지 못해도 포지션을 청산하라. 그러므로 시간 기준 청산 전략에서는 정해진 기간 내에 최선의 수익을 올릴 수 있는 진입 지점을 찾는 것이 중요하다.

주가는 갭을 메우려는 성향이 있다. 때로 그 기간이 몇 달에서 몇 년이 걸릴 수도 있다. 이 점을 고려하면 현재 추세가 갭을 메우는 지점으로 빠르게 접근할 때 포지션을 청산하는 것이 좋다. 갭이 꺼림칙하기는 하지만 큰 수익을 낼 기회를 놓칠까 봐 걱정되는가? 그렇다면 주가가 갭을 메울 때 그 바로 뒤에 손실제한주문을 설정하여 반전 시 자동으로 청산되도록 하라. 그러나 갭이 크다면 반대 추세가 이를 이기기 힘들기 때문에 갭을 다 메우지 못하고 다시 돌아설 가능성이 높으므로 무조건 포지션을 청산하는 것이 최선이다.

갭이 메워지는 지점은 수익이 난 포지션을 청산해야 할 기준이다. 샌디스크^{SanDisk}의 주가는 7개월에 걸쳐 다섯 개의 갭(1, 2, 3, 4, 5)을 만들어낸다. 10월의 갭(4)은 메워지기까지 3개월이 걸린 반면 2월의 갭(5)은 일주일 만에 메워진다. 다섯 개의 갭 중 네 개의 갭이 메워지는 지점(A, B, D, E)에서 분명한 반전이 일어난다. 9월에 생긴 큰 갭(3)의 경우만 반전에 실패하고 하락추세로 이어진다. 그래도 갭을 메운 후(C) 3포인트 넘게 반등한다.

2단계로 진입 기회를 제공하는 패턴은 청산 전략을 복잡하게 만든다. 예를 들어 다음과 같은 일반적인 시나리오를 살펴보자. 당신은 주가가 강세 깃발 패턴을 딛고 상승할 때 롱 포지션에 진입한다. 그리고 주가가 깃발 패턴의 고점을 회복하는 순간 손잡이 달린 컵 패턴이 완성된다는 사실을 파악한다. 이 대규모 패턴을 파악한 당신은 깃발의 고점을 돌파한 데서 나온 수익을 실현하지 않고 더 기다리기로 결정한다. 이는 나쁜 전략이다. 바람직한 전략은 주가가 주요 저항선에 닿을 때 무조건 수익을 실현한 다음

손잡이 달린 컵 패턴을 별도의 기회로 보면서 매수 신호가 나오기를 기다리는 것이다. 이 전략의 좋은 점은 패턴이 무너져도 1단계 롱 포지션의 수익은 이미 챙겼다는 것이다.

가격봉이 빠르게 커지는 것도 좋은 청산 신호가 된다. 그러나 추세가 속도를 붙일 때는 포지션을 늘리고 싶은 욕구가 커져 청산하기가 쉽지 않다. 그렇다고 해도 과매수나 과매도 같은 불리한 기술적 신호가 급격한 역스윙을 초래할 위험을 고려하면 신속하게 수익을 실현하는 것이 합리적이다. 갑작스러운 반전에 수익이 전부 날아갈까 봐 노심초사하는 것보다 조금 적더라도 확실한 수익을 챙기는 편이 낫다.

  피보나치 되돌림 지점을 참고하면 좋은 청산 지점을 찾는 데 큰 도움이 된다. 가령 하락추세의 조정은 종종 62퍼센트 되돌림 지점까지 이르는 반등으로 이어진다. 이러한 성향을 고려하여 반등 시 롱 포지션을 청산할 좋은 지점을 정할 수 있다. 다만 무너진 고점, 메워진 갭, 깨진 이동평균선 같은 기타 조건들을 통해 교차검증을 거쳐야 한다. 조건들이 수렴하면 피보나치 되돌림 지점의 예측력을 보강하여 매도세가 재개될 지점을 정확하게 말해준다. 피보나치 되돌림 지점만 참고하여 수익이 나는 포지션을 버리는 것은 심리적으로 쉽지 않은 일이다. 그러나 다른 장애물들이 같은 가격 지점에서 수렴한다면 어렵지 않게 결정을 내릴 수 있다.

  청산 계획은 좋은 놈, 나쁜 놈, 추한 놈을 상대해야 한다. 다시 말해서 수익이 난 경우와 손실이 난 경우 그리고 비상사태가 발생한 경우에 맞는 전술이 필요하다. 언제 어떤 일이 생길지 모르기 때문에 모든 매매에서 이 세 가지 전술을 준비해야 한다. 특히 예상하지 못한 악재에 대비하는 구체적인 계획을 갖추어야 한다. 머릿속으로 비상사태가 발생하는 여러 가지 시나리오를 그리고 어떻게 대응할 것인지 반복적으로 연습하라. 비상사태가 발생했을 때는 상식적으로 행동해야 한다. 극장에 불이 났을 때 다른 사람들보다 빨리 움직일 수 있다면 즉시 빠져나올 수 있듯이. 그렇지 않다면 시간외시장, 일중 역반응, 포지션 크기 조절 전략을 활용하여 가능한 좋은 가격에 포지션을 청산하라. 시장은 악재가 터진 후 어떤 일이든 할 수 있다. 그래서 때로 고통스러운 손실을 안아

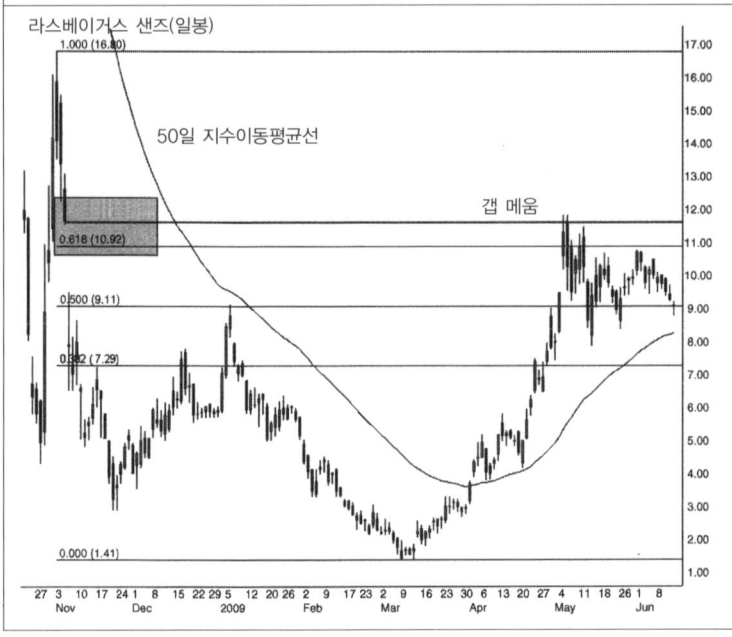

야 하는 경우도 있다. 그때는 이것도 시장의 불가피한 일면이라는 사실에서 약간의 위안을 얻는 수밖에 없다.

리스크 관리에 대한 마지막 조언

생존형 트레이더들은 매일 좋은 기회를 찾을 줄 안다. 그들은 한 종목에 대한 매매가 뜻대로 되지 않으면 주저없이 다른 종목으로 옮겨간다. 그들의 관심은 아이디어를 수익으로 바꾸는 일에 있다. 성공적인 투자를 하려면 패턴을 찾는 능력보다 내면적 과정이 더 중요하다. 지금까지 패턴, 지표, 매매 시스템을 다룬 수많은 책들이 나왔다. 그러나 이 책들은 대부분 시장의 현실과 거리가 먼 기술적 내용만을 담고 있다. 현실적으로 가격은 기술적 분석의 구조적 요소에 논리적으로 호응하지 않는다. 그래서 생존형 트레이더들은 차트와 상관없이 리스크 관리라는 내면적 통제 메커니즘을 따른다.

추세에 편승하려면 우선 추세가 존재해야 한다. 이 말은 선문답이 아니다. 대다수 시장 참여자들은 존재하지 않는 추세를 찾느라 너무 많은 시간을 허비한다. 이러한 현실을 감안하면 5포인트에서 10포인트에 걸쳐 긴 추세를 타려고 하기보다 단일 구간의 파동에서 수익을 취하는 것이 최선이다. 현실적으로 추세에 편승하여 큰 수익을 내려면 두 가지 문제를 극복해야 한다.

첫째, 트레이더들은 온갖 추세 상대성 오류를 저지른다. 가령 패턴에 대한 단기적인 예측이 맞더라도 장기적인 예측은 완전히 틀릴 수 있다. 실제로 이러한 오류를 저지르는 트레이더들이 많다. 예측의 신뢰도는 시간이 길어질수록 급격하게 떨어지기 때문이다. 둘째, 추세에 편승하려면 대개 버거운 수준의 리스크를 감당해야 한다. 5포인트에서 10포인트에 이르는 수익을 올리려면 역스윙이 나올 때마다 2포인트에서 4포인트에 이르는 손실 리스크에 노출된다. 이는 대부분의 트레이더들이 지닌 재정적, 정신적 역량을 넘어서는 것이다.

손실제한주문을 이용하든 의지력을 발휘하든 간에 적절한 시기에 포지션을 청산하는 일은 효과적인 리스크 관리의 핵심이다. 리스크 관리는 물리적 혹은 심리적 손절을 통해 수익이 손실로, 손실이 재난으로 바뀌지 않도록 막는 데서 시작된다. 아무리 리스크 관리 기법을 많이 안다고 해도 정작 필요할 때 활용하지 못하면 아무 소용이 없다. 리스크 관리에 비법은 존재하지 않는다. 그저 원칙을 따르기만 하면 된다.

사실 대부분의 트레이더들은 포지션 선택, 매매 실행, 노출 조절에 대하여 어떤 일을 해야 하는지 모르는 게 아니다. 하지만 무의식적 욕구를 이겨내고 자신이 알고 있는 원칙을 적용하는 데 실패하기 때문에 트레이딩에서도 실패하곤 한다.

당신은 생존형 트레이더로 변모하고 있는가?

장기적인 수익을 얻는 길에서 당신이 진전을 이루고 있는지를 어떻게 알 수 있을까? 물론 그 방법은 간단하다. 투자 성과를 보면 된다. 꾸준히 수익을 올리고 있다면 당신은 잘 하고 있는 것이다. 그러나 단순히 수익만으로 트레이더로서 당신의 성장을 완전하게 측정할 수는 없다. 수익으로 가는 길에는 수많은 장애물이 존재한다. 가령 배우는 과정에서는 투자 기법을 연마하는 일이 단기적인 수익보다 훨씬 중요하다. 그렇다면 수익이 아닌 다른 성장의 척도들이 있을까? 다음 열 가지는 생존형 트레이더로서 착실하게 성장하고 있음을 말해주는 증거들이다.

1. 자금 관리를 중심으로 전략을 수립하기 시작한다. 리스크 관리가 모든 포지션에 대한 핵심적인 판단기준이 된다. 수익을 좇는 일보다 손실을 통제하는 일이 성과에 더 큰 영향을 미친다는 사실을 깨닫는다.

2. 책에 나온 내용이나 전문가의 말에 의존하지 않고 독자적인 전략을 수립한다. 차트를 분석하면서 더 많은 기회들을 포착한다. 자신감을 가지고 시장이 열리기를 기다린다.

3. 학생의 자세로 시장에 임한다. 매일 새로운 내용을 배워서 실전에 적용한다. 성과에 도움이 될 내용을 얻기 위해 모든 것에 귀를 기울인다. 경제학, 펀더멘털, 대차대조표처럼 투자와 관련된 모든 영역으로 학습범위를 넓힌다.

4. 실질적인 도움이 되지 않기 때문에 더 이상 인터넷 게시판이나 채팅방은 방문하지 않는다. 모두가 궁극적인 의도를 숨긴다는 사실을 알기 때문에 기업, 기관, 다른 트레이더들을 회의적인 시선으로 바라본다. 누구도 당신의 성공에 관심이 없다는 사실을 깨닫고 있다.

5. 주위사람과 투자에 대한 이야기를 할 때 보다 신중한 자세를

취한다. 의견은 수익으로 뒷받침되어야만 의미를 얻는다는 사실을 이해한다. 포지션을 어떻게 운용해야 하는지 절대 남에게 의견을 묻지 않는다.

6. 주식투자가 성공적인 직업처럼 느껴지기 시작한다. 매매할 때마다 평균 수익은 늘어나고 평균 손실은 줄어든다. 투자자금을 축내고 자신감을 약화시키는 연속적 손실은 거의 발생하지 않는다. 예전처럼 흥분되는 경우는 없지만 오히려 심리적 동요가 줄어든 것을 다행으로 생각한다.

7. 매일 투자 성과를 평가하고 특별히 손익이 크게 나는 시간대를 파악한다. 자신의 강점과 약점을 구체적으로 인식한다.

8. 아무리 피곤하거나 들떠 있더라도 폐장 후 분석을 게을리하지 않는다. 투자 성과를 평가하고, 새로운 자료를 확보하고, 다음날의 투자 이슈를 정할 시간을 별도로 마련한다. 이러한 준비를 못하면 아예 매매를 하지 않는다.

9. 포지션을 잡지 않더라도 다양한 장세를 관찰한다. 기회는 언제든 올 수 있기 때문에 항상 준비된 자세를 가진다. 시간이 지남에 따라 달라지는 주요 투자 이슈를 연구한다.

10. 매매일지를 꼼꼼하게 작성한다. 객관적으로 투자 성과를 평가하고 개선할 점을 찾는다. 손실이 난 매매라고 해서 그냥 잊어버리지 않는다.

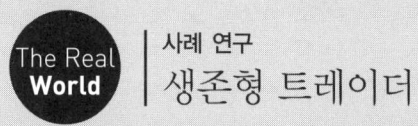

사례 연구
생존형 트레이더

당신의 모든 매매 기술과 시장에 대한 지식은 언제든 효과를 발휘할 수 있다.

당신은 잠자리에서 일어나 HTS를 켠다. 석 달에 걸친 상승 이후 시장은 지난 2주 동안 꾸준히 하락했다. 당신은 오버나이트 포지션을 최소한으로 줄이고 한두 시간 만에 치고 빠질 수 있는 기회를 노리면서 방어적인 대응에 나섰다. 밤새 S&P500 선물은 거의 1.5퍼센트, 나스닥100 선물은 1퍼센트 약간 못 미치게 하락했다. 오늘도 어려운 장이 이어질 것이라는 예고다.

그러나 당신은 지수선물들 사이에 확산이 일어나고 있음을 즉시 파악한다. HTS를 보니 아마존은 별다른 재료가 없는데도 몇 센트 올랐다. 이 점을 감안하면 장 중반에 소형주를 시작으로 우량주까지 반등할 가능성이 있다. 반면 나스닥100이 방향을 바꿔 S&P500에 동조하면서 하락장을 연출할 가능성도 있다.

개장과 동시에 프로그램 매매가 지수선물을 움직인다. 당신은 30개 종목을 관심종목에 올려놓고 지켜보고 있다. 지수선물의 움직임에 따라 거의 모든 관심종목이 일제히 오르내린다. 이는 프로그램 알고리즘이 시장을 흔들고 있다는 거의 확실한 증거다. 이러한 판단에 따라 당신은 프로그램 알고리즘이 기승을 부리는 경우에 대비한 행동강령을 따른다. 그것은 맞서지 않는다는 것이다.

당신은 며칠 전부터 채택한 방어적인 매매기조에 따라 아무 포지션 없이 장을 맞는다. 덕분에 심리적 동요 없이 장 초반의 움직임을 지켜볼 수 있다. 뿐만 아니라 갑작스러운 반전을 활용할 수 있는 유리한 입장에 서 있다.

S&P500과 나스닥100은 며칠 동안 하락한 후 전날 단기 지지선에서 약하게 반등했다. 장이 열리면서 이 지지선이 깨진다. 당신은 두 가지 결과를 예측한다.

- 마지막 하락파동이 나온다. 이때 나온 갭은 빠르게 메워지면서 숏 포지션을 함정에 빠트릴 수 있다.
- 새로운 하락추세가 형성되어 저점을 갱신한다.

당신은 지수선물의 시가를 확인한 후 아무것도 하지 않고 계속 관망한다. 시장이 패를 보여주기 전에는 아무 신호도 나오지 않기 때문이다. 정신없이 돌아가는 장세에서 물러나 있는 것은 쉬운 일이 아니지만 당신은 원칙을 고수한다. 당신이 추구하는 것은 흥분이 아니라 수익이다. 진입 신호는 재료나 심리에 따라 몇 분 만에 나올 수도 있고 하루 종일 나오지 않을 수도 있다. 당신은 심호흡을 하고 장세에 주의를 기울인다. 두 가지 경제지표의 발표를 앞두고 시장이 일정한 패턴을 만들기 시작한다. 방금 박스권을 하향 돌파하고 저점을 찍은 시장은 재료를 미끼로 약세함정을 놓을 완벽한 여건을 조성한다. 당신은 재료가 일반적인 예상과 어긋날 경우 영향을 받을 종목과 업종을 찾는다. 그 결과 두 가지 흥미로운 선택지가 나온다. 첫째, 인플레이션에 대한 소문으로 몇 주 동안 금선물이 호조를 보였지만 최근 데이터는 어느 쪽에도 힘을 실어주지 않았다. 곧 나올 발표에 담긴 인플레이션 관련 데이터가 최종 승자를 결정할 것이다. 한편 소매 데이터는 시장을 움직일 것이다. 다만 소매 업종이 급락하는 중이어서 데이터가 좋게 나와도 제한적인 영향밖에 미치지 못할 수도 있다. 그러나 주요 소매 종목들은 최근 주식사이트들에서 집중적인 관심을 받았다. 당신은 발표 후 급등할 경우에 대비하여 이 종목들을 화면에 띄운다.

인플레이션이 시장을 움직일 때는 금으로 자금이 몰린다. 그래서 당신은 금 ETF와 관련 우량주에 걸쳐 유망한 패턴을 찾는다. 그러나 여러 차트를 살펴도 좋은 진입 지점이 보이지 않는다. 두 달 전에 나온 급락으로 업종 전반에 갭이 형성되어 리스크 대비 보상 비율이 악화되어 있다. 그래도 당신은 포기하지 않고 소형주로 수색 범위를 넓힌다. 다행히 두 개의 채굴 종목이 2포인트에서 4포인트에 이르는 상승 여지를 둔 채 월간 고점 근처에서 버티고 있다. 이 종목들은 발표 이후 귀금속 업종이 상승할 때 급등할 가능성이 높다. 또한 귀금속 업종이 지수와 반대로 움직이고 있어서 이 종목들을 사는 것이 방어적인 매매기조에 적합하다. 항상 그런 것은 아니지만 귀금속 업종은 방어적인 매매기조와 잘 맞는 경우가 많다.

경제지표가 발표되자 지수선물로 매수세가 몰려든다. 그러나 곧 전날 형성된 저항선에 부딪히면서 뉴스에 팔라는 격언이 적용될 가능성을 높인다. 당신은 가격이 어느 지점에 이르면 공매도자들이 당황할지 생각한다. 만약 나온다면 그 지점에서 약세함정이 나타날 것이기 때문이다. 또한 그 지점은 아침에 고민하던 종목들에 대한 진입 신호를 내보내기도 한다.

경제지표는 의도한 전략에 상반된 영향을 미치는 내용으로 발표된다. 물가상승률이 그다지 높지 않게 나오자 금선물은 잠잠해진다. 그러나 소매 지수가 다소 상승하면서 소매 업종의 주요 ETF가 상승할 조짐을 보인다. 현재 이 ETF들은 S&P500이나 나스닥100과 달리 전날 고점 위에서 매매되고 있다.

현대 시장은 언제나 주도 업종을 찾는다. 오늘 아침에는 소매 업종이 주도 업종으로 부상한다. 소매 업종에서 매수와 숏 스퀴즈가 이루어지면 지수선물을 매도하던 프로그램 알고리즘이 매수로 돌아설 수 있다.

당신은 발표가 있은 후, 지난 3일간의 저항선까지 반등한 두 개의 주요 소매 종목을 매수할 준비를 한다. 그러나 기본적인 하락추세가 진행되고 있고 개장 시 지수선물의 지지선이 깨졌기 때문에 방어적인 매매기조는 그대로 유지한다. 따라서 지수선물이 저항선 밑에 머무는 한 두 종목에서 상향돌파가 나와도 매수주문을 넣지는 않을 것이다. 그 근거는 단순하다. 매도 세력이 바스켓 전략에 따라 ETF를 통해 전체 업종을 매도하면 개별 종목에서 상향돌파가 나와도 실패로 그칠 가능성이 높기 때문이다.

당신은 지수선물이 공매도자들을 공황에 빠트리는 지점을 지나 약세함정을 놓으면 대대적인 투자심리의 전환이 이루어질 것으로 예측한다. 이 경우 방어적인 매매기조는 시장의 상승세에 맞추어 공격적인 매매기조로 바뀐다. 이러한 전환은 소매 종목에 대한 기존 전략에 두 가지 영향을 미친다. 첫째, 더 기다리지 않고 상향돌파 시 매수할 수 있다. 둘째, 투자심리 전환은 개별 종목에 대한 수요보다 상향돌파에 더 큰 힘을 실어주기 때문에 저항선에서 조기에 진입할 수 있다. 신호를 기다리는 다른 트레이더들보다 일찍 진입하면 지수선물에서 시작되어 주도 업종으로 파급되는 도미노 효과를 누릴 수 있다.

몇 분 뒤 약세함정이 나오면서 지수선물을 전날 저점 위로 다시 밀어올린다. 당신은 공매도자들의 대응을 예상한다. 이 예상이 맞다면 당황한 공매도자들이 포지션을 커버하면서 추가 상승파동이 나올 것이다. 더 이상 기다릴 필요가 없기 때문에 당신은 아직 상향돌파가 나오지 않은 두 종목에 각각 절반씩 롱 포지션으로 진입한다. 그 다음 공매도자들의 대응을 기다렸다가 상향돌파 여부에 상관없이 나머지 포지션을 추가한다.

중반으로 접어들면서 시장의 속도가 느려진다. 당신은 지수선물과 함께 진입 종목의 패턴을 관찰한다. 아침에 나온 약세함정이 추세를 하락에서 횡보나 상승으로 바꾸지 않는 한 방어적인 매매기조는 여전히 유효하다. 따라서 수익 예측과 관계없이 아침에 잡은 포지션을 다음 날로 안고 넘어가려면 충분한 이유가 필요하다. 그럴 만한 이유가 없기 때문에 당신은 폐장 전까지 각 포지션에서 최대한 많은 수익을 뽑아내는 데 집중한다. 먼저 당신은 지수선물이 고점 근처에서 마감할 가능성을 따진다. 그 다음 당신은 각 거래소의 하락 종목 대비 상승 종목 데이터와 하락 종목 거래량 대비 상승 종목 거래량 데이터를 확인한다. 두 데이터가 모두 급격하게 상승한다면 당신은 가능한 오래 포지션을 보유하면서 마지막 한 시간 동안의 매수세를 노릴 것이다. 그렇지 않다면 오후의 역스윙에 앞서 중반에 반전이 나올 가능성이 있으므로 경계 태세를 갖출 것이다.

오늘 진입한 두 종목 중에서 하나는 3일간의 고점을 향해 상승하는 반면 다른 하나는 지난주에 나온 하락갭을 메운다. 지수선물은 여전히 상승하는 중이지만 모멘텀이 현저하게 약해졌고, 단기지표도 크게 긍정적이지 않다. 당신은 발을 빼야 할 때임을 직감하고 포지션을 청산한다.

오늘 올린 수익은 큰돈이 아니다. 그래도 당신은 불평하지 않는다. 어려운 장세에도 불구하고 수익을 올리는 데 성공했기 때문이며, 이것은 생존형 트레이더의 길에 한 걸음 더 나아갔다는 증거이기 때문이다.

시장의 변동성을 정복하는 실전 투자법
실전 스윙 트레이딩 기법

개정판 1쇄 발행 2018년 1월 30일
개정판 6쇄 발행 2023년 11월 10일

지은이 앨런 S. 팔리
옮긴이 김태훈

펴낸곳 (주)이레미디어
전화 031-908-8516(편집부), 031-919-8511(주문 및 관리) | 팩스 0303-0515-8907
주소 경기도 파주시 문예로 21, 2층
홈페이지 www.iremedia.co.kr | 이메일 ireme@iremedia.co.kr
등록 제396-2004-35호.

책임편집 공순례, 김윤정 | **디자인** 구름디자인 | **마케팅** 김하경 | **재무총괄** 이종미 | **경영지원** 김지선

저작권자 ⓒ 앨런 S. 팔리, 2011
이 책의 저작권은 저작권자에게 있습니다. 서면에 의한 허락 없이 내용의 전부 혹은 일부를 인용하거나
발췌하는 것을 금합니다.

ISBN 979-11-88279-07-4 13320

·책값은 뒤표지에 있습니다.
·잘못된 책은 구입하신 서점에서 교환해드립니다.
·이 책은 투자 참고용이며, 투자 손실에 대해서는 법적 책임을 지지 않습니다.

이 도서의 국립중앙도서관 출판예정도서목록(CIP)은 서지정보유통지원시스템
홈페이지(http://seoji.nl.go.kr)와 국가자료공동목록시스템(http://www.nl.go.kr/kolisnet)에서
이용하실 수 있습니다. (CIP제어번호 : CIP2017033399)